游艇管理丛书

游艇投资与产业

The Yacht Industry and Investment

黄德春　徐 敏　华 坚　张长征　编著

科 学 出 版 社
北 京

内 容 简 介

本书以游艇产业和游艇投资作为并重的两大板块，沿着产业现状与趋势以及投资机会发现的思路展开。首先，以游艇产业分析为基础、游艇投资为重点，深入浅出地分析国内外游艇产业发展和投资的现状、特点及趋势；梳理迄今为止国内颁布的游艇业相关政策法规，探讨相关政策出台的背景、目的，分析其实施效果。其次，以珠三角、长三角及环渤海城市群为代表，分析国内游艇产业布局特点，探索未来的发展趋势；同时，研究美国、英国、意大利、法国等发达国家游艇业发展历程、经验和启示。最后，着重分析国内外游艇产业投资的前景和风险，探讨中国游艇产业的重点投资区域和领域、投资趋势和风险，并给出投资建议。

本书旨在对游艇业发展现状及投资趋势作基本的探讨，可作为高等学校游艇管理及商科工商管理、金融与投资管理等相关专业本科生、专科生的教材或参考书，也可作为从事游艇业技术和管理人员的培训教材，更可作为有志于投资游艇业人士的参考书。

图书在版编目(CIP)数据

游艇投资与产业 / 黄德春等编著．--北京：科学出版社，2014

(游艇管理丛书)

ISBN 978-7-03-039363-0

Ⅰ．①游… Ⅱ．①黄… Ⅲ．①游艇－投资－产业－中国 Ⅳ．①F426.474

中国版本图书馆 CIP 数据核字(2013)第 307511 号

责任编辑：马　跃　李　莉 / 责任校对：刘文娟
责任印制：徐晓晨 / 封面设计：无极书装

科学出版社 出版
北京东黄城根北街16号
邮政编码：100717
http://www.sciencep.com
北京厚诚则铭印刷科技有限公司 印刷
科学出版社发行　各地新华书店经销

*

2014 年 3 月第　一　版　开本：720×1000　B5
2021 年 2 月第五次印刷　印张：18 3/4
字数：378 000

定价：72.00 元

(如有印装质量问题，我社负责调换)

总 序

随着我国社会经济的迅猛发展，人民生活水平的提高，游艇生活正在向我们走来。

和住房、轿车不同，游艇生活本身没有多少功能性。游艇既不是交通运输工具，也不提供其他诸如省时、省力等功能性便利。游艇带给人们的只是精神上的愉悦，而且这种精神愉悦还很纯粹，并不必然以某种功能性为基础。正所谓，湖光潋滟，阳光沙滩，黛瓦白墙，小桥流水，或轻风拂面，或疾风迅驰，我心淌漾，仅此而已。

可见，游艇生活需求不能产生于自然驱动，也不能产生于日常工作生活的经验驱动，而只能产生于交往驱动或营销驱动，消费者教育成为游艇生活普及的必修课。对于游艇生活服务从业者来说，如何使游艇生活充满乐趣，提供什么样的服务，如何提供服务都是新的课题。

一种新的生活方式必然造就一系列的新需求。各种不同类型的游艇可以以新的方式满足或激发人们对运动、休闲、社交和探险等欲望。可见，游艇生活是一种积极、健康的生活方式，它必定能够极大地丰富人们的精神生活，提高人们的生活质量，增强人们的幸福感。

一种新的需求必定会促进一系列新产业的成长和相关产业的结构调整和升级。游艇生活不仅带来游艇制造业、维修业和游艇生活服务业等新产业，还将带动机械制造业、电器制造业、电子产业、信息产业、化工产业的结构调整和升级，推动国家自然保护区、水域环境、码头等基础设施和公共设施的建设和改善，为酒店、交通运输业、娱乐业提供新的发展机会。即为我国社会经济的进一步发展提供新的增长极，为产业结构调整提供新的方式和途径。

游艇生活不是一种以大量物质消耗和能源消耗为基础的生活方式，也不像轿车普及那样需要建设大量的道路、停车场等占用土地资源、影响环境和生态的基础设施。相反，游艇生活以自然水域为基础，要求良好的水域环境，还一个青山绿水的生态系统。所以，游艇生活是一种低碳的、可持续的生活方式。

由此，河海大学游艇管理研究中心组织力量设计编撰了这套丛书，以期达到以下目标：一是使我国消费者对游艇生活有一个直观的认识，揭开游艇生活昂贵、奢侈的面纱，还游艇生活运动、健康、放松的本来面目；二是帮助投资者了解围绕游艇生活发展所带来的各种市场机遇，避免盲目投资；三是为游艇生活服务业从业者提供俱乐部管理借鉴和进行游艇主题活动策划的方法，以使游艇生活更加丰富多彩，符合消费者需求；四是根据产业经济学原理，提出游艇产业发展理论，为政府宏观经济管理部门规划游艇产业发展提供理论指导。

河海大学是一所以水利为特色的研究型大学，河海大学商学院以“求天下学问，做工商精英”为办学宗旨，以“河海特色、世界知名”为战略定位，以“国际化、高层次、入主流、有特色”为发展路径，以“教育、科研、咨询、培训”四轮驱动为发展模式。师生携手、励精图治、开拓创新，现已成为一所拥有管理学、经济学两大学科门类，融工商管理、管理科学与工程、应用经济学 3 个主干一级学科为一体，设有博士后流动站，拥有博士、硕士（含 MBA、工程硕士）、学士等多层次、多类型人才培养能力和科学研究、社会服务、文化传承创新能力的高水平商学院。

学院拥有较为完整的学科专业体系和层次，设有工商管理、管理科学与工程 2 个博士后流动站；拥有管理科学与工程、工商管理 2 个一级学科博士学位授予点；设有管理科学与工程、工商管理、应用经济学、理论经济学 4 个一级学科硕士点，情报学 1 个二级学科硕士点，以及工商管理硕士（MBA）、项目管理、物流工程、工业工程、MPAcc、资产评估、工程管理、国际商务、金融学 9 个专业学位硕士点；设有工商管理、管理科学与工程、应用经济学 3 个大类本科专业共 16 个专业方向。其中，工商管理所属的技术经济及管理是国家重点（培育）学科、水利部重点学科及江苏省重点学科，工商管理是江苏省重点一级学科，工程管理与项目管理是江苏省重点学科。学院还拥有省部级研究平台 8 个。

河海大学游艇管理研究中心是一个面向全球的开放性研究平台，主要从事游艇产业规划、游艇产业投资、游艇俱乐部管理和游艇主题活动策划等方面的研究和咨询。拥有一个活动仿真和观察实验室、行为实验室，与世界和国内一些知名游艇俱乐部建立了良好的合作关系，取得了一批研究成果。我们热忱希望和同业者精诚合作，共同推动我国游艇生活的普及和相关产业的蓬勃发展。

丛书编委会

2014 年 1 月 5 日

前　言

21世纪被誉为“海洋世纪”，而游艇产业更被誉为“漂浮在黄金航道上的巨大商机”。2009年12月，国务院下发《关于加快发展旅游业的意见》，首次提出要培育新的旅游消费热点，支持有条件的地区发展邮轮、游艇等新兴旅游，并把邮轮、游艇等旅游装备制造业纳入国家鼓励类产业目录。2012年12月1日，国务院发布的《中国服务业“十二五”规划》中首次提到了发展游艇经济。2013年2月18日，国务院颁布的《国民旅游休闲纲要（2013－2020年）》中明确提出支持邮轮、游艇码头等旅游休闲基础设施建设，积极发展邮轮、游艇旅游等旅游休闲产品。2013年4月10日，习近平主席在出席完博鳌亚洲论坛年会，深入渔港、国际邮轮港调研后指出，“要发展高水平旅游业，要抓硬件，更要抓软件”。与此同时，游艇产业具有产业链（industrial chain）长、关联度大的特点，对上下游以及相关辅助产业具有显著的拉动和辐射效应，获得了众多地方政府的强烈关注，珠三角、长三角以及环渤海等城市群正将游艇业列为重点发展的产业。

然而，我们发现，作为一个拥有巨大市场潜力和旺盛生命力的朝阳产业，国内从游艇投资和产业发展的视角进行的研究非常薄弱，查遍所有的资料也难以形成对游艇业投资与发展的总体把握。在这一背景下，河海大学商学院黄德春教授及其团队密切关注世界游艇业的发展，结合近年来所从事的游艇产业规划、游艇企业投资价值评估、游艇业竞争力评价等课题实践，组织力量编著《游艇投资与产业》一书，旨在对中国游艇产业的发展趋势和投资方向做出系统梳理和准确判断。

本书以“产业”和“投资”作为并重的两大板块，以产业分析为基础，以游艇投资为重点，深入浅出地分析国内外游艇产业发展和投资的现状、特点及趋势。结合产业经济学和投资学的分析框架，为读者提供了一条了解国内外游艇产业发展、尝试游艇产业投资的良好路径。

本书总体结构围绕先“产业”后“投资”的顺序展开，由前言和 8 章组成，约 35 万字。前言简要介绍了本书的研究过程。第 1～4 章着重介绍分析了国内外游艇产业发展的基本情况，包括中国游艇产业、世界游艇产业、游艇产业链、游艇产业组织结构四个部分。第 1 章，从总体上梳理了迄今为止国内颁布的游艇业相关政策法规，挖掘政策出台背景、目的以及实施效果，在此基础上，刻画出以珠三角、长三角以及环渤海城市群为代表的游艇产业布局和发展优劣势；第 2 章，主要分析美国、英国、意大利、法国等发达国家游艇业发展历程、现状和趋势、经验和启示；第 3、4 章，全面梳理由“游艇设计—游艇制造—游艇服务—相关辅助产业”等环节构成的游艇产业链和游艇产业组织。本书第 5～8 章着重分析国内外游艇产业投资的前景和风险，其核心价值在于对中国游艇产业的重点投资区域和领域、投资趋势和风险进行了翔实分析，并给出投资建议。内容包括世界游艇业投资趋势、中国游艇业重点投资区域、中国游艇业重点投资领域、中国游艇业投资机遇及前景四个部分。

全书深入浅出，穿插了大量国内外游艇产业投资及发展的案例。同时，在大量实地调研基础上，参考了国家统计局、国家发展和改革委员会（简称国家发改委）、海关总署、中国船舶工业行业协会、各地游艇行业协会、国内外相关刊物杂志以及游艇科研单位等公布的大量信息和基础资料，以期能够为相关研究人员和行业决策者提供较为准确的游艇业发展和投资的研究成果和判断依据。

本书以游艇投资和产业为研究对象，选题新颖、体系完整、应用性强，可作为高等学校工商管理、游艇管理、会计、财务管理及相关专业本科、专科学生学习的教材或参考书，也可作为从事游艇业的相关研究人员、战略投资者、公司管理层的普及读物或培训教材。相信读者读完本书后，一定会对中国游艇业的未来充满信心，产生投资冲动，迸发思想的火花，共同推进中国游艇业的蓬勃发展。

尽管我们做了大量的准备，尽心竭力地争取本书能够最大限度地满足读者的需要，但是由于学识水平所限和资料匮乏等条件限制，书中存在诸多不足和偏颇之处，诚请各位专家和读者批评指正！

编者

2014 年 1 月

目 录

第1章

中国游艇产业

游艇兴起于18世纪的英国，自20世纪50年代以来，随着世界经济的快速发展、游艇技术的进步和人们生活观念的改变，游艇的拥有者日渐增多，游艇活动也得以广泛开展。现今，游艇业被誉为“漂浮在黄金水道上的行业”，并引发一股全球“游艇热”。本章主要介绍中国游艇产业的现状，包括中国游艇产业政策法规、中国游艇产业布局政策和规划及中国游艇产业发展历程三部分。

游艇产业的发展离不开国家政策的扶持。该部分主要从政策出台的背景、目的和实施效果三个层面进行阐述，然后介绍中国游艇产业的布局和规划，最后对游艇业在中国的发展历程做简要梳理，旨在让读者从宏观层面了解中国游艇产业的发展。

1.1 中国游艇产业政策法规

1.1.1 游艇产业政策法规颁布历程

中国是游艇产业的新兴市场，在全球游艇产业发展中发挥着越来越重要的作用，游艇产业政策法规也在经历从点到面、从探索到实践的过程，并随着游艇产业的发展得到进一步完善。

经过梳理，至今仍然有效的游艇产业领域的政策法规有84部[①]（详见附录1）。其中，涉及法律法规的有28部；涉及游艇码头规划建设、经营管理的有13部；涉及游艇安全管理的有27部；涉及游艇经营管理的有10部；涉及游艇

---

① 中国游艇管理法规汇编. 中国游艇发展网，http://www.yachtchina.org/show.asp? id=24，2012-04-18.

进出境管理的有 6 部。所有政策法规的分类比重见图 1-1。

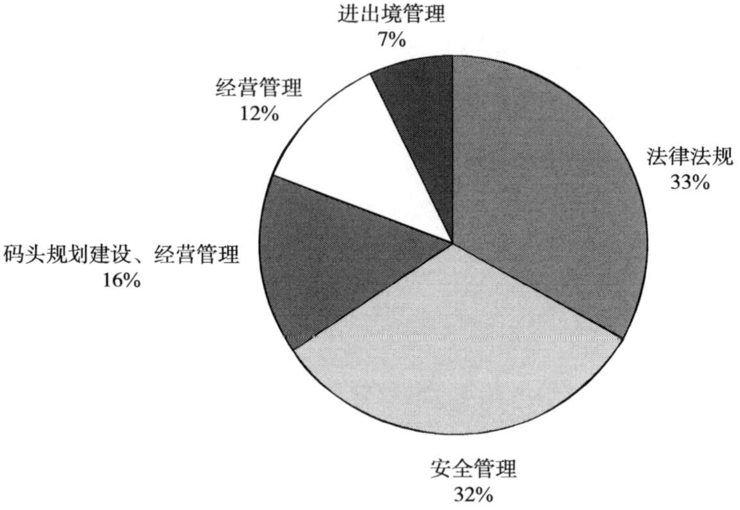

图 1-1 游艇管理政策法规分类比重

从图 1-1 可以看出，我国现今仍适用的游艇政策法规中，涉及法律法规和游艇安全管理的最多，分别高达 33%和 32%，这说明游艇管理已趋向于法制化，并注重游艇安全管理，其包括环境安全、游艇活动安全。作为游艇基础设施的码头规划建设、经营管理的政策占了 16%，这说明国家意识到加大基础设施建设是推动游艇业发展的极大动力。另外，关于游艇的经营管理和进出境管理的政策分别占到 12%和 7%，这些政策在促进游艇服务业的发展和与国际游艇业接轨方面起着不可估量的作用。

自 1979 年我国制造出第一艘游艇，到游艇业受到国家的日益重视，并被列入国家“十二五”发展规划，经历了曲折漫长的发展过程。

2009 年 12 月 1 日，国务院下发《关于加快发展旅游业的意见》，首次提出把旅游业培育成国民经济的战略性支柱产业，并首次提出“支持有条件的地区发展邮轮、游艇旅游，把邮轮、游艇等旅游装备制造业纳入国家鼓励类产业目录”，标志着国家把游艇产业的发展提高到一个崭新的高度。

另外，在政府和企业推动下，中国海事局发布《游艇安全管理工作实施意见》，促进了游艇业以及水上旅游经济的健康发展，进一步提出了业界期盼的多项游艇安全管理实施意见。

2010 年 1 月 4 日，国务院发布了《关于推进海南国际旅游岛建设发展的若干意见》，正式批准了海南“国际旅游岛”的发展战略。该意见中提到积极发展邮轮游艇产业，这一政策的出台让地方政府更有底气发展游艇业。同年 11 月，海南省政府出台了《海南省游艇管理试行办法》，从而解决了游艇“进不来”“不能动”

“出入不方便”等实际问题。至此，各地方政府开始出台一系列政策以促进当地游艇业的发展。

下面针对对中国游艇业发展有重大影响的几部政策法规进行详细介绍，见表1-1。

表1-1　重点政策法规一览表

时间	文件名称	发布单位	备注
2008年7月	游艇安全管理规定	交通运输部	我国第一部部级游艇法规
2008年9月	游艇法定检验暂行规定	中国海事局	保障《游艇安全管理规定》实施的具体技术规范
2008年8月	游艇建造规范	中国船级社	我国首部游艇建造规范
2010年8月	游艇安全管理工作实施意见	中国海事局	解决我国游艇业发展中游艇注册、发证、机电设备认可、境内制造游艇出口等具体问题
2011年5月	中华人民共和国游艇操作人员培训、考试和发证办法	中国海事局	保障游艇操作人员的安全问题
2011年9月	关于加强进口游艇管理的公告	交通运输部	促进我国游艇与国际接轨
2011年2月	中华人民共和国车船税法	全国人民代表大会常务委员会	完善游艇消费者承担的税费问题

从表1-1中可以看出，对我国游艇业有重大影响的政策法规均是近几年刚刚颁布的(2008～2011年)，并取得显著效果。一方面，说明我国游艇业的发展需要各方面的政策支持；另一方面，说明国家对游艇业的发展给予前所未有的重视。国家相关部门对游艇产业的政策扶持力度逐渐增加，“十二五”期间是我国游艇产业发展的黄金期，更加宽松的扶持政策也指日可待。

下面从国家、地方和行业协会三个视角，全方位地解读和分析游艇产业的政策法规。

1.1.2　国家游艇产业政策法规

国家层面的政策法规像无形的指挥棒一样引导着游艇业的发展方向，对推动游艇业的健康发展起着重大作用。现重点选取几部政策法规简要从出台背景、出台目的和实施效果等方面来介绍我国游艇产业政策法规的情况。

1.《游艇安全管理规定》解读

2008年7月8日，交通运输部(简称交通部)下发了《游艇安全管理规定》(见附录2)，自2009年1月1日起施行。这是我国第一部部级游艇管理法规，是专门针对游艇业发展制定的政策，在我国游艇业的发展史中具有里程碑的意义。

1)出台背景

(1)国际游艇业发展成熟，中国部分地区具备发展游艇业的条件。游艇业在国际上有着巨大的市场份额，全球每年的游艇经济收入超过500亿美元，发达国家平均每171人就拥有一艘游艇，挪威、新西兰等地更是高达每8人就拥有一艘游艇①。

改革开放后，我国国民经济得到快速发展，社会财富不断积累。近几年来，游艇业已经在我国水上旅游资源丰富且经济发达的地区悄然兴起。有数据表明，当地区人均国内生产总值(GDP)达到5 000美元时，游艇经济就开始萌芽，我国长三角、珠三角及环渤海等经济发达区已具备此条件。

(2)游艇业作为新兴产业备受地方重视。游艇业作为新兴产业受到地方的高度重视，很多地方对游艇业的发展寄予厚望，并把游艇作为城市品牌。辽宁、河北、山东、江苏、上海、浙江、福建、广东、海南等沿海和内陆水上旅游资源丰富且经济相对发达的省市游艇业已有所发展，其中深圳、上海、青岛、日照等地发展较快。

(3)旧的法规不适用游艇。目前我国水上交通安全监管的法规主要是针对营运船舶来制定的，很多规定对游艇安全监管不适用。为了适应社会的发展需要，服务经济建设，促进游艇业的健康发展，迫切需要按照游艇的特性，制定包括游艇的登记、检验、航行规则，游艇驾驶员的培训、考试以及游艇俱乐部的运作模式等内容的管理制度。

事实上，由于游艇管理方面的法律、法规、规章和检验规范不健全，游艇俱乐部、游艇销售商和制造厂家无所适从，很多想购买游艇的人正处于观望之中。而海事管理机构、船舶检验机构由于缺乏法律依据，一般只好参照适用于运输船舶的现行海事法规，办理游艇登记、检验和日常监管。然而，游艇是用于游览观光、休闲娱乐、商务接待等高档次高品位的消费品，有其自身的特点，在建造风格上追求个性化，它不参与公共交通运输，本质上不同于水上运输，套用运输船舶的管理理念来管理游艇，会阻碍其健康发展。

(4)没有对游艇定义做出明确的规定。各个国家和地区对游艇定义均不相同，我国之前没有对游艇的明确规定。加拿大航运条例规定，游艇是指仅用于个人娱乐而非商业目的的船艇。新西兰有关法律规定，游艇是指仅用于船东娱乐或作为船东住所的，且不被用于出租或取得报酬的船舶。中国香港商船(游艇)规例规定，游艇是指符合以下条件的小轮、私人游艇、充气式船只、中式帆船、西式中

---

① 中华人民共和国交通运输部．交通运输部海事局叶红军局长助理解读《游艇安全管理规定》．http://www.moc.gov.cn/zhuzhan/zhengcejiedu/zhengcewenjian_JD/youtinganquanGLBF_JD/jieduzhengwen/200808/t20080818_514932.html，2008-08-18.

国帆船或其他船只：第一，已装备或者载有引擎，或设计为可装设或载有引擎，借以使该船只能靠机械设备推进；第二，纯粹为游乐而拥有或使用的；第三，并非为收取租金或报酬而出租(根据租船协议和租购协议的条款租出者除外)。

结合有关国家或者地区对游艇的定义，《游艇安全管理规定》将游艇定义为："本规定所称的'游艇'，是指仅限于游艇所有人自身用于游览观光、休闲娱乐等活动的具备机械推进动力装置的船舶。"考虑到游艇俱乐部所有提供给会员使用的船艇用于游览观光、休闲娱乐等非营利活动，也属于《中华人民共和国游艇驾驶员培训、考试和发证办法》所称的"游艇"。

2)出台目的

出台《游艇安全管理规定》，是为了立足于我国国情，在现行海事法律、法规框架下，借鉴国外游艇发达地区的管理经验，确立游艇业主自主管理和行业自律的原则。除必须严格遵守的航行规则外，致力于简化游艇的登记、检验手续，不实行船舶签证、安全检查和安全配员制度，意图创立一个宽松的、有利于游艇健康发展的法律环境。

游艇不同于商船，除了遵守国际避碰规则外，其他国际海事条约大多对它不适用，属于非公约船，国际上缺少一致的标准和规范，这就是规定颁布的国际背景。

3)实施效果

这个政策出台以后在游艇的检验、登记、安全保障出入境管理三个方面，实现了 17 个项目政策新举措，对游艇产业发展提供了政策保障。

(1)明确了游艇安全监管和立法需坚持以下原则：第一，保障游艇安全与促进游艇业健康发展相结合；第二，游艇自身安全与公共安全兼顾；第三，实施有利于保障游艇安全的特殊管理制度；第四，实行海事管理机构监管、游艇业主自主管理与行业自律相结合。

(2)明确对游艇操作人员的管理。不同的国家对于游艇操作人员的管理要求不一样。《游艇安全管理规定》对游艇操作人员实行较为严格的管理制度。一方面，游艇操作人员不是职业船员，不需按照《中华人民共和国船员条例》的规定进行注册管理，只需取得操作证书；另一方面，游艇操作人员应当接受培训、考试，取得游艇操作人员证书，方可上船。

(3)明确对游艇俱乐部的管理。游艇俱乐部是实施游艇业自主管理的主要组织，《游艇安全管理规定》从以下几个方面做了规定，明确了对游艇俱乐部的管理内容。第一，游艇俱乐部应当具备法人资格，具备一定安全和防污染能力，并报海事管理机构备案。第二，游艇业主与其加入的游艇俱乐部之间通过协议，明确游艇俱乐部对游艇的日常安全管理和维护保养责任，确保游艇处于良好的安全、技术状态。第三，游艇俱乐部承担的责任和义务如下：对游艇操作人员和乘员开展游艇安全、防治污染环境知识和应急反应的宣传、培训和教育；督促游艇操作人员和乘员遵守水上交通安全和防治污染管理规定，落实相应的措施；保障停泊水域或者停泊点的游艇的安全；核查游艇、游艇操作人员的持证情况，保证出航游艇、游艇操作人员持有相应有效证书；向游艇提供航行所需的气象、水文情况和海事管理机构发布的航行通(警)告等信息服务；遇有恶劣气候条件等不适合出航的情况或者海事管理机构禁止出航的警示时，应当制止游艇出航并通知已经出航的游艇返航；掌握游艇的每次出航、返航以及乘员情况，并做好记录备查；保持与游艇、海事管理机构之间的通信畅通；按照向海事管理机构备案的应急预案，定期组织内部管理的应急演练和游艇成员参加的应急演习。

2.《游艇法定检验暂行规定》解读

1)出台背景

交通部颁布实施《游艇安全管理规定》后，中国海事局在该文件精神的指导下，以保障游艇及生命财产的安全，防止水域环境污染为出发点，制定《游艇法定检验暂行规定》，作为技术规范使游艇安全管理进入规范化轨道。

该规定是《游艇安全管理规定》的一个补充，游艇业的迅速发展急需从技术性层面将游艇的产业政策落实，这对于更加安全健康的游艇业活动的进行有重要意义。

2)出台目的

《游艇法定检验暂行规定》从检验与证书、消防、舱室布置、成员额定及安全设备与环保的要求等细节处对游艇的出行和建造提供技术规范。尤其值得一提的是，考虑到游艇的使用和生产特点，引入批量生产的产品检验和俱乐部管理的思路，对20米以下机动游艇提出了检验发证的安全技术要求，为游艇业健康发展提供了安全保障。

3)实施效果

一般而言，产业政策是适应经济发展对技术进步的要求而产生的，技术的进步又不断对产业政策提出新的要求。《游艇安全管理规定》和《游艇法定检验暂行规定》的出台，不仅标志着中央政府和国家机关开始关注中国游艇发展，开始给予政策引导和支持，更重要的是国家层面的游艇政策措施和手段越来越具体，突出了增强游艇产业竞争力的重要性。

从本规定出台的背景可以得知，该规定出于对可持续发展理念和环境保护意识的考虑，改变了游艇业以往只单纯强调技术的经济效益、忽视技术的环境影响的旧模式。这种改变与我国“十二五”规划的发展战略不谋而合。

3.《游艇建造规范》

1)出台背景

这是我国首部游艇建造规范，由中国船级社(交通部直属事业单位，是我国唯一从事船舶入级检验业务的专业机构）制定并颁布，于 2008 年 8 月 1 日生效。它是交通部海事局颁布的《游艇法定检验暂行规定》的组成部分，是我国签发游艇适航证书的依据，对于我国方兴未艾的游艇制造市场起到了积极作用。

2）出台目的

该规范专门针对的是艇长 20 米以下的钢质、玻璃钢（fiber reinforced polymer，FRP）和铝合金材料的游艇，对游艇的艇体结构强度、轮机和电气装置等规定具体的技术要求，也明确游艇符合性检验的方式、程序和证书类别，是中国船级社开展游艇符合性检验业务的技术依据，也是我国签发游艇适航证书的依据之一①。

3）实施效果

这部《游艇建造规范》从以下四个具体方面推动了游艇业的健康可持续发展：第一，尽可能体现非营业性用途的特点。第二，采用海、河合一的游艇规范。为适用游艇使用海域通用性的需求，打破了常规河海船舶技术标准之分，而是采用游艇类别（共分四类艇），以活动水域限制条件区分游艇类别，并根据各类别分别规定游艇结构设计要求和稳性衡准数。第三，考虑多种艇体材料和动力燃料。规范体现了钢质、纤维增强塑料、铝合金三种游艇材料建造要求，同时考虑液化石油气（liquefied petroleum gas，LPG）为燃料的发动机的游艇技术要求，有利于节能环保。第四，采用型式检验模式，符合普通游艇批量制造的实际情况，与国际通用做法接轨。中国船级社《游艇建造规范》的发布，填补了我国游艇技术标准的空白，为游艇的设计、建造和安全管理提供了技术保障，对推动我国游艇业健康发展具有积极意义。

4.《游艇安全管理工作实施意见》解读

1）出台背景

前几部法规的颁布对我国游艇业的规范管理起到了积极作用，加上近年来游艇论坛、游艇展接踵而至，游艇经济已渐成“全国热恋”之势。但随着经济的迅速升温，一些具体的、新的问题层出不穷。在此背景下，2010 年 8 月 26 日，中国海事局下发《游艇安全管理工作实施意见》（见附录 3），在深入调研的基础上及时对游艇安全管理给予具体明确和完善，一些困扰游艇持有人、游艇俱乐部和管理部门的难题自此得到逐步化解，游艇安全管理迎来了“及时雨”。

本意见的出台也顺应了我国游艇政策制定的演变规律，内容上从简单到复杂，目标上从短期到长期，方式上从分散到系统规范。

---

① 中华人民共和国交通运输部．我国首部《游艇建造规范》八月一日生效．http://www.moc.gov.cn/zhuzhan/zhengcejiedu/zhengcewenjian_JD/youtinganquanGLBF_JD/meitibaodao/200808/t20080818_514956.html，2008-05-21.

2)出台目的

《游艇安全管理工作实施意见》出台六项优惠政策，涉及注册登记、检验发证、驾驶员考试发证、外籍游艇的航行及监督管理、游艇机电设备认可、境内制造游艇出口查验等方面，针对目前游艇安全管理问题提出了具体可行的解决方案。

3)实施效果

该政策的颁布具有三点积极的作用。

(1)检验登记更灵活。游艇国籍证书像汽车牌照一样，游艇购买人愿意办理但受到政策限制难以完成登记。因为根据以往规定，要登记必须提供游艇图纸进行审核，而国内游艇大多都是进口而来，由于国外知识产权保护的缘故，厂家不提供图纸，游艇所有人就无法完成登记。

新出台的《游艇安全管理工作实施意见》明确指出，认可CE(Conformite Europeenne，即欧盟)和ABYC(American Boat Yacht Council，即美国游艇协会)认证证书和标志，持有上述认证证书和标志的进口游艇，检验时可不要求提供图纸资料，不持有者则可提供或补绘船舶图纸和稳定计算资料，经审查合格后，可进行符合性检验。这样一来，游艇的检验登记更加灵活。

(2)境外驾驶证可互认。之前，外国游艇执照持有者很难在我国海域航行，需要一定的审核和检验。而《游艇安全管理工作实施意见》明确指出，持有境外海事主管当局或其授权机构颁发的游艇操作人员适任证书的境外居民，可允许在我管辖水域短期内(7日)驾驶游艇，无须换证。而对于拟长期在我管辖水域驾驶游艇的上述境外居民，如我国与该境外海事主管当局签有证书互认协议，可直接向直属或地方海事局申请换发游艇操作人员适任证书；如我国与该境外海事主管当局未签有证书互认协议，则需由直属或地方海事局进行补充培训后换发游艇操作人员适任证书。

国内也有望取消游艇驾驶员适任证书的省际限制，配套监管措施还在进一步研究中。例如，加试熟悉当地水域航道等内容，使之在保证航行安全的前提下更加便利。

(3)境外游艇进来更便利。此次出台的《游艇安全管理工作实施意见》对于外籍游艇的航行及监督管理做出了很多调整，规定外籍游艇进入、离开某一直属海事局管辖水域，仅要求其办理进、出口岸各一次手续，期间在直属海事局辖区水域进出港航行均可免于办理进出口岸手续，但其进出港计划须向当地海事机构事先报备。另外，在保证安全的前提下，对外籍游艇可不实行强制引航。这样的调整满足了港澳台及东南亚国家和地区用游艇到海南休闲娱乐的强烈需求。

5.《中华人民共和国游艇操作人员培训、考试和发证办法》解读

1)出台背景

2011年5月18日，中国海事局根据《游艇安全管理规定》的有关要求，制定

了《中华人民共和国游艇操作人员培训、考试和发证办法》[①]（见附录 4）。截止到 2011 年 9 月，中国注册的游艇已超过 1 000 艘[②]，中国内地已成为仅次于日本和中国香港的亚洲第三大市场，并预计在五年内发展为亚洲第一。与之对应的游艇操作人员培训需求旺盛，在此背景下，《中华人民共和国游艇操作人员培训、考试和发证办法》适时推出。

2)出台目的

出台《中华人民共和国游艇操作人员培训、考试和发证办法》的目的：为规范游艇操作人员的管理，满足社会需求，促进游艇业的健康发展。

3)实施效果

该办法颁布以后，全国各地海事局积极开展所在辖区游艇操作人员培训工作，毕竟合格操作人员的数量直接决定了游艇活动开展的冷热程度。例如，浙江海事局在 2011 年 9 月底前，已开展游艇驾驶培训考试 5 期，其中 9 月份就有 3 期操作人员培训开班，其他各地的游艇操作人员培训也在如火如荼地进行。

6.《关于加强进口游艇管理的公告》解读

1)出台背景

2011 年 9 月 15 日，交通部发布了《关于加强进口游艇管理的公告》（见附录 5），以便进一步促进游艇产业健康发展。

我国游艇制造业的发展迟于国外发达国家，引进国外设计理念强、艇体材料优的游艇或者二手艇，是近几年来游艇市场的发展趋势。然而，进口艇体的入境要经过海事管理机构和船舶检验部门严格的检验，尤其是二手艇的驾驶安全性和对环境污染情况的检测。本公告是为了对申请人的身份进行核查，并对进口游艇的相关材料进行检验，包括建造地点、建造日期、船舶主要参数、船舶检测报告等。

2)出台目的

出台《关于加强进口游艇管理的公告》的目的：推进游艇检验登记工作，加快进口游艇管理规范化的进程。

3)实施效果

在该公告发布后，全国各地海事局解读该公告并深入领会文件精神。2011 年 10 月 27 日，厦门海事局五缘湾办事处邀请厦门阿兹姆游艇俱乐部、厦门建发游艇有限公司、厦门蓝海游艇俱乐部等辖区知名进口游艇企业代表走访中国船级

---

① 中国海事局．关于颁布《中华人民共和国游艇操作人员培训、考试和发证办法》的通知．http://code.fabao365.com/law_558099_1.html，2011-05-18.

② 中国海事局．助推海洋经济发展　浙江海事局积极服务于辖区游艇驾驶员培训．http://www.msa.gov.cn/Notice/Notice/779777dd-4155-43c3-a275-c0a3c5c623a6，2011-09-28.

社厦门分社，共同分析了厦门地区现有进口游艇的规模及发展趋势，解读《关于加强进口游艇管理的公告》，进一步明确了游艇申请办理船舶识别号流程和可操作方案，并就进口游艇申请检验和实船勘验中存在的热点难点问题提出针对性的解决思路，效果良好①。

7.《中华人民共和国车船税法》解读

1)出台背景

2011 年 2 月 25 日，第十一届全国人民代表大会常务委员会第十九次会议通过了《中华人民共和国车船税法》(简称《车船税法》)，自 2012 年 1 月 1 日起施行。被替代的《中华人民共和国车船税暂行条例》(简称《车船税暂行条例》)自 2007 年 1 月 1 日起施行以来，取得较好效果，2010 年车船税收入 241.6 亿元，比 2006 年车船使用牌照税和车船使用税收入总额增长 3.8 倍。

国务院指定的税收单行条例在条件成熟时可以上升为法律，现条件已经成熟，理由如下：第一，车船税收从新中国成立初期开征以来，根据情况变化，国务院做过多次调整和完善，奠定了立法制度基础；第二，在 60 年的征收实践中，相关制度已被社会知晓，并被纳税人接受；第三，近年来我国经济处于快速发展时期，居民收入提高很快，汽车产量和销量已超过美国，居世界第一，生态环境和经济社会发展资源环境面临石油紧缺、交通堵塞、空气污染等问题。在此背景下，将《车船税暂行条例》上升为法律是有必要的。

2)出台目的

《车船税法》在税法规定的基础上对车船税的征税范围进一步细化，不仅可以体现税收法定原则，还可以促进税收法律体系建设。另外，其对于完善税制、体现税负公平有重大作用。

按照税收法定的原则，对游艇要征税。乘用车是代步工具，而游艇主要用于休闲娱乐。在我国目前的发展水平上，游艇还属于高档消费品，因此，对游艇的税额幅度应该适当提高。游艇作为税法新增子税目，第一次将游艇从船舶中单列出来，将艇身长度作为游艇计税单位，对不同长度的游艇设置了具体适用税额。长度不超过 10 米的，年税额标准为 600 元/米；长度超过 10 米不超过 18 米的，年税额标准为 900 元/米；长度超过 18 米但不超过 30 米的，年税额标准为 1 300 元/米；长度超过 30 米的，年税额标准为 1 800 元/米。此外，考虑到机动风帆游艇相对于同等长度全部由机械推进动力装置提供动力的游艇，价值量明显偏低，一般除进出港口，不使用动力推进，对其单位税额确定为低限税额 600

① 中国海事局. 厦门海事与船级社联手推进游艇规范化进程. http://www.msa.gov.cn/Notice/Notice/fda26dff-25f8-4bf9-a2c6-3a7f3f336987，2011-10-31.

元/米[①]。

3)实施效果

《车船税法》的实施完善了征税范围，改革了乘用车计税依据，调整了税负结构，规范了税收优惠。然而虽然针对游艇部分体现了车船税调节功能，但是从另外一个角度却大大加重了游艇的税负负担。具体来讲，大于8米的游艇，进口时征收总计约44%的税费(关税11%，增值税17%，消费税10%，其他税费6%)，若再加上新的《车船税法》规定的税费，游艇所有者需缴纳近游艇价值一半的税费，此赋税水平在国际上处于偏高水平。本来游艇征收10%的奢侈品消费税已经是制约我国游艇产业发展的一个重要因素，再加上此次《车船税法》规定的税费，如此高标准的赋税对于游艇这个新兴行业来说，负担太重，会很难继续发展。和欧美一些游艇发达国家相比，这个标准是它们的两倍多。

所以，此次的税费改革对我国正在兴起的新一潮的游艇热将会产生非常大的打击，尤其是游艇制造业以及代理国外游艇品牌的经销商，这不利于处于初级阶段的我国游艇产业发展。

英国征收17.5%增值税，法国征收19.6%增值税，德国征收16%增值税，意大利征收20%增值税，挪威和瑞典各征收25%增值税，都没有消费税，欧盟之间也没有关税；美国征收5%进口税，没有增值税，部分州征收消费税；只有波兰征收22%增值税，小艇征收15%奢侈品税，大艇征收25%的奢侈品税[①]。笔者借鉴国际上游艇业发展快速的国家，给出如下建议：第一，将游艇直接列入车船税的前提是取消游艇消费税；第二，征税游艇从8米以上调整为12米以上；第三，营业性的观光游艇和私人的休闲娱乐游艇(特别是帆船和钓鱼艇)进行严格区分，分别征税[②]。

1.1.3 地方游艇产业政策

在国家层面的一系列政策利好下，“游艇热”正在全国各地迅速地扩散，其中以临海三大区域——长江三角洲地区、珠江三角洲地区、环渤海地区为热点。各大城市群纷纷将游艇业作为重要产业列入发展日程，并根据自身情况出台一系列政策。下面分别对三大区域各地产业政策进行简要介绍。

1. 长江三角洲地区游艇相关产业政策

长江三角洲地区，是我国东部沿海地区的一个发展程度较高的经济区域，地理上以上海为中心，包括上海市、江苏省和浙江省。长江三角洲地区有关游艇产业政策如下。

---

① 郭伟，刘乃清．最新《车船税法》有哪些调整？游艇业，2011，(4)：36.

② 李蒙．浅谈《车船税法》对中国游艇业发展的影响．东方企业文化，2011，(12)：262.

1)《上海海事局游艇备案管理办法》

上海是游艇休闲业起步较早的城市，近几年上海游艇业不断发展，但由于游艇管理方面的法律、法规、规章和检验规范不健全，不同游艇、游艇俱乐部之间的管理制度、体系不尽相同。与游艇的快速发展相比，海事部门对游艇的服务和监管依然处于摸索阶段。在此背景下，上海海事局出台了《上海海事局游艇备案管理办法》①。

该办法主要是为了规范游艇俱乐部的发展和游艇的登记，开展游艇的登记和备案，使上海游艇俱乐部的发展走上安全、健康的发展道路。同时，也为上海游艇业的发展提供政策引导和人性化的服务，促进黄浦江水域旅游业发展、城市形象提升和产业转型升级，完善生活、休闲、娱乐、旅游多方面功能，使黄浦江成为这座城市更加亮丽的一道风景。

现如今，游艇已经在上海港成为了一个新景点和新兴产业，特别是在黄浦江国际客运码头至南浦大桥水域，其已经成为外滩水域的一道亮丽的风景。

2)《江苏省水上风景旅游区安全长效管理机制》

江苏是我国船舶工业的重要基地之一，据江苏省船舶行业协会秘书处所掌握的不完全情况，江苏有游艇制造业 63 家，其中常州最多，为 39 家，占 49%；无锡 18 家，占 28.6%；苏州 7 家，占 11.1%；其余各市仅有一两家②。另外，江苏还是旅游强省，为加强江苏省水上风景旅游区安全管理，相关部门早在 2006 年就制定了《江苏省水上风景旅游区安全长效管理机制》，对旅游船艇是否持有船舶检验证书、船员适任证书做重点监督检查，并规定了旅游主管部门的职责之一是参与游艇、旅游码头和旅游航线的审批。

3)《浙江海事局游艇安全监督管理实施细则》

浙江省将拉长杭州和千岛湖的游艇产业链，将杭州打造成为长三角乃至全国游艇产业聚集地和制造中心之一。游艇业在浙江省得以大力发展，浙江海事局顺应该游艇热潮，于 2011 年 5 月 1 日起颁布并实施《浙江海事局游艇安全监督管理实施细则》，为浙江省的游艇业进一步发展提供政策保障。

《浙江海事局游艇安全监督管理实施细则》实施后，浙江省各地海事局积极学习落实。例如，宁波要将游艇经济这一新兴产业作为打造国际化大都市的一张闪亮名片，并且安排专门的执法人员将该细则送往辖区的游艇俱乐部，进行现场宣传，帮助、指导游艇俱乐部知法守法，规范经营。

---

① 上海海事局．上海黄浦江水域首次举办游艇日活动．http://www.shmsa.gov.cn/NewsContent.aspx?CatalogId=a41fb654-5797-4e22-8ed2-fa25a717d914&ContentId=ff54525c-d42b-4803-a08e-8f7c8de13ecb，2011-04-18.

② 王晓．我国游艇制造业的发展现状与对策．广东造船，2011，(3)：60～62.

2. 珠江三角洲地区游艇相关产业政策

珠江三角洲地区是我国改革开放的先行地区，是我国重要的经济中心区域，在全国经济社会发展和改革开放大局中具有突出的带动作用和举足轻重的战略地位。“泛珠三角”包括福建、江西、广西、海南、湖南、四川、云南、贵州和广东九省区，以及香港、澳门 2 个特别行政区，是我国游艇业发展的主力阵地，该区域的主要游艇产业政策法规如下。

1)《关于推进海南国际旅游岛建设发展的若干意见》

2009 年 12 月 31 号，国务院发布了《关于推进海南国际旅游岛建设发展的若干意见》，明确提出发展邮轮、游艇旅游，并提出了“研究完善游艇管理办法，创造条件适当扩大开放水域，做好经批准的境外游艇停泊海南的服务工作”等一系列发展游艇产业的具体措施。建设海南国际旅游岛成为国家的重大战略部署，而游艇旅游则是海南国际旅游岛的重要组成部分。

《关于推进海南国际旅游岛建设发展的若干意见》明确提出：研究完善游艇管理办法，创造条件适当扩大开放水域，做好经批准的境外游艇停泊海南的服务工作；支持海南举办国际大帆船拉力赛；积极推进游艇码头建设；培育发展游艇、轻型水上飞机等旅游装备制造业。

2)《海南省游艇管理试行办法》

仅隔一年，在 2010 年 11 月 23 日，《海南省游艇管理试行办法》正式颁布实施。这是我国首个游艇管理规章，该办法在 15 项游艇管理政策上实现突破，标志着海南国际旅游岛建设又迈出了坚实的一步。其中，允许外省法人和自然人所有和外资所占份额超过 50％的游艇在海南注册登记，拟申请在海南注册登记的游艇日益增多。

《海南省游艇管理试行办法》对于游艇进出口岸查验手续予以很大程度上的简化，一是简化进口岸审批；二是简化查验手续；三是省口岸间航行免查验手续。这些简化手续使境外游艇到访海南非常便捷，解决了以前境外游艇“进来难”的大问题。

3)《中华人民共和国海关对海南省进出境游艇及其所载物品监管暂行办法》

2011 年 4 月 15 日，海关总署制定的《中华人民共和国海关对海南省进出境游艇及其所载物品监管暂行办法》正式开始实施，该办法对目前影响游艇业发展的诸多因素进行进一步松绑，如游艇停靠地、逗留时间、出入境管理和游艇担保等。

此办法只是将海南作为试点，若能顺利进行，将为在全国其他地区的铺开提供借鉴意义，游艇市场也有望迅速升温。

4)《厦门、漳州海域游艇管理暂行办法》

厦门的地方政策一直走在最前端，成为目前我国游艇产业的领跑者，《厦门、漳州海域游艇管理暂行办法》的出台就是很好的佐证。厦门游艇产业经济的快速发展，给海事部门的海上安全监管工作提出了新课题，如游艇的登记、驾驶人员培训、考试等多面的诉求。本办法的出台使得相关部门对厦门水域游艇的统一监督管理更加直接、规范、专业和快捷。

3. 环渤海地区游艇相关产业政策

环渤海地区，狭义上是指辽东半岛、山东半岛、环渤海滨海经济带，同时延伸辐射到山西、辽宁、山东以及内蒙古中东部。区域内包括北京、天津、唐山、秦皇岛、沈阳、大连、太原、济南、青岛、保定、石家庄等多座城市。该区域是游艇制造业的主要发展地区，主要游艇产业政策法规如下。

1)《游艇产业发展暂定办法》

天津滨海新区位于环渤海区域的中心地带，隔海交会、面海依港，为发展游艇产业提供了有利的自然条件，并制定颁布了《游艇产业发展暂定办法》，提出了对游艇产业给予营业所得税免二减三的优惠政策。更值得一提的是，天津海事局已成立国内首家游艇管理中心，负责游艇相关的各项业务，并着手探索建立宽松的游艇登记制度、小型游艇简易注册制度、便捷的游艇检查制度，继而破解了外籍游艇短期入境试航的难题，开启了驾驶员证书全国通用的先例。

2)《唐山市旅游业促进条例》

唐山湾国际旅游岛位于河北省唐山市东南部渤海之滨，距北京 250 千米。沿海高速横贯东西，东接北戴河、西达天津。随着唐山、昌黎机场的通航，唐山市与中国的香港、日本的大阪和东京、韩国的釜山等城市，构成了三小时休闲旅游娱乐圈。唐山市交通四通八达，区位优势明显。当地政府规划打造国际品牌的游艇别墅社区，并有游艇赛事、展览、俱乐部等配套设施用于带动唐山湾游艇产业的发展。2011 年 8 月，总泊位 300 个的游艇专用码头项目破土动工，现今这里是中国北方最大的游艇休闲基地。

《唐山市旅游业促进条例》无疑对该旅游项目有巨大的促进作用。其中特别强调对于符合国家和省旅游业产业政策，投资额不少于 2 000 万元且合同约定经营期在 10 年以上的项目，所在地县级人民政府给予贷款贴息支持。

3)《山东海事局非营业性游艇管理办法》

2005 年 3 月 2 日，山东海事局根据银海国际游艇俱乐部成立后运作的实践经验，出台了《山东海事局非营业性游艇管理办法》，填补了山东省该领域的空白。该办法对非营业性游艇的定义做了明确规定，在船舶管理、通航安全保障、水上交通事故调查处理等方面做了具体规定，目的是提高非营业性游艇驾驶员技术素质，保障海上人命和财产的安全，保护海洋环境。

1.1.4　游艇行业协会发展

1. 游艇行业协会简介

对游艇行业的管理，既包含了游艇行业协会对游艇企业的规划、协调，也包含了政府通过计划和制定各种游艇产业政策对游艇行业的指导和干预，还包含了游艇行业协会与政府部门管理的相互协调和结合。

游艇行业规定作为国家对游艇法律法规的补充，对游艇业的健康发展也起着不可估量的作用。一般由各地的游艇行业协会制定，并由行业成员共同遵守，其约束对象是游艇协会的成员，是经营者自身，目的是规范该行业，并营造良好的经营环境。

但我国行业协会和西方国家具有很大不同。自第二次世界大战以来，行业管理组织在欧美资本主义各国得到了较大规模的发展，并给出定义："协会是一些为达到共同目标而自愿组织起来的同业或商人团体。"基本上，资本主义各国的行业组织是同行业企事业单位在自愿的基础上组织起来，为增进同行业共同利益的松散的经济团体。

由于其产生的条件与国外的行业协会不同，因而具有自己的特点。我国的行业协会多是随着政府职能转变，由从政府部门分离出来的人员组成的。随着简政放权、企业自主经营权的扩大，企业在进行生产经营的专业化协作联合时，迫切需要统一的行业规划、行业指导、行业协调和行业服务。

2. 游艇行业协会的作用

作为游艇行规制定者的游艇行业协会有四大作用：第一，组织会员间的活动、联系、协商和交流，并制定行规行约，避免同行间的无序竞争，促进游艇行业健康持续发展。在会员之间组织相关的技术开发、技术协作及技术培训活动，提高游艇业的制造品质，将游艇产业打造为精品产业。第二，在政府与企业间发挥桥梁纽带作用，及时向政府和有关部门反映会员的意见和建议，协助推动政府出台相关产业扶持政策，做好行业管理工作。第三，促进国内外同行业间在管理、工艺技艺和行业信息方面的交流和协作，为会员提供国内外最新的船艇行业技术、经济情报和市场经营信息，促进游艇产业的共同发展。第四，为企业与各地游艇组织和爱好者铺路搭桥，组织开展游艇销售理论及实践研究，开展各类游艇促销活动，做好行业的"游艇人之家"。

3. 全国游艇行业协会一览

在我国游艇业发达的地区，游艇协会也自然处于领先地位。上海邮轮游船游艇业行业协会是第一个成立的省级行业协会，海南省游艇协会是第二家，辽宁省游艇行业协会紧随其后，于 2011 年 12 月成立。全国游艇协会概况见表 1-2(《厦门游艇行业协会章程》见附录 6)。

表 1-2 全国游艇协会一览表

游艇协会名称	成立时间	章程名称	协会简介
上海邮轮游船游艇业行业协会	2006 年 2 月	上海邮轮、游船、游艇业行业协会章程	于 2010 年 8 月 3 日通过，为邮轮、游船、游艇业同业企业以及其他经济组织自愿组成，实行行业服务和自律管理的跨部门、跨所有制的非营利的行业性社会团体法人
海南省游艇协会	2011 年 1 月	海南游艇协会章程	由海南从事游艇制造、销售、维修、服务、行业管理和游艇所有人等实体和个人自愿组成的地方性、专业性、非营利性社会团体
辽宁省游艇行业协会	2011 年 12 月	辽宁省游艇行业协会章程	有包括游艇制造业、俱乐部、会展公司等在内的协会成员 45 家
珠海游艇行业协会	2003 年 10 月	珠海游艇协会章程	由珠海市游艇的制造、销售、维修、游艇拥有者、爱好者、科研等相关经济组织和个人自愿组成，是具有法人资格的地方性社会组织
厦门游艇行业协会	2008 年 5 月	厦门游艇行业协会章程	于 2008 年 8 月 5 日通过。截止到 2011 年 9 月底，协会成员已有近 160 家

由表 1-2 可以看出，除了游艇产业发展较早的珠海是 2003 年成立了游艇行业协会外，其他游艇行业协会均为最近几年才刚刚成立，并且各地相继成立游艇协会的步伐越来越快。这与我国游艇业发展的步调也是一致的。

游艇行业协会要成为游艇业的权威组织，不仅仅是走一个挂牌成立、剪彩留影的过场，更要注重日后协会的内部建设和管理。游艇行业协会要发挥相应职能，必须要把为游艇企业、游艇行业、政府服务作为立会之本，真正把行业协会放在为企业服务的位置上，加强与各游艇企业的沟通，根据游艇业发展的需要扩大服务领域，得到企业和游艇业内人士的认可。

1.2 中国游艇产业布局政策和规划

1.2.1 中国游艇产业布局政策

1. 布局政策简介

游艇产业布局政策一般是指政府机构根据游艇产业的经济技术特性、国情国力状况和各地区的综合条件，对游艇产业的空间分布进行科学引导和合理调整的意图及其相关措施。从本质上来讲，游艇产业布局合理化的过程就是建立合理的地区分工关系的过程。

从产业布局政策的内容上看，游艇产业布局改革主要包括地区发展重点的选择和游艇产业集中发展战略的制定。从产业布局政策的目标来看，游艇产业布局政策往往与特定的国家经济发展程度相关联。并且政府往往倾向于建立开发区或者游艇产业园，将游艇产业集中起来，以令其有较快的增长，进而提高其对经济增长的贡献度。从产业布局政策的实施手段上看，游艇产业布局政策主要是规划性的，同时也包括一定意义上的政府直接干预。产业布局是一个国家或地区经济发展规划的基础，也是其经济发展战略的重要组成部分，更是实现产业经济持续稳定发展的前提条件。

游艇的发展和经济发展、地理环境、基础配套设施、社会稳定性和人文环境等因素密不可分，因此，游艇产业的布局和规划是否合理决定了游艇业在中国的发展速度。

2. *布局要求*

游艇产业建设在我国起步较晚，尚处在实践探索阶段，布局重点应在经济相对发达、对外开放度较高、市场需求较大、项目所需的资源条件较好的地区。在游艇产业布局过程中有如下几个方面的要求。

(1)水域资源利用。游艇项目建设涉及海洋、江河湖泊的水域使用，必须符合海洋功能区规划、水域保护规划和防洪规划，不得损害、破坏航道、生态环境和防洪设施。

(2)海岸线资源利用。游艇项目海岸线使用必须符合岸线利用规划，集约利用岸线。由于过去岸线利用缺乏统一规划，岸线使用存在着多占少用、占而不用的现象，尤其是一些企业码头占用了不少优良深水岸线，但是资源利用率较低，影响了岸线资源的充分合理利用。

(3)土地资源利用。游艇项目建设用地，应符合土地领用总体规划，集约用地，不得使用基本农田。

(4)生态环境保护。游艇项目的建设和营运，必须符合环境保护有关法律法规和海洋功能区划的要求。饮用水资源保护区、自然保护区、重要生态功能区等区域禁止游艇项目建设。

3. *布局概况*

中国游艇聚集区主要分布在三大区域，即以深圳、广州、珠海为代表的华南珠三角区域、以上海、宁波为代表的华东长三角区域和以天津、大连、青岛为代表的华北环渤海区域①，呈“三足鼎立”之势，如图 1-2 所示。

在游艇产业中，游艇制造业和游艇服务业占有很大的分量，从这两个角度

① 施俊华．我国游艇休闲现状与发展研究．体育世界(学术版)，2010，(5)：18～19.

图 1-2 国内游艇业分布区域

看，全国游艇业的布局态势可以对中国游艇业的发展现状有一个全局性的认识。

1)游艇制造业

目前，我国已经形成完整的游艇制造产业链，包括游艇研究、设计、整艇制造、零配件制造、舾装等。2010 年中国游艇制造业出口额达到 2.2 亿美元，现在我国整体游艇生产能力已跻身全球十强，其中超级游艇的制造能力已位列全球第六[①]。我国制造的中小型游艇价格与欧美国家相比便宜 20%～30%，这使得中国游艇在国际上非常具有竞争力。现在全国大小游艇保有量仅有 1 000～1 200 艘，沿海旅游业的快速发展刺激了游艇需求量的迅速提升，这为游艇制造业带来了巨大的商机。

我国游艇制造业主要分布在南部广东与福建、海南岛珠三角地区，湖南、湖北、重庆等中西部的地区，大连、天津、威海、烟台等环渤海湾与北方地区，江浙沪的长三角地区。广州、深圳和常州是游艇制造企业最为密集的地区，其中广州、深圳地区有知名游艇生产厂近 20 家，常州地区有知名游艇企业 30 多家。国内的游艇制造企业有的是大型国有企业开辟新领域投资建设，如上海红双喜游艇公司，有的是传统的造船企业转制，如厦门翰盛游艇公司、无锡江阴东方公司，更多的是民营企业，如佛山宝达、珠海江龙、青岛蓝波、威海竹内、上海珐伊等，大约占到我国游艇制造企业的一半，当然还有外商投资和合资企业[②]。

环渤海区域重工业突出，船舶制造在全国处于领先地位，是传统优势产业，未来游艇制造业的发展也会继续在此区域集中发展。

2)游艇服务业

我国游艇服务业的聚集区主要分布在三大区域，即以深圳、广州、珠海为代表的华南珠三角港口群，以上海、宁波为代表的华东长三角港口群，以天津、大

① 张建松，李想．我国整体游艇生产能力跻身全球十强．新华网，http://news.xinhuanet.com/fortune/2009-04/19/content_11213481.htm，2009-04-19.

② 王晓．我国游艇制造业的发展现状与对策．广东造船，2011，(6)：51～53.

连、青岛为代表的华北环渤海港口群①。俱乐部的发展情况在一定程度上代表了游艇服务业的发展程度。

从大连到天津、青岛、上海、苏州、杭州，再到厦门，最后一直到珠三角的珠海、深圳等条件优越的沿海城市，都组织建立了游艇俱乐部。其中，上海、青岛和深圳是游艇活动发展较早的城市，也是目前游艇俱乐部比较集中的城市，三座城市的游艇俱乐部数量约占全国的40%。其他各地区游艇俱乐部发展情况如下。

(1)华东区域。长三角是中国游艇业的发端地之一，密布的河网与经济的腾飞为游艇俱乐部的发展提供了良好的发展空间。虽然华东地区的水域资源较为丰富，但分布散碎，缺乏高质量大面积的景观水系尤其是海洋资源，最典型的要数江苏。

华东地区游艇俱乐部的特点是规模相对较小，排布较为密集，档次梯度较大。在地缘优势上，华东地区则以上海为中心形成辐射的商务圈。游艇俱乐部也大多以商务旅游、会务餐饮为重点，强调为商务客户的全面服务。

(2)华南区域。华南地区因其海域广阔、气候宜人而成为游艇业发展的热土。在游艇旅游、租赁方面取得成效的同时，华南的高档会所式游艇俱乐部的发展相对较晚，但从规划、投入方面的大手笔来看，有一定的后发优势。

华南地区的游艇俱乐部多与旅游有一定关联，有的成为游艇景点的组成部分，有的独立成为含酒店、会所的休闲度假综合体。深圳、海南等地的游艇俱乐部通过与当地高端旅游业的联运获益匪浅，也带动了当地的经济发展。

(3)华北区域。以青岛和大连为主力，华北地区的游艇业发展与体育运动事业密切相关。作为我国水上运动的重镇，环渤海地区有着悠久的水上运动传统，也培育了一大批水上运动的爱好者。尤其是在2008年，北京奥运会的帆船比赛在青岛举行，更成为游艇业的发展动力。

华北的游艇俱乐部以水上活动的专业性为卖点，并以此带动休闲产业在规格和档次上的发展。青岛奥林匹克帆船中心(简称青岛奥帆中心)在北京奥运会结束之后成为一所高端游艇俱乐部。

1.2.2　国内游艇业布局条件

1. 长江三角洲地区游艇业布局条件

长江三角洲城市群简称长三角城市群，位于中国沿江沿海“T”字带，是中国最大的城市群。它由沿江城市带和杭州湾城市群构成，成员包括上海、南京、苏州、无锡、常州、镇江、扬州、南通、盐城、泰州、淮安、杭州、宁波、嘉兴、

---

① 施俊华．我国游艇休闲现状与发展研究．体育世界(学术版)，2010，(5)：18～19.

湖州、绍兴、舟山、台州、马鞍山、合肥、衢州、金华，共22个城市。

长江三角洲地区是我国经济发展最快、人口密集度最高、旅游资源最丰富的区域之一。游艇业布局状况在全国来看有经济优势、消费优势、船舶制造优势和旅游资源丰富等优势；同时却也有污染严重、游艇文化缺失等劣势。

1)优势

(1)水域资源丰富。长江三角洲地区水系丰富、类型多样，为游艇业的发展奠定了资源基础。长江三角洲东濒海洋，地平坦荡，河网如织，湖泊众多，江河湖海互相联通，形成特有的水乡泽国的三角洲水系。

上海黄浦江、苏州河、长江上海段，浙江的钱塘江、富春江、新安江、楠溪江、曹娥江、甬江、苕溪江、椒江、鳌江、瓯江，江苏下辖淮河、长江江苏一段、秦淮河、沂河、沭河、新沂河、新沭河、苏北灌溉总渠等河段集群，外加雁荡山、雪窦山、莫干山、天台山等名山旅游资源沿江沿河分布，形成了山水互动的分布格局，为江河游艇游船提供了丰富的水上资源。

长江三角洲地区湖泊资源集中，并形成了以江苏太湖、浙江西湖、上海淀山湖为代表的区域湖泊集群。

(2)经济领先。长江三角洲地区在各个经济总量指标上都已超过了珠江三角洲地区，成为中国经济增长最重要的引擎之一，地理位置也有天生的优越性：位于华东平原，交通便捷，四季分明，物产丰富，自古就是一个富庶之地。再加上河网密布，通江达海，是我国人口最稠密、经济最发达、人民生活最富裕的经济区域。全国唯一的一个特大城市群即沪宁杭城市群，是产业集中带和生产力发展的主轴线。如今，长江三角洲地区成为了一个以上海为龙头，以建立国际经济、金融、贸易中心为目标，高新技术产业得到迅猛发展，产业结构高度不断提升的中国最具经济活力的城市带。游艇业发展的沃土在这里得到经济上的支撑。

(3)船舶工业基础雄厚。凭借黄金水道和黄金海岸交汇的地缘优势，长江三角洲地区正逐渐成为游艇制造业投资的集聚区域，并且在制造业基础、技术力量、管理水平及现代服务业上都已具备了雄厚的基础。特别是上海制造业基础好，江苏乡镇企业发展迅猛，浙江的民营经济势头喜人，这些条件都奠定了长江三角洲地区的游艇制造业比较好的产业基础。

(4)旅游资源丰富。长江三角洲地区是我国旅游资源最丰富的区域之一，自改革开放以来，该地区旅游业的发展日益完善，走在了全国旅游开发队伍的前列，总共拥有国家4A级旅游区69家，占全国的15.6%；国家历史文化名城9座，国家级旅游风景区13处、省级风景区21处，全国重点文物保护单位113处①。同时，随着旅游业的快速发展，该区域的旅游接待能力和服务业水平也得

① 凌美琦．长江三角洲区域旅游资源一体化开发研究．学理论，2011，(20)：117～118.

到了较大程度的提升。星级酒店的建立、旅行社的创办以及各大高校纷纷开展旅游管理专业等诸多因素，共同决定了长江三角洲地区旅游资源市场的可持续开发潜力。

2)劣势

(1) 水污染严重。长江三角洲地区是我国经济最发达的地区之一，随着区内经济的快速发展和城镇化的不断推进，水资源的需求量不断加大，污染物排放量也不断增多，大量未经过处理和处理不充分的工业废水和生活污水的排放，以及化肥农药的大量使用，导致区内各类水体都存在着不同程度的水质污染，使得该地区水环境恶化，造成水质型缺水并影响经济社会的可持续发展，水污染防治十分急迫。

(2)游艇文化缺失。缺乏游艇文化，大众普遍性的消费观念尚未形成。中国文明属于大陆文化，而游艇所代表的是海洋文化：一种是黄土地的厚实，一种是自由的蓝色梦想，两者之间存在根本的差异。有关专家曾经对上海高收入人群的游艇消费倾向做过一次调查，结果并不令人乐观。与人们生活必需的住房、汽车不同，游艇毕竟还是可有可无，对这样的“生活奢侈品”观望者多而付诸实践者少。因此，大部分国人要深刻领悟这种舶来文化尚需时日。中国游艇经济的发展，还仰赖于国人休闲观念以及文化的更新。

2. 珠江三角洲地区游艇业布局条件

珠江三角洲经济区，包括广州、深圳、珠海、佛山、江门、东莞、中山、惠州和肇庆。

珠江三角洲地区在游艇业的发展方面同样也有经济优势、自然条件优势、旅游资源优势，和长江三角洲地区相比，因为濒临香港、台湾，更有市场优势；劣势方面，同样都有水质污染的情况，还有销售信息不太发达的现状。

1)优势

(1)经济方面。珠江三角洲地区连接港澳，是我国最早进入改革开放的前沿，经济水平高，消费能力强。2010 年珠江三角洲 9 城 GDP 为 37 388 亿元，城镇居民人均可支配收入 24 578 元，增长 9.3%①，已成为中国消费能力最强的区域。消费能力强劲和消费习惯逐步与国际接轨，使得珠江三角洲成为中国奢侈品品牌店聚集最多的地方。

(2)市场方面。虽然目前游艇以出口为主，但是珠江三角洲地区的游艇旅游消费潜力是巨大的。最近社会科学院报告指出，中国现阶段中产阶层占就业人口

---

① 江门市统计局.2010 年 12 月珠三角主要经济指标(一). 江门市统计信息网，http://tjj.jiangmen.gov.cn/News.aspx? guid=1587，2011-01-28.

的15%，并将以每年1%的速度增长①。有关专家分析认为，在今后5年里，随着国家改革开放、经济腾飞、国民经济的快速增长和人民生活水平的不断提高，游艇健身娱乐将成为人们休闲娱乐生活的重要选择，我国游艇业将逐步进入快速发展期。深圳及珠江三角洲的其他城市所拥有的百万美元级富豪在数量上远远超过香港，香港目前每年私人游艇产业的产值已经达到了40亿港元，那么很显然珠江三角洲的游艇产业将是一个“数倍于40亿港元”的产业②。

（3）自然条件和水域资源。珠江三角洲地区的广东省是海洋大省，海洋渔业资源、港湾资源、滨海旅游资源、岛礁资源丰富。粤港地区坐落在大陆的南端，是内陆出口港澳、东南亚、太平洋地区的主要通道，面临南海，广东省沿海拥有的海岸线占全国的五分之一以上；海域辽阔，海岸线漫长曲折，大小港口510个，主要航道23条③，不少地区具有建港的优良条件。沿海风光秀丽，气候宜人，终年气温较高，年温差和日温差较小，属于南亚热带和热带过渡型海洋性气候。海域宽阔、环境优美、空气清新，港湾、沙滩、岛礁、波浪、海洋生态等要素齐备，沿海经济发达的新兴旅游城市和特色各异的海岛，非常适合游艇活动区域，这些都是国内其他省份所不具备的。

（4）产业起步早。珠江三角洲地区游艇产业起步早，目前已经形成一定程度的产业集群。全国最早的游艇制造企业就在深圳。目前在深圳游艇制造领域主要有深圳海斯比游艇科技有限公司和大庆游艇公司。海斯比游艇科技有限公司技术水平较为领先，深圳五大水上执法部门的游艇主要由其提供；大庆游艇公司是一家台资企业，其生产出口欧美的50英尺（1英尺＝0.3048米）以上大型豪华游艇在国际市场上非常走俏，该公司已成为全国最大的出口游艇厂家之一。珠海游艇制造虽然起步稍晚，却由于政策优惠后劲无穷，已经形成规模化生产。

（5）旅游业发达。珠江三角洲地区的旅游业、服务业较发达，居民旅游消费习惯已形成。从近三年的第三产业生产总值、国际旅游收入和国内旅游收入的数据可以看出其占全国比重大，有较大的影响力和吸引力，对发展游艇旅游非常有利。

（6）人才保障。珠江三角洲地处中国南部沿海，改革开放以来经济发展迅速，吸引了许多国内外人才，加上该地区具有劳动力资源丰富、造船历史悠久、经验丰富的优势，对发展游艇产业非常有利。目前，珠江三角洲地区的高等院校有中

---

① 郭紫纯．社科院报告显示中国中产阶层约占就业人口15%．新浪财经，http://finance.sina.com.cn/luxury/luxmiddle/20060516/15542571970.shtml，2006-05-16.

② 闫鹏飞．私人游艇中国富人新标识．中国养老金网，http://www.cnpension.net/index_lm/2008-09-06/523476.html，2008-09-06.

③ 任品德，邓松．广东海洋经济发展趋势及可持续发展对策分析．http://www.gdsq.gov.cn/results/text.asp?id=513，2011-03-02.

山大学、暨南大学、华南理工大学、湛江海洋大学等国家重点院校，这些高等院校能为航运和造船等行业培养出开发、研制、管理等专业相关的高级人才提供保障。

2)劣势

(1) 有一定程度的水污染。珠江三角洲近海的一些地区水质有受到工业污染的现象。另外，一些地方水质环境很好，但是生态环境很脆弱，一旦遭到破坏，自我修复的过程将是漫长的甚至是不可逆的。游艇在制造和航行过程中会对水域造成污染，在游艇的生产和使用过程中缺乏与之相适应的环保标准，将不利于地区游艇生产和当地旅游业的长期可持续发展。

(2) 销售平台和销售渠道不够发达和健全。珠江三角洲地区游艇产业的信息平台还不够通畅，大部分配套零件依靠进口，而同时园区内或者国内的配套企业也能提供同等品质的材料，却因消息沟通不畅，失去了成交机会。

3. 环渤海地区游艇业布局条件

狭义的环渤海区域是指辽东半岛、山东半岛、京、津、冀为主的环渤海经济带，同时辐射山西及内蒙古东部。陆域面积 51.4 万平方千米，渤海海域面积 7.7 万平方千米，总人口 2.15 亿人，此区域当前经济总量、外贸总量占全国的 1/4；在 5 700 千米的海岸线上，近 20 个城市遥相呼应，数千家大中小型企业虎踞龙盘，大连、青岛、秦皇岛等 60 多个大小港口星罗棋布；以京津为中心，带动两侧扇形区域，成为中国乃至世界上城市群、工业群、港口群最密集的区域之一。

环渤海地区在游艇业发展方面既有区位优势、老工业基础雄厚、人文教育发达等优势，同时又有气候、经济、销售网络等方面的劣势。

1)优势

(1) 区位优势。环渤海地区是我国对外开放的窗口和对外贸易的重要基地之一，在全国经济的整体格局中占有重要战略地位。渤海是我国最大的内海，分布大小岛屿 40 多个，注入渤海的内河有 41 条，沿岸大小港口 40 多个，由于该区域独特的地域优势，经济界称之为四河三角洲(辽河、海河、黄河、滦河)，成为继珠江三角洲、长江三角洲之后我国第三个区域经济支柱，成为拉动北方经济发展的发动机。

(2)老工业基础雄厚。环渤海区域是老工业基地战略的实施地，经济优势明显。作为我国北方最大的工业密集区，圈内的产业主要以能源、化工、冶金、建材、机械、纺织、食品七大产业为主，产业部门比较齐全，经济对外依存度相对较小。同时，随着北京“中关村”及其他科技园的建立，电子、信息、通信、生物、医药等新型产业正在崛起，而且第一、第二产业也有较好的发展基础。该大都市圈是我国重要的农业生产基地，粮食、棉花、水果、油料、牛肉等产品产量较大。以旅游业和金融业、服务业为主的第三产业发展势头也较好。

2010年，地区生产总值实现12.07万亿元，年均增长16%[①]。“十一五”期间，环渤海经济圈的投资增长明显高于长江三角洲、珠江三角洲等东南沿海地区。

(3)人文教育发达。京津唐大都市圈历来是我国的文化教育中心，人文荟萃。北京是世界著名的“文化古都”，集中了大量文化、教育、科技各专业的优秀人才，是全国知识人才的宝库，科技智力密集；各类研究院所、大专院校聚集，共集中了60多所高等院校与中国科学院等一流水平的研究院所；特别是中关村智力密集程度高，不仅居全国之冠，在世界也属罕见。天津的文化科技教育也十分发达，全市人口素质仅次于北京、上海，居全国第三位。本区域的天津、大连、青岛、烟台、威海历来是我国北方造船、航运业的中心，也是我国最大的造船基地之一，这里聚集了造船、航运业大量的专业人才。天津大学造船学院、大连理工大学造船学院、大连海事大学、大连水产学院是中国北方造船、航运高级人才培育的摇篮，也是环渤海区域游艇业发展的人才基地。环渤海区域临海临江区域的人们，对水文化情有独钟，历来盛行游海游江、玩海玩江的习俗，是游艇活动开展的良好水文化基础。

(4)旅游资源丰富。环渤海旅游资源丰富多样，不仅有山、泉、湖、洞等陆上的自然旅游资源和古建筑、宗教寺庙、博物馆、历史文化遗产等人文旅游资源，而且还有“3S”(阳光、沙滩、海水)滨海旅游资源，汇集成了海光山色独具风格的旅游景观。

2)劣势

(1) 经济一体化进程缓慢。环渤海经济圈的一体化程度还远远不够，产业联系也不足，各个城市之间的竞争大于合作。这些区域普遍缺乏水资源，城际快速通道的建设缺乏安排，这些都阻碍了该经济圈的整体发展。

环渤海经济圈内核心城市的地位及分工不明确，城市群间缺乏协作与互补。像上海和长江三角洲其他地区，在产业或技术协作上有很多联系，如技术工人的扩散、大企业产品的配套等。在珠江三角洲，广州和深圳在体制创新上总是走在全国前列，从而对周围城市的辐射和带动作用都很大。而环渤海经济圈的发展，还处在一种初级阶段。从区域内各省市的产业分工和协作来看，虽然也有协作，但这种协作往往还只是原先计划经济的产物，不是在市场竞争基础上产生的产业分工。

(2)基础设施网络尚未形成。环渤海地区天然的中心是首都北京。但是在经济上，与同区域内的其他地方没有紧密的联系。虽然天津的发展已经被上升为国

---

① 丁峰.“十二五”环渤海区域经济合作即将跨入新阶段. 新华网，http://news.xinhuanet.com/local/2011-05/26/c_121462979.htm，2011-05-26.

家的战略高度，但现在的情况是，除北京、河北两地买账外，环渤海区域内的其他地区对此都不积极。

(3)气候环境欠佳。环渤海地区作为全国的重工业区域，大气污染、土壤污染和水质污染都较为严重。北京和天津的主要污染物都是颗粒物和二氧化硫，且都是颗粒物污染较为严重，而山东和河北由于自然地理及人为因素成为长江以北酸雨污染较严重的地区。

1.2.3　中国游艇业发展规划

1. 规划要求

不是有海的地方都能建游艇码头，不是有海的地方都能办游艇俱乐部，游艇业在我国的发展需要有关部门编制科学的发展规划。

伴随着我国游艇业的兴起，对于该产业的发展规划思路越来越清晰，具体来讲，应从如下几个方面考虑：①协助国家有关部门起草、制定游艇发展的具体政策、措施，重点是协助建立、健全游艇旅游的服务体系；促进游艇特别消费税的突破；促进游艇入籍、出入境管理的简化。②协助各地政府制定游艇发展规划，特别是游艇海岸线和游艇公共码头的规划。③建立游艇交易平台，为消费者提供国际化、现代化游艇交易服务网络。④规划适合中国消费者需求的游艇旅游新航线，着力推动游艇租赁。⑤建立游艇旅游在线服务、网络预订等公共信息服务，全面提升游艇旅游的信息化水平。⑥构建游艇俱乐部的协作、合作平台，重点促进粤港和海峡两岸游艇航行互通试点。⑦建立游艇驾驶、游艇旅游的职业技能培训体系。⑧引进游艇金融、游艇保险，为游艇消费者创造良好的消费基础。

2. 规划概况

目前，我国还未有国家层面的相关游艇产业规划，各地方政府纷纷出台地方游艇产业规划，如上海、福州、三亚等游艇业相对较发达的地区。

未来5～10年仍是中国游艇经济发展初期，所以，尽快编制《中国游艇产业发展总体规划》或《全国游艇经济发展指导意见》，对中国游艇经济的宏观布局、区域分工、消费市场培育、消费模式形成具有重要的指导意义。

1.2.4　国内游艇业规划现状

游艇产业俨然成为沿海城市的香饽饽。目前，国内各地政府纷纷规划区域内的游艇业发展蓝图，让我们看到了游艇产业发展的广阔前景。

1. 长江三角洲地区各城市游艇业的规划

1)上海游艇业发展规划

上海在“十一五”规划中明确提出要进一步发展海洋游艇经济，并于2007年正式出台《上海市游艇业发展总体规划》，各区政府积极响应该政策。金山区政府委托上海市人民政府发展研究中心进行发展游艇经济的可行性研究，并投入 40 亿元的资金启动游艇工业园区的建设和招商工作；奉贤区在游艇工业区重点发展游艇、水上运动器材、船舶等制造及其配套业，要将该游艇工业园区建成上海游艇产业的“母港”。

2011 年 2 月上海市委、市政府出台《关于加快上海旅游业发展建设世界著名旅游城市的意见》，明确要在全市形成“一圈四区三带一岛”的旅游发展新格局。目前，上海正在积极推进沿江、沿河、沿湖、沿海水上旅游综合开发，将建成若干个游船、游艇码头，把目前的外滩黄浦江两岸观光逐步向吴淞口至徐浦大桥延伸，打造成融万国建筑、世博园区、游船游艇、中西文化、上海风情于一体的“现代东方第一湾”。

2)江苏游艇业发展规划

2009 年 6 月国务院批准实施《江苏省沿海发展规划》，连云港政府抓住机遇，顺应游艇发展上扬的大势，请北京中交四海油轮游艇发展中心规划设计了连云港海州湾游艇产业基地。

无锡太湖拥有 3.6 万公顷水域，当地政府提出了令人鼓舞的水上环湖旅游的开发计划，届时，除了各式高品质绿色船艇游览太湖外，背山面湖、前有车库后有码头的高档别墅区也将吸引大批游艇爱好者前去度假。

3)浙江游艇业发展规划

浙江开发“千帆劲扬千岛湖”项目，目的是大力发展游艇及相关产业，拉长千岛湖和杭州游艇产业链，要把杭州打造成长江三角洲乃至全国的游艇产业集聚基地和制造中心之一。游艇及相关产业已经成为杭州市鼓励和促进的产业之一。除了杭州市，浙江省内已有不少地市开始谋划游艇经济蓝图。

浙江省舟山市普陀区将游艇产业作为本地发展海洋旅游的重要产业来抓，确立了打造 1 个游艇制造产业园、3 个游艇俱乐部、5 个游艇停泊码头的发展思路，将在沈家门、普陀山、朱家尖、桃花岛、六横岛等岛屿发展游艇码头，建设沈家门游艇基地，形成浙江省最大的旅游修造、补给、海钓基地，并聘请美国著名的游艇码头设计师作为政府的游艇问题顾问。浙江三门县将规划开发健跳、六敖沿海总面积达 10 万平方千米的游艇制造基地，明确产业发展的有关政策，将以优惠的政策、优质的服务，为游艇产业发展提供全方位的支持。

浙江省温州市把苍南开口景区发展成为集旅游、商务、休闲度假于一体的游艇经济旅游区，包括开展托管企业家私人游艇业务。在温州规划建设 12 万平方米的游艇产业园区，涉及整艇的制造、工业园区和游艇配套产业。

浙江省宁波市出台了《象山港区域保护和利用规划纲要》，包括象山、宁海、奉化、北仑等 21 个乡镇的象山港区域将建立豪华邮轮和私家游艇基地。

2. 珠江三角洲地区各城市游艇业的发展规划

1)三亚游艇业发展规划

当地政府提出要把三亚建成世界一流的“游艇基地”。三亚出台了《三亚市游艇产业及游艇码头布局规划》。该规划指出，游艇业的发展将为三亚乃至海南创造大量的高收入就业机会，与城市整体发展目标和定位相匹配，规划确定三亚游艇产业定位为“世界一流、中国最佳的游艇胜地”；强化发展游艇相关培训产业、针对游艇从业人员的培训、游艇维护产业和专业咨询服务产业。规划三亚的游艇码头布局结构为“一带五湾，一心三基地”，建设铁炉港、肖旗港和崖州中心港三个游艇基地，引进人才，建立游艇业所需人才培养机构，确保三亚游艇业快速发展，打造世界一流游艇之都。

2) 珠海游艇业发展规划

早在 2000 年，珠海市政府就在辖区内的平沙镇开辟了一块土地，规划建设游艇工业园区。2003 年，当地政府正式将游艇产业确定为珠海的特长产业，且专门成立游艇产业发展推动机构。珠海市现已建立了颇具规模的游艇生产基地——平沙游艇工业区，政府提供后续的政策支持，目标是建造华南地区乃至全国最大的游艇制造和配套零部件的生产基地。2009 年 11 月 2 日，珠海市政府通过了《珠海市加快发展游艇产业的政策措施(草案)》。

3)广州游艇业发展规划

广州市政府将游艇制造业列为该市优先发展的行业之一，并规划建设一批游艇码头和相关的基础服务设施，斥资 2.5 亿元建设南沙游艇码头和太古仓码头。

4)福州游艇业发展规划

福州市政府通过《游艇产业发展总体规划》，拟用 3 年或更长时间，使游艇产业形成一定规模，在游艇产业管理、游艇制造、游艇码头(游艇俱乐部)、游艇赛事等领域取得较大发展，打造世界一流的游艇制造基地，使福州成为我国游艇消费最兴盛的滨海城市之一和水上运动最活跃的地区之一。

福州游艇工业园区目前只有两家游艇制造企业。2011 年 5 月出台的《福州市游艇产业发展总体规划》中提出，将设超级游艇制造区、粗芦岛游艇工业园区(中小型游艇工业园区和配套工业园区)、连江可门经济开发区(中小型游艇工业园区)和江阴半岛(以出口为主的中大型游艇工业园区)4 个分区，规划建 18 个游艇码头，力争到 2015 年游艇业总产值达 2.1 亿元。

5)厦门游艇业发展规划

厦门市政府规划以香山国际游艇为代表性项目，充分利用厦门海滨地带的自然生态，逐步将厦门打造成一个真正意义上的游艇城市。

3. 环渤海地区各城市游艇业的发展规划

1)北京游艇业发展规划

借着2008年北京奥运会的契机，北京投资了32亿元巨资改造京城水系，其中重点开发了京城游览航线。

2)大连游艇业发展规划

大连市政府联手荷兰公司编制详尽的《大连游艇产业发展规划》，建设现代化国际游艇城。同时，在土地、税收、资金、政策等方面给予最大限度的支持。预计到2020年，将有9个游艇码头建设并投入运营。

3)天津游艇业发展规划

建设以基辅号航空母舰为中心的游艇世界是天津市政府的目标。天津中心海港将规划1 000个游艇泊位，培育辐射京津冀的游艇消费市场，形成游艇制造、游艇会展、游艇俱乐部三大产业共同发展的游艇产业群体，吸引和承接我国台湾地区游艇制造业的入驻。

4)青岛游艇业发展规划

青岛是2008年北京奥运会帆船赛事的举办地，这给青岛发展游艇旅游经济带来了巨大契机，当地政府也抓住了这一机遇，大力开发航海度假村。青岛市第十四届人民代表大会第四次会议专项审议了《青岛“十二五”规划纲要》(草案)，关于把发展游艇经济列入“十二五”规划的议题得到了广泛认同，提出突出建设、加快形成包括“以集装箱船、游艇及船舶零部件为核心产品的造船产业群”在内的4个产业群。

1.3 中国游艇产业发展历程

与西方游艇史相比，中国游艇发展历史很短。但中国游艇业的发展也是大势所趋，当经济发展到一定阶段后，游艇经济会自然起步。本节首先梳理了国内游艇业发展的状况，并将中国内地的游艇发展分为萌芽、起步和发展3个阶段，其次梳理了游艇业发展较为成熟的中国香港和中国台湾地区的游艇业发展历程。

1.3.1 中国内地游艇产业发展历程

中国内地的游艇产业始于20世纪70年代的船舶制造业，到目前为止已经历3个阶段①。

---

① 刘志维．中国游艇产业发展现状及珠三角地区游艇产业发展战略的研究．复旦大学硕士学位论文，2009.

1. 萌芽阶段：低档次的游艇自产自销阶段

中国内地于20世纪70年代中期开始制造玻璃钢游艇。由于当时国内消费水平较低，主要发展公用型游艇，如供公园、人工湖及海边使用的划桨艇、机动小艇和游览艇。后来为适应旅游区的需要，逐渐建造客位较多的客船，不过大多是用做旅游观光和交通的公用型艇，私人用豪华游艇很少。此时，受技术和市场的影响，我国的游艇业还处于萌芽阶段。

2. 起步阶段：与境外厂商合作生产较高档次游艇

20世纪80年代至90年代初，随着改革开放的深入和旅游业的发展，美国、日本、中国香港及中国台湾等游艇厂商开始与中国内地的玻璃钢船厂合作生产游艇。通过来料加工，引进专家和先进技术，与外商合资以及外商独资办企业等形式，促进了中国内地玻璃钢游艇的发展。这些游艇生产商根据欧美等的要求，采用国外原材料和设备生产了帆艇、钓鱼游览艇及家庭用游艇等，取得了一定成绩。例如，创建于1976年的东莞市玻璃钢船厂是中国内地较早生产玻璃钢游艇的国有企业，建厂以来已经生产了各种规格的摩托艇、高速客船和游艇。特别是1994～1995年为法国Catanal游艇公司建造了4艘38英尺的双体风帆机动游艇，当时在广东地区产生了很大影响。厦门玻璃钢游艇厂首开返销美国纪录，江苏也合资建造钓鱼船及帆艇等游乐用船，并返销日、美。20世纪90年代以来，广东引进了一些船型，经精心制作逐渐销往国外，天津、山东、上海等地也相继有台商及外商独资或合资开办游艇生产厂。

游艇制造厂商主要集中在沿海地区，如珠江三角洲有深圳江辉船舶工程有限公司、广东省东莞市玻璃钢船厂、广州国际特种船事业部、东莞南华游艇制造有限公司、广州高华游艇制造有限公司、广州新船玻璃钢有限公司、厦门玻璃钢船厂等；长江三角洲有苏州江辉船舶工程有限公司、苏州玻璃钢船厂、无锡船舶修造厂、长沙太阳鸟游艇制造公司、江西江新造船厂、上海长城玻璃钢制品有限公司等；环渤海有青岛北海船厂、大连松辽玻璃钢船厂等。

这段时期，独资或合资专业游艇公司的开发业绩及其高质量的产品推动中国内地玻璃钢游艇工业的发展，中国的游艇制造逐渐向更具附加值的中高档次游艇发展，也提高了中国内地游艇的出口业绩。但在起步阶段中国的游艇企业所生产的游艇绝大多数是以贴牌的形式出口国外，一方面国内市场的游艇消费还没有形成；另一方面还没有属于自己的国际品牌。

3. 发展阶段：自主知识产权的游艇崭露头角

随着中国经济和国际地位的不断提高，进入21世纪以来中国游艇产业有了更新一步的发展。首先，游艇的消费理念正在形成，许多国内商业的成功人士已经开始将游艇消费作为休闲的一部分，各种游艇会所、俱乐部也纷纷出现，一个崭新的国内消费市场正在出现。据中国船舶工业行业协会船艇分会预计，中国的游艇产业在未来几年内产值有望达到 2 000 亿元，并能解决 150 万人就业。其次，具有自主产权、自由品牌的中国游艇开始登上国际舞台。例如，由湖南太阳鸟游艇有限公司设计并生产的大型豪华游艇，是专为 2008 年中国北京水上运动举办地——青岛而准备的大型游艇，是具有完全自主知识产权的真正“中国制造”的豪华游艇。但是，国内的游艇厂家大多是一些外资企业在中国的生产基地，目前都没有形成一定的规模，也还没有形成品牌，与国外相比，中国生产的游艇在品牌和定价上还存在一定的差距。

1.3.2 中国台湾地区游艇产业发展历程

一直以来，中国台湾都被誉为“游艇王国”，在世界游艇工业中的地位举足轻重。同其他产业一样，台湾的游艇业首先也是从代工做起。而现在中国台湾被誉为“游艇制造王国”，生产的游艇以外销为主，其发展历程也经历了由兴起到繁荣再到低谷最后平稳发展的几个阶段，具体如下。

1. 游艇业兴起

20 世纪 50 年代，驻台美军拿着设计图纸希望造出一艘小型帆船，供海上休闲娱乐用，于是 1958 年中国台湾第一艘游艇诞生了。代表西方生活方式的游艇消费品经驻台美军带入中国台湾后，台湾造船业工艺优良、价格低廉、技艺好的口碑传回了美国市场，并引起了美国游艇业者的关注。由于物美价廉，中国台湾的游艇具有很强的竞争力，从此开启了台湾游艇代工外销的时代，并逐步成为欧美之外最重要的游艇产地。出口以美国为主，其次是加拿大、澳大利亚和日本。

2. 游艇业蓬勃发展期

中国台湾游艇业的第一个高潮是在 20 世纪 80 年代。欧美玩游艇风气盛行，中国台湾接到大量订单，游艇业进入黄金期。在巅峰时的 1987 年，出口游艇 1 775艘，居全球之冠。1988 年，中国台湾出口游艇 1 573 艘，总产值达到 1.9 亿美元，鼎盛时期岛内的游艇厂超过 100 家。

3. 游艇业衰退时期

自 20 世纪 90 年代开始，由于台币升值、人工和地租上涨等因素，中国台湾的游艇业受到沉重的打击，台企在其主打的美国市场陷入了长期的低谷。由于船厂过多引起恶性竞争、新台币大幅升值(从 1 美元兑新台币 40 元升到 1 美元兑新台币 25 元)，加上美国针对游艇开征奢侈税，中国台湾接获的海外游艇订单锐减，行业步入十年寒冬。1994 年，中国台湾游艇出口数跌到仅有 228 艘，产值仅 7 100 万美元，最低谷时，100 多家游艇制造企业中有 60 多家被迫关闭。

4. 游艇制造业转型时期

21 世纪初期，是中国台湾游艇业见证产业转型造就新辉煌的时期。转型升级之前，中国台湾游艇企业进入欧美市场基本依靠当地经销商，游艇的设计、销售渠道都掌握在经销商手中，处于十分被动的局面。在倒闭风潮中存活下来的中国台湾游艇企业为了突破困境，逐步摆脱以往代工生产的低利模式，开始自创品牌，不断创新，直接聘用欧洲设计师、推出自主品牌并不惜重金让自有品牌在欧洲游艇文化比较发达的地区保持较高曝光率。同时，中国台湾厂商开始引进真空注入一体成型的船壳生产技术，提升效率、扩大产能。多管齐下塑造出了成功的品牌，而品牌的力量也使中国台湾游艇业重回巅峰。中国台湾游艇业顺应国际豪华游艇的发展势头，舍弃8万美元左右的小型游艇，朝大型化、高附加值方向发展，开始生产18米以上的大中型游艇。首先是走独特设计路线，为客户做独一无二的产品，此举大大提高了中国台湾游艇的国际竞争力，为厂家赢得了更多订单。其次，在游艇内部装饰上走精致路线。配备最新科技的涡轮引擎、卫星定位系统、数字式航海图，每个房间内装有液晶电视、按摩浴缸、酒吧等。经过转型期后，游艇产值持续稳定发展，每年平均增长率维持在10%左右。

5. 游艇市场转向中国大陆，仍属于低端制造业

游艇是新兴产业，目前台湾和大陆是亚洲最大的游艇生产区域，台湾在制造大型游艇方面有一定优势，大陆在小型游艇制造上具有竞争力，其市场巨大，两岸分工合作、资源技术互补，其应可以很快发展成为仅次于意大利的生产王国。

台湾游艇产业比大陆提早30年发展，如今在制造、销售上都有着完整的产业链。但其岛内市场一直是个软肋。截至2011年上半年，台湾岛内从事游艇运动的人士仅为1 520人左右，而岛内近期游艇运动的潜在人口也仅为2 500人。台湾岛内的调查显示，将游艇活动列入喜爱的游憩活动的人口仅为1.7%。台湾岛内游艇消费的低迷可以归结为华人亲水习惯与西方人不同、各种费用较高、水域开放程度较低等。而本地消费的低迷在一定程度上也迫使台湾游艇制造业劳师远征，负担沉重物流、营销费用的同时，还要在天时地利人和都不占优势的欧美市场与当地老牌游艇制造商竞争。大陆与台湾却完全相反，大陆虽起步晚，但在内销上有不小空间。台湾企业一直都在探索着外部的空间市场。

近年来，大陆富豪阶层快速成长，且有近亿名中产阶级是台湾游艇最好的客户群，对奢侈品的需求强劲，台湾企业纷纷转向大陆这片热土。2012年年底，台湾游艇工业同业公会曾组团前来大陆市场参观考察。

1.3.3　中国香港地区游艇产业发展历程

我国香港特区常住人口约690万人，年人均GDP约2.5万美元，属于经济高度发达的地区。香港总计有235个大小岛屿，这些大大小小的岛屿之间的距离不远，有些彼此相互依靠而形成内湾地形与天然港湾，平时风平浪静，非常适合游艇活动的开展。

香港游艇产业目前主要体现在游艇俱乐部等游艇消费市场上。2011年，香

港注册游艇、帆船近 2 万艘，有 12 家游艇会(或俱乐部)，游艇泊位 6 000 个[①]。平均每艘游艇每月消费 1.5 万港元，主要是泊位费、管理费、服务费及维修保养费用等，若加上油品消耗、食品及日常用具的消耗等，这一数字还要大幅增加。据估算，香港每年靠游艇创造的产值高达 40 亿港元。另外，游艇对当地的餐饮、交通、公共服务、维修保养等具有带动作用，并有助于优化海洋经济及滨海旅游业的结构。

香港的 10 个游艇码头多为私人财团兴建，许多的游艇码头是依海湾地形挖深后兴建起来的，周边多建有数栋高级别墅住宅，或加上其他的俱乐部等周边设施，如高尔夫球场、健身俱乐部、会员专属餐厅等。

香港主要的游艇俱乐部如下。

(1)香港新界的匡湖居游艇俱乐部。其位于新界东北方的西贡地区的游艇码头，是依海湾兴建的，游艇停泊部分在中间，周围有一些高级别墅住宅群，停泊的游艇大多数是 45 英尺以上的大、中型游艇，泊位达 200 个以上，每年在该游艇码头定期举办游艇和相关船用设备展览。

(2)香港新界的黄金海岸私人游艇会俱乐部。其位于新界西边的青山湾一带，波光帆影，海景壮丽。黄金海岸私人游艇会俱乐部提供优良的防风游艇停泊服务，并可容纳长达 200 英尺的游艇，另设油站、电力及淡水供应、废物处理、电话、卫星电视等功能设施。此外，尚有餐厅、游艇服务等。

(3)香港深湾游艇俱乐部。其位于香港仔深湾道，临近香港海洋公园。该俱乐部提供全面的海事服务，所有的海上艇位均有电力和淡水供应，并有电话和 24 小时保安服务。俱乐部共有 200 余个泊位，可停泊 31～100 英尺不等的游艇。

(4)清水湾乡村俱乐部。其位于香港新界西贡地区清水湾大坳门路，是一处新开发的游艇俱乐部。该俱乐部有陆上置放游艇的游艇库，也有水上的码头设施，并有游艇俱乐部的各项设施和高尔夫球场。

本章小结

本章首先梳理了我国有关游艇产业的政策，发现近几年来游艇政策扶持力度逐渐加大。其次，介绍了我国目前游艇产业的布局和规划，发现我国的长江三角洲地区、珠江三角洲地区和环渤海地区是游艇业发展的重点区域，在此基础上详细分析了各区域的优劣势。最后，梳理了中国内地、台湾和香港三地区的游艇业发展历程，旨在从政策角度、规划角度对我国游艇业的现状有大致认识。

中国的游艇业政策正经历从无到有、从点到面、逐渐完善的过程。游艇业作

---

① 珠海市港口管理局．珠海市邮轮与游艇港口发展规划研究．http://www.zhuhaiport.gov.cn/zwgk/ghjh/201011/P020101119516074052599.pdf，2009-09-02.

为新兴产业，它的发展离不开政策的大力扶持，所以，政府的产业合理化政策对游艇业的发展至关重要。它不仅能促进规模经济的形成、改善产业组织结构、增加产业利润，甚至可以实现游艇产业的振兴。当然，对政策的进一步完善需要多方的努力与探讨，在此提出几点需要改善的建议，以期促进游艇政策的发展：第一，目前在海事监管及出入境检查方面还亟须出台专门的法律法规；第二，游艇市场无序，尚未真正形成，需要对游艇业实行行业自律制度；第三，金融产品的支持后劲不足，游艇保险、游艇产业等环节薄弱，要大力解决薄弱环节；第四，税收政策不够完善，亟待放宽。

案例

海南游艇产业政策推动游艇业发展

1. 海南游艇产业的发展

(1)海南游艇产业发展的自然条件。海南作为一个热带岛屿，有1 823千米延绵的海岸线，占全国的10.13%，自然岸线长达1 227千米，占全省海岸线的67.3%；海域面积约200万平方千米，占全国的1/3；大小港湾84处，可开发的就达到68处，四周多为优质沙滩。四季气候宜人，依托南海诸岛，海岸类型多种多样，岛屿景色秀丽，林木葱郁，自然景观壮丽。与东南沿海其他城市相比，四季水温适宜，是游艇运动的最佳地区①。

另外，海南地处东南亚中心，北以琼州海峡与广东划界，西临北部湾与越南相对，东濒南海与台湾省相望，东南和南边在南海中与菲律宾、文莱和马来西亚为邻，是中国同东南亚各国交往最便捷的大门，地理区位条件优越。

(2)海南游艇产业发展历程。海南岛作为中国第二大岛，从未停止过找寻适合自己发展的产业：从农业到工业，再到房地产业，但“打造国际旅游岛”作为海南岛的定位是目前最为正确的选择。发展历程如图1-3所示。

当海口的游艇经济还在一片空白的情形下，中共海南省委常委、海口市委书记陈辞最先提出把发展游艇经济作为海口的发展战略，此时游艇仅仅处于概念阶段。

2007年，海南游艇产业开始萌芽。受利益驱动，一些市县开始抢滩发展游艇产业，地产商开始投资游艇码头、游艇俱乐部。但规模都较小，游艇码头仅有十多个泊位。

2008年，海南游艇产业逐渐升温。游艇以进口游艇为主，且现行的游艇管理模式与游艇产业发展需求很不适应。全省50艘游艇仅有10艘登记，其中仅4

---

① 霍筱薇．海南游艇“搁浅”于政策瓶颈　全省仅10艘登记．南海网，http://www.hinews.cn/news/system/2010/06/22/010913880.shtml，2010-06-22.

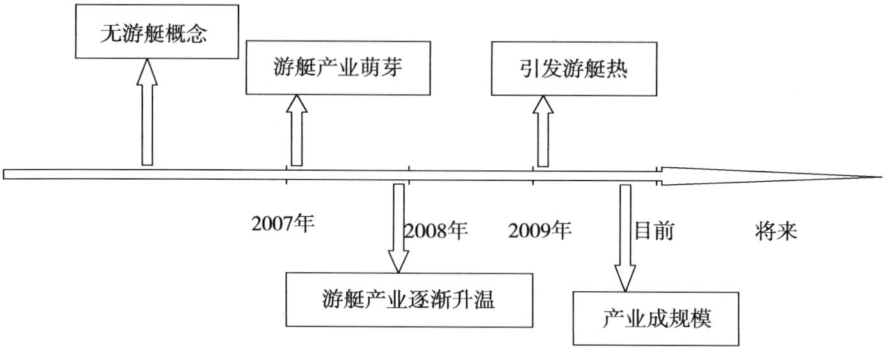

图 1-3 海南游艇业发展历程

艘取得了国籍证书。这些游艇因政策限制无法完成登记，无证自然下不了海，极大地束缚了海南游艇业的发展。对比同期的中国香港，注册登记游艇多达 3 000 艘，带动了香港相关酒店、会展、销售、维护保养等的发展，这和香港的自由港制度不无关系①。

2009 年，“游艇”成为海南旅游的一个热词，海南省第一个国际化标准游艇会所——三亚鸿洲国际游艇会正式对外开放。琼海、陵水、乐东等市县积极筹建游艇码头。

目前，海南省共有游艇制造企业 6 家，游艇销售服务企业 60 多家，游艇俱乐部 35 家，已建成运营的游艇码头有 200 多个，在建码头已有泊位 1 500 多个。“十二五”期间，全省沿海各市县规划建设的游艇码头达到 13 500 个，出入境的游艇也在逐年增多②。

2. 海南游艇产业政策的发展

近几年来，海南游艇产业相关的政策陆续颁布，如图 1-4 所示。

(1)国家层面的游艇产业政策。2009 年 12 月初，在国务院下发的《加快海南旅游业发展的意见》中，首次提出了在有条件的地区发展邮轮游艇产业，把邮轮游艇装备制造业纳入国家鼓励生产的产业目录。

2009 年 12 月 31 日，国务院发布《关于推进海南国际旅游岛建设发展的若干意见》，意见指出，要把海南岛建设成国际旅游岛上升为国家战略。发展游艇业是推进国际旅游岛建设的一个重要战略发展方向，国务院又明确提出研究完善游艇管理办法。2011 年，在各项优惠政策的实施下，海南国际旅游岛建设在国内

① 霍筱薇．海南游艇“搁浅”于政策瓶颈　全省仅 10 艘登记．南海网，http://www.hinews.cn/news/system/2010/06/22/010913880.shtml，2010-06-22.

② 陈望．海南发展游艇业优势多　未来有望建成游艇大省．南海网，http://www.hinews.cn/news/system/2011/11/15/013668813.shtml，2011-11-15.

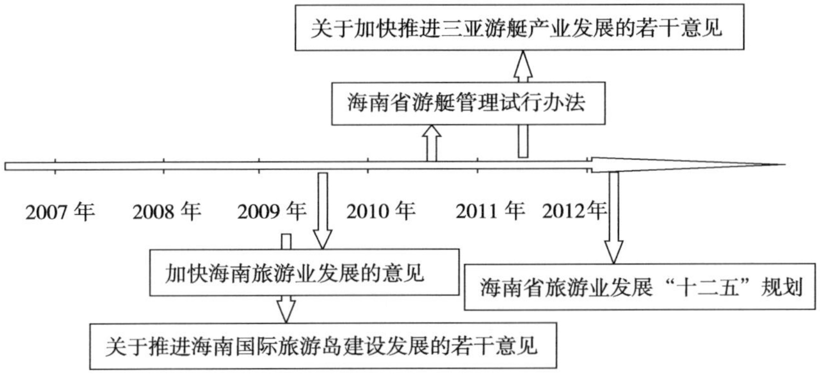

图 1-4　海南游艇产业相关政策颁布情况

外的影响力、吸引力不断扩大，阶段性成效明显。当年前三季度，以旅游业为龙头的服务业完成增加值 838.58 亿元，对经济增长的贡献率为 44.9%，引领海南经济社会快速发展①。

(2)地方层面的游艇产业政策。2010 年 11 月 23 日，《海南省游艇管理试行办法》发布实施，这是我国第一个专门针对游艇产业发展制定的政策。在游艇登记、驾驶、入境查验、活动水域等 15 项游艇管理政策上实现突破，突出“方便快捷”，有效解决了游艇进不来、不能动、出入不方便三大问题，为海南发展旅游新业态创造了良好的政策条件。

2011 年 10 月 20 日，三亚出台《关于加快推进三亚游艇产业发展的若干意见》，明确了游艇业发展的重点以及布局：以游艇中游产业为核心，以游艇下游产业为支撑，推进整个产业发展。把游艇会展、销售、租赁、服务等作为发展游艇产业的重要基点，向中游拉伸产业链，逐步发展游艇维护保养、信息服务、运动培训等中游产业；策划运作沃尔沃环球帆船赛、Class1 海上摩托艇大赛，积极引进美洲杯国际顶级帆船赛事活动，培育发展具有三亚地方特色的海上游艇帆船赛，把建设游艇码头、策划游艇赛事作为发展游艇产业的重要支撑，向下游扩展产业链，逐步发展游艇转运、保险、仓储、保管等下游产业。

2012 年 3 月 4 日，《海南省旅游业发展“十二五”规划》等专项规划编制完成，全省 16 个市县完成了旅游发展总体规划的编制并获批复。17 个重点旅游景区和度假区规划已有 12 个编制了总体规划，其中 9 个已经通过评审并获批复②。

(3)行业协会的发展。2011 年 1 月 21 日，海南省游艇协会在海口市正式成

① 傅勇涛，魏骅．海南国际旅游岛建设各项优惠政策落地效果明显．宏源证券，http://www.hysec.com/hyzq/public/Infodetail.jsp?infoId=5396895，2011-12-13.

② 祝勇．海南 16 个市县旅游总规获批　将编制海岛保护规划．海口网，http://www.hkwb.net/news/content/2012-03/04/content_654333.htm?node=106，2012-03-04.

立，这是继上海游艇协会之后，在全国率先成立的省级游艇协会。协会制定完善了海南省游艇行业管理规范，协助政府出台相关产业扶持政策，为游艇行业发展做好政策引导和协调服务，为游艇管理机构、口岸查验单位、旅游部门提供咨询服务，增进游艇相关行业之间相互了解和信息交流，促进游艇产业的健康发展；协调省内游艇码头停靠和联系异地游艇来琼停靠业务；等等。该协会的成立，给海南游艇产业的发展带来新契机。

3. 海南游艇产业政策促进游艇业的发展

国家新的产业政策调整，将给起步阶段的游艇产业带来巨大的发展机遇，对促进海南省游艇产业的快速发展意义重大。结合图 1-3 和图 1-4 可以看出，游艇产业政策成为海南游艇发展的“助推器”，突出体现在以下几个方面。

(1)游艇出入境次数增多。2009 年，海南省进出境外游艇 14 艘次；2010 年 1～10 月，海南省进出境外游艇达 103 艘次，是 2009 年全年的 7.36 倍。2010 年 11 月 1 日至 2012 年 2 月 17 日，出入境外游艇 177 艘次①。政策效应显现，可以预测出入海南的游艇还会不断增加。

(2)游艇码头兴建火热。已建成的游艇码头有三亚鸿洲、海口美源、海口港，共有泊位 212 个。三亚鸿洲国际游艇码头一期 72 个泊位，于 2010 年投入使用，成为海南首个出入境游艇专用码头，在建泊位 270 个。其他在建的游艇码头有海口美丽沙游艇码头、陵水清水湾游艇码头、三亚凤凰岛游艇码头和半岛帆船港游艇码头等②。

(3)游艇企业数激增。海南游艇制造企业数量增多，这从进驻海口国家高新区狮子岭飞地工业园的情况可见端倪。有数据显示，自《海南省游艇管理试行办法》颁布实施后，新增注册了 260 家游艇相关企业③。

(4)带动相关产业跨越发展。第一，促进游艇论坛的开展。截至目前，海口已连续举办两届游艇经济论坛。2013 年 5 月第三届游艇论坛在海口开幕，亦是中国游艇新兴产业的第四次年度盛会④。博鳌国际旅游论坛作为展示国际旅游岛建设的一个窗口，游艇产业成为该论坛重要的主题。第二，促进游艇展会的开展。2010 年海南举办了首届国际游艇展览会，自此每年的 12 月国际游艇展览会都在海南如期举行。第三，促进游艇地产的崛起。作为国际休闲旅游岛，游艇地

① 游艇管理办法实现 15 项政策突破重点解决海南游艇发展三大问题．搜狐网，http://roll.sohu.com/20120218/n335147981.shtml，2012-02-18.

② 邓少辰．关于加快海南游艇码头建设的对策建议．新东方，2011，5：31～34.

③ 种卿．海南游艇业蓬勃发展　新增注册 260 家游艇相关企业．中新网，http://news.cntv.cn/20120301/127860.shtml，2012-03-01.

④ 海南省旅游发展委员会．2013 中国(海口)游艇经济论坛在海口开幕．2013-05-13；中华人民共和国国家旅游局，http://www.cnta.gov.cn/html/2013-5/2013-5-13-11-37-77679.html.

产纷纷落户海南，海南富力湾、鸿洲时代海岸、雅居乐清水湾、鲁能三亚湾等项目如雨后春笋般涌现。

4. 海南游艇业发展的借鉴经验

近年来，国际性的跨境游艇盛行，其中以欧洲、地中海发展最为蓬勃。这些地区在出入境、娱乐、维修、补给等配套方面已非常完善，值得海南借鉴学习。例如，从地中海东面的克罗地亚到西面的意大利、法国南部的蒙特卡罗和康城等，以至西班牙的海岸线，都设有很多游艇会及有关停泊、维修、补给设施，可乘坐私人游艇沿途游览各著名沿海城市。另外，中国香港是国际旅游中心，在发展私人游艇服务方面已具有丰富经验，已建成多个高水平的游艇码头和游艇会，同样值得借鉴学习。当然，这些都需要中央赋予海南岛实施跨境游艇旅游特殊政策的权力，才能让海南尽快建成我国重要的跨境游艇服务中心。

世界游艇产业

游艇业始于第二次世界大战后，美国、英国和意大利均为游艇业的先驱国。中国游艇产业的发展需要学习和借鉴国外游艇业发达国家的经验。本章主要介绍世界游艇产业的发展情况，并重点介绍游艇业相对较发达的美国、意大利、澳大利亚等国家。通过分析这些游艇强国的发展历程、发展现状和发展优势，既可对世界游艇业的发展有个直观认识，也可以更清楚地认识到中国在国际游艇市场上的地位。

2.1 世界游艇产业总概况

2.1.1 发展历程

概括起来，自 20 世纪 50 年代至今世界游艇业的发展大致经过了六个阶段①，如图 2-1 所示。

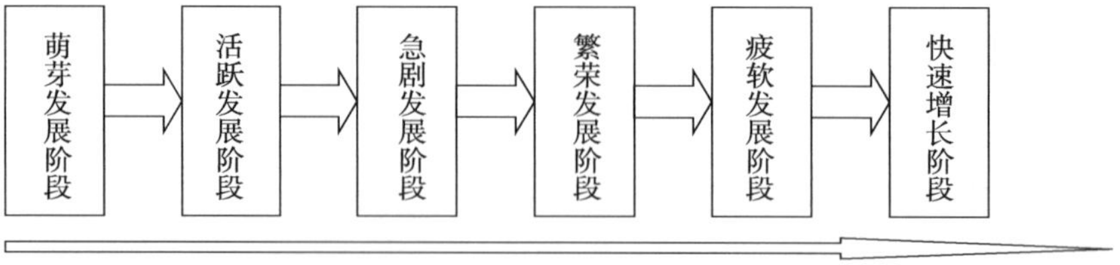

图 2-1 世界游艇业发展历程

① Lee H-C. Determinants of recreational boater expenditures on trips. Tourism Management，2001，22：659～667.

1. 萌芽发展阶段

20 世纪 50 年代初期，世界游艇业处于萌芽阶段。在经历了第二次世界大战后，全球处于相对和平的环境中，财富得以积累，个人身份显露及休闲需求凸显，这样的背景给世界游艇业的发展带来了机会。这一阶段的主要市场动力是舷外挂机，并以小型艇为主，年销售量约 3 100 艘，销售金额约 5 270 万美元，其中 71％为木质结构的小型机动艇和帆艇，少量为铝质结构的机动艇①。现代工业革命的蓬勃发展也给游艇业带来了技术支持，无论是动力、装备还是材料都有了新元素。

2. 活跃发展阶段

20 世纪 60 年代初期，游艇业的发展开始活跃。聚酯等材料，尤其是玻璃钢材料有色彩艳丽、强度高、易成型、适合批量生产且成本低廉的特点，使得玻璃钢游艇开始进入市场，并很快发展起来。以美国为例，1965 年美国舷外挂机销售量就达到 64.2 万台，创下了美国舷外挂机年销售量的最高纪录②。该时期，世界游艇市场的年销售金额达到 15 亿美元，其中玻璃钢游艇占 69％③。西方游艇工业已发展成为更加完善的制造、销售、修理、服务、金融、保险等综合配套的工业体系。在这一时期游艇展览会成交活跃，游艇俱乐部、游艇码头应运而生。

3. 急剧发展阶段

20 世纪 70 年代，世界游艇业开始进入急剧发展阶段。1970 年英国和西欧的游艇销售金额已达 38 亿美元，其中美国市场占 73.6％。70 年代末期，英国游艇需求更是急剧上升，市场销售余额达到 75 亿美元④，超过 1975 年的一倍以上。70 年代以后，亚太地区游艇制造业迅速发展起来，日本、中国台湾、新加坡、中国香港、韩国的游艇进入国际市场。日本成为第二大游艇产品出口国。中国台湾在 70 年代异军突起，出口了 2 万多艘游艇，成为第三大游艇出口商，被誉为“游艇王国”。70 年代亚太地区游艇制造业的迅速发展已与游艇第一大生产消费国美国形成竞争态势，并成为西欧、北欧的竞争对手。

4. 繁荣发展时期

20 世纪 80 年代达到游艇业发展的繁荣时期。游艇工业随着西方各国经济的恢复和发展，购买力的提高，游艇市场对各类游艇的需求量越来越大。虽然游艇市场受到两次能源危机的冲击，曾出现过市场销售额下降、竞争激烈的情况，但

---

① 杨新发．中国游艇产业发展综述报告．上海：上海交通大学出版社，2011：2～12.

② 王晓．中国游艇旅游的国际竞争力研究．华东师范大学硕士学位论文，2007.

③ 华承昌．国内外游艇产业发展简况．船舶工业技术经济信息，2004，10：1～5.

④ Lee H-C. Determinants of recreational boater expenditures on trips. Tourism Management，22：659～667.

是游艇市场总的趋势是上升的，而且上升幅度较大。1981 年美国游艇总销售金额达到 87 亿美元，到 1988 年总销售金额已高达 179 亿美元，创下历史最高纪录。与此同时，世界主要游艇生产消费国都处于最繁荣的时期。

5. 疲软发展阶段

20 世纪 80 年代末，世界游艇市场由于种种原因开始转向疲软。西班牙、意大利、挪威、丹麦、美国等国游艇市场的增长速度都在放慢，有的甚至出现了明显下降的趋势，美国的下降速度最为明显。一些以游艇和零配件为主的生产销售商受到的打击最大，纷纷关停并转行；许多游艇制造商纷纷寻找劳动力便宜的市场转移生产基地，以提高产品的竞争能力；意大利政府还采用了减少游艇附加价值税的办法来鼓励游艇市场回弹。

6. 快速增长阶段

进入 20 世纪 90 年代，当一些国家游艇市场仍在低迷之际，日本、英国、荷兰、德国、澳大利亚、瑞典等国家的游艇业快速增长。特别是日本，1990 年日本仅从美国进口的游艇总额就达 1.630 55 亿美元，比 1989 年的 8 854.9 万美元，提高了 84.147%。

目前世界游艇市场仍然主要集中在北美洲和欧洲，占世界游艇市场份额的 94.3%。而美国仍是最大的游艇市场，占世界游艇市场份额的一半以上。

2.1.2 各国游艇政策法规

1971 年，美国制定了《联邦游艇安全法》。ABYC 在联邦法规的基础上制定了详尽的行业标准，包括艇体设计、艇用设备、电气、技术咨询等各方面，并出版了《游艇法规和规范》一书。2007 年度开始，美国所有的游艇厂商必须接受行业的统一管理。此外，美国在游艇的购买登记、航道管理、驾照考核、贷款服务等方面都形成了很完整规范的体系，为游艇拥有者提供了方便。

1998 年 6 月 16 日开始全面生效的《娱乐游艇指南 94 /25 /EC》，是欧盟规范统一内部各成员国游艇管理的一部重要法令。其主要适用于船长 2.5～24.0 米的休闲娱乐游艇类船舶，其中涉及游艇安全的法规条款对于国内同类型船舶设计建造具有借鉴意义①。

2005 年为了完善游艇产业管理，意大利废除了 1996 年交通部发布的《游艇管理条款》，该则条款在规定游艇船体大小方面表述不明。新法规规定意大利的所有游艇都应登记注册，申请航海执照。意大利的增值税为 20%。驾驶动力艇与帆船需要有驾驶证，驾驶 30 千瓦以上的游艇必须拥有相应驾驶证。10 米(33 英尺)以上的动力艇与游艇必须登记注册。最近，登记注册的税费已经被免除。

① 江永斌．欧盟娱乐游艇指南的借鉴及应用．江苏船舶，2006，6：36～37.

2.1.3　世界著名游艇品牌

游艇是艺术、机械与梦想的完美结合，而拥有世界著名游艇品牌是所有游艇爱好者的梦①。

1. 丽娃

丽娃（Riva）：有游艇中的劳斯莱斯之称，于 1842 年进驻中国。拥有 172 年历史的丽娃是世界游艇界中最悠久、最传奇、最昂贵的品牌之一，全球公认其为游艇中的“劳斯莱斯”。

丽娃的船型均为限量收藏级，堪称意大利传统手工艺和现代高端科技的完美结晶。从 33 英尺到 115 英尺，无论开放式或飞桥式，每款均为手工限量制作。

购买丽娃的客户追求完美生活品质，注重品位和身份。172 年来，它始终是全球贵族、富豪及众多影星的宠儿。拥有丽娃游艇的名人有伊丽莎白·泰勒、索菲亚·罗兰、约旦国王侯赛因、意大利王储、西班牙国王、摩纳哥王子、尼古拉斯·凯奇、乔治·克鲁尼、布莱德·皮特、中国的李嘉诚……

2. 沃里

沃里(Wally)：意大利的游艇贵族，于 1992 年进驻中国。沃里是豪华游艇品牌中的典型代表，专注于生产帆船艇和机动豪华游艇，可以根据尺寸和滑板定制游艇，每种产品的设计均采用实际应用的开发方法所得，旨在使设计与创新技术浑然天成，生产出性能优越、安全可靠、易于操控且外观迷人的产品。

沃里开发的优秀技术方案可以改善航行体验：更加快速、更加简单及更加安全。舒适度也是设计中考虑的关键因素：制订了持续改善技术与设计的计划，以确保船主、家人和船员尽享其乐。

3. 公主

公主(Princess)：永恒的尊贵典雅身姿，于 1963 年进驻中国。公主游艇的创始人大卫·金(David King)于 1963 年创建了公主国际游艇公司，总部位于英国西海岸主要城市普利茅斯(Plymouth)。目前公主是世界游艇市场顶级品牌。

公主生产的游艇线条优美典雅，室内装潢豪华舒适，给人以最大程度的美感享受。现在公主国际游艇公司在世界小船建筑业处于领导地位。

公主游艇承袭英国皇家贵族气质：经典的设计，精良的工艺，出色的性能，可靠的品质，豪华的装饰，舒适的布局，成就了它极高的知名度。其每一代产品都在树立着行业的标杆。

---

① 叶子．解读世界上的著名游艇品牌．优讯—中国网，http://www.china.com.cn/info/2011-07/12/content_22977022.htm，2011-07-12.

4. 法拉帝

法拉帝(Ferretti)：大海是一个天然工作室，于1968年进驻中国。法拉帝隶属法拉帝集团(Ferretti Group)——全球设计、制造并销售豪华游艇的领导者。

法拉帝格言——进入法拉帝的世界，就意味着拥有一艘从海里诞生的游艇，这并不只是一句浪漫的话语。这句话的意思是：大海是一个天然的工作室，在海上航行能够帮助我们不断改良并设计出优秀的游艇。用“游艇是用来感受生活的，而不是用来炫耀的”的设计宗旨作为理念，确保了游艇在性能和技术上都是无可匹敌的。

5. 阿兹慕

阿兹慕(Azimut)：跳跃在蓝色乐章上的音符，于1969年进驻中国。阿兹慕是全球顶尖的休闲游艇品牌，其摩登先锋的创新、锐意进取的研发和意大利卓越的工艺，一同构筑了品牌今天的辉煌成就。无论是经典的飞桥游艇还是时尚的运动艇，其设计和生产都代表着全球的潮流，是欧美和亚洲地区最畅销的意大利游艇品牌之一。

阿兹慕完美的设计风格融入游艇的每一个细节：革命性的开放式上层结构使亲近大海的方式更灵活多样，闲适轻松的气氛让人沉醉其中、欲罢不能；而起居区域不仅可以敞开迎接海风的吹拂，也可以保持私密、营造属于自己的私人空间。如此水上尤物，让人在欣赏之余，不由憧憬着那天高海蓝的舒适与惬意。

6. 意达马

意达马(Itama)：“水上林宝坚尼”的风采，于1969年进驻中国。其是意大利开放式豪华游艇品牌，以其极致的优雅和超凡的性能成功引领潮流三十余年，经典的蓝白色已成为优雅、豪华游艇的象征。

意达马独特的古典风格和先进的造船技艺，完美地演绎出其别称——“水上林宝坚尼”的风采和意大利游艇的精髓，开创出奢华品位的新标准。优雅的外形，强劲的动力，高超的性能，以及与大海零距离的亲密接触，这就是意达马游艇的风格。这种风格已成为“意大利制造”的代名词，并且正被越来越多的人士认同为社会成就的象征，以及对永恒之美的有力阐述。

7. 圣伦娜

圣伦娜(Sunrunner)：细节之处见真章，于2001年进驻中国。圣伦娜游艇是世界运动型游艇顶尖品牌之一，采用澳大利亚先进造船工艺和顶级发动机，舒适度好、性价比高，尤以严谨的造船理念和对质量、性能、细节的重视在国际上有口皆碑。

圣伦娜舱内全部采用樱桃木细木家具，布艺采用双道缝合，船首围栏用厚度为30毫米的不锈钢代替了标准厚度25毫米的不锈钢，冰箱容积比大多数船上冰箱大 20%，甚至连舱内的地毯边缘都经过精心处理。较低的噪声和振动、良好的稳定性以及坚固耐用的特点使其脱颖而出。

8. 爱肯

爱肯(Aicon)：独一无二的意大利新锐，于 1993 年进驻中国。意大利新锐的动力游艇品牌爱肯近年来发展迅猛，在意大利乃至欧洲的游艇业都占有重要的一席之地，致力于建造不仅符合审美哲学，且追求集舒适性、功能性、航海性于一身的游艇杰作，确保每一艘爱肯都是独一无二的。开阔延伸的空间，自然流动的线条，一切尽为创造美妙的舱内及舱外环境。

爱肯拥有独立的游艇研发设计中心，巴勒莫大学的工程材料系致力于玻璃钢及其他新型材料的开发和应用。爱肯创新化的游艇融入了更多时尚元素，采用大量弧形设计，造型饱满圆润；双层驾驶桥楼复式构造，充分扩展室内起居活动空间并追求舒适性；采纳了动力游艇船体的经典 V 造型，艇体设计适合于 A 级水域，艇底线型优化了破浪力设计，航行极度舒适。

2.2　美国游艇业发展

2.2.1　发展历程

美国游艇业的发展与其经济发展紧密相关，大致经历了四个发展阶段：1913 年，美国游艇业发展开始起步；经过 50 多年发展，进入高速成长期，在 20 世纪 70 年代初到 80 年代末达到繁盛时期；进入 20 世纪 90 年代，随着世界游艇市场开始疲软，美国游艇业出现短暂的回落，但是随后又很快进入了稳定发展的时期。其发展历程见表 2-1。

表 2-1　美国游艇业发展的四个阶段

四个阶段	游艇业发展状况
20 世纪 70 年代以前	1913 年，美国人均 GDP 超过了英国，成为世界上最发达的国家。这个时期美国的游艇经济已经初见端倪。1913 年美国拥有游艇达 40 万艘。20 世纪六七十年代美国的游艇业已经形成了集制造、销售、维修、保险于一体的工业体系。1970 年，美国年游艇销售收入已经达到 34.444 亿美元，拥有游艇 881 万艘，平均 23 人拥有一艘游艇
20 世纪 70 年代初至 80 年代末	美国游艇市场空前繁荣。20 世纪 80 年代中期美国有 1 300 多个游艇俱乐部、4 000多个游艇码头，游艇总数已经超过 1 200 万艘，约占当时世界游艇总量的 2/3。1988 年，美国游艇总销售收入达到了 179 亿美元，游艇数量超过 1 500 万艘，平均 16 人拥有一艘游艇

续表

四个阶段	游艇业发展状况
20 世纪 90 年代初期	世界游艇市场开始转向疲软，美国游艇市场的下滑速度最快。1992 年，美国的游艇业销售收入下滑到 103 亿美元。这段时期，游艇业的参与人数保持在 8 500 万人左右，大约占美国总人口的 34%
1993 年至今	在经历了 20 世纪 90 年代初期短暂的低迷状态后，美国的游艇市场又进入了第二个蓬勃发展时期

资料来源：王晓，冯学钢．美国游艇业的发展及其借鉴意义．上海造船，2005，(2)：71～74

目前，美国是世界上游艇产业最发达的国家，拥有世界上最多的游艇，平均每 14 人就拥有一艘游艇，游艇数量基本维持在 1 700 万艘左右的水平，参与人数占总人口的 1/4 以上。2007 年总销售额和维护费用达到 375 亿美元，占世界游艇总份额的 50%以上，至今美国仍保持着世界游艇市场的霸主地位①。

2.2.2 市场特点

从 1984 年到 1997 年，美国游艇的数量基本维持在 1 200 万～1 800 万艘，呈稳步增长趋势。从 1997 年到 2008 年，美国游艇的数量基本维持在 1 600 万～1 800万艘，虽然保持一定的增速，但随着经济发展仍存在一定波动。从阶段性看，美国游艇消费量仍保持平稳，年均增速在 0.8%，属于游艇业成熟期②。美国游艇市场有活力，概括而言，具有如下几个特点。

(1)普及程度高，消费量增加。美国游艇消费观念普及，游艇种类丰富，且更趋向于个性化发展。国内市场游艇消费总体看涨，游艇销售总量多年来持续上升，游艇市场发展空间广阔。

(2)发展趋向于高档豪华游艇。美国游艇市场有向高档游艇消费发展的趋势，豪华游艇消费市场比例逐年攀升，这一方面是消费市场导向的结果，同时也是意大利、中国台湾等豪华游艇生产企业为了避开劳动力成本过高而进行产业结构调整的结果。在豪华游艇方面，目前中国内地尚没有能力与这些国家和地区进行竞争，其他各类游艇虽然销售量有下降趋势，但单价却呈上升态势。

2.2.3 发展优势

1. 经济基础雄厚

美国具有高度发达的现代市场经济，其劳动生产率、GDP 和对外贸易额均

① 华承昌．国内外游艇产业发展简况．船舶工业技术经济信息，2004，10：1～5.

② 中交水运规划设计院有限公司．海南省游艇码头总体规划(呈阅稿)．http://wenku.baidu.com/view/124b420a79563c1ec5da71f4.html，2010-07-30.

居世界首位，人均 GDP 排在世界前列。1970 年美国的人均 GDP 超过 5 000 美元，1978 年超过 10 000 美元，1988 年达到 20 874 美元，2004 年接近 40 000 美元，2010 年美国的人均 GDP 接近 50 000 美元。

游艇作为一种高档消费品，以一定的社会经济基础和居民可支配收入水平为购买前提，而强大的经济实力正是美国游艇业高速发展的最根本动力。

2. 水域资源丰富

美国国家地理面积 962 多万平方千米，位于北美洲中部，领土还包括北美洲西北部的阿拉斯加和太平洋中部的夏威夷群岛，北与加拿大接壤，南靠墨西哥和墨西哥湾，西临太平洋，东濒大西洋，海岸线长达 22 680 千米，大部分气候属于大陆性气候，南部属于亚热带气候。水域资源得天独厚，内陆水系密布，河流湖泊众多。密西西比河全长 6 020 千米，居世界第三位。北美洲中东部的五大湖群，总面积 24.5 万平方千米，为世界最大的淡水水域，素有北美地中海之称。丰富的水域自然环境为美国游艇娱乐运动提供了优越的客观条件。

3. 科技实力顶尖

美国一直很重视游艇的功能和款式设计，很多知名公司都有自己的科研机构，也有专门的设计院和研究所。而且，美国很注重高科技的应用，在游艇设计方面，运用 CAD(computer aided design，即计算机辅助设计)和 CAM(computer aided manufacturing，即计算机辅助制造)等计算机软件进行艇体设计，提高设计的准确性和合理性。游艇上还会安装一些高科技产品，如 GPS(global positioning system，即全球定位系统)设备、卫星电话，使驾驶者可以随时随地明确自己的海上位置，方便和朋友的联系。

4. 销售网络发达

美国从事游艇销售的零售商共有 1 万家，构筑了完整的销售网络。美国每年都会举办 200 多次国际游艇展，使用户与零售商可以面对面地接触。在这些零售商中，有 5 260 家从事游艇、发动机和设备销售，有 2 680 家拥有游艇码头设施并从事游艇、发动机和设备销售，1 380 家仅从事游艇服务，680 家仅从事设备销售。

5. 配套设施全面

游艇业具有较长的产业链，包括“游艇制作—销售—俱乐部休闲旅游—维护保养”，环环相扣，游艇配套设施作为产业链的下游，其完善程度直接影响着游艇消费市场和整个产业链。据统计，美国拥有 1 万家水边码头设施，其中 9 180 家拥有独立的设施码头，490 家还拥有宾馆或其他设施，330 家拥有水边码头设施，这些企业构成了完整的停泊、服务和维修网络。

6. 政策法规完善

1971 年，美国针对游艇厂家和游艇设备厂制定了《联邦游艇安全法》，

ABYC在联邦法规的基础上制定了更为详尽的行业标准，包括艇体设计、艇用设备、电气、技术咨询等各方面，并出版了《游艇法规和规范》一书。2007年度开始，美国所有的游艇厂商必须接受行业的统一管理。此外，美国在游艇的购买登记、航道管理、驾照考核、贷款服务等方面都形成了很完整的规范体系，为游艇拥有者提供了方便。

7. 海洋文化深入

美国具有游艇消费的文化，无论是在海洋、湖泊还是河流里面，远航、钓鱼、滑水、潜水。这一方面源于美国丰富的自然水域资源为这一文化提供了先天土壤，又源于最早的美国人都是漂洋过海移民到此的海洋民族，与农耕民族不同，他们更愿意接受新鲜事物，更喜欢冒险。所以，美国现在游艇多为小型帆船艇，游艇运动已经属于大众运动。

2.3 英国游艇业发展

2.3.1 发展历程

17世纪，自称为"日不落帝国"的英国就是从海上崛起的。作为传统的海洋民族，大不列颠人喜欢多种多样的海上运动，包括风帆、内河水上驾驶、动力艇竞赛。至今，牛津大学和剑桥大学还在延续着每年一度的皮划艇比赛。各种各样的国际性海上赛事也备受英国人欢迎，如沃尔沃(Volvo)环球帆船赛等。

2.3.2 发展现状

2006～2007年度，英国娱乐和小型商用船艇产业的年收入为29.52亿英镑，制造和分销占了大部分，为10亿英镑。相关的服务，包括消费者和商业服务占10亿英镑。另外，供应链的营业额为7.75亿英镑，比2005～2006年度增长了6.5%；对外贸易总额为10.35亿英镑，比2005～2006年度增加了12.7%，此收入占总产值的35.1%。英国的娱乐和小型商用船艇产业的企业商家总数为4 300家左右。按全日制工作量折算，全行业从业人数为35 680人，比2005～2006年度增加了1.9%。

英国海事联合会(British Marine Federation)是英国休闲水上运动的协会，负责商业船只的贸易协会为海事行业协会(Society of Maritime Industries)。根据英国海事联合会统计，英国休闲和小型商业海事行业的营业额为28亿英镑，其中出口额为9.18亿英镑，占33%。该行业的公司数量为4 300多家，从业人员

35 000 多人[①]。东南英格兰的营业额最高，其次为西南英格兰，这两个地区的营业额占整个英国休闲及小型商业海事行业营业额的 60%。东英格兰和米德兰地区也是英国休闲水上用品行业的重要地区之一。

英国休闲及小型商业海事行业的主要出口市场在欧洲。对欧洲的出口额占总出口的 63.5%；其次为北美，占 20%；对其他国家和地区的出口占 16.5%。但是，英国海事联合会已认识到对新兴国家的出口对该产业未来发展的重要性。对中国的出口额目前为 1 100 万英镑，仅占 10%左右。

2.3.3 发展优势

(1)先天资源占优势。英国拥有 12 429 千米的海岸线，主要河流有塞文河(354 千米)和泰晤士河(346 千米)，作为一个岛国，先天优势有助于英国的全民游艇热。

(2)游艇运动全民化。英国的人口只有 6 000 万人，但是参加海上运动的就有 350 万人，差不多按照人口比例，每 17 个人就有一人参加一项或多项海上运动。海洋运动成为英国人的生活习惯。据英国海洋联合会的统计，2.5 米以上的娱乐用艇，仅仅英国本土就有 45 万条，还有近 9 万条英国人拥有的船常年停靠在其他国家。外国人停在英国水域的娱乐用艇也有 1.6 万条之多[②]。单是加入英国皇家游艇协会的会员就有近 60 万人，当中甚至包含了大量的青少年会员。英国海洋联合会有“甲板上的孩子”项目，以吸引少年儿童参与海上运动。所以，海上运动在英国早已成为非常平民化的运动。

据英国皇家游艇协会统计，2004 年，有 30 万～50 万个英国人参加了游艇巡航，8 万～19 万个英国人开着自己的游艇参加了各种游艇竞赛。有 40%的游艇船主每年参加超过 6 次的游艇竞赛。有些人甚至达到 25 次之多，对游艇生活的热衷可见一斑。更为叹为观止的是，有 7 万～18 万名游艇船主一年内参加国际间的赛事超过 5 次以上。

2.4 意大利游艇业发展

意大利现在是继美国之后的第二大娱乐艇制造国，拥有 360 家游艇制造企业，1.7 万名雇员，意大利制造的长 24 米以下游艇占世界的 50%。游艇休闲产业很发达，在这个只有 5 700 万人的国家，拥有 300 多家游艇俱乐部，84 万艘游

---

① 中交水运规划设计院有限公司．海南省游艇码头总体规划(呈阅稿)．http://wenku.baidu.com/view/124b420a79563c1ec5da71f4.html，2010-07-30.

② 刘志维．中国游艇产业发展现状及珠三角地区游艇产业发展．复旦大学硕士学位论文，2009.

艇，平均每 71 人拥有一艘游艇[①]。

目前，意大利大约有游艇泊位 84 万个，分布在 8 000 千米海岸线、内湖港口和岛屿周围。每年直接来源于游艇制造、服务及海上旅游业的营业额超过 60 亿欧元。

2006 年，意大利全国休闲游艇总产值约为 34.5 亿欧元，其中，本国生产的游艇总值为 29.8 亿欧元，占总产值的 86.46%，进口游艇为 4.67 亿欧元，占总产值的 13.54%。2008 年，意大利各游艇企业共接到 916 份订单，其中 427 份为 24 米以上长度的高利润游艇，销售额比 2007 年增长 23%。

游艇业界的领头羊仍然是阿兹慕-贝内蒂集团（Azimut-Benetti）和法拉帝集团，而菲帕集团公司、圣洛伦佐公司、卡穆奇公司和佩里尼公司都跻身世界前 20 位的游艇制造商之列。意大利在大型豪华游艇的生产上占有明显的优势，集中了高端的品牌和大量的时尚设计师。据国际权威专业游艇杂志 *ShowBoats International* 公布的报告显示，意大利继续保持着在豪华游艇制造业中的世界领先地位，拥有 260 家游艇制造企业。按 2007 年订单量排名，在全球最大 20 家豪华游艇生产厂家中，意大利就占了 8 家，占总数的 40%；美国次之，共 4 家入选，占总数的 20%；荷兰有 3 家入选，占总数的 15%。截止到 2007 年年底，中国的游艇厂商仅有台湾地区的嘉鸿一家企业入选[②]。全球最大的两家制造商均为意大利公司：阿兹慕-贝内蒂公司保持着世界首位，2006 年产量为 8 450 英尺，2007 年订单增长了 35%；居第二位的法拉帝公司订单增长了 7.8%。2007 年订单游艇长度为 3.9 万英尺，比 2006 年订单量增长了三分之一。意大利 80 英尺以上游艇的产量占据世界总产量的 45%。2007 年意大利豪华游艇生产企业获得的订单占全球总量的 50%，2005 年该行业产值为 28 亿欧元。

2006 年，意大利生产的游艇中，价值 12.26 亿欧元（相当于休闲游艇国内总值的 41%）的游艇在意大利国内销售，价值 17.58 亿欧元（占休闲游艇国内总值的 59%）的游艇销往国外，其中，价值 9.38 亿欧元（相当于休闲游艇国内总值的 31.48%）的游艇销往欧盟国家，价值 8.20 亿欧元（相当于休闲游艇国内总产值的 27.52%）的游艇销往欧盟外的国家。对于进口游艇，价值 3.51 亿欧元（相当于进口总值的 75.19%）的游艇从欧盟成员国进口，价值 1.16 亿欧元（相当于进口总值的 24.81%）的游艇从欧盟以外国家进口。意大利国内市场销售额超过 16.39 亿欧元（占总额的 47.50%），国外市场销售额 18.11 亿欧元（占总额的 52.50%），销售额比 2005 年增加了 19.57%。

---

① 王晓．中国游艇旅游的国际竞争力研究．华东师范大学硕士学位论文，2007.

② 谢桂芬，刘晓臣，张峄．山东半岛游艇制造业与游艇经济发展分析．船海工程，2012，41(6)：27～29.

2.5　法国游艇业发展

法国的游艇业开始于 20 世纪 60 年代，通过俱乐部、体校等形式培养了一大批游艇爱好者。目前，法国国内游艇爱好者达 900 万人，其中 400 万人长期参加一项或几项水上运动。法国游艇文化氛围非常浓厚，旅游者租船到乡下去游玩有越来越受欢迎的趋势，这也给游艇租赁业提供了广阔市场。将近 130 个公司雇佣 1 200 名员工出租超过 3 000 艘游艇，营业额为 2.11 亿美元①。

统计显示，到 2005 年，法国游艇制造工业营业总额已达 10.76 亿欧元，增长幅度为 7%，其中 61%来自出口创汇。2006 年，法国游艇制造工业在国际市场的份额已扩大至 63%。2007 年，法国游艇制造业产值年增长 8%。2006 年，法国帆船业产量占世界总量的 35%，年营业额达 6.91 亿欧元，增幅为 8.3%。在国内市场，法国帆船业继续远远地将法国动力船业抛在身后。其实 2006 年，法国动力船行业也成绩斐然，营业额为 3.98 亿欧元，增长幅度高达 9.8%。

2006 年，全球动力船业的营业总额达 118 亿欧元，但法国动力船业的产量不足世界总量的 4%，在世界 25 米以上装有发动机或帆的大型快艇行列中，几乎见不到法国制造船的身影。然而，在法国游艇制造业中，帆船和动力船这两部分的扩张速度远快于世界的发展步伐。法国帆船业的产量平均年增长速度为 7.7%，动力船业平均年增长 5.5%。

虽然法国帆船业发展迅速，2006 年有 15 120 条船出厂，产量增幅达 5.4%，但其他辅助部门的发展比较缓慢。例如，小艇制造、帆篷制造、船附件制造等，2006 年营业总额为 7 700 万欧元，增长幅度仅为 1.4%。

2.6　发达国家游艇业发展对我国的启示

美国和欧洲游艇产业共有的发展特点，对我国游艇产业发展有如下启示②。

1. 科技挂帅、技术创新

我国游艇的科研和设计制造技术相对落后。国内真正能生产高档玻璃钢游艇的企业还很少。面对国际游艇业激烈的竞争，我国要大胆引进外国先进的技术和经验，联合科研设计院所和高等院校，采取科研、设计、制造相结合的方式，加快科研创新，组织攻关，尽快使国内的游艇质量达到国际水平。

① 中交水运规划设计院有限公司．海南省游艇码头总体规划(呈阅稿)．http://wenku.baidu.com/view/124b420a79563c1ec5da71f4.html，2010-07-30.

② 华承昌．国内外游艇产业发展简况．船舶工业技术经济信息，2004，10：1～5.

2. 坚持自主品牌的道路

目前，国内很多游艇企业是做贴牌生产或是代理商，具有自主知识产权走出国门的品牌游艇几乎为零。从长远的角度来考虑，国内的游艇产品要真正开拓国际市场，顺应国际市场的变化，必须创立自己的品牌，走自主品牌的道路。品牌战略有利于国内游艇业形成核心竞争力，有利于扩大消费市场，有益于扭转我国高档游艇依赖进口的局面，壮大整个国内游艇业的综合实力。

3. 完善相关的政策法规

发展游艇业，必须有一套合理的法律法规和安全保障体系作支撑。目前我国地区间水域管理政策不一致，游艇驾照只限本地使用，货运航道和游艇航道没有截然分开，游艇的驰骋空间比较小，配套制度还不完善。我们不妨参照国际规范标准，加强各省市的协调，尽快出台相应的游艇管理办法，包括航道管理、规范检验、游艇登记、运输吊驳、进出口通关、驾照培训考核、银行信贷等。

4. 加快配套设施的建设

游艇业的发展离不开航道水域、港口码头、游艇俱乐部、景观水系等基础设施的配套建设。目前，我国在这些方面还存在很多障碍，在一定程度上阻碍了游艇业的发展。相关部门可以通过多种方式，有计划有步骤地建设一批国际水平的配套设施，满足游艇消费的需求，同时要注重资源的可持续利用。

5. 丰富销售渠道和网络

一方面，加大宣传力度，通过广告、媒体、展览会等方式，增强国内外认知度，同时可以研究国内外市场的需求和发展趋势，引导消费；另一方面，建设信息化的网络平台，为消费者提供最新的产品信息，为国内外企业提供直接的双赢合作机会，逐步实现与国际游艇销售模式的接轨。

本章小结

本章首先介绍了世界游艇产业的概况，包括发展历程、世界游艇市场的规模和分布，了解到世界游艇大国有美国、英国、意大利、法国等。其次，分别对这几个游艇大国进行详细介绍，从各国游艇业的发展历程、发展现状和发展优势来进行介绍。最后，借鉴诸国相对成熟的游艇业发展经验，提出对中国游艇业发展的五点启示。

通过本章，读者可以了解到中国游艇产业的发展离国际水平还有较大差距，有客观原因，更有深层次的原因。游艇文化在国外诸多国家已渗入普通大众的生活中，而在中国，游艇还是只有金字塔顶端的人士才能消费得起。国内外文化的不同导致游艇市场消费主体的不同，中国在借鉴国外游艇业发展经验的同时，更要考虑到文化差异，让中国的游艇富有“本土特色”。

案例

世界最大的游艇制造厂——美国宾士域集团的发展

创建于 1845 年的美国宾士域(Brunswick)集团公司是目前世界上最大的游艇制造厂，总部设在美国伊利诺伊州的森林湖，拥有正式员工 2.8 万人。公司主要从事设计、制造和销售五大产品，即游艇、船舶/游艇柴油机、健身设备、保龄球、台球。1925 年在美国纽约股票交易所成功上市，1957 年进入世界 500 强。就游艇、游艇设备而言，该公司在全球有 50 多个制造基地，拥有近 40 多个国际性的品牌。其发展历程见表 2-2。

表 2-2　美国宾士域集团的发展历程

年份	发展历程
1845	在美国俄亥俄州西南部城市辛辛那提市成立
1912	在墨西哥、火奴鲁鲁、巴黎和加拿大分别设立销售点
1925	在纽约股票交易所成功上市
1957	首次进入世界财富 500 强
1977	销售额首次突破 10 亿美元
1993	搬迁到伊利诺伊州的森林湖，即现在的总部所在地
2000	宾士域集团总裁变更为 George Buckley(美国水星的前任董事长)
2002	在墨西哥东北部城市雷诺萨成立制造基地，负责建造集团最成功品牌之一的 Bayliner 175；目前该厂也同时制造保龄球和台球等
2005	集团总裁由 George Buckley 变更为 Dustan E. McCoy。目前，集团拥有 50 多种游艇及游艇设备品牌，成为世界上最大的游艇制造厂

1. 集团经营状况

目前，宾士域集团产品销售于 130 多个国家和地区，在世界上处于领先的地位。集团的战略目标：保持现有的市场规模，继续开拓国外市场，特别是那些新兴市场有游艇需求的国家，以大幅度地提高集团产品出口率作为公司未来发展目标。

集团五大类产品主要通过分销商、经销商、零售商三大渠道销售。销售区域集中于美国、欧洲、加拿大、太平洋地区、拉丁美洲、非洲和中东等国家/地区。其中，在美国销售额为 38.62 亿美元，居第一位；其次是欧洲，销售额为 9.25 亿美元，排名第二。

此外，目前集团已形成四大游艇部件和附件分销商，即 Land 'N'Sea、Benrock、Diversified Marine Products、Kellogg Marine Supply。它们分别负责集团公司产品在北美地区、美国南部地区、美国西部地区、美国东北地区的销售。

2. 主要产品介绍

在游艇和游艇设备方面，美国宾士域集团不仅生产制造玻璃钢娱乐艇、豪华休闲性钓鱼艇和摩托艇、高性能游艇、海钓船、运动艇、巡洋艇，也制造铝质渔艇、浮筒船和甲板艇等，同时还制造和销售游艇部件和附件，并为游艇和娱乐交通工具的经销商提供开发管理系统工具等。

游艇动力方面，美国宾士域集团既能提供一系列的尾部驱动引擎、舷内机、舷外机、喷水推进系统，也能提供部件和附件，如游艇电子和集控系统、操舵系统、仪器仪表、控制器、推进器、拖捕马达、营救系统装置及齿轮箱等。

由于宾士域集团旗下厂家较多，形成了许多国际著名的品牌，而且有些厂家可以制造不同品牌类型的游艇及其设备。从产品角度分析，可以把集团游艇及游艇设备分为九大类。

(1)摩托艇：是大海巡航、湖泊勘探及大型河流航行的最佳选择，它们都配备了豪华的居住和生活设施，安装了大功率的电力设备，具有较长的续航力等特点，适合于朋友和家庭娱乐及观光旅游等活动。目前宾士域集团摩托艇有 5 种品牌，分别为 Hatteras Yachts、Maxum、SeaRay、Sealine Motoryacht、Meridian Yachts。

(2)普通娱乐艇：可以满足客户多方面的娱乐需要，如可作为游泳平台、休息平台等使用，它们主要适用于内陆水域和沿海水域，可以用于家庭休闲，也可以进行巡航、滑雪、钓鱼等活动。目前集团有 15 种品牌，如 Aquador、Baja 等。

(3)休闲性的钓鱼艇：适合那些热爱钓鱼休闲活动的客户，有很宽的甲板和游泳平台，有专业的休息和睡觉“泊位”、船上厨房、电力设备、空调等，可以确保在水上漂泊数日，尽可能地满足客户找鱼、捕鱼、靠岸等一系列的娱乐休闲活动。目前集团只有 3 种品牌，即 Albemarle、Hatteras Yachts、Cabo Yachts。

(4)海钓船：既适合于在小港湾、浅海钓鱼，也适合远洋大型的钓鱼游戏活动，它能满足不同层次水平和能力的钓鱼者需要。目前集团公司有 14 种品牌，如 Boston Whaler、Sea Boss 等。

(5)淡水钓鱼艇：有铝和玻璃钢两类淡水钓鱼艇，目前有 9 种游艇品牌，如 Crestliner、Quicksilver 等。

(6)浮筒船和甲板艇：具有很大的座套空间，适合多个家庭和朋友居住，配备双引擎，大型的可以容纳 16 个人，可以进行滑雪、滑坡等多种娱乐活动。目前有 8 种品牌，如 Bayliner、SunCruiser by Lowe 等。

(7)充气艇：基于充气艇的大小和型号的不同来决定其用途，如较小的充气艇可以放到大的游艇上作为小舢板、小艇使用，也可以作为娱乐快艇使用；大的充气艇可以作为海钓船、水上运动艇、巡逻或救生艇使用。目前集团生产的这类游艇品牌有 5 种，分别为 Protector Boats、Mercury、Rayglass Boats、Valiant、Quicksilver。

(8)游艇动力及其部件和附件：宾士域集团的游艇动力有舷外机、舷内机、尾部驱动和喷水推动引擎、拖曳马达等种类，而且每一类引擎都有相应的品牌，95%以上的产品都在全球范围内销售。比较著名的舷外机品牌有 Mercury、Mercury Racing、Mariner；尾部驱动和喷水推动引擎品牌有 Cummins MerCruiser Diesel、MerCruiser、Mercury、Mercury Racing 等。

(9)游艇部件和附件：宾士域集团下主要有两个品牌：一个是 Attwood，其创建于 1905 年，2003 年被宾士域集团收购；另一个是 Swivl-Eze，1993 年由宾士域集团设立，目前它们主要在美国境内销售。

苏州太湖水星游艇俱乐部有限公司成立于 1999 年 3 月，是宾士域集团在中国投资的第一家公司，地址是苏州太湖国家旅游度假区。投资总额 2 500 万美元，占地达 72 亩(1 亩=666.7 平方米)，经营游艇俱乐部、船坞；出租、装配游艇、游艇发动机；提供泊位、燃料、发动机、部件、储藏、维修、保养、培训及其他与游艇相关的服务；提供运动及娱乐配套设施，如餐厅、运动品商店、展示厅；其他相关的经营活动。

第3章

游艇产业链

本章应用产业链理论，详细分析游艇产业链的各个环节。首先，介绍游艇产业链的构成，将游艇产业分为游艇设计业、游艇制造业、游艇服务业和其他关联产业；其次，针对这四个部分分别做详细介绍，将游艇产业链向读者一一展开。

3.1 游艇产业链构成

3.1.1 产业链

产业链是一个十分传统的概念，早在1958年美国著名的发展经济学家赫希曼就在其著作《经济发展战略》中论述了产业链的概念。在我国，“产业链”一词最早是由傅国华于1990～1993年立题研究海南农业发展课题，受海南热带农业发展的成功经验的启迪而提出来的①。

1. 产业链的特点

产业链将相关产业联系在一起，表现的是不同业态之间的关系。一般来讲，产业链始于自然资源，止于消费市场，但起点和终点并非固定不变，如图3-1所示②。

一条完整的产业链必然是以产业之间的分工和合作为前提的。因为没有分工，就无法区分相应的各个价值增值环节，也就不会有产业链的存在。概括来说，产业链就是一种或几种资源通过若干产业层次不断向下游产业转移，包括整

---

① 李心芹，李仕明，兰永．产业链结构类型研究．电子科技大学学报(社会科学版)，2004，6(4)：60～63.

② 刘贵富．产业链基本理论研究．吉林大学博士学位论文，2006.

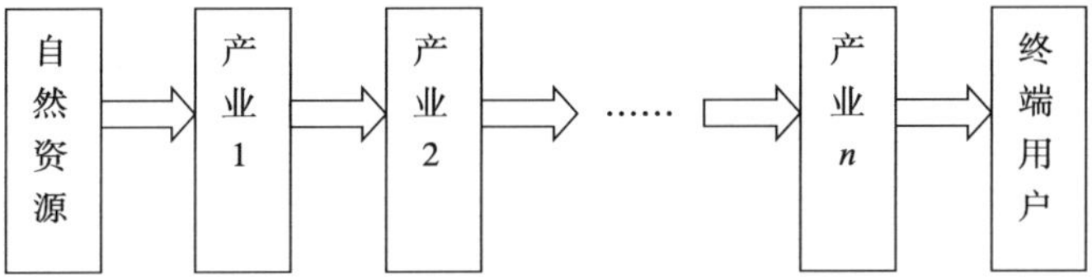

图 3-1　产业链示意图

体性、层次性、传递性和路径选择的效率性等特点。

(1)整体性。构成产业链的各组成部分相互联动、相互制约、相互依存，它们在技术、经济上具有高度的关联性。上游产业和下游产业之间以及与辅助组织或产业市场之间存在着大量的信息、物质、价值方面的交换关系，且它们之间具有多样化的链接实现形式。

(2)层次性。产业链之间相互交织，呈现出的是多层次的网络结构，存在主链条、次链条的区分。这些链条又都处于一定的外部支撑环境下，由此看出产业链内涵的复杂程度。

(3)传递性。从供给的角度来看，产业链在将资源进行传递的过程中，又很好地将资源进行了集中和累加。从需求的角度来看，产业链又是满足需求程度的反映，每个环节和结点都对上游环节和结点提出需求，同时又对下游环节或结点进行供给，相关的辅助需求与供给也遵循同样的原则。

(4)路径选择的效率性。产业链的产生、发展过程，受相关因素的影响会形成不同的纵向、横向产业组织关系以及相关的辅助产业关系，这些都发生在经济运作过程中。虽然将自然资源引导到最终消费的路径有很多条，但在特定的技术环境和市场需求条件下，总会存在一条相对有效率的路径。一个国家或地区在构建产业链时，都尽力优化其产业链，寻求一条效率最优或次优的路径。随着新兴产业的产生和新技术的突飞猛进，产业链上每一个环节的运作效率都对产业链的整体效率影响极大，各相关企业联系也更为紧密，优势互补，相互依赖。

产业链的这几个突出特点相互关联、相互渗透，并且引致了其他特点的衍生。

2. 产业链的功能

产业链的培育与构建对于一个区域或者国家的经济发展起着不可或缺的作用，同时产业链的功能又是多方面的、变化的、发展的。但结合上面产业链的特点来讲，其主要有如下三点功能。

(1)吸引投资、聚集企业的功能。在过去，优惠的税收政策和土地供应政策、廉价的劳动力及自然资源供给是吸引招商引资和企业集群的首要因素，但在注重集约化经济增长的21世纪，市场潜力、产业配套等成为了关键因素。一个完备的产业链能够产生巨大的吸附作用，吸引企业和投资人源源不断地加入这个良好的生态环境中。

(2)发挥比较优势、打造竞争力的功能。国家与国家、区域与区域之间的竞争主要表现为龙头企业之间的竞争、产业链之间的竞争、对产业链控制能力的竞争以及新产业区之间的竞争。值得注意的是，产业链之间的竞争处于核心地位，对一个区域的产业与经济发展至关重要，是一个国家或者地区核心竞争能力的集中体现。同时，产业链的优化使上下游的产业得以配套、产业分工细化，各环节得以科学分工，从而降低企业的生产成本和经营风险，取得显著效益。

(3)增强抗风险能力、稳定经济的功能。产业链上集聚了大量的中小企业，它们之间在技术上既替代又配套，在市场上既竞争又合作，互相创造需求又共同向着更高水平迈进。产业链的培育与优化将增强企业和区域经济的抗风险能力，加快融入世界经济的步伐，能在整体上参与国际竞争。同时，产业链符合可持续发展的要求，形成上下游关联、产品互补、资源互补、功能互补的产业链条。从产业发展的内在逻辑上分析，这种互补式链条可以稳定一个区域乃至一个国家的经济发展。

3.1.2 游艇产业链

1. 游艇产业链结构

游艇产业链兼具劳动密集、技术密集、知识密集、资金密集和文化密集等特点，一条较完整的游艇产业链，涵盖从游艇制造到游艇俱乐部的服务，再到与游艇相关的度假休闲及各种商务活动，包括游艇制造、游艇运输、游艇驾照培训和考核、游艇码头建设、游艇销售、游艇维修保养、俱乐部建设和管理、零配件制造、内部环境装修、专业保险等许多环节。在本书中，我们将游艇产业分为四大类，即游艇设计业、游艇制造业、游艇服务业以及关联产业①，如图3-2所示。

2. 游艇产业链解析

游艇产业的产业链是由设计、制造、消费服务及辅助产业与基础服务等一系列环节分别对应的上、中、下游产业构成的一条链状结构，如表3-1所示。

---

① 高山．我国船舶工业概况及发展战略．船舶工业技术经济信息，2004，10(234)：53～55.

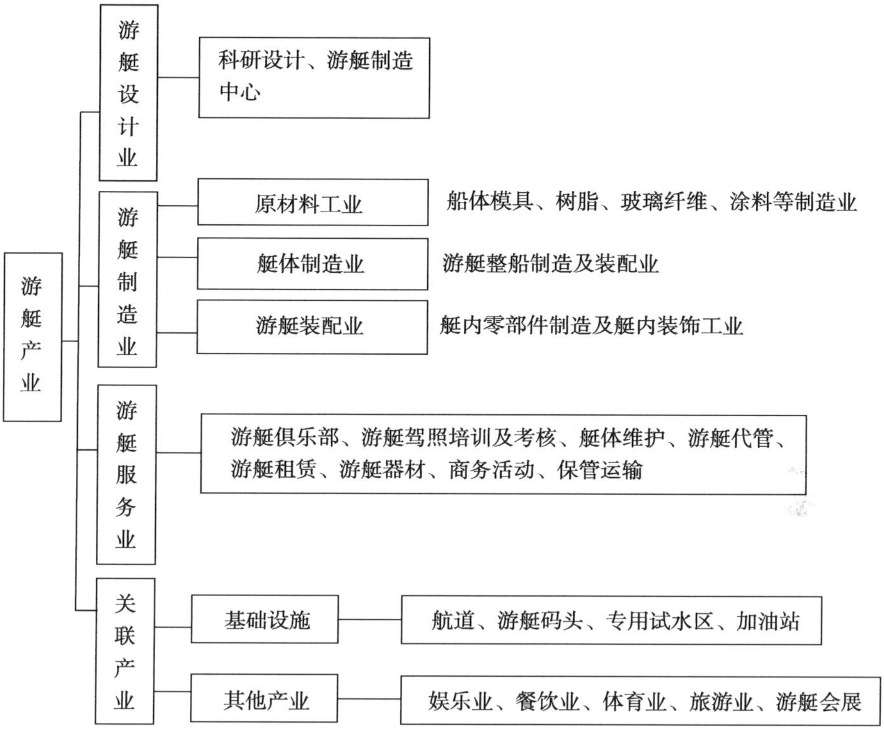

图 3-2　游艇产业链结构图

表 3-1　游艇产业链分解示意

产业链		游艇产业链构成	经济功能
上游产业	设计	研发：游艇设计、游艇技术研究	技术
	制造	制造工业：原材料工业、游艇制造业、游艇装配业	生产
	配套	配套业：专业发动机、发电机、专业仪器仪表、导航设备、螺旋桨、帆具、涂料、安全设备、卫生洁具、电器设备、控制装备等游艇附件	配套
核心产业	销售服务	游艇销售服务：总代理、游艇销售公司、游艇展商、游艇杂志、游艇网站、游艇信息服务业、二手游艇经营	流通
	消费服务	游艇消费服务：游艇俱乐部、游艇驾照培训及考核、游艇驾驶、水上运动培训、游艇代管、保养维护、游艇租赁、游艇器材等	核心业务
下游产业	支持	基础设施：游艇码头、仓储保管、游艇转运、安全服务、报关检验服务、资产评估、特种保险、航道服务、信息服务、水域资源、产业政策	支持服务
	辅助	辅助产业：旅游业、娱乐业、体育业、餐饮业	互补产品

资料来源：程爵浩．我国游艇经济发展的多维解析．船舶工业技术经济信息，2005，(7)：92～98

1)游艇产业链的上游

游艇产业链的上游是游艇的设计、制造与配套产业，主要提供游艇产业的技术服务、游艇的生产制造以及包括专业发动机、发电机、专业仪器仪表、导航设备、螺旋桨、帆具、涂料、安全设备、卫生洁具、电器设备、控制装备等在内的游艇附件配套功能。

世界游艇制造业集中在欧美发达国家，但在这些国家中又有分散性特征。其中，欧洲的游艇技术能影响世界市场，领导世界产品设计潮流，如圣汐、法拉帝等世界著名游艇品牌①。而在国际市场上，中国游艇知名品牌凤毛麟角，在游艇品牌建设上任重而道远。

2)游艇产业链的中游

游艇的销售和消费服务处于产业链的中游，是游艇产业链的核心环节，主要负责游艇的流通以及消费服务。其中，游艇销售服务包括总代理、游艇销售公司、游艇展商、游艇杂志、游艇网站、游艇信息服务业、二手游艇经营等大量的相关业务；游艇消费服务包括游艇俱乐部、游艇驾照培训及考核、游艇驾驶、水上运动培训、游艇代管、保养维护、游艇租赁、游艇器材等产业环节。在游艇流通与消费过程中，围绕游艇而开展的各种服务性活动都属于游艇服务范畴。

我国游艇消费群主要集中在高资产净值人群中。随着我国中产阶级的发展壮大，其消费观念的前卫性、对高生活品质的追求以及集休闲、运动、办公、商务、联谊等功能于一身的游艇消费逐渐盛行，小型游艇、中型游艇、大型游艇和超豪华游艇都将被逐步认同，游艇消费面临“公共化”和“中产化”，未来中产阶级将成为我国游艇消费的潜在需求人群。游艇回归民众生活已成发展趋势，越来越多的普通民众开始参与水上健身娱乐和观光旅游活动。特别是城市白领开始享受游艇休闲文化，体验游艇的真正内涵。在湛蓝的大海中放松自己疲惫紧张的心态，更容易缓解日益增加的工作或生活压力，游艇的神秘面纱正在逐步揭开，作为一种有品位的休闲运动逐渐为人们所喜好，游艇将成为我国一项具有广阔发展前景的广受欢迎的水上休闲生活和运动。

3)游艇产业链的下游

处于产业下游的是一系列关联产业与基础服务，包括支持性产业/ 服务与相关辅助产业，其中基础服务指的是游艇经济运转所需的码头、航道、产业政策，游艇的安全、运输、报关以及仓储服务等；辅助产业则包括为水上运动提供装备器材的相关制造业和消费用品的加工制造业等。

现阶段我国内地港口建设成绩斐然，但普遍缺乏游艇服务设施，无法满足日益增长的游艇服务需求，主要是因为国内游艇码头缺乏统一规划，布局盲目。国

① 李跃先．从太阳鸟的成长谈中国游艇制造业．船艇，2007，7(275)：44～51.

内缺乏专业游艇码头设计人员，现有船舶码头与实际需求不匹配。

以上所有这些产业及其提供的服务都是游艇产业正常运转的必需环节，缺少任何一个环节，都会影响整个游艇产业的顺利发展。

3.1.3　游艇分类

游艇分类有多种标准，一般按照长度、功能等来划分，具体如表 3-2 所示。

表 3-2　游艇分类

划分依据	按照长度划分		按照功能划分	其他类别艇
游艇类型	小型游艇	30 英尺以下	商务用游艇	喷射艇
	中型游艇	30～50 英尺	运动休闲艇：竞速艇、快艇	橡皮艇
	大型游艇	50～60 英尺	巡游艇	
	豪华游艇	60 英尺以上	钓鱼艇	
			帆船	

3.2　游艇设计业

3.2.1　游艇设计特点

游艇已成为高质量生活的象征，游艇也是一种美的创造。但是在中国，游艇设计人才却寥寥无几。幸运的是，游艇各界人士已深刻认识到中国游艇设计落后的局面，从 2010 年开始举办中国大学生游艇设计大赛，目的是引导教育界重视设计人才的培养，也为充满创意和灵气的年轻人提供展现的舞台。

与普通的船舶设计和工业产品设计相比，游艇设计有着其特殊性，它作为一种高端的奢侈工业产品在各个方面都针对其客户群有着个性化的需求体现，而往往这些需求又和客户背景甚至一个民族的文化积淀有着紧密的关系。游艇设计十分讲究，技术人员要依照游艇艇主要求，充分考虑旅客的舒适性、方便性，艇体的美观性，室内设计的艺术性、民族性，游艇本身的快速性、经济性、安全性、环保性及设备的可靠性等；还必须考虑振动、噪声、摇摆、客舱的观光性，走廊布置，舞厅、娱乐场所、餐厅、日光浴甲板等的布置与设计等诸多问题。虽然以上各种因素也有互克性质，如古典美与流线型的关系，舒适性与经济性的关系等，优秀的设计应将以上因素进行完美结合。

目前，游艇设计正在向多功能化、舒适化、时尚化等趋势发展。大部分游艇设计师正在致力于创造完美的外部造型和内部装修设计；部分设计专家则开始试图在工作空间、娱乐和健身中心、安全和健康设施等服务方面有所改进和创新；部分船艇设计师考虑在游艇上设计私人套房，提供备用的救生通道、足够的休息空间和绝对完美的灯光效果；部分设计师考虑在游艇上设计办公室、会议室及先进的通信系统等，他们认为在卫星通信、视频会议和互联网的辅助下，游艇艇主们可通过卫星通信电话主持会议和从事商业活动。此外，针对大型游艇设计，将增添更多的工作或休闲设施。例如，对注重身体健康的艇主来说，健身中心越来越受欢迎；对于喜爱音乐和影视的艇主来说，音响设备和私人影院则备受青睐。

3.2.2 游艇设计公司

优帝雅游艇设计有限公司于 2010 年在中国香港注册成立，是国内首家专门从事游艇设计和定制游艇设计的企业，公司与各游艇厂家有着广泛、良好的合作关系，形成了产品开发、结构设计、铺层设计、工程监理和现场技术服务等完整的产业链。

毅宏集团于 2005 年注册成立的漳州毅宏游艇工业有限公司是一家集游艇生产、设计、配件、售后等服务于一体的专业游艇产业基地。为更好地拓展游艇市场，将水神游艇(Aquitalia)、希仕德徕(Sea-Stella)和海神品牌展示给更多高端客户，集团先后成立了厦门毅宏车艇销售有限公司、上海毅宏游艇投资有限公司和海南毅宏投资有限公司。

3.3 游艇制造业

游艇制造业处于游艇产业链的上游，我国在制造业有先天优势。本节首先介绍了游艇制造业的概况，其次对重点企业做了简要介绍，最后分析我国游艇各企业的进出口情况。

3.3.1 游艇制造业概况

游艇制造业属于技术、劳动“双密集”型产业，除了制造业本身的价值外，还能带动新型材料、涂料、电子仪器仪表、动力、推进系统等几十个配套产业的发展。其可归纳概括为三个方面，即原材料工业、游艇艇体制造业、游艇装配业，如图 3-3 所示。

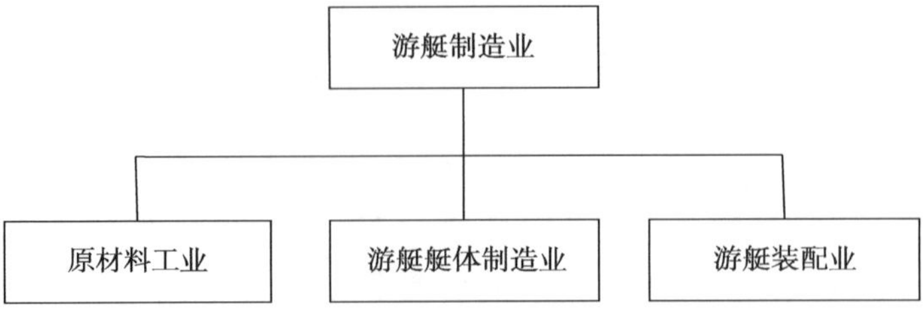

图 3-3 游艇制造业层次图

1. 原材料工业

游艇生产的主要原材料是钢铁、玻璃钢和化工材料等。我国钢质游艇技术可以与国际先进水平相媲美，而玻璃钢游艇的材料、工艺技术、质量等方面与国际水平差距较大，而当代游艇又主要以玻璃钢材料为主。国产游艇使用材料一般化，工艺也较少改进，不少生产企业出于成本上的考虑在原材料选用上大多因循守旧，采用普通的惯用材料，很少为提高产品性能而采用档次较高的原材料(如碳纤维、芳纶纤维、乙烯基酯树脂等)①。

2. 游艇艇体制造业

艇体制造主要是指艇体模具、玻璃纤维、树脂胶、涂料等的制造。在玻璃钢游艇的建造过程中，艇体模具的建造非常重要，模具质量的好坏直接影响到游艇艇体质量。所以，艇体制造被视为游艇产品工艺的第一环。从工艺上来看，国产游艇比较守旧，改进较少。例如，采用机械浸渍成型法制造船体及上层建筑，而关于气压法脱模这类既可降低工人劳动强度，又提高工效、确保质量、降低材料消耗的先进工艺方法，以及真空袋辅助成型工艺这种既可以提高质量、降低材料消耗，又符合环保要求的工艺技术，则应用不足。从设计上来看，我国停留在工业设计的水平，而国外游艇普遍采用装潢设计；国外游艇制造工艺考究，装潢豪华，外观漂亮，我国游艇制造工艺比较落后、玻璃钢船体外观较为粗糙。这种差距主要体现于设计环节。玻璃钢/复合材料船体有别于金属船体，国内游艇应摆脱金属船体的设计理念。

3. 游艇装配业

游艇装配业，即游艇零部件制造业和艇内装饰业。主要游艇装备包括专用发动机、发电机、专业的仪器仪表、导航设备和螺旋桨等，这部分装配件在很大程度上决定了游艇的使用性能。由于这部分产业技术密集，利润空间高，国际市场上争夺非常激烈。目前豪华游艇这部分设备大部分市场空间主要还分布在欧、美、日等跨国公司手中，如著名的游艇发动机品牌有康明斯(Cummins)、雅马哈(Yamaha)、美国水星(Mercury Club)等。而像游艇用的雷达、电话通信设备、冷气设备、家用电器、船用空调、各种信号灯等船用电气设备，它们的利润空间相对少一些，却正是国内游艇配件制造商或供应商主要参与竞争的市场所在。

高档游艇的配套设施一般都是根据游艇主人的需求来定制的，而通常所说的游艇的配套设施一般都是以游艇的功能来设计的。从整体上看，游艇就是一个融现代办公与家庭休闲为一体的海上流动公寓，它在海上有着整体的功能特征，既可在上面进行家庭休闲生活，又可用于朋友聚会或宴请朋友、客户，这充分体现了现代生活的高质量与人的高品位格调。根据功能不同，里面的设施也略有不

---

① 曹惠芬．我国游艇工业发展现状分析．船艇，2006，12(261)：48～55.

同。例如，运动型游艇一般都配套大功率的发动机，而里面的设施可能要简单一些；休闲型的游艇则会更加注重家庭味，如配备厨房、客房、卡拉OK设备、电子游戏房、加长的钓鱼船尾等以满足休闲时的家庭氛围。

大型游艇内装饰十分高档豪华，更注重通信设备、会议设备、办公设备的配套安装，充分体现出现代企业办公的需要。

3.3.2 游艇制造企业

1. 游艇制造企业概况

据统计，目前全国有游艇进出口企业488家[①]，年销售1 000万元以上的企业30余家，其中320家主要生产工作用艇和零配件，50家左右以生产整体游艇为主，产品80%～90%出口。绝大多数游艇制造商生产中小型娱乐休闲用艇(＜70英尺)，虽然这些游艇制造商的游艇制造水平与国际水平有所差距，但由于劳动力成本的低廉，中国制造的中小型游艇的价格与欧美国家相比便宜20%～30%，这使得中国制造的中小型游艇在国际上非常具有竞争力。

游艇出口额从2006年的1.8亿美元，升至2007年的2.2亿美元，到了2008年已达到2.6亿美元，2009年出口销售收入1.7亿美元。中国制造的游艇已出口到70多个国家和地区，过去的五年是中国游艇制造行业发展最为迅猛的时期，中国整体游艇生产能力已跻身全球十强，其中超级游艇的制造能力已位列全球第六。

目前，中国游艇市场销售的游艇类型主要集中在中小型游艇，规格主要在24～48英尺(7.3～14.6米)，价格在150 000～600 000美元。超过50英尺(15米)的游艇销量也在逐渐增长。

国产游艇早在十年前就已经进入欧美市场，像太阳鸟、红双喜、毅宏、海星等国产游艇品牌早已出口至美国、英国、西班牙、东南亚与美洲等国家和地区，中国台湾地区的杰腾、赫涞森等品牌更是从一开始就以销往欧美市场为己任。

2. 游艇制造企业代表

现介绍若干国内知名游艇制造企业代表，如表3-3所示。

表3-3 国内知名游艇制造企业代表

企业名称	介绍
太阳鸟游艇股份有限公司	作为国内首家上市的游艇类企业，于2010年8月4日公开发行2 200万股，发行后总股本为8 694万股

① 郑炜航．我国游艇产业迎来发展春天．中国海事，2011，5：6～7.

续表

企业名称	介绍
海星游艇制造有限公司	致力于中大型游艇的研发、设计、制造和销售，目前在中国中大型游艇市场占有率高达 80%，并持续保持领先地位，为中大型游艇领军品牌，是中国大学生游艇设计大赛的主办单位
铎洋游艇(珠海)有限公司	台商独资企业，主要生产和销售自产的现代化游艇。其投资方台湾合兴游艇公司生产历史近 30 年，在行业内具备较高声誉，产品远销世界各地。该企业位于平沙镇鸡啼门大桥南侧，2003 年 7 月正式投产，当年 12 月第一艘豪华游艇出口美国迈阿密
显利(珠海)造船有限公司	由有一百多年历史的香港财利船厂内迁珠海而来，2000 年 9 月建成投产，主要承造船长 65 英尺以上豪华游艇、拖轮、铝合金高速船、船舶配套产品、玻璃钢制品和船用家具。该厂按英国 Lloyda、美国 ABS、挪威 DNV、法国 BV、中国香港海事处、中国 ZC 等国家(或地区)的规范设计和生产，产品销往世界各地
广东东莞玻璃钢船厂	1994～1995 年为法国 Catanal 游艇公司建造了 4 艘 11.59 米(38 英尺)双体风帆机动游艇
青岛北海船厂游艇分厂	于 1996 年开始与台湾合作建造豪华型游艇
江新造船厂	江新造船厂建造的 52 英尺玻璃钢游艇系第一艘由中国内地自行设计、自行建造并出口的豪华游艇
厦门玻璃钢游艇厂	创建于 1981 年，为原国家体委(现国家体育总局)水上运动器材定点生产厂，除了大量生产帆板和帆船外，近年来与国外建立了多方面的合作关系，还专业生产 32～50 英尺系列豪华游艇，远销欧、美、日、港、澳、台等国家(或地区)，已在世界游艇行业中占有一席之地
常州玻璃钢造船厂	1970 年建厂以来，已生产了近万艘各种玻璃钢船艇。1983 年开始与日本合作生产玻璃钢钓鱼艇，1991 年又与日商合资成立常州兰翔浜二玻璃钢游艇有限公司，生产玻璃钢游艇
无锡东方高速艇发展公司	于 1985 年成立，开发了东方系列快艇、游艇等 40 多种艇型，生产了累计 2 500 多艘玻璃钢艇
苏州江辉船舶工程有限公司	20 世纪 90 年代中期建厂，1996 年开始与美国的 Custom Yachts 公司合作生产 45 英尺双舱型豪华游艇
富阳特种纤维应用研究所与杭州富阳水上运动器材厂(赛艇)	成功地研制并批量生产高性能碳纤维蜂窝夹层结构 ACM 赛艇系列产品
上海宝岛游艇有限公司	1992 年设厂，生产的高级豪华游艇全部外销欧美等地市场，品牌为 Hampton
深圳大庆游艇股份有限公司	1992 年建厂，该公司建造的高质量豪华游艇的主要市场是美国，其次是北欧等国
珠海江华游艇制造有限公司	由成立于 1981 年的深圳江辉船舶有限公司于 2007 年 1 月改制后、移址于珠海平沙游艇工业园而来，是中国最早生产玻璃钢豪华游艇的企业。公司坐落于珠海平沙游艇工业园生产基地，占地面积 10 000 多平方米，依托于珠三角及祖国大陆，紧邻澳门、香港，面向世界，地理位置得天独厚。公司拥有自主的所有权、经营权和决策权。30 多年来生产的玻璃钢游艇远销欧美、澳洲等世界各地，赢得了海内外客户的赞美和青睐

3.4 游艇服务业

游艇生活具有让人无法抵挡的魅力，主要有如下几点：①接近自然。游艇开在视野开阔的碧蓝海面，陪伴自己的是蓝天白云青山绿水，可以远离尘嚣地享受健康明朗的自然气息。②冒险精神。游艇能燃起人们心底的冒险精神，这无疑给过惯了刻板单调生活的人们以莫大的新鲜和刺激。③适合商谈。正如陆地上的高尔夫交际一样，在游艇上进行商务谈判变得越来越时髦，且谈判成功率也越来越高。④享受速度。运动型游艇在中国所占比例较高，这满足了年轻的一代人对海上运动速度的追求。⑤时尚品位。游艇不仅仅是交通工具，更是一种时尚潮流，游艇爱好者在品牌的熏陶中拥有自己独特的生活品位。

对游艇生活憧憬的人越来越多，而游艇生活的品质离不开游艇服务业的发展。一般而言，游艇服务业是指从事各种游艇服务工作的一系列产业组织的总称。下面重点分析游艇俱乐部和游艇商务活动在游艇服务业中的情况。

3.4.1 游艇俱乐部

汽车需要停车场来泊车，游艇也需要“海上停车场”来泊船。游艇俱乐部是游艇活动发展的必然产物，最早出现在18世纪的英国。一般而言，游艇消费服务各项职能主要由游艇俱乐部承担。游艇俱乐部成立的宗旨是推广海洋休闲活动，为会员及其家属与宾客提供商务应酬、娱乐、休闲等多功能之生活空间，借以扩展海洋休憩与商务联谊，并将休闲提升到更精致之层面。

1. 游艇俱乐部功能及运营模式

典型的游艇俱乐部，一般应包括游艇、码头、会所、导航基础设施以及活动项目设施等。现代社会的游艇俱乐部，已具有星级酒店功能、休闲度假功能、商务功能、社交功能、娱乐功能、别墅功能、水上生活功能、水上运动培训功能、游艇维修保养功能等。常见的三种运营模式为运动娱乐型、休闲型、商务型。

1)运动娱乐型游艇俱乐部

运动娱乐型游艇俱乐部的游艇多为中小型游艇，这类游艇以速度作为卖点，而且价格较低，主要满足运动娱乐的需要，对年轻人很有吸引力。俱乐部的经营以团体包租、按时收费为模式，台湾许多的游艇俱乐部就是这样，通过吸引会员加入俱乐部组织的度假、娱乐休闲服务等活动开展业务，提供的活动包括水上训练活动、游艇驾照培训、结婚周年、时尚秀、同学餐会、生日宴会、套装旅游、朋友聚会等。

2)休闲型游艇俱乐部

休闲型游艇俱乐部主要面向家庭市场，为家庭度假、聚会、垂钓休闲等提供服务。在海域、海岸线条件优越的英国、意大利、法国、美国等欧美国家，这类俱乐部较为普遍。游艇长度一般以30～45英尺为主，俱乐部以烘托家庭氛围为卖点。由于许多家庭拥有自己的游艇，所以，其服务模式以提供配套服务作为主要内容，如泊车服务、代为管理游艇泊位、加油、海面救援、办理船舶证照、游艇翻新和修理等。在中国香港，许多游艇俱乐部船主兼会员，平时雇用长期的看顾船的水手，或者聘用船长代为驾船并负责平时的维修保养联络工作，每到假日全家大小呼朋唤友乘游艇到外海休闲，选择平静水域停船下锚，放下小艇、摩托艇，或是戏水，或是上岸游玩用餐。

3)商务型游艇俱乐部

商务型游艇俱乐部主要面向公司法人、高层白领、社会显贵阶层服务，一般提供综合性较强的娱乐休闲设施，包括豪华酒店、会议包租、高尔夫球场、健身、温泉等。绝大多数的豪华游艇俱乐部只对会员开放，而要想成为会员，需要先缴纳会费。俱乐部提供专业船长、日常保养、高档餐饮、娱乐等服务。这类游艇一般都是大尺寸的游艇，艇内装潢豪华、设施考究、服务精细，属于豪华档次游艇，一般为中上阶层人士、企业集团董事、富豪购买或租用，满足商务、会议、谈判、高层聚会、小型派对等需要。

2. 国内俱乐部建成情况

目前全国已建成、在建和已经规划的游艇俱乐部有99家(其中建成近30家，在建20多家)。中国香港有规模的游艇俱乐部12家，各类游艇近万艘。

全国大小游艇保有量1 000～1 200艘，但为了避免缴纳10%的私人游艇特别消费税，大部分以公司名义购买，部分以游船、渔船、工作艇名义登记注册，部分游艇在中国香港登记在册。

据中国交通运输协会邮轮游艇分会(China Cruise & Yacht Industry Association，CCYIA)不完全统计，目前我国国内有99家游艇俱乐部，但已经成型、具备游艇俱乐部各项功能的游艇俱乐部不过10余家，如大连星海湾国际游艇俱乐部、青岛银海游艇俱乐部、青岛国际游艇俱乐部、日照水上运动基地、苏州水星俱乐部、昆山大自然游艇俱乐部、上海莱悦游艇俱乐部、浙江九龙山游艇俱乐部、无锡太湖山水俱乐部、厦门五缘湾游艇俱乐部、深圳浪骑游艇会、深圳大梅沙游艇俱乐部、深圳湾游艇会有限公司、三亚鸿洲国际游艇会等。而珠海南国游艇俱乐部、广州南沙游艇俱乐部、海口美源湾游艇俱乐部、天津东疆游艇俱乐部等都在建设之中。

通过表3-4中几个游艇俱乐部的情况分析可以看出，在中国单纯的游艇俱乐部很难长期生存，更好的发展方式是由酒店、地产、娱乐的综合业态带动游艇产业的发展，再由游艇为土地增值，形成良好的正循环。因此，与顶级会所、上下游企业、投资峰会乃至政府机关的合作必不可少。在档次梯度、地区规划等方面，中国的游艇俱乐部正在走着一条高中低端并进的道路。从会籍资格数十万的会员制游艇会所，到以租赁船艇为主要收入来源的小型游艇会，这种多元的发展方式对整个游艇产业链的建构将起到正面的作用。这些俱乐部拥有良好的水域与土地资源、大面积可供进一步开发的腹地、有吸引力的合作条件、相关联的房地产和娱乐产业的开发前景。同时，游艇俱乐部为游艇休闲消费起到了“触媒”的作用，具体表现：为私家游艇主提供游艇休闲的场所；为私家游艇主提供游艇保养、停泊等专业服务；整合游艇资源，为普通大众消费者提供游艇租赁服务；为游艇玩家提供交友与交流的平台；传播游艇休闲理念，引导游艇休闲，为游艇休闲消费者提供学习机会。

表 3-4　我国几个游艇俱乐部情况一览表

俱乐部名称	概述	泊位情况	服务项目
三亚鸿洲国际游艇会	始建于 2005 年，拥有中国绝无仅有的热带海洋资源及配套资源	第一期 72 个码头泊位已于 2009 年 5 月建成并投入使用，总共计划投建 300～500 个国际高标准游艇码头泊位	游艇租赁、游艇销售服务、游艇商业街、游艇酒店等
深圳湾游艇会有限公司	是深圳西海岸唯一一家游艇俱乐部及顶级城市私人会所	目前会员人数：200 人；游艇数量：10 艘；泊位数量：300 个	游艇出租和销售、泊位和码头服务；专业游艇维修保养、游艇设备仪器；主题活动、商务、社交等会员活动；培训与教育；潜水课程；等等
深圳浪骑游艇会	成立于 1998 年，是国内最早的会员制海上游艇俱乐部、封闭的会员公寓等	275 个国际高标准游艇码头泊位	游艇停泊、租赁、潜水、钓鱼、举办帆船赛事、帆船航海、游艇俱乐部活动策划和推广、商务休闲、会议、驾驶培训等
浙江九龙山游艇俱乐部	陆地面积为 66 余亩，海滩全长 1 500 多米，是中国目前生态环境最好的游艇俱乐部	现拥有 95 个泊位和 40 个陆地干仓可供租售（二期将增加到 199 个泊位），最大可停泊的游艇将达到 73 英尺	游艇休闲、游艇停靠、会员专用码头、游艇租赁与销售、游艇驾驶培训、游艇及设施展示厅、帆船赛事及娱乐餐饮服务（健身房、室内游泳池、spa 等）
青岛国际游艇俱乐部	会所面积 8 000 平方米，承办国际帆船赛，是 2009 年沃尔沃帆船赛停靠港	泊位 800 多个	提供商务、休闲和餐饮服务；为帆船、游艇销售提供商务平台
大连星海湾国际游艇俱乐部	地处环境优美的大连星海湾金融服务区西部，交通便利，地理位置优越，毗邻亚洲最大的广场	成立于 2002 年，已建成 79 个游艇泊位，规划建立 270 个游艇泊位	经营船艇用品、渔具、婚纱展示等，承办商务活动，提供驾驶培训、租赁、停泊、展示、保养维修等业务

3.4.2 游艇商务活动

随着市场经济的深入发展，全球政治、经济一体化时代的到来，国际性、地区性、行业性、企业自行组织的各类各样的大型活动越来越成为人们沟通、交流、宣传、公关、推广的重要手段和渠道。

在商务应酬中要想使客户或朋友满意，选择一个好的场所非常重要。星级酒店或高级餐馆虽说给自己和客户带来了暂时的愉悦和享受，但久而久之，人们似乎都厌倦了这样的一种方式，所谓“商务应酬”倒真成了彼此的相互应酬。如果能置身于一种轻松愉悦的氛围中，忘记自己是在与客户进行“商务应酬”，而客户也深有同感，在充分享受的同时，又加深了彼此的了解，自然能达到事半功倍的效果。由此，商务活动场合的选择也在不断变化中。

游艇经济经过近三四年的积极推动，从悄无声息的发展，到逐渐浮出水面。现如今，游艇在中国已开始取代高尔夫，成为一种全新的商务应酬方式，是一个更高雅的社交场所。开着游艇出海，是奢华的享受：明媚的阳光下，天空澄澈、白云朵朵，在乘风破浪中品红酒、欣赏一河两岸美景，与大自然融为一体，这样休闲惬意的氛围可以极大地促进彼此关系，不少商业合约也就这样签订下来。

即使自己没有游艇，租游艇来谈生意也是一种新时尚。以有“水上保时捷”之称的“莱茵 1997 号”来计算，游艇可容纳 20 人，每小时的出租费用是 2 500～3 000元，两个小时的费用是 5 000～6 000 元，平均每人不过花费了 300 元。可见，在游艇上进行商务洽谈，不仅划算，还很有新鲜感。游艇商务活动正散发着勃勃生机。

游艇承载了商务交往的作用，商务游艇设施齐全，装饰豪华，甚至不亚于五星级酒店，邀请客户到自己的游艇上度假是一件时髦、体面的交际活动。在大海和游艇平静安详的环境中，最强硬的谈判对手也开始变得温和与容易沟通。同时这又能证明自己公司的实力，越来越多的重要合同在游艇上签订，且商务会谈的成功率也越来越高。

3.5 关联产业

3.5.1 游艇展览会

2010 年，全国近 20 个城市相继举行了游艇展览会，极大地推动了周边地区游艇产业的发展，并为游艇制造商、经销商及专业的服务机构创造了大量的商机。2011 年，国内外又掀起新一轮的游艇展览风暴。

1. 国外游艇展

1)英国伦敦国际游艇展

伦敦国际游艇展是每年世界游艇展的盛会之一，有着精湛专业技能的经销商和优惠的价格，2012 年的展会又吸引了大量海外买家涌入伦敦国际游艇展。

2)美国

每年一二月份，美国各地都会举行盛大的游艇展。比较知名的有亚特兰大游艇展（Atlanta Boat Show)、纽约游艇展(New York Boat Show)、迈阿密国际游艇展(Miami International Boat Show)、西雅图游艇展(Seattle Boat Show Indoors & Afloat)和洛杉矶游艇展(Los Angeles Boat Show)。

迈阿密国际游艇展的主办方是美国国家海事生产协会，该协会囊括了 1 700 多家企业，而这些企业生产的船舶及其配件的商品份额，占据了美国国内市场的 80%①。

西雅图游艇展是西海岸最大的游艇展，2011 年的展会展出了超过 1 000 个游艇和最新船用配件，展出地点选在了室内可威斯特(Qwest)球场活动中心，吸引了大批富豪。

第 55 届洛杉矶游艇展(2011 年)在洛杉矶会展中心举行，作为一个在美国西部规模最大和最负盛名的游艇展，此次会展吸引了 400 多万个来自全国各地的与会者。为期 4 天的会展以优惠的价格吸引了众多以家庭为单位的参观者。

3)意大利

意大利知名的游艇展有卡拉拉游艇展(Seatec)和威尼斯国际游艇展(Venice International Boat Show)。2011 年的威尼斯国际游艇展已是第十届游艇展，这一年是在亚得里亚海区进行的展示，设计一流的游艇吸引了海内外游艇爱好者的目光。

4)澳大利亚

悉尼国际游艇展(Sydney International Boat Show)和墨尔本国际游艇展(Melbourne Boat Show)是澳大利亚游艇界期待的盛事之一。悉尼国际游艇展是世界性大型游艇展之一，为来自世界各地的相关参展企业的采购商、参观者提供了交流、合作的契机。2011 年的展会是第 44 届，其是在环境独特优美的澳大利亚达令港举办的，接待了参展商、采购商、参观者达 75 000 人次，专业参展商达 15 000 多人，来自不同国家和地区的 300 多家参展商参展。

5)日本

日本国际游艇展(Japan International Boat Show)在每年的 3 月举办，连续举

---

① 邹帅 . 5 个不容错过的船舶秀 . 和讯网，http：//www. zh-hc. com/boat/news/view. asp? id=451，2009-05-20.

办3日，吸引各地参观者。

6)新加坡

第18届亚洲新加坡游艇展(18th Asia Singapore Boat Show)在2011年5月中旬举办，这是亚洲唯一的超级游艇展。

2. 国内游艇展

1)2011年中国(澳门)国际游艇进出口博览会

2011年中国(澳门)国际游艇进出口博览会于10月30日在澳门渔人码头圆满谢幕，这届展会是澳门首次举办的游艇展，推动了澳门的游艇经济，促进了澳门旅游业的发展，也是澳门会展业中具有重要意义的一次展会。本次展会水陆展出面积达到10万平方米以上，汇聚了来自15个国家的30多个游艇品牌前来参展，参观观众达5万多人次，共吸引了近100家媒体全程关注。

2)第四届中国(厦门)国际游艇帆船展览会

第四届中国(厦门)国际游艇帆船展览会于2011年11月4～7日在厦门五缘湾盛大开幕。展览会以“游艇——领航海洋休闲新时尚”为主题，展会继续秉承水陆联动，并推出一系列紧扣主题的船艇体验等互动性较强的活动。这届展会成为迄今为止中国最具规模的游艇展，汇聚知名奢华游艇品牌，向中外游客展示一种别样的海上盛会，以及一种崭新的奢华生活理念和生活方式。

3)中国(上海)国际游艇展

中国(上海)国际游艇展历来被视为中国游艇风向标，已成为亚洲规模最大、中国历史最悠久的综合性游艇展会，至今已是第18个年头。展会从2013年4月11日至14日，历时4天，中国(上海)国际游艇展、中国(上海)尚品生活展、中国(上海)国际休闲产业展，三大展览同时亮相上海世界博览会展览中心，总面积超过48 000平方米，比2012年同期增长20%。

本次展会共有来自美国、意大利、日本、西班牙、英国等500多家展商，550条实船，六大国家展团，近60场亚洲新品首发，30余场现场活动。国内外著名游艇品牌法拉帝、阿兹慕、博纳多、亚诺、圣汐、赫浃森、宾士域、飞驰等，以及太阳鸟、红双喜、毅宏、佳豪等纷纷亮相。虽然受到国内禽流感等公共卫生事件的影响，2013年游艇展依然接待了来自51个国家和地区总计34 822人次的观众，总参观人数稳中有升，比2012年增长10%。

4)中国(厦门)国际游艇帆船展

2010年中国(厦门)国际游艇帆船展上，共售出船艇36艘，成交金额达1.29亿元人民币。如此庞大的交易数据，证明了中国的游艇市场开始走热，厦门游艇行业开始繁荣，但这些仅仅是开始。即便这种欧美的休闲方式开始风行，中国的游艇市场尚未迎来真正的“黄金时代”，经销商在中国进行销售和服务比在其他成熟市场困难了许多。选择在此时进入大陆市场的台湾游艇企业，在感受着被巨大潜在商机包围的同时，也有了可能在这新生市场中寸步难行的心理准备。

3.5.2 游艇赛事

随着游艇热的升温，和游艇有关的各类比赛层出不穷。比赛名目繁多，不仅有彰显休闲体育精神的游艇帆船比赛，也有比拼技术技能的游艇设计大赛，还有吸引各界眼球的国际游艇模特大赛。

1. 体育竞技类

体育竞技类的游艇比赛，重在吸引航海爱好者的参与，宣传海洋文化及船艇历史。环渤海地区有着悠久的水上运动传统，培养了大批水上运动爱好者，而体育运动的热情又推动了游艇业的发展。2008 年的北京奥运会帆船比赛在青岛举行，是体育运动促进游艇业发展的很好例证。

珠三角地区具有良好的航海资源，是游艇比赛的最佳选择地之一。司南杯帆船赛是该地区最为重要的航海盛事之一，由国家体育总局水上运动管理中心批准，三亚市人民政府主办。司南是中国航海历史上的伟大发明，它实现了探索的梦想，让航海人积极地面对未知的方向，指引航海人在辽阔的大海上越走越远，代表了“突破”和“发现”的精神。2012 年是该比赛举办的第一届，它吸引了众多参赛者的目光；2013 年的司南杯大帆船赛规模和影响更大，吸引了 40 艘顶级帆船、20 艘豪华游艇，共计 400 多位选手的参与①。

2. 游艇设计类赛事

2010 年 7 月，海星游艇制造有限公司举办了第一届中国大学生游艇设计大赛，希望引导教育界重视设计人才的培养，改善目前中国游艇设计落后的局面。历经三载，大学生游艇设计大赛已成为业界内外共同关注的重要赛事，其意义和影响也早已超越其举办的初衷，各学科与创新理念擦出了无数火花，参赛作品更趋成熟，不少精辟独到的设计亮点赢得专业评委的一再称赞，甚至直指未来游艇行业的发展趋势和研发方向。

大赛按照游艇尺寸分为“50 英尺以下”“50～80 英尺”和“80 英尺以上”三个组别，并且比赛只面向高等院校的在校学生。首届游艇设计比赛就在国内外引发热潮，组委会共收到 80 多支队伍报名，参赛者有来自皇牌航海专业院校的哈尔滨工程大学、上海交通大学、大连海事大学，以工业设计著称的中央美术学院、北京理工大学、清华大学，也有一些来自外国著名大学，如意大利米兰理工大学、新西兰梅西大学，最终收到 54 份作品。首届大赛的成功举办，为后来大赛的扬帆起航奠定了坚实的基础，第三届(2012 年)大赛同样吸引了国内外业界人士的

---

① 张宇博．第二届司南杯大帆船赛圆满闭幕．游艇在线，http://www.yachtsonline.com.cn/newsshow.asp?id=4782，2013-04-22.

眼球，共有320多名大学生报名参赛，最终收到80多份参赛作品，作品层次和创新性比以往有更大的提升。

中国大学生游艇设计大赛对中国游艇文化的崛起与专业人才的培养有着积极作用，尤其是在国家大力发展游艇产业、布局游艇行业未来、推广蓝色文化的关键时期，需要更多既有品牌实力又具有游艇事业使命感的企业参与和努力。

3. 国际游艇模特大赛

国际游艇模特大赛由新加坡国际游艇模特管理机构、中博展览股份有限公司主办，是全球唯一的重在展现游艇和美女相结合的大型综合性赛事，以发扬游艇文化，推动游艇产业发展，倡导游艇生活为宗旨，通过金沙碧浪、美女豪艇的视觉享受，向世界展现它们之间产生的共鸣之美，传播不同的生活方式。

国际游艇模特大赛始创于2010年，历经三年的逐步蜕变和升级后，其品牌认知度和国际影响力已经成为国内乃至国际首屈一指的年度荣耀盛典。该赛事已成为社会各界公认的首个以游艇为载体出现的规模最大、水准最高、最具影响力的专业化赛事。大赛“高端、圣洁、健康、时尚”的精神内涵，以尊贵、超品质品牌形象，新颖的比赛形式，为提升城市形象及打造地方文化名片增加了不可复制的亮点。通过大赛的举办，不仅可以搭建中国游艇文化和游艇生活的展示交流平台，也可以对中国游艇产业及地方经济的发展起到强劲的推动作用。

3.5.3 游艇码头

1. 游艇码头概况

游艇码头是游艇产业发展的基础设施之一，根据发达国家游艇产业的发展经验，规划和建设大量游艇公共码头，对于推广游艇水上休闲活动、大规模发展游艇经济十分关键。北美和欧洲八大游艇发达国家普遍建有大量的公共游艇码头，这些码头一般由当地政府在进行城市规划时就提前加以考虑，与整个城市的建设整合在一起。

目前，江苏、浙江、上海、广州、海南、福建等省市和地区的大型游艇码头和游艇基地设施都在规划中。但截至目前，中国还没有建成的游艇公共码头。和建设私人码头相比，公共游艇码头的建设推力还远远不够。

2. 游艇码头选址要求

(1)应根据码头停泊的船形、地形、地质、地震、水文、水域、陆域条件，水陆交通要求，并考虑可持续发展计划需要，从消费市场、经济效益、技术能力等多方面进行综合分析，全面比较，慎重确定。

(2)应选择地质条件好、岸坡稳定的河段，避开掩埋软土层较厚的古河道及冲沟口。应选择河床稳定、水流平顺、有足够水深的水域，可供布置船位和锚地，并确保船舶能安全进出港口，靠离码头。

(3)陆域应有足够的岸线长度和纵深，用以布置前方作业地带、干仓(游艇陆上停放仓库)道路、会所功能区、维修和保养场地，地形高于最高水位1～2米为佳，尽量避免大挖大填，增加项目投资。

(4)应考虑现有的及规划中的水库、闸坝、桥梁及其他建筑物对本项目通航和河床冲淤的影响，并参照有关标准，使港区与上述建筑物保持适当距离，以免影响以后正常经营。

(5)选址一般不选在桥头或河岸突嘴下游，以及附近容易发展淤积的区域，以免增加项目投资的清淤费用和造成通航不便。

本章小结

本章主要从产业链的角度详细介绍了游艇产业的各个环节。从游艇产业链的特点可以看出，这是一个错综复杂、内涵丰富的产业链，本章将其归为四个方面，即游艇设计业、游艇制造业、游艇服务业和关联产业，其中任何一个产业又包含有庞大的产业分支。所以，发展游艇产业的前提就是认真分析产业链，理清产业链的脉络和发展现状。

游艇产业本身具有技术密集、知识密集、资本密集、高附加值、高聚集性和高产业带动力等特点，包括与游艇研究开发、设计制造、销售、使用、维护保养、修理、管理等相关的一系列经济活动。同时，游艇既是一种高档消费娱乐品，还是一种高尚的休闲旅游方式。它作为一个地区经济发展程度的标志和吸引投资的形象，被誉为“城市的名片”。游艇服务业对当地的餐饮、交通、住宿、公共服务及配套设施等具有带动作用，并有助于优化滨水旅游业的结构，通过产业的关联效应带动相关产业发展，具有显著的综合经济效应。

案例

香港游艇会管理模式

1. 简介

香港游艇会是香港历史最悠久的游艇俱乐部，也是世界上最大的游艇俱乐部，其前身是“维多利亚赛舟会”(Victoria Regatta Club)。1893年，会所董事向英国海军申请把会所易名为“皇家香港游艇会”(The Royal Hong Kong Yacht Club)。1997年香港回归，香港皇家游艇会删除“皇家”一词，但英文名称的“Royal”得以保留。

经过160多年的发展，香港游艇会已经发展成为多维化的全球性的组织，其会员人数已超过万名，从水上到陆地，俱乐部为会员提供优质的服务以及全面的现代化娱乐设施。

2. 经营理念

经营理念有三个主要原则，如图 3-4 所示。

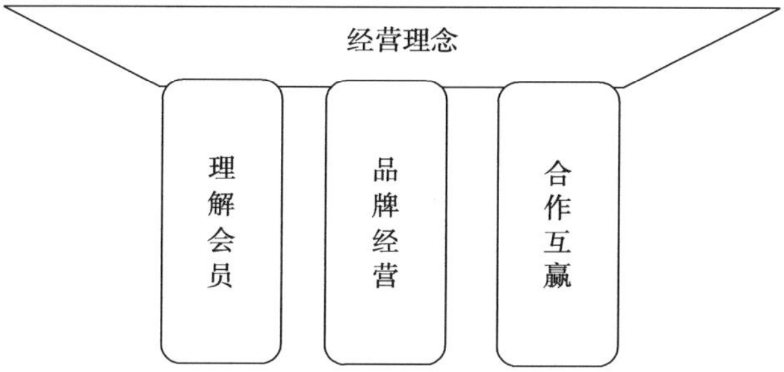

图 3-4　香港游艇会的经营理念

(1)理解会员。每年均通过问卷调查的方式了解会员的满意度，根据会员的需求调整服务内容。

(2)品牌经营。第一，品牌质量——满意服务、管理阶层过滤、员工培训。第二，社会责任——名利双收：是香港爱心童乐营的长期支持者；参与组织香港环保节，举办海上清洁运动；2004 年印度洋海啸后普及海啸知识并向海啸受灾地区捐赠十万港币。

(3)合作互赢。与其他合作者本着互利交换、共搭舞台的方式实现双方的需求，冠名赞助是最常见的方式，如美国著名的花旗银行冠名的成年人游艇驾驶培训项目，2001～2006 年海港赛艇，黑山集团冠名的猎狗杯(Dog Trophy)俱乐部内部系列赛事。

3. 组织结构

最高管理机构是管理委员会，其是俱乐部的决策机构，相当于现代公司中的董事会。管理委员会最高领导是会长、左/右会长。

俱乐部执行结构：经理。其类似于股份公司中的经理级别，全面负责俱乐部日常事务的执行与管理，接受管理委员会的监管，对管理委员会负责，属于管理委员会的常设机构。经理层人员必须经过严格选聘，但前提是必须是俱乐部会员。

俱乐部各个分基地成立分管理委员会，分管理委员会服从俱乐部管理委员会管理，具体负责分俱乐部的事务。

4. 会员管理

香港游艇俱乐部采用会员制管理模式。会员必须对航行或者荡舟感兴趣，必须要有航行和荡舟的相关经验，然后通过一个投票系统才能成为会员。俱乐部的许多服务及娱乐设施都是会员专属区，非会员不得进入和使用(除非是会员的亲戚或朋友，俱乐部会员有权携带一位朋友)。

1)会员

会员分为三种，即个人债券会员、公司会员和个人会员。

个人债券会员：个人以购买债券的形式购买俱乐部会员的权利，允许个人参加俱乐部的相关活动。

公司会员：公司或企业为组织的发展而申请为会员，允许公司职员进入俱乐部租赁俱乐部的相关设施。

如图 3-5 所示，个人会员包括五种形式，即普通会员、高级会员、短期会员、青年会员以及青少年会员。

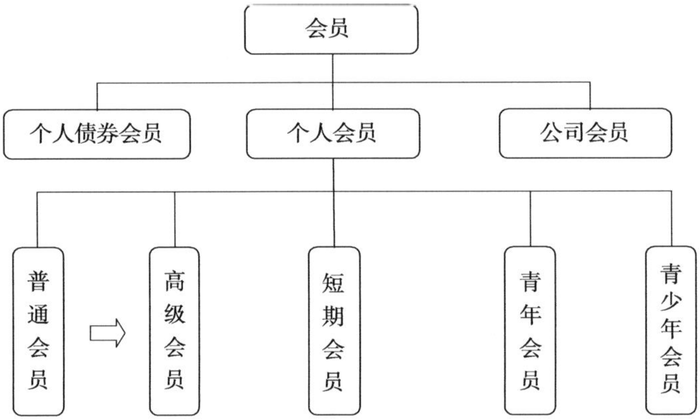

图 3-5　香港游艇会个人会员类型图

连续 5 年申请为普通会员的才有资格升级为高级会员。普通会员在第 6 年申请为会员时可申请升级为高级会员，同时也是俱乐部的永久会员。永久会员必须参加俱乐部所组织的各类游艇划船龙舟活动。如果第 6 年没有申请为高级会员，可以继续申请为普通会员，不过这时会员资格审查将会更加严格，同时高级会员和普通会员在会员大会投票比例为 10∶1。

申请为短期会员的条件为在游艇航行方面有着特别的技能，能为俱乐部其他会员提供有价值的经验，会员有效期不超过两年。

年龄为 8～18 岁的青少年可以申请成为青少年会员(父母不是会员的)；18～29 岁的个人可以申请成为青年会员(父母不是会员的)。青少年会员无须缴纳年费，需要的是两个会员担保人以及按月缴纳一定的费用，也没有携带朋友来玩的权利。

以上各类会员种类根据自身情况，可申请不同类型的会员，大致可以分为夫妻会员、单身会员、卡德特会员(父母为会员，年龄为 9～18 岁的青少年)和小孩会员(父母为俱乐部会员，年龄为 5～12 岁的孩子)。

2)会费

会员申请入会时需要缴纳一定的入会费，以后按月缴纳一定的会费，见表 3-5 和表 3-6。

表 3-5　入会费(单位：港元)

会员类型	价格
普通夫妻会员	60 000.00
短期夫妻会员	0
普通单身会员	45 000.00
短期单身会员	0
会员的配偶入会	15 000.00
青年会员	1 620.00
青少年会员	0
个人债券会员	240 000.00
公司会员	600 000.00

表 3-6　按月缴纳的会员费(单位：港元)

会员类型	价格	会员类型	价格
普通会员		短期会员	
夫妻型	965.00	夫妻型	1 447.50
单身型	755.00	单身型	1 132.50
卡德特型	115.00	卡德特型	172.50
小孩型	0	小孩型	0
青年型	420.00	青年型	115.00
公司会员	965.00	个人债券会员	965.00

3)转让与转变

会员卡可以转让和转变(公司会员变为个人会员)，出让方需要缴纳一定的转让和转变费 30 万美元，接纳方则只需按月缴纳月费即可。

俱乐部现在有一万多名会员，约三分之一为活动会员，其余为缺席会员。活动会员是指定居香港，可以随时参加活动的会员。缺席会员是指曾经参加过游艇会，但当前已经离开香港的会员，允许他们回香港度假或出差时参加俱乐部活动。

5. 运营管理

游艇俱乐部的收益渠道为：会员的入会费和月供；私人游艇管理、维护以及泊位的使用费；各种活动冠名权出让费；纪念品销售盈利；游艇代表销售；风帆、游艇驾校收益；与游艇相关的其他活动和售后服务，如游艇的装饰用品、游艇加油服务等；为俱乐部会员提供岸上休闲的场所和服务，如餐厅、茶座、高尔夫、酒吧、野外烧烤等。

第 4 章

游艇产业组织结构

游艇作为我国的新兴产业，我国大多数人对其仍不甚了解。例如，游艇的供应方和需求方有哪些，有何特点等。在对我国游艇产业的投资前景进行深入分析之前，有必要先对我国的游艇产业组织结构进行剖析，了解当今我国游艇市场上供需双方的一些基本情况。本章首先从需求方面分析我国游艇消费的主体、特点及存在的问题；其次，从供给方面分析近年来我国游艇的出口状况，同时，介绍国内外知名的游艇供给企业。本章从供需两个方面清晰地阐述了游艇产业的组织结构。

4.1 游艇产业市场结构

市场结构(market structure)有狭义和广义之分。狭义是指买方构成市场，卖方构成行业。广义是指一个行业内部买方和卖方的数量及其规模分布、产品差别的程度和新企业进入该行业的难易程度的综合状态，也可以说是某一市场中各种要素之间的内在联系及其特征，包括市场供给者之间(包括替代品)、需求者之间、供给和需求者之间以及市场上现有的供给者、需求者与正在进入该市场的供给者、需求者之间的关系。

产业组织理论中，结构—行为—绩效范式是研究产业的重要分析体系，这一范式认为产业的市场结构直接影响并决定该产业内部的企业行为，进而影响并决定该产业的整体效应。因此，对于一个产业的市场结构分析就显得尤为重要。中国游艇产业正处于起步阶段，产业规模在逐步扩大，游艇市场也正在以前所未有的速度扩展，但纵观世界游艇市场，中国游艇产业市场与一些游艇产业发达国家的市场还存在着差距，因此，对游艇产业市场结构的分析是有必要的。

4.1.1 消费市场状况

受益于消费升级，我国游艇市场将迎来黄金增长期。我国复合材料游艇行业增长迅速，2010 年，以“娱乐船和运动船的建造和修理”及“非金属船舶制造”衡量的复合材料船艇行业收入较 2003 年增长 7 倍，年复合增长速度为 33%，已呈现出较快增长趋势，见图 4-1 所示的 2003～2010 年复合材料船艇行业收入情况。其中，我国游艇消费市场占复合材料船艇市场的 50%左右，2010 年市场规模约为 30 亿元，年增速 33%以上。

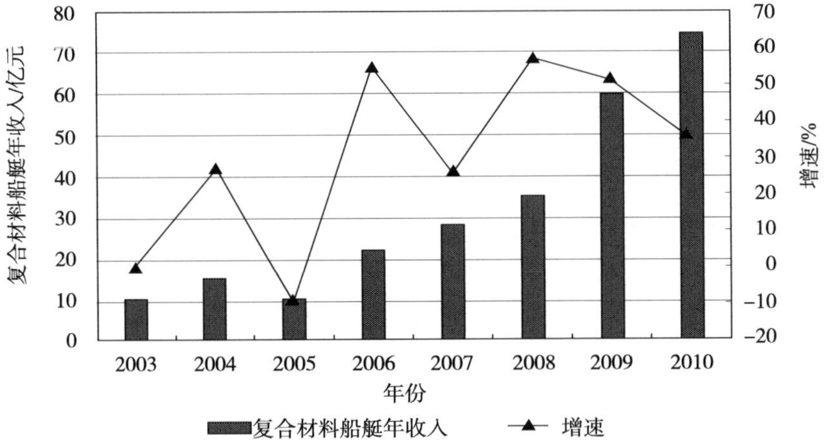

图 4-1 2003～2010 年复合材料船艇行业收入情况

资料来源：万得(wind)资讯

从图 4-1 可看出，自 2003 年以来，我国复合材料船艇行业稳步发展，总体呈上升趋势。2005 年行业收入有一定幅度的下降，主要原因在于 2004 年国家开始对游艇征收 10%的特别税，对行业造成了负面影响。从 2008 年开始，复合材料船艇行业收入逐年增加，正是受到全球金融危机的影响，世界游艇发达国家的游艇制造大量向我国转移，促成了我国游艇行业的迅速发展。

1. 我国已具备游艇消费的经济条件

1）人均 GDP 达到游艇消费水平

据统计，1990～2011 年这 22 年时间里，我国 GDP 从 1990 年的 18 668 亿元，增长到 2011 年的 472 881 亿元(图 4-2)。城镇居民人均可支配收入从 1990 年的 1 510 元，增长到 2011 年的 21 810 元，折合约 3 200 美元。北京、天津和东南沿海地区的江苏、浙江、山东、广东、上海、香港、台湾等发达地区，城镇居民生活普遍富裕，住房和汽车等大额家庭消费开始进入普及阶段，教育、医疗、通信、旅游文化等消费支出比例迅速增加。

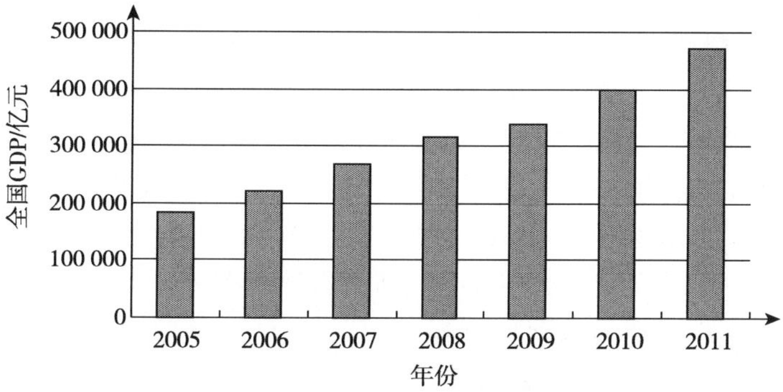

图 4-2 2005～2011 年全国 GDP 变化图

资料来源：2012 年中国统计年鉴

根据欧美国家的发展模式，当地区人均 GDP 达到 3 000 美元时，游艇经济开始萌芽；当人均 GDP 达到 5 000～6 000 美元时，游艇经济进入快速发展阶段。2011 年我国人均 GDP 已达 5 432 美元，已具有游艇消费的经济实力。而位于长三角、珠三角、环渤海等经济发达地区的人均 GDP 超过 8 000 美元的城市超过 20 个，北京、上海等一线城市人均 GDP 已超过 10 000 美元，早已跨越游艇快速发展的临界点。表 4-1 为 2011 年我国各省(自治区、直辖市)人均 GDP 前 10 位排名。根据国际发展经验，我国游艇经济已进入快速发展时期。

表 4-1 2011 年我国各省(自治区、直辖市)人均 GDP 前 10 位排名

排名	地区	GDP/亿元	常住人口/万人	人均 GDP/元	人均 GDP/美元
1	天津	11 191	1 294	86 496	13 392
2	上海	19 196	2 302	82 560	12 784
3	北京	16 000	1 961	80 394	12 447
4	江苏	48 000	7 866	61 022	9 448
5	浙江	31 800	5 443	58 791	9 115
6	内蒙古	14 000	2 471	56 666	8 773
7	广东	52 674	10 430	50 500	7 819
8	辽宁	22 026	4 375	50 439	7 795
9	福建	17 500	3 689	47 433	7 344
10	山东	45 000	9 579	46 976	7 273

资料来源：2012 年中国统计年鉴

2)我国是奢侈品消费大国

我国富裕阶层不断壮大，截至 2011 年 3 月底，奢侈品消费全球排名第二，消费实力强大。截至 2011 年年底，胡润研究院统计的我国千万富豪人数已达 102 万人，其中包括 6.35 万个亿万富豪①；美林和凯捷咨询发布的《2011 年全球财富报告》显示，我国金融资产超过 100 万美元的富豪数量为 53.5 万人，仅次于美国、日本和德国②。我国奢侈品消费能力强大，《世界奢侈品协会 2011 官方报告蓝皮书》称，截至 2011 年 3 月底，我国奢侈品市场消费已经达到 107 亿美元(不包括私人飞机、游艇和豪华汽车)，占全球份额的四分之一，仅次于日本这个全球第二大奢侈品消费国。据财富品质研究院发布的《2013 中国奢侈品报告》显示，2013 年中国人奢侈品消费总额达 1 020 亿美元，目前，全球奢侈品市场容量为 2 170 亿美元，这意味着中国人将买走全球 47%的奢侈品③。作为顶级奢侈品的游艇需求若能得到释放，国内游艇市场规模将出现惊人增长。

3）消费层次升级

游艇产业是国民经济发展到一定程度后的产物。随着经济的发展，人们的消费需求已从基本的温饱升级到生活的要求多样化。现在人们对住宅、汽车、文化教育、医疗卫生、养老保健和环境保护等生活质量方面的需求明显提高。房地产业已经有了出乎人们预料之外的高速发展，处于发展的顶峰阶段；家用汽车也以每年大比例的增幅进入千家万户，处于发展的高速期。随着我国总体消费层次的提高，游艇消费必将是继汽车消费之后我国另一个最大的消费热点。游艇将首先进入富裕阶层的消费视野，并且将优先启动较为豪华的游艇(商务用)消费；其次进入数量庞大的中小型运动、休闲游艇类的消费；最后，如同国内私人轿车一样，普通游艇将在一定范围以一定比例进入家庭。尽管实现游艇的平民化还存在一定困难并需要一个相当长的时期，但这是一个必然的趋势。

2. 我国游艇消费特点

1）企业消费为主，未来中产阶级为主要消费群体

我国私人游艇消费群体大致分为三大类型，分别是房地产企业及关联单位、机构和私人。

(1)房地产企业及关联单位。房地产企业出于宣传、促销楼盘等目的，会购置一定数量的游艇，具体用途见表 4-2 所示的房地产企业及关联单位类型说明表。

---

① 胡润研究院，群邑智库．2012 胡润财富报告，2012.

② 沈玮青．调查称中国百万美元富翁人数超 50 万．搜狐财经，http://business.sohu.com/20110624/n311492090.shtml，2011-06-24.

③ 朱玲．奢侈品业绩增速放缓，或大规模衰退．新快报，http：epaper.xkb.com.cn/view/904220，2013-12-16.

表 4-2　房地产企业及关联单位类型说明表

企业类型	用途说明
大型高端滨水房地产项目的开发商	购置游艇作为促销楼盘的手段，如买别墅送游艇
小型滨水楼盘	购置游艇作为楼盘宣传的手段，如将游艇放在水面，做装饰或无动力的“舫”
滨水楼盘的会所	购置游艇提供给会员使用(有的滨水楼盘直接成立游艇俱乐部，对内为楼盘会所，对外为会员制游艇俱乐部)

资料来源：2012—2013 中国游艇产业报告

(2)机构。游艇消费的机构主要包括游艇俱乐部、水上旅游公司、高级滨水酒店、大型企业和政府部门。其购置游艇的用途如表 4-3 所示的机构类型说明表。

表 4-3　机构类型说明表

企业类型	用途说明
游艇俱乐部	会员制游艇俱乐部的自用游艇或供租赁的游艇
水上旅游公司	如黄浦江、苏州河、太极湖、杭州运河的水上旅游公司
高级滨水酒店	对外租赁游艇，以此提升酒店品位和知名度
大型企业	提高企业知名度，并兼有接待、会议功能
政府部门	拥有接待或公务用途

资料来源：2012—2013 中国游艇产业报告

(3)私人。私人消费群体主要有三类：一是沿海和沿江城市的制造业、IT 业、房地产业、金融业的企业家、高管及富裕人群；二是外企高管和来华工作、生活的外籍人士；三是演艺体育明星等。其中，国内游艇购买者的主要特点有以下几个方面：第一，年龄主要集中在 25～45 岁；第二，主要集中在上海、广东、北京一带；第三，以现金的方式支付；第四，购买的游艇价格大多在 40 万～500 万元人民币。

在三类购买群体中，企业以压倒性优势占据了中国游艇市场 80%的份额，成为当之无愧的“大户”，见图 4-3 所示的中国游艇购买群体分布比例。然而这样并不利于游艇文化的推广，企业购置游艇的出发点基本局限在商务接待或彰显实力，受益者仅是一小部分人。而且，企业选择的游艇多为尺寸偏大的豪华进口游艇，容易给人造成游艇就是奢侈品的假象。

个人游艇消费群体仍主要集中在高净资产人群中，但纵观全球游艇业，其最大的消费群体是中等收入群体。随着经济收入的增加，水上运动逐步成为休闲、度假、体育运动的方式。游艇、钓鱼艇、帆船等中等价位的船艇受到年轻人尤其是具有一定经济收入的人群的欢迎。中产阶级消费观念的前卫性、对高生活品质的追求以及集休闲、运动、办公、商务、联谊等功能于一身的游艇消费逐渐盛

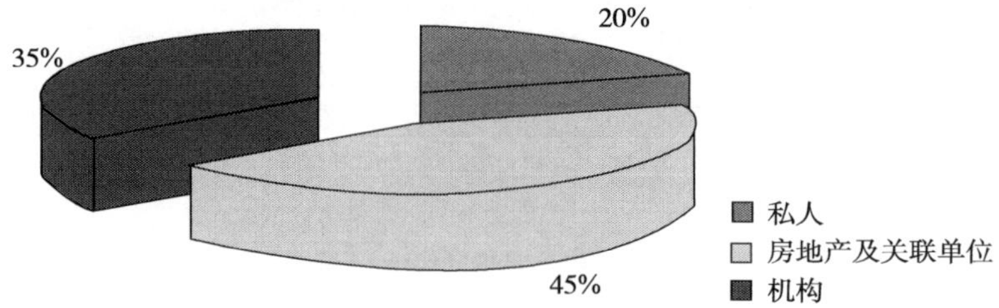

图 4-3 中国游艇购买群体分布比例

资料来源：2011—2012 中国游艇产业报告

行，小型游艇、中型游艇、大型游艇和超豪华游艇将被逐渐认同，游艇消费面临"公共化"和"中产化"，中高收入者能承担其价格和费用，而这正是今后相当长时期内游艇的主力消费群体。

法国巴黎百富勤公司测算，我国的中等收入阶层家庭 2010 年将达 1 亿个，户均拥有资产 62 万元①，这 1 亿个中产阶层家庭就是潜力巨大的游艇消费市场。《现阶段中国社会新中间阶层的构成特征》报告指出，中国现阶段中产阶层占就业人口的 15%，并将以每年 1%的速度增长②。众多数据表明，我国中产阶级人数庞大，增长迅速，在最近 3～5 年里，游艇休闲、运动将成为其娱乐生活的重要选择，游艇海上运动将成为海洋旅游、个性消费和追求品位的新亮点。

2)中低档游艇将为消费首选

中国动力艇数量占游艇总量的 85%，帆船仅占 15%，而动力艇中钓鱼艇数量也仅有可怜的 5%，这种消费格局在国外是不可想象的。图 4-4 为中国游艇类型分布。

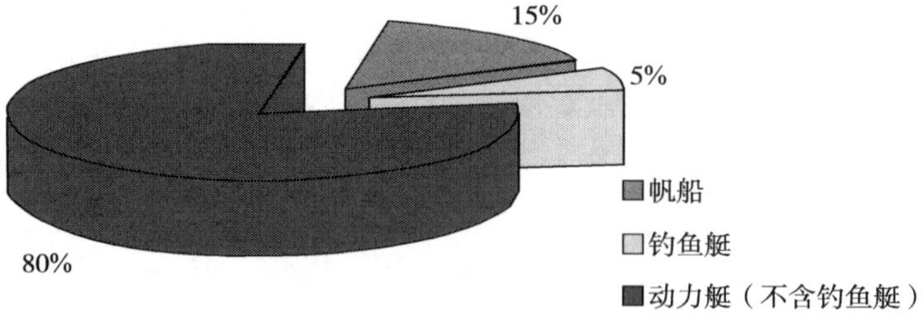

图 4-4 中国游艇类型分布

资料来源：2011—2012 中国游艇产业报告

① 百富勤公司：中国中等收入家庭户均财产 31 万元．青年报社电子报刊，http://www.why.com.cn/epublish/gb/paper1/1691/class000100017/hwz31870.html，2004-02-19.

② 郭紫纯．社科院报告显示中国中产阶层约占就业人口 15%．新浪财经，http://finance.sina.com.cn/luxury/luxmiddle/20060516/15542571970.shtml，2006-05-16.

在欧美游艇消费市场，占据大比重的并不是动辄上千万的豪华游艇，而是更适合一般家庭出游欢聚的经济游艇，钓鱼艇和帆船是这类游艇的典型代表，二者占据了 70%的市场份额，其中，钓鱼艇占 40%～50%，帆船占 20%～25%①。

中国交通运输协会邮轮游艇分会认为，价格在人民币 30 万～50 万元的钓鱼艇、帆船等中低档游艇将在我国最受欢迎，原因在于其既可以作为海上运动、游乐、商务活动和社交的工具，也可以用于载客经营。同时中高收入阶层及一般机构和企业都能够承担其价格和费用，而中高收入阶层正是我国游艇消费的中坚力量，因而钓鱼艇、帆船等中低档游艇必将成为我国游艇经济起步发展阶段游艇消费的首选和切入点。

3)游艇租赁走向大众消费市场

目前中国游艇消费业尚处于初级的阶段，玩游艇还是一件“既要有钱，又要有闲”的活动。一方面，买一艘游艇的费用应该不高于本身资产的 10%，所以买一艘 50 万元的游艇，本身资产应在 500 万元以上②，这就局限了很多人以买车买房那样的热情去购买游艇；另一方面，中国人每年用于旅游度假的闲暇时间相对紧张，旅游人群又具有较大的流动性，通过购买游艇的方式享受游艇休闲尚得不到有效保障。这是产业发展初期的正常现象，但势必造成很大一部分人群有着游艇消费的强烈意愿，却缺乏足够的经济实力和闲暇时间。随着游艇行业的整体发展和游艇文化日益普及，这一部分消费需求更加突出，从而催生了火热的游艇租赁市场。

中国交通运输协会邮轮游艇分会估算，如果租赁游艇的造价在 50 万～100 万元，每小时租赁费用按平均水平 500～800 元算，4 小时就是 2 000～3 200 元，几个消费者相约一起出游，分摊到每个人的费用仅几百元，且不需承担日常养护等费用。可见，游艇租赁拉低了游艇消费门槛，吸引和帮助更多人体验游艇休闲，让更多人零距离地接触游艇、了解游艇、享受海上生活，推动游艇真正走进我国中产阶层进而进入普通大众的生活。游艇租赁以更加经济灵活的方式，连接了消费、经营、旅游、休闲等各种资源和需求，促成行业多方共赢，进而形成规模经济效应，推动游艇产业整体稳步发展。在现阶段和很长一段时间内的中国市场，游艇租赁都将是十分重要的一种消费模式。

4)公用型多，家用型少

我国购买的游艇多为公用性质，即用于旅游观光和商务接待。随着旅游业的

---

① 张奥．中国游艇产业进入市场细分和专业化推进阶段．中国广播网，http://finance.cnr.cn/gundong/201204/t20120418_509，2012-04-18.

② 名车志．游艇置办时需要特别注意事项．凤凰网，http://fashion.ifeng.com/luxury/car/detail_2011_03/23/5323019_0.shtml，2011-03-23.

发展，水上旅游热点地区集体用游览船增多，如桂林漓江、杭州西湖、昆明滇池、洛阳小浪底水库等地。除此之外，许多企业集团购买游艇用于商务洽谈。我国国有大型企业商务活动档次升级、各类会议选择五星级酒店和度假酒店等场所举办已司空见惯，为了提升商务活动的档次、体现企业财力和特色、创造独立而私密的活动空间、营造高品位的活动氛围，追逐游艇消费的企业不断增加。通过对我国500强企业分析可知，资产过百亿元、营业收入过百亿元且企业海洋文化氛围浓厚的约占7.5%[①]，基本覆盖了海运、房地产、石油石化、交通、旅游、国际贸易等企业。另外，我国沿海主要港口企业、航运企业、物流企业等也是未来潜在的游艇消费主要组成部分。因而我国的游艇消费者倾向于购买公用型的游艇，至于家庭型游艇在内地的销售，虽然已有先富起来的人首开了购买私人游艇的记录，但要形成国内市场，尚需假以时日。

3. 我国现阶段游艇消费存在的问题

游艇产业作为我国的朝阳产业，其未来消费前景被看好，市场容量巨大，但现阶段其发展仍存在许多问题，若不能得到妥善的处理，必将影响和阻碍我国游艇产业的顺利快速发展。

1)文化认知差异

(1)海洋意识薄弱。我国自明代以来海洋意识薄弱，市场消费环境尤其欠缺。欧洲国家每15人就有1人拥有游艇，他们从小开始接触海洋，游艇是日常的水上休闲运动产品，扬帆出海是生活中不可缺少的一部分。而我国游艇市场刚起步，游艇主要用于商务接待、生意接洽，对游艇乐趣和海洋魅力的理解正在逐步培养和加强，尚未普及的海洋文化一定程度上阻碍了游艇在我国的发展速度。

(2) 传统的生活习俗和思维方式。从古至今，我国船舶消费的主要用途是运输货物，而游艇、邮轮等以消费为主导的生活方式也是近几年随着旅游业的发展而逐步发展起来的。奥运会与世界博览会的巨大商机让广大民众进一步了解了游艇的概念，但新兴的概念并未能够影响甚至改变传统的思维方式，新概念的普及仍需一段时间。

(3)游艇消费追求奢华。目前游艇大多以豪华高档商品和消费理念出现，使绝大多数人望而却步，而极少数的高端消费人群又极其追求奢华。所以，一方面缺乏百姓消费的文化氛围，另一方面高端人士消费理念过于超前，致使目前的游艇俱乐部建设大都极尽豪华，各种休闲娱乐项目、设施应有尽有，投资巨大，俱乐部的入会门槛设立得很高，与我国目前的国民收入和消费结构还很不适应，这也限制了游艇俱乐部自身的发展。

---

① 张志明．海南省游艇码头总体规划．北京：中交水运规划设计院有限公司，2010.

2）游艇政策还未完全放开

（1）航行水域受限。游艇必须在其检验证书所确定的适航范围内航行，第一次航行须向当地海事部门报备航行水域，今后航行若超过报备范围，需重新报备（船名、人数、路线等）。

（2）不能跨区域航行。《游艇安全管理规定》于 2009 年 1 月 1 日开始生效后，全国游艇驾照的考证与发放开始要求统一，但实际执行中各地海事部门颁发的游艇驾照仍然不能跨区域航行。

（3）航道管理严格。游艇航行不仅需要获得许可在专用水域内航行，还要通报海事、航务或港监等部门，并且经过必需的业务协作，游艇才可能出航，手续繁琐、监管严格。

（4）必须停泊在专用水域或停泊点。我国游艇主要停泊在俱乐部的租用或购买的泊位中，而发达国家可以将游艇停在自家后院的游艇拖车上。

3）下游配套设施不完善，游艇服务不到位

游艇产业的发展离不开航道水域、游艇码头、游艇俱乐部、泊位、景观水系等配套基础设施及维修保养服务。没有完善的下游配套设施，游艇的使用及停放将非常不便利，我国游艇产业的发展还处于培育阶段，游艇码头和泊位的建设还在进行中，游艇配套设施及维修保养服务还需跟上。

4）税收过重

目前国内销售的主要是中大型的游艇，大部分通过进口，这些游艇税费主要包括关税 11%、增值税 17%、特别消费税 10%、其他税费 6%，各项税费累加约为 44%。而其他发达国家一般不会超过 20%，这样的税费显然过高。我国游艇产业处于刚起步阶段，少部分人购买 1 000 万元人民币左右的游艇，而这其中就包括了 400 万元左右的税，这样也就把另一部分犹豫的人挡在了游艇市场之外。

5）缺乏合理的水域规划

游艇对港口水域的要求颇高，合理的水域规划一定程度上直接影响游艇产业的发展。例如，港内功能水域需要包括航道、系泊水域、港池以及回旋水域等；而水域的布置也应该根据当地的自然条件、发展要求、建设规模，结合游艇靠泊、航行灯各功能水域的实际要求来进行。作为水域部分的辅助和配套、功能延伸和拓展，陆域部分所需用地也不容忽视，其中包括游艇上下水、维护、停泊等。此部分虽然面积不大，功能相对于水域部分却多而复杂。作为开发游艇市场的基础之一，水域规划在我国发展的不成熟制约了我国游艇产业的发展。

6）高端奢侈品定位

对于我国消费者而言，游艇一直被认为是高端奢侈品。普通民众很少有机会接触游艇实体，更多的是通过媒体，而媒体又经常将游艇与富豪、上流人士联系在一起，从而让许多大众消费者望而却步。但事实却并非如此，在许多发达国家，游艇针对不同的消费层，游艇的价格从一二十万元到上亿元不等。既有属于富豪专属的真正奢侈品——超级游艇，也有属于更多中产阶级、甚至是白领阶层所能承受的帆船、快艇、钓鱼艇等级别。国内媒体对消费者的错误引导，打击了一部分潜在游艇购买者的购买欲望，减缓了我国游艇的发展。

4. 针对我国游艇消费问题的解决建议

1)加强政策扶植，并尽快做出产业规划

尽管我国针对游艇产业已经出台了一系列相关政策，但其力度和可操作性仍有待提高，为促进我国游艇消费的进一步发展，首先必须站在国家层面制定相关的产业政策，引导游艇产业的健康快速发展。

(1) 减免税收。目前，并非完全属于奢侈品的游艇税收过重，而所征收的这些税收最终将加于消费者身上，不利于产业的长远发展。建议国家有关部门减免对游艇消费税的税率，或在部分地区建立保税仓库促进游艇的销售。

(2)尽早出台相关细则。2009年年初，《游艇安全管理规定》终于出台。虽然从《游艇安全管理规定》里解读出了“简化游艇的登记、检验手续，对游艇驾驶员不能按照《中华人民共和国船员条例》的要求进行注册管理，不实行船舶签证、安全检查和安全配员制度，建立一个宽松的、有利于游艇健康发展的法律环境”，但事实上并非如此，因为各地都在制定和实施自己的实施细则，这些地方法规之间仍有冲突。要想突破这个壁垒，中国海事局就需带头下发相关细则，否则立法将没有本质性的突破。而这种“把鲨鱼养在游泳池”里的规定，只能制约产业发展。

(3)进行完整的产业规划。中国汽车业之所以能位居世界第一，就是因为有完整的产业规划。对于游艇产业而言，目前从设计、制造到航行、消费，从停泊基础设施到系统发展政策，还处于比较零散的状态，缺乏规划和长远目标。为了我国游艇产业的长足发展，我国需尽早制定出符合我国国情的全面的游艇产业规划。

2)尽快建立游艇公共码头

游艇码头和俱乐部是不同的概念。俱乐部是一个为少数人提供聚会的场所，除了有游艇码头以外还有高档的会所，提供不同的娱乐服务。游艇码头好比“停车场”，停泊费用要比游艇俱乐部便宜很多。但目前拥有18 000千米海岸线的中国，尚未有一个公共游艇码头，这无疑对中国游艇产业的发展非常不利。因而中国应加快公共游艇岸线、公共游艇码头的规划和建设。

3)正确的娱乐导向

目前，媒体报道有一种误区，就是把游艇归结为典型的奢侈品。而这种舆论直接影响了游艇税收的国家政策，对产业发展不利。事实上如同汽车一样，游艇有高低端之分，不是所有游艇都是奢侈品。游艇就像房地产和汽车一样，能给社会带来大量的就业机会，给国家带来丰厚的税收，能拉动复合材料、导航设备、旅游休闲等产业的发展。同时，玩游艇很大一部分时间其实就是在玩水，没有人愿意在散发着恶臭的水域开游艇。所以玩游艇同样能促进环保，能增强人们的海权意识、团队合作精神和不畏艰险敢于面对挑战的勇气。媒体应该从以上这些方面加大游艇正面宣传力度，而不是一味地把它归类为奢侈品。

5. 未来我国游艇消费趋势

1)短期受益于富裕阶层的壮大，长期受益于消费升级带来的中小游艇需求爆发

按照国际惯例，千万富豪和亿万富豪为私人游艇的主要消费群体。截至2011年年底，胡润研究院统计的我国千万富豪人数已达102万人，其中包括6.35万个亿万富豪，有一半的亿万富豪表示有购买游艇的意愿，见图4-5所示的2008～2011年千万富豪人数增长情况和图4-6所示的2008～2011年亿万富豪人数增长情况。

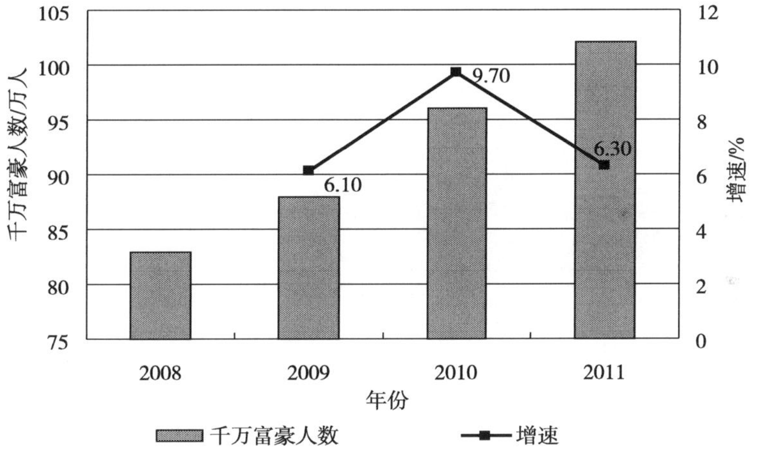

图4-5　2008～2011年千万富豪人数增长情况

资料来源：2012胡润财富报告．http://baike.baidu.com/view/9333312.htm

从图4-5和图4-6可看出，我国自2008年以来千万富豪和亿万富豪的人数在逐年增加，2010年增速甚至达到9.0%以上。从中可看出我国具有经济消费实力的人群扩充迅速，这为未来我国游艇行业的发展提供了广阔的消费市场，我国游艇发展潜力巨大。

从规格来看，未来中小游艇将成为最受欢迎的私人游艇类型，中国交通运输协会邮轮游艇分会、全国游艇俱乐部协作联盟的调查显示，我国价位50万～100万元的钓鱼艇、帆船等中小游艇最受欢迎，私人游艇作为我国“后汽车时代”的产

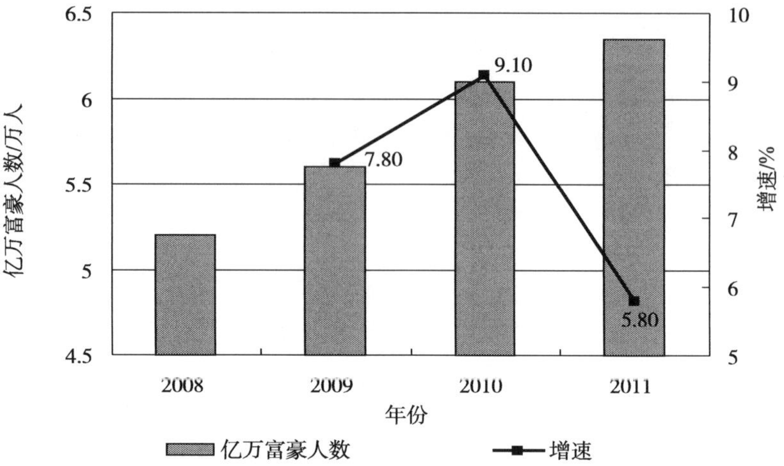

图 4-6 2008～2011 年亿万富豪人数增长情况

资料来源：2012 胡润财富报告 . http://baike.baidu.com/view/9333312.htm

物，必将从奢侈品走向平民消费品。图 4-7 为 2008 年中国内地游艇市场占有量分布。

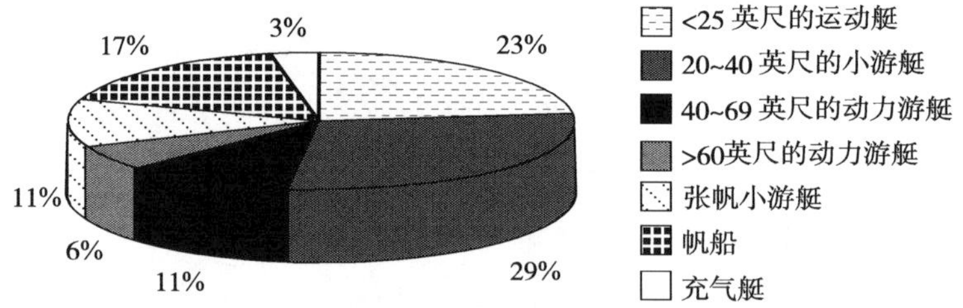

图 4-7 2008 年中国内地游艇市场占有量分布

资料来源：广东省沿海港口游艇码头布局规划 .
http://wenku.baidu.com/view/45fb99154431b90d6c85c7e3.html

考虑到消费习惯、海洋文化认同等因素，若仅按 102 万个富豪中有 5%的千万富豪、5%的亿万富豪购买 50 万～500 万元游艇的保守估计，则未来我国私人游艇市场容量可达 375 亿元。2010 年我国游艇市场规模仅 30 亿元，未来有 10 倍以上的增长空间。

2)游艇体验及企业商务接待需求

商务游艇按消费群体可分为两类，第一类为运营用商务艇，主要为大型旅游、航运、活动策划公司游艇租赁、旅游观光、婚礼、朋友聚会等水上消费项目而设置；第二类为接待用商务艇，主要是为企业客户从事公关宣传、客户接待等商务活动而设置。随着收入的提高，消费观念的升级，地方政府对游艇产业的扶持力度不断加大，人们对海洋文化及水上休闲运动的体验渴望将与日俱增，从而拉动运营用商务艇的需求，同时企业客户对游艇商务文化的认同也不断加强，游艇已逐步成为一种时尚的商务社交工具，广泛用于商务接待，接待用商务艇也得到了很好的发展。中国交通运输协会邮轮游艇分会副会长估计，未来 5～10 年我国商务艇购买数量为 5 万艘左右①。由于我国游艇刚起步，不少私人用艇多用于商务接待，因此仅按运营用商务艇销售 2 000 艘、500 万元/艘保守估计，未来我国商务艇市场容量可达 100 亿元。

3)游艇俱乐部将成为中国游艇市场的主推力量

图 4-7 所示的是 2008 年中国内地游艇市场占有量分布情况。中国内地游艇中 20～40 英尺的小游艇所占比例最大，充气艇在中国内地游艇市场中所占比例最小。

2010 年全国已经登记的游艇俱乐部有近 100 家，其中已经成型、具备游艇俱乐部各项功能的、投入使用或即将投入使用的约 20 多家，游艇泊位建设将突破 4 000 个，见图 4-8 所示的 2010 年中国主要游艇俱乐部泊位情况。预计到 2015 年，中国游艇泊位将超过 10 万个。游艇俱乐部未来快速发展必将推进游艇的购买量，游艇俱乐部是我国未来游艇市场的实力买家。

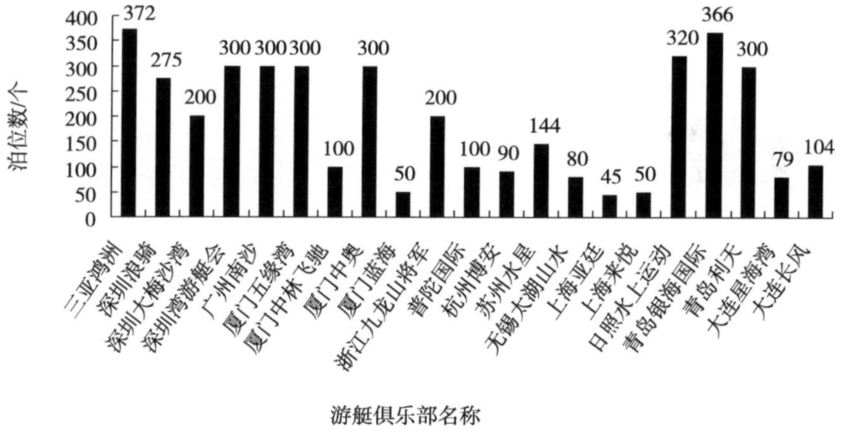

图 4-8　2010 年中国主要游艇俱乐部泊位情况

资料来源：海口市游艇邮轮产业发展规划(2011—2020 年).
http://www.haikou.gov.cn/root9/0126/201203/t20120321_472541.htm

4)房地产商和滨水企业将成为未来中国游艇市场的支柱之一

游艇作为高端消费的代表，融合了海洋文化与休闲文化，能够为房地产及滨

① 王华，曾郁文．受益于消费升级，我国游艇行业将步入黄金增长期．上海：申银万国投资研究所，2011.

水企业运营带来更大的提升空间。许多房地产商和滨水企业为临水豪宅、商务会馆、休闲文化中心等进行配套，一方面使房价大幅攀升；另一方面提升了房产及周边本身的文化品位，并逐渐成为一种崭新的房地产开发模式。其在建设私人游艇码头的同时，购置娱乐休闲游艇，预计 2015 年购买量可达 1 万艘左右。

5)海洋巡防力量加强催生特种艇需求

海洋安全既需要海军舰艇的游弋与威慑，也需要海洋执法船艇的日常巡防与驻守，船艇是捍卫海岛安全不可缺少的力量。执法船艇因机动灵活，快速反应，维护和巡航成本低，因而更具机动性，是加强海洋巡防力量的重要保证。我国特种艇的主要客户为海监、海事、军队、渔政、公安、环保等政府部门，而新增需求主要来自水上执法力度的不断提高，海岛安全需要、海岛保护及管理需要、港口引航需要、国防建设需要及更新换代需要。在 2008 年以前，我国在海洋巡防上欠账较多，很多装备必须跟上。随着南海争端加剧，为使国家海洋权益不受侵犯，海洋执法船艇开始步入大规模采购时期，现今我国特种艇每年需求约 50 亿元，年增速 20%①。

4.1.2 进出口状况

伴随着我国游艇消费市场的日益壮大，我国游艇进出口贸易日益活跃。本小节首先回顾 2004～2010 年我国游艇进出口情况，并对进出口情况做比较分析，在此基础之上，总结我国游艇出口的竞争力所在，以及预测我国未来的游艇出口前景。

1. 我国游艇进出口现状

1)2004～2009 年我国游艇进出口情况

(1)2004～2009 年我国游艇出口情况。2004 年我国四类船艇(娱乐或运动用船舶、划艇及轻舟；帆船；未装舷外发动机的汽艇；未列明的娱乐或运动用船舶、划艇及轻舟)出口开始快速增长，2004～2009 年我国船艇出口数量增长 20 倍，从 8.4 万艘增至 177 万艘，年均增长 84%；出口额增长 3 倍，从 0.45 亿美元增至 1.71 亿美元，年均增长 31%，见图 4-9 所示的 2004～2009 年我国四类船艇出口情况。

从图 4-9 中可以看出，我国船艇出口呈现指数增长，我国作为世界工厂，不断承接世界制造业的转移。一方面欧美地区游艇制造业成本压力不断加大；另一方面，我国人口富裕水平在迅速攀升，游艇消费的预期市场空间巨大，国际游艇制造业的转移还将继续向我国倾斜。同时，出口一直以贴牌生产为主，2008 年

---

① 王华，曾郁文．受益于消费升级，我国游艇行业将步入黄金增长期．上海：申银万国投资研究所，2011.

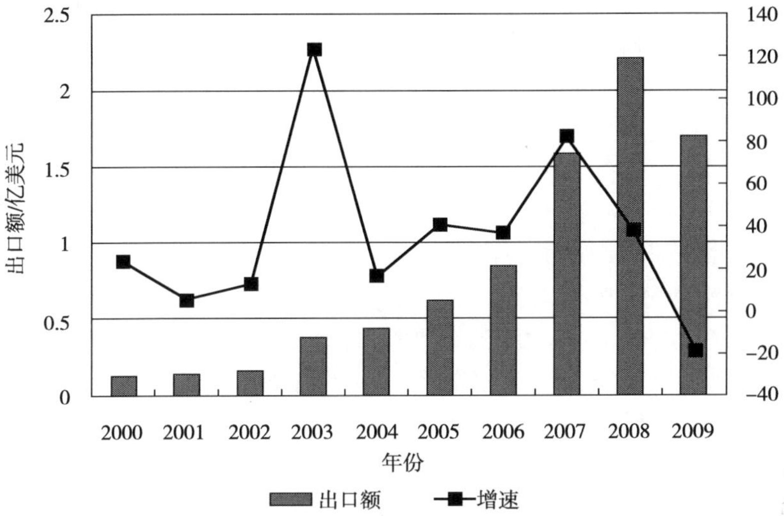

图 4-9 2004～2009 年我国四类船艇出口情况

资料来源：2005～2010 年中国船舶工业年鉴

我国 60%以上的船艇出口至欧美国家，其中美国占比最大，见图 4-10 所示的 2008 年我国船艇主要出口国家和地区占比。

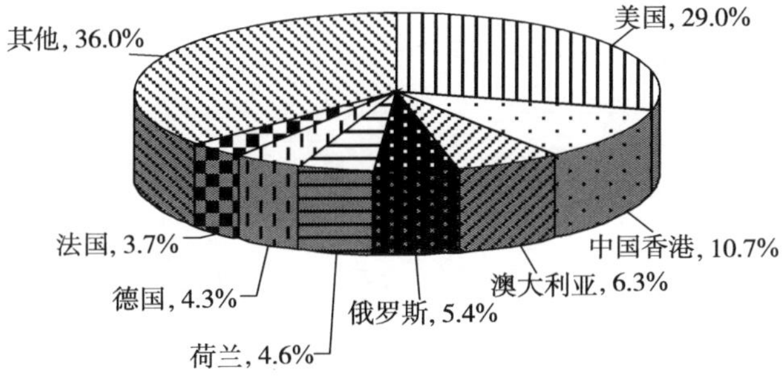

图 4-10 2008 年我国船艇主要出口国家和地区占比

资料来源：2009 年中国船舶工业年鉴

第一，2000～2002 年，游艇出口平缓增长。2000 年出口总额 1 443 万元，同比增长 24%；2001 年出口总额 1 524 万元，同比增长 5.6%；2002 年升至 1 730万元，同比增长 13.5%。珠海平沙游艇工业区在此期间已经开工建厂但尚未投产，充气类艇型和为数不多的老厂那些不稳定的订单是支撑游艇出口的主要部分。

第二，2003～2005 年，游艇出口出现了较快增长。2003 年出口总额同比增长 122.7%，达到 3 853 万元；2004 年升至 4 504 万元，同比增长 16.9%；2005 年则为 6 341 万元，同比增长 40.8%。2003 年年初，美国的一次大型游艇展中举办了一场“中国游艇市场研讨会”，会议得出两个共识：首先，中国游艇市场已经开始启动；其次，游艇制造业有向中国转移的趋势。从这时起中国游艇销售及制造吸引了发达国家的高度关注和重视，它们纷纷组团来华考察，负责销售的企业渴望进入中国市场，生产设备材料的企业来华推销，专职采购的企业在华寻找质优价廉的材料和零部件，中间商则希望在中国获得优质低价的“代工”。这段时间船艇分会的涉外接待应接不暇，上海游艇展上国外公司“唱主角”的局面也开始形成。这三年中，进口游艇的最高售价从 2003 年的 398 万元/艘狂飙至 2004 年的 1 200 万元/艘，再近乎翻番到 2005 年的 2 200 万元/艘。此时，游艇一词也开始频繁出现在各种媒体上，但由于这段时间媒体把游艇的报道框定在“高度奢侈”的范围内，2004 年国家开始对游艇征收 10%的特别消费税，对业内造成了一些负面作用，同时也反映出整个行业的基础十分薄弱。

第三，2006～2008 年，游艇出口实现了快速增长。2006 年出口总额 8 666 万元，同比增长 36.7%；2007 年大幅增长至 15 893 万元，同比增长 83.4%；2008 年达到 22 095 万元，同比增长 39.0%，三年间的增长曲线几乎是 45 度。如果拿 2008 年与 1999 年相比，会发现 20 年间游艇出口增长了近 20 倍。

(2)2004～2009 年我国游艇进口情况。2004～2009 年，我国游艇的进口亦呈快速增长趋势。由于游艇业在我国仍是新兴产业，处于初级消费阶段，基数小，波动性大，2006～2008 年游艇进口额几乎以平均 100%的速度增长，见图 4-11 所示的 2004～2009 年我国四类船艇进口情况。

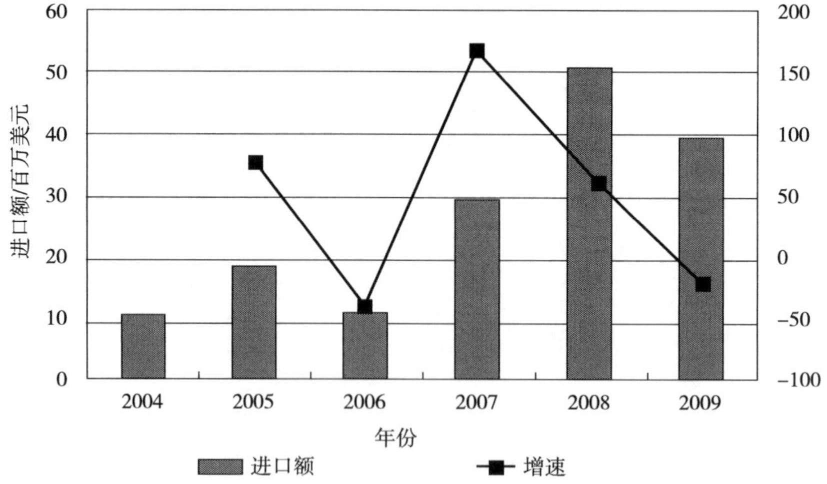

图 4-11　2004～2009 年我国四类船艇进口情况

资料来源：2005～2010 年中国船舶工业年鉴

从图 4-11 可看出，我国游艇进口势头迅猛。从 2007 年进口 2 950 万美元、

2008 年进口 5 092 万美元，到 2009 年进口达到 3 944 万美元来看，中国游艇进口受金融危机影响很小，可以得出这样的结论：中国游艇市场目前是全球唯一保持迅猛增长的游艇市场，且在今后若干年，还会保持这个增长势头。

2)2010 年我国游艇进出口情况

据海关统计资料显示，2010 年我国娱乐及运动用充气快艇等四大类船艇(海关编码 89031000、89039100、89039200、89039900)出口有所上升，共出口 200 万艘，同比上升 14.79%；出口总额 2 亿美元，同比上升 19.64%。进口 2 700 艘，同比上升 14.79%；进口总额 9 056.10 万美元，同比上升 229.64%①。

(1)2010 年我国游艇出口情况。总体而言，2010 年中国内地的游艇出口情况较 2009 年有较大的回升，出口省市也有新的增加和变化。不过中国内地游艇制造业还是以代工为主，游艇业的发展还有很长的路要走。

2010 年我国共出口未列名娱乐或运动用船舶、划艇及轻舟 78 200 艘，出口额 110 019 000 美元，占我国船艇出口总额的 53.87%，居船艇出口第一位；第二是娱乐或运动用充气快艇、充气划艇及轻舟，出口 1 949 400 艘，金额为 81 957 600美元，占船艇出口总额的 40.13%；第三是帆船(不论是否装有辅助发动机)，出口 994 艘，金额为 8 409 100 美元，占船艇出口总额的 4.12%；第四是汽艇(装有舷外发动机的除外)，共出口 27 艘，金额为 3 845 800 美元，占船艇出口总额的 1.88%，见表 4-4 所示的 2010 年我国游艇出口情况。

表 4-4　2010 年我国游艇出口情况

商品	数量/艘	金额/美元	累计比 2009 年同期增减/%	
			数量	金额
娱乐或运动用充气快艇、充气划艇及轻舟	1 949 400	81 957 600	15.07	33.15
帆船(不论是否装有辅助发动机)	994	8 409 100	26.14	55.41
汽艇(装有舷外发动机的除外)	27	3 845 800	−43.15	6.17
未列名娱乐或运动用船舶、划艇及轻舟	78 200	110 019 000	8.34	9.88

资料来源：2011 年中国船舶工业年鉴

第一，游艇出口种类。从表 4-4 可看出，2010 年帆船出口比 2009 年增长 55.41%，值得引起重视。这其中的贡献厂家主要是宝达、瀚盛、华鹰、飞鹏等，目前来看，帆船出口还会保持较高的增长率。2010 年充气类船艇的出口比 2009 年增长了 33.15%，继续保持着增长势头，山东、辽宁、福建、上海等地厂家是主力。

第二，出口市场结构。我国目前的游艇出口覆盖世界上的 77 个国家和地区，占世界所有国家和地区数的 1/3。出口国家和地区前 10 位分别是美国、澳大利

① 中国船舶工业年鉴编辑委员会.2011 年中国船舶工业年鉴.北京：中国船舶工业年鉴社，2011.

亚、德国、中国香港、荷兰、法国、英国、俄罗斯、加拿大、日本。前30位排名中包括土耳其、越南、以色列等国家，分布十分广泛。其中欧洲出口金额最大，几乎是其他所有洲的总和，其次是北美洲，两者之和占了总出口额的70%，亚洲和大洋洲旗鼓相当，分别为181.32万美元和136.33万美元，拉丁美洲和非洲份额则很小，见表4-5所示的2010年我国游艇出口地区。

表4-5 2010年我国游艇出口地区

排序	地区	出口金额/万美元	增长/%	出口数量/艘	增长/%
1	欧洲	527.15	−38.53	116 800	−17.77
2	北美洲	287.78	−63.85	46 200	5.26
3	亚洲	181.32	−45.89	12 900	−13.41
4	大洋洲	136.33	−9.91		
5	拉丁美洲	24.65	−2.71		
6	非洲	11.96	−43.06		

资料来源：2011年中国船舶工业年鉴

从表4-5中的增幅数据，我们可以发现，2010年我国游艇出口的6个大洲均呈现负增长的趋势，说明金融危机的阴霾在世界范围内仍未消散，大多数国家和地区居民财富缩水，导致游艇消费呈现出一定的波动性，这也给游艇产业的投资者一个警示，游艇业属于典型的奢侈品消费，需求价格弹性高，对经济发展环境敏感，因此，做好游艇产业的危机管理对于产业的健康发展意义重大。

第三，出口地区结构。2010年中国内地游艇出口省(自治区、直辖市)有26个，其中，广东以5 239.49万美元的出口金额位居国内第一，山东、福建、浙江和上海分别以22.36%、15.87%、14.42%和11.29%的比例位居第二至第五名。26个省(自治区、直辖市)游艇均有出口，说明发展均衡，甚至西藏也有出口，虽然仅513美元，但也是零的突破。全年出口总金额已经超过2亿美元，详细排名见表4-6所示的2010年中国内地出口省(自治区、直辖市)排名。

表4-6 2010年中国内地出口省(自治区、直辖市)排名

排名	1	2	3	4	5	6	7	8	9	10
地区	广东	山东	福建	浙江	上海	辽宁	湖北	江西	江苏	四川
金额/万美元	5 239.5	4 567.4	3 241.8	2 944.6	2 306.7	749.9	388.5	315.2	295.8	147.7
占比/%	25.55	22.36	15.87	14.42	11.29	3.67	1.9	1.54	1.46	0.72

资料来源：2011年中国船舶工业年鉴

第四，产品出口结构。在骄人的数据面前，我们必须看到中国内地游艇出口方式主要还是以加工贸易为主，金额达 1.37 亿美元，一般贸易次之，为 5 510 万美元；以边境小额贸易出口增长最快，金额达 38.62 万美元，增长 156%①。通过以上数据可以看出：中国内地游艇制造业还是以代工为主，在建立自主品牌、设计、销售渠道等方面，内地的游艇业还有很长的路要走，而游艇的边境小额贸易是现阶段需要关注的领域。

(2)2010 年我国游艇进口情况。2010 年中国内地的游艇进口创造了 2003 年以来的新高，同时，还在 2009 年的基础上增长了一倍以上，这就充分说明了中国内地游艇市场存在巨大的潜力。

2010 年我国共进口未列名娱乐或运动用船舶、划艇及轻舟 1 668 艘，进口额 65 428 100 美元，占我国船艇进口总额的 72.25%，居船艇进口第一位；第二是汽艇(装有舷外发动机的除外)，进口 196 艘，金额为 14 255 400 美元，占船艇进口总额的 15.74%；第三是帆船(不论是否装有辅助发动机)，进口 266 艘，金额为 10 474 900 美元，占船艇进口总额的 11.57%；第四是娱乐或运动用充气快艇、充气划艇及轻舟，共进口 702 艘，金额为 402 600 美元，占船艇进口总额的 0.44%。表 4-7 为 2010 年我国游艇进口情况。

表 4-7　2010 年我国游艇进口情况

商品	数量/艘	金额/美元	累计比 2009 年同期增减/%	
			数量	金额
娱乐或运动用充气快艇、充气划艇及轻舟	702	402 600	320.36	578.08
帆船(不论是否装有辅助发动机)	266	10 474 900	97.04	71.09
汽艇(装有舷外发动机的除外)	196	14 255 400	76.58	96.12
未列名娱乐或运动用船舶、划艇及轻舟	1 668	65 428 100	139.66	151.79

资料来源：2011 年中国船舶工业年鉴

从进口地区来看，中国内地游艇进口位居前三位的地区依次为意大利、法国和南非；国内进口游艇的省市中，海南省以 48 艘、2 378.97 万美元位列第一，上海市以 618 艘、2 308.95 万美元暂居第二，福建省则凭借 32 艘、1 768.70 万美元的进口额跻身前三①；从单艘游艇的平均价格也可以发现，海南省依然以豪华游艇为主，上海市则继续发展小型艇经济，福建省则凭借其均衡的优势处于多方面发展中。

综合三个省市的情况，我们发现，促进我国游艇进口发展迅速的主要原因有政策支持、商务空间巨大和综合实力提升。

① 中国船舶工业年鉴编辑委员会 . 2011 年中国船舶工业年鉴 . 北京：中国船舶工业年鉴社，2011.

第一，政策支持。代表地区为海南省，2010 年海南省进口游艇金额达到 2 378.97万美元，增长 894.28%，虽然进口总船数仅为 48 艘，但平均接近 50 万美元/艘，所进口船型中以大型艇居多。整体来说，这仰仗“国际旅游岛”的政策支持，因此不难判断，海南省今后还会持续占据进口游艇的首位。

第二，商务空间巨大。代表地区为上海市，2010 年上海市进口游艇金额高达 2 308.95 万美元，增长 144.44%，共 618 艘，平均 3.736 万美元/艘，小型艇居多。从中可以看出，上海市仍然是游艇商务的首选之地。

第三，综合实力提升。代表地区为福建省，2010 年福建省进口金额达 1 768.70万美元，增长 277.76%，共 32 艘，平均 55.272 万美元/艘，大型艇居多。厦门五缘湾游艇码头包括展示、体验场所，是目前国内最完善、最理想的游艇交易平台。福建省整体实力的提升促进了游艇进口的发展。

3)2011～2012 年我国游艇进出口状况

随着国内游艇市场的日益繁荣，我国受到越来越多的国际游艇制造商的重视，游艇的进出口贸易也随之高速发展。2011～2012 年，我国游艇进出口数量和金额均出现大幅度的攀升，其中出口数量达 4 297 706 艘，同比增长 24.715 2%，出口额高达 411 477 683 美元，同比增长 32.384 2%，见表 4-8 所示的 2011～2012 年我国游艇出口量值表。进口数量达 188 889 艘，进口额为 361 577 548亿美元，见表 4-9 所示的 2011～2012 年我国游艇进口量值表。

表 4-8　2011～2012 年我国游艇出口量值表

类别名称	数量/艘	同比增长/%	金额/美元	同比增长/%
充气的娱乐或运动用快艇	4 156 520	23.522 5	123 588 886	31.424 3
8 米<长度<90 米的机动帆船	101	−52.803 7	18 269 022	42.592 9
其他帆船	1 151	13.847 7	6 484 056	78.423 3
8 米<长度<90 米的汽艇	37	825	59 937 855	9 318.21
其他汽艇	238	417.391 3	3 894 982	−3.608
8 米<长度<90 米的娱乐或运动用其他机动船舶或快艇	3 723	5.348	150 051 499	−3.532 6
娱乐或运动用其他机动船舶或快艇	135 936	78.349 2	49 251 383	22.781 6
合计	4 297 706	24.715 2	411 477 683	32.384 2

资料来源：2011—2012 中国游艇产业报告

表 4-9　2011～2012 年我国游艇进口量值表

类别名称	数量/艘	同比增长/%	金额/美元	同比增长/%
充气的娱乐或运动用快艇	186 248	6 122.790 0	2 684 683	115.668 2
8 米＜长度＜90 米的机动帆船	143	−7.741 9	30 451 446	78.195 8
其他帆船	196	−42.857 1	2 727 899	6.147 2
8 米＜长度＜90 米的汽艇	189	410.810 8	164 854 407	772.055 3
其他汽艇	449	162.573 1	6 464 963	235.412 4
8 米＜长度＜90 米的娱乐或运动用其他机动船舶或快艇	147	−16.949 2	142 862 149	−15.807 9
娱乐或运动用其他机动船舶或快艇	1 517	−22.165 2	11 532 001	14.871 7
合计	188 889	3 142.73	361 577 548	63.269 9

资料来源：2011—2012 中国游艇产业报告

4)我国游艇进出口的比较分析

将 2010 年四类船艇的进出口数据进行对比，我们发现各类游艇无论是出口金额还是出口数量都远大于进口，很明显，我国的游艇制造业属于典型的出口型产业。因此，对于国内投资者而言，最近一段时间，更多的是要针对海外市场的需求拟订游艇产业发展和投资方向。但从增幅看，无论是进口金额的增幅还是进口数量的增幅都远大于出口。例如，进口和出口金额最多的均是未列名娱乐或运动用船舶、划艇及轻舟，但增幅呈现显著的差异，出口额仅增长了 9.88%，而进口额却增长了 151.79%，而娱乐或运动用充气快艇、充气划艇及轻舟增长更是高达 578.08%，这从一定程度上说明，我国游艇的内需市场正在逐步增强，这得益于国内持续发展的经济、游艇基础设施的完善以及部分高端消费群体游艇消费意识的提高。

通过比较可以进一步发现，我国的船艇进出口以娱乐及运动用为主，无论出口还是进口，娱乐船及运动用船金额占比均高达 80%～90%，见图 4-12 所示的 2007～2010 年我国四类船艇出口金额占比和图 4-13 所示的 2007～2010 年我国四类船艇进口金额占比。这两类产品的技术含量低，售价也低，其主要原材料是橡胶、塑料等，而具有高附加值的产品如汽艇、帆船和高档游艇则出口不理想，我国未来游艇的发展需注意产品结构的调整。

2. 未来游艇出口强国

提到游艇，大家首先想到的可能是公主、法拉帝、丽娃等国际知名品牌，除了业内人士外，普通大众少有人会联想到国内的游艇公司，而在各大游艇展会

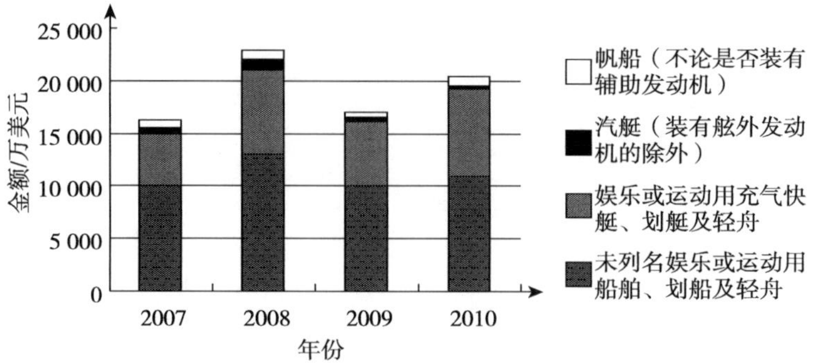

图 4-12　2007～2010 年我国四类船艇出口金额占比

资料来源：2008～2011 年中国船舶工业年鉴

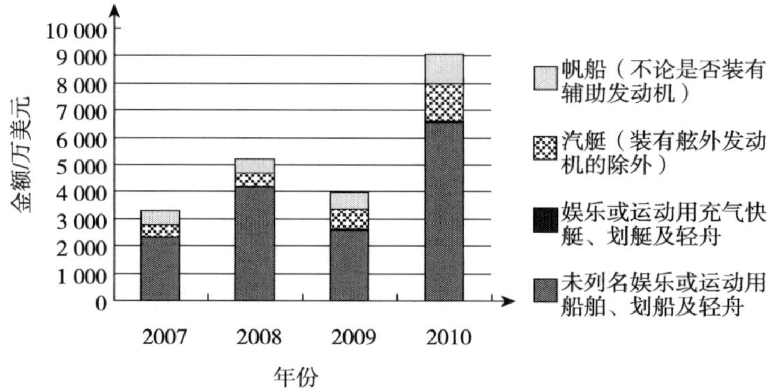

图 4-13　2007～2010 年我国四类船艇进口金额占比

资料来源：2008～2011 年中国船舶工业年鉴

上，各大世界品牌往往最能吸引消费者的眼球。在游艇业内，品牌的竞争力和市场效应是巨大的，许多游艇消费者指牌认购，其愿意支付超出一般品牌价格的较高价格获得拥有知名品牌的游艇。虽然国内的游艇价格优势明显(价格普遍是国外同类进口游艇的 1/3～1/2)，但由于国产游艇的品牌效应远不及进口品牌游艇，众多国内游艇消费者仍会舍近取远，选择购买进口游艇，品牌是高端游艇的坚实护城河，见表 4-10 所示的 2009 年世界顶级游艇品牌在我国的概况。

表 4-10　2009 年世界顶级游艇品牌在我国的概况

品牌	国家	品牌创立时间	进入中国时间	目前中国最贵产品型号	标价/亿元	2008 年最畅销型号	出厂价(不含税)/万元
博星(Pershing)	意大利	1981	2005	Pershing115	1.4	Pershing64	1 930
沃里(Wally)	摩纳哥	1993	2003	WallyPower118	1.4	47 WallyPower	850

续表

品牌	国家	品牌创立时间	进入中国时间	目前中国最贵产品型号	标价/亿元	2008年最畅销型号	出厂价(不含税)/万元
丽娃(Riva)	意大利	1842	2007	Riva115 雅典娜	1.2	Riva56 运动飞桥	1 860
法拉帝(Ferretti)	意大利	1968	2005	FY881RPH	0.56	ALTURA840	3 700
意达马(Itama)	意大利	1969	2007	Itama80	0.51	Itama55	1 600
公主(Princess)	英国	1965	2006	95MY	0.42	54 飞桥	690

资料来源：2009福布斯中国奢侈品市场调查．http://finance.ifeng.com/money/wealth/luxury/20090610/772242.shtml

从表4-10可看出，世界知名品牌游艇的标价远高于出厂价，充分体现了品牌带来的巨大效益。中国改革开放三十几年来的游艇制造业发展，很多国内游艇企业在从事为国外知名企业贴牌生产或来料加工的工作，仅有少数企业买断国外游艇品牌在中国的生产销售权而进行自主生产，拥有自主品牌的游艇生产企业更是凤毛麟角。结果，依靠廉价的劳动力资源，我们只能"蚕食"少得可怜的贴牌加工费，却要看着外方合作商"鲸吞"设计、科技和品牌所带来的巨大收益。远离游艇消费中心、缺乏自主研发设计等"先天不足"，并不是游艇制造业壮大的真正瓶颈，缺乏品牌才最为致命。没有自主品牌使我们很难在与国际企业的竞争之中立足，品牌的建设涉及整个行业、产品的质量、设计、市场推广等诸多方面，游艇企业难有作为。

国外知名游艇品牌的创建和维系，离不开其过硬的游艇生产工艺。我国的玻璃钢游艇产业经过几十年的发展已经初具规模，然而与欧美的游艇大国相比，技术水平相对落后。首先，在游艇的设计水平上，从总体上说还有相当大的差距，首先是由于发展时间较短，对于欧美客户的爱好、需求缺乏了解和研究，且缺少专业的游艇设计单位。其次，在游艇的制造水平上，主要表现在玻璃钢成型及装修技术方面。在玻璃钢成型方面，国内游艇企业的玻璃钢成型技术在学习国外的基础上进步很快，但主要的成型方式还是手糊成型，很少采用模压成型等先进的成型工艺；在装修技术方面，游艇产品的表面光洁度方面距镜面要求有一定差距，差距主要集中于模具质量、胶衣质量与生产工艺方面，同时国内游艇的装饰也比较粗糙，相对国外游艇的装饰水平差距巨大。最后，从材料上来看，当前游艇主要以玻璃钢材料为主。但是，我国有关玻璃钢船艇的规范、标准，以及材料、工艺、设计明显滞后于国际先进水平。有些企业出于对成本的考虑，在原材料选用上大多因循守旧，通常采用普通的惯用材料，很少为提高产品性能而采用档次较高的原材料，如碳纤维、芳纶纤维、乙烯基酯树脂等。总的来讲，我国游艇的生产技术同一些游艇制造大国相比仍相距甚远，部分国产游艇甚至还是低档次的仿制品，从设计到舾装或多或少都存在一些问题，包括船体性能、选用的原材料、制造的工艺和流程等都不尽如人意。

由此可看出，目前制约我国游艇竞争力的主要因素是品牌和技术。品牌需要时间的沉淀，难以快速建立；但随着越来越多的国际企业与我国建立合资品牌以及我国自主研发实力的不断提升，我国的游艇技术水平将得到不断提高，从而减少对劳动力成本优势的依赖。未来几年世界对高端游艇的需求增长将带动我国游艇出口水平的不断提高，预计未来我国游艇出口年增速 30%，2013 年全球消费我国游艇所带来的出口额预计达 4.48 亿美元，见图 4-14 所示的我国游艇出口额。

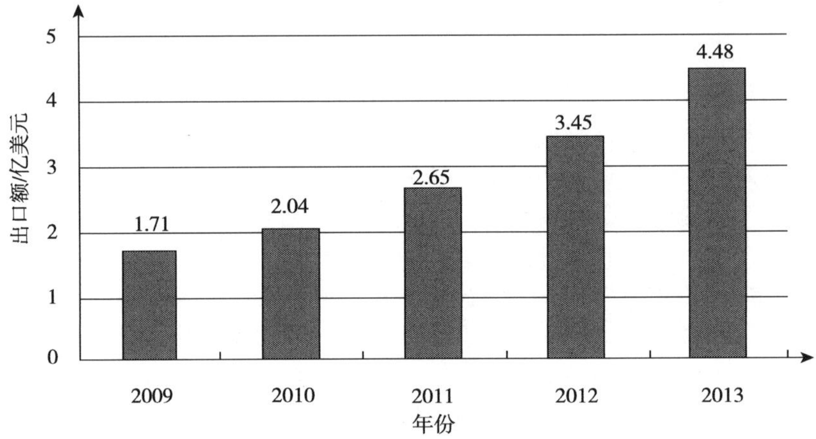

图 4-14　我国游艇出口额

资料来源：申银万国游艇系列报告．

http://www.doc88.com/p-307515103058.html

虽然游艇品牌和生产技术的缺失制约了我国游艇的发展速度，但我国游艇出口已具备一定的竞争力，在未来随着国家游艇相关政策的不断完善以及游艇工艺技术的不断加强，我国必将成为未来游艇出口强国。而目前我国游艇出口竞争力主要来源于以下几点：劳动力优势、资源优势及具有一定工业基础。

1)劳动力优势

我国游艇的比较优势主要在于劳动力成本带来的高性价比优势。游艇所需设备和技术并不十分复杂，但制造过程多为人工装配与内饰装潢，这可充分发挥我国劳动力成本低、手工艺发达的特点。近年来，国际游艇制造业正加速向我国转移，目前 40 家外资企业在我国独资或合资建厂，这种趋势将持续 5～10 年。

有着“中国制造”印记的产品，意味着价格低廉，游艇也不例外。单从大型游艇的销售价格区间来看，我国最低为 300 万美元，而国际价位至少要 450 万美元，见表 4-11 所示的内地游艇市场销售游艇主要规格及价格区间。依托劳动力成本低廉的优势，我国或许将成为世界游艇制造业的中心。

表 4-11 内地游艇市场销售游艇主要规格及价格区间

类型	规格/英尺	价格范围/万美元
中小型	24～30	9～30
	30～48	30～60
	48～80	60～300
大型	＞80	中国：＞300 国际：＞450

资料来源：游艇产业分析 . http://www. docin. com/p-509719847. html

2)资源优势

我国生产游艇的资源优势在于制造游艇的原材料，除发动机外所有原材料均可在国内满足。20 世纪 90 年代以来，我国玻璃钢原材料的生产能力突飞猛进，已成为世界第一大玻璃钢生产国。其他原材料及配件除发动机外，游艇所需电气配件、五金件舾装、船体内装等均可在国内满足。易获得的游艇制造所需的原材料，降低了游艇的制造成本，加大了我国游艇出口竞争力。

3)具有一定工业基础

我国具有制造游艇的工业基础。我国游艇制造的迅速发展离不开其自身良好的工业基础，我国是世界造船大国，在大型钢制货船、高附加值船舶设计、建造、修理上已积累了雄厚的科技力量和丰富的经验。我国从 20 世纪 50 年代开始制造玻璃钢船艇，80 年代与海外游艇厂商合作生产游艇，以及 80 年代末我国台湾游艇厂商向内地的转移，使我国在游艇制造的技术和工艺上已具有世界领先水平。正是以往奠定的良好基础，使我国制造的游艇具有一定的出口竞争力，同时为我国游艇未来的快速健康发展铺平了道路。

4.2 游艇业知名企业

游艇企业作为游艇市场的重要组成部分，通过对其进行分析，有助于进一步认识游艇产业。本节分世界游艇知名企业和中国游艇知名企业两个部分进行介绍，主要分析游艇企业的主营业务、财务状况、核心竞争力和未来发展规划。

4.2.1 世界游艇知名企业

全球的游艇制造厂商主要集中在北美及欧洲国家，据统计，两者的游艇市场份额达到全球市场的 90%以上。主要的著名游艇制造商及游艇品牌也出自以上两个地区，排名前五位的游艇制造商分别是美国的宾士域和吉玛、法国的博纳多、意大利的法拉帝和阿兹慕，以上五大游艇制造商在全球的市场占有率超过50%。

1. 宾士域集团

1)企业概况

宾士域集团是目前世界上处于领先地位的游艇制造商，拥有遍布全球的制造基地以及几十个国际性游艇品牌。其中，西瑞(SeaRay)豪华游艇目前全世界产销量第一，船艇外形的流线设计、船舱雅致的内饰件为美国上流社会所青睐。宾士域集团游艇业务发展历程如表4-12所示。

表4-12 宾士域集团游艇业务发展历程

年份	重大事件
1960	公司进入游艇产业
1961	公司购买了Keikhaefer公司，该公司旗下拥有Mercury Marine和Quicksilver两大游艇品牌
1969	公司建立Capital工具厂，专门生产游艇用的模具、钻模等
1971	Keikhaefer Mercury公司更名为Mercury Marine
1974	公司将所属公司Mercury Marine的外舷机引入澳大利亚市场
1980	公司在墨西哥成立了Mercury Marine的分公司
1986	公司收购两大游艇品牌SeaRay和Bayliner
1988	公司为其游艇海洋阵容加入了更多知名品牌，有Trophy、Maxum、Robalo和Spectrum
1990	受经济衰退的影响，公司游艇业务受到严重打击
1991	公司开始在欧洲生产品牌为Quicksilver的充气艇
1993	公司成立了一条生产以铝和玻璃纤维为材质的Quicksilver游艇生产线
1994	公司开始开拓钓鱼艇业务
1995	公司开始投资国际游艇公司，进入普通娱乐艇市场，创办品牌Baja
1996	公司进入海船市场，收购品牌Boston Whaler
1999	公司购买法国钓鱼艇品牌Arvor
2001	公司扩展其游艇占有份额，收购游艇品牌Hatteras Yachts、Sealine和Princecraft
2002	公司创建CM柴油机品牌，成立宾士域金融服务机构
2003	公司开始经营游艇部件和零部件业务，经营品牌Land‘N’Sea和Attwood
2004	公司成立海洋革新保证公司，为客户提供全套的金融服务
2006	公司收购休闲性钓鱼艇品牌Cabo Yacht，健全公司旗下休闲性钓鱼艇品牌
2007	宾士域经销商联盟成立，旨在帮助会员经销商降低成本，提高收入，奖励人才，提高零售客户的经验

资料来源：宾士域集团官方网站，http://www.brunswick.com

2)企业游艇相关产品介绍

在游艇和游艇设备方面，美国宾士域集团不仅生产制造玻璃钢娱乐艇、豪华休闲性钓鱼艇和摩托艇、高性能游艇、海钓船、运动艇、巡洋艇，也制造铝制钓鱼艇、浮筒船和甲板艇等，同时，还制造和销售游艇部件和附件，为游艇和娱乐交通工具的经销商开发管理系统工具等。

在游艇动力方面，美国宾士域集团既提供一系列的尾部驱动引擎、舷内机、舷外机、喷水推进系统，也提供部件和附件，如游艇电子和集控系统、操舵系统、仪器仪表、控制器、推进器、拖曳马达、营救系统装置及齿轮箱等。

宾士域集团旗下厂家较多，拥有许多国际著名游艇品牌，产品分为九大类：第一，摩托艇，5 种品牌的摩托艇均配备了豪华的居住和生活设施；第二，普通娱乐艇，适用于家庭休闲；第三，休闲性的钓鱼艇，有 3 种品牌，适用于钓鱼休闲活动的爱好者；第四，海钓船，既适合于小港湾和浅海钓鱼，也适用于远洋大型钓鱼游戏活动；第五，浅海钓鱼艇；第六，浮筒船和甲板艇；第七，充气艇，其大小、型号决定用途；第八，游艇动力及其部件和附件，如引擎和拖曳马达等；第九，游艇部件和附件。

3)企业财务状况

据 2010 年美国宾士域集团公司年报显示，集团公司主营业务收入 34.03 亿美元，营业利润为 0.163 亿美元，分别比 2009 年增长 22.6%和 102.9%；其中游艇主营业务收入为 9.13 亿美元，比 2009 年增长 48.3%。表4-13为 2008～2010 年宾士域集团游艇和游艇动力销售情况。

表 4-13　2008～2010 年宾士域集团游艇和游艇动力销售情况

指标＼年份	2008 年	2009 年	2010 年	2008～2009 年增长率/%	2009～2010 年增长率/%
游艇					
主营业务收入/百万美元	1 719.5	615.7	913.0	－64.2	48.3
营业利润/百万美元	－655.3	－398.5	－145.9	39.2	63.4
营业利润率/%	－38.1	－64.7	－16		
游艇动力					
主营业务收入/百万美元	2 207.6	1 425.0	1 807.4	－35.5	26.8
营业利润/百万美元	69.9	－131.2	147.3		
营业利润率/%	3.2	－9.2	8.1		

资料来源：2010 年宾士域集团年报

(1) 游艇业务。从表 4-13 可看出，集团游艇业务的主营业务收入从 2008 年的 1 719.5 百万美元下降到 2009 年的 615.7 百万美元，跌幅超过一半。造成集团游艇主营业务收入下降的主要原因在于全球游艇零售市场需求的下降、较高的游艇经销商激励项目费用和销售折扣。游艇零售市场的不景气，伴随着集团为保护其经销商的利益而减少在批发市场上游艇的投放量，是导致 2009 年游艇主营业务收入跌幅超过 50%的最主要原因。2010 年集团游艇主营业务收入相比 2009 年增长 48.3%，收入增长的原因正是因为集团对 2009 年游艇在批发市场上的投放量进行了修正，2010 年其批发市场上的游艇投放量与零售市场几乎等同，同时集团减少了零售商的激励项目，节省了一部分费用，两者共同推进了集团 2010 年游艇主营业务收入的增长。

(2)游艇动力。游艇动力主营业务收入从 2008 年的 2 207.6 百万美元下降到 2009 年的 1 425.0 百万美元。游艇动力的销售业绩同游艇市场息息相关，全球游艇零售市场需求的持续下降和游艇批发市场货运的减少，是游艇动力主营业务收入下降的主要原因。2010 年集团增加了在游艇批发市场的供应量，从而促进了集团游艇动力业务的发展，使其主营业务收入增加了 26.8%。

集团五大类产品主要通过分销商、经销商和零售商三大渠道销售。销售区域集中于美国、欧洲、加拿大、太平洋地区、拉丁美洲、非洲和中东等国家和地区。其中，美国销售额为 20 亿美元，居第一位；其次是欧洲 6.012 亿美元，排名第二，见表 4-14 所示的 2010 年宾士域集团区域销售情况。公司主要通过以下两个方面积极扩张其市场份额：一方面，维持成熟市场业务，如美国和欧洲；另一方面，努力开拓新兴市场，如拉丁美洲和中东。为成功实现扩张目标，公司不再单单是一个产品出口厂商，而是一个根据进口国当地的需求，利用当地的人才，设计、生产、销售令当地客户满意产品的厂商。

表 4-14 2010 年宾士域集团区域销售情况(单位：百万美元)

国家和地区	销售额
美国	2 000.0
欧洲	601.2
加拿大	246.8
太平洋地区	268.4
拉丁美洲	194.6
非洲和中东	92.3

资料来源：2010 年宾士域集团年报

4)企业未来可能面临的风险

宾士域集团作为世界游艇的龙头企业，生产和运营已形成一定规模，其一举一动会对世界游艇产业产生深刻的影响，同时，自身也会受到来自全球各方的不利因素影响。未来影响企业发展的风险因素主要有以下几点：①世界范围的经济不景气，尤其是美国和欧洲市场的经济下滑，会对公司的工业、商业和经营结果产生负面影响，而这种不景气的大环境将持续一段时间；②过紧的消费信贷市场大大减少了消费者购买游艇的需求；③公司产品的经销商和分销商不能确保其有足够的资金，这会对公司产品的销售产生负面影响；④二手艇和旧艇的超额供给会对新艇市场的价格造成压力；⑤能源成本的持续走高不利于游艇销售市场；⑥环境保护的相关法律法规制约企业海洋业务的发展；⑦公司知识产权保护力度的缺乏将削弱公司的竞争力；⑧公司越来越多的利润来自海外市场，增加了影响公司的不确定性因素；⑨恶劣的天气环境及水资源减少等环境变化不利于公司游艇业务的发展。

2. 法拉帝集团

1)企业经营状况

法拉帝集团成立于 1968 年，公司总部位于意大利中北部的佛里(Forli)，经过漫长的发展历程，法拉帝集团不仅成为意大利最大，也成为欧洲第一大豪华游艇设计制造公司，主要设计制造 7～80 米的豪华游艇及运动休闲艇，其发展历程见表 4-15 所示的法拉帝集团游艇业务发展历程。

表 4-15　法拉帝集团游艇业务发展历程

时间	重大事件
1968 年	Alessandro Ferretti 和 Norberto Ferretti 兄弟俩创办了法拉帝造船厂
1971 年	成功制造了第一艘游艇
20 世纪 80 年代	法拉帝造船厂开始专攻制造豪华游艇，并在意大利佛里(即现在集团的总部所在地)，建立了新工厂，以设计和建造 18 米长的游艇为主
20 世纪 90 年代	法拉帝集团在中等尺寸的飞桥式摩托艇(fly bridge)制造领域处于国际领先地位
20 世纪 90 年代后期	通过内部设计和生产能力的优化提高，以及外部不断收购新的公司等扩张策略，法拉帝集团开始巩固并扩展其在豪华游艇市场的领导地位
2001 年	法拉帝集团提出新的战略发展规划，即在意大利西北部港口城市斯培西亚(La Spezia)和意大利南部港口城市那不勒斯(Naples)建立新的游艇制造中心，同时增加投资、扩充设施以提升产能
2002 年	“那不勒斯”新游艇制造中心建成投产，占地面积为 12.5 万平方米，其中，私人码头约占 1 万平方米，并能提供 100 多个泊位。整个“那不勒斯”新游艇制造中心投资将近 5 500 万欧元
2003 年	生产和销售中心“斯培西亚”建成投产，总投资 26 亿欧元，占地面积 1.5 万平方米。目前主要生产 21 米以上“丽娃”品牌游艇
2008 年	集团收购了一家美国游艇售后服务公司 Allied Richard Bertram Marine Group，加强了其在美国游艇市场的地位
2010 年	法拉帝集团在巴西成立分公司，为法拉帝集团的游艇在巴西销售及售后服务提供帮助

资料来源：法拉帝集团官网，http://www.ferrettigroup.com

法拉帝集团有673 000平方米的生产基地，不包括副业人员的员工达2 800多人，其中专家占65%，年造船艇约450艘。目前，法拉帝集团拥有22个具有国际领先水准的造船厂，其中19个造船厂位于意大利，2个在西班牙，1个在美国。法拉帝集团主要从事游艇设计、生产和销售等业务①。旗下拥有九大顶级游艇品牌，即Ferretti Yachts、Pershing、Bertram、Riva、Apreamare、Mochi Craft、Custom Line、CRN和Itama。根据消费者的需求可以将九大品牌分为5种类型：①品牌知名度型，如Ferretti Yachts、Riva、Custom Line品牌，主要为飞桥式动力艇，适合于那些热衷于古典美，喜欢豪华并优雅的内饰，追求集高品质和漂亮的外观设计于一体的客户。②高性能型，如Pershing和Itama品牌，适合那些追求优良性能与技术创新相结合的消费群体。③经典传统型，如Apreamare、Mochi Craft品牌，既带有现代化标志，也不失有经典传统的风格。④运动海钓型，如Bertram品牌，适合于深海钓鱼爱好者，该类游艇上面配有卓越的钓鱼设施，且驾驶员座舱非常宽敞，以增加钓鱼者的乐趣。⑤大型化型，如CRN品牌公司以建造大型(一般大于40米)游艇为主，适合那些追求稀有性、独特性的客户。

2)集团九大游艇品牌制造公司介绍

(1)Ferretti Yachts，以飞桥式动力艇设计生产为主，长度14～27米。产品型号有Ferretti Artura 690、Ferretti 460、Ferretti 500 elite、Ferretti 530/550/591/630/681/731/780/830/881。该公司生产的游艇的特点主要是上甲板是敞开式的，舷内外各有一台操舵系统。该公司系列产品主要在卡托利卡(Cattolica)、Forl、圣乔瓦尼(San Giovanny)三大基地生产。

(2)Pershing，主要设计生产高性能的开放式游艇，长度为11～35米。Pershing公司生产的游艇是世界上玻璃纤维开放式游艇的先驱，1998年成为了法拉帝集团的一员。Pershing公司的成功因素主要表现在创新、舒适、性能、格调等方面。

(3)Itama，主要设计生产开放式游艇，长度为13～23米，生产基地位于卡斯特罗维奇欧(Castelvecchio)。该公司及品牌创立于1969年，是意大利玻璃钢游艇最有名的品牌之一，2004年被法拉帝集团收购，公司的游艇设计主要适用于那些亲海型的消费群体。

(4)Bertram，以设计生产运动型海钓用游艇为主，长度为11～22米。该品牌是世界上最具有知名度的品牌之一，在运动海钓型游艇制造行业也具有权威性，1998年被纳入法拉帝集团名下。公司产品的结构和设计特点特别适合深海钓鱼活动。

---

① 亦凡．意大利三大游艇制造商．交通建设与管理，2007，4：88～92.

(5) Riva，以设计生产开放式和双层游艇为主，长度为 10～35 米。Riva 品牌创立于 1842 年，已有相当长的历史，是世界上最知名品牌和玻璃钢豪华游艇制造厂之一。

(6) Apreamare，以设计生产经典的传统式游艇为主，长度为 7～16 米。自 1849 年起，该公司就开始制造游艇，比较经典的为 Gozzo Sorrentino，其特点为双壳、收尾结构一致。

(7) Mochi Craft，以设计制造 Lobster 游艇为主，长度为 15～85 米，产品型号有 Dolphin44/51/64/74 等。

(8)Custom Line，以设计制造双层 Maxi 游艇为主，长度为 30～34 米。

(9)CRN，以设计制造大型豪华游艇为主，长度为 30～80 米。该公司自 1963 年创立至今，致力于为客户度身定制 46～72 米的 CRN 品牌巨型钢铁铝合金游艇，以及半定制的 30～43 米 Custom Line 品牌巨型玻璃钢游艇。自从 1999 年加入法拉帝集团后，国际游艇业界独有的科技优势造就了 CRN 船厂的再度辉煌。

目前，法拉帝集团与世界上大约 70 个国家多于 50 个的经销商有生意往来。在中国有 3 个代理商，即深圳坚荣公司、巴富仕和亚勋斐瑞。深圳坚荣公司是法拉帝集团旗下游艇品牌 Ferretti Yachts 在中国华南地区的经销商；巴富仕是 Ferretti Yachts 和 Pershing 的经销商，负责华北地区的销售和服务；亚勋斐瑞是 Ferretti Yachts 在华东地区的经销商。

3. 博纳多集团

1)企业经营状况

法国博纳多集团至今已有约 130 年历史，在国际上久负盛名，是世界首屈一指的帆船游艇制造商，也是欧洲最大的船艇生产商(包括动力游艇和帆船)，在世界游艇制造领域占有极为重要的地位，被公认为是性价比最高的帆船和游艇产品，其发展历程见表 4-16 所示的博纳多集团游艇业务发展历程。

表 4-16 博纳多集团游艇业务发展历程

年份	重大事件
1884	经验丰富的造船师 Benjamin Beneteau 在 Croix de Vie(Vendée)创建了博纳多船厂，目的是为当地的渔民生产拖捞渔船
1912	Benjamin Beneteau 领先于同时代人，推出了第一艘动力船
1928	Benjamin 的儿子 André 于 21 岁接管船厂
1964	Beneteau 家族的第三代传人 Annette Beneteau-Roux，与其兄弟 André 和丈夫 Louis-Claude Roux 将企业经营范围扩至休闲游艇并将玻璃钢技术用于造船
1965	博纳多在巴黎船展推出“捕鱼-游览船”并展出一系列既适用于捕鱼又可休闲巡游的船只
1976	博纳多推出由 André Mauric 设计的 First 30，此后推出的一系列 First 产品成为帆船业永恒的经典

续表

年份	重大事件
1982	First 系列产品的成功使博纳多成为世界风帆游艇制造业的领军企业
1984	博纳多在百年厂庆之际成功地在巴黎证券交易所上市
1986	博纳多在美国南卡罗琳娜州建立了其在美国的第一个生产基地
1992	博纳多继续扩大经营范围：收购位于法国波尔多的超豪华风帆游艇制造商 CNB，同时收购商业渔船制造商 Chantiers Gendron
1994	博纳多开发出第一个度假移动房 O'Hara 系列产品，制定了此产业的标准
1995	建于 1963 年的 Jeanneau 船厂加入博纳多集团。同年，无驾照汽车生产商 Micro Car 和双体船品牌 Lagoon 加入博纳多集团
1997	建于 1965 年的 Wanquicz 船厂加入博纳多集团
2001	集团推出两项新服务，即二手船交易中心 European Yacht Brokerage（EYB）和贷款服务 SGB Finance。EYB 是欧洲最大的二手船交易中心
2004	博纳多在 Saint-Gilles-Croix-de-Vie 庆祝其成立 120 年
2005	博纳多集团拓宽其品牌产品，在"度假和自由"的理念上创建品牌"Cyclades"
2007	集团被欧洲媒体授予"Yacht of the Year"头衔
2008	博纳多游艇俱乐部成立，其是专属于博纳多游艇拥有者的俱乐部
2009	博纳多集团选在中国打开其亚洲市场

资料来源：博纳多集团官网，http://www.beneteau.com/

法国博纳多集团能成为世界首屈一指的帆船游艇制造商，广受航海热爱者的追捧，其竞争力主要体现在以下两点。

(1)品牌理念。"一切以客人为中心"是企业的理念。为实现该理念，企业付出了很多努力。每一年有超过 200 项研究，超过 500 项测试在博纳多的研发部进行。每年，博纳多会将 20%的资金投入在可持续发展研究上。值得一提的是，在 2004 年研发了一种叫"infujection"的新技术，大大减少了造船对环境的污染。从 2003 年起博纳多就获得了 ISO14001 的认证，而只有严格控制废弃物排放量、环境污染程度的产品才能得到这项殊荣。

(2) 创新精神。博纳多集团经常让客户感到惊喜，这种创新精神更是帮助其成功地渡过了历次金融危机，尤其是最近的这一次。这场金融风暴把众多国外游艇企业推向了生死存亡的风口浪尖。博纳多裁员数千；意大利 Dallapieta 被浙商收购；而博纳多 2007～2008 年的产值是 10.87 亿欧元，比 2006 年增长 8%。良好的创新精神让博纳多成功逆转风暴并推出三款新型帆船和三款新型动力艇。

2)企业游艇产品介绍

卓越的帆船制造技术是博纳多为自己感到骄傲的资本。作为全球最大的帆船制造商，博纳多占据了超过全球市场三分之一的份额。集团批量生产 6～18 米的帆船和游艇，以及 18 米以上的超豪华帆船和游艇，主要有 First 风帆游艇和 Oceanis 远航游艇两大系列。

(1)Oceanis 远航游艇系列。第一，Oceanis Clipper 373，总长 11.25 米，船宽 3.75 米，吃水深度 1.85 米，空载排水量 6 630 千克，最大风帆面积 66.5 平方米，可以让人感受全新的航海体验。Oceanis Clipper 373 有宽敞的活动区域和舱内高度，从任何角度都可欣赏海景，性能全面。有两种内饰可供选择，分别适合于两对夫妇或 8 人同游。

第二，Oceanis Clipper 343，总长 10.82 米，船宽 3.48 米，吃水深度 1.90 米，空载排水量 5 390 千克，最大风帆面积 60 平方米。Oceanis Clipper 343 宽敞明亮，多方位，全性能，舱内极度舒适，有两种内饰可供选择。

第三，Oceanis Clipper 323，总长 10.01 米，船宽 3.26 米，吃水深度 1.80 米，空载排水量 4 230 千克，最大风帆面积 51 平方米。Oceanis Clipper 323 为最新改进版船型，性能全面，为享受纯粹的航海乐趣而设计，举家同乐，邀朋聚友，或独自逍遥，都乐趣无穷。

(2)First 风帆游艇系列。第一，First 31.7，总长 9.61 米，船宽 3.23 米，吃水深度 1.90 米，空载排水量 3 750 千克，最大风帆面积 52.50 平方米，这款 31 英尺的竞技休闲两用风帆游艇被认为是此类船艇的标志产品。

第二，First 27.7，总长 8.85 米，船宽 3 米，吃水深度 0.65～2.15 米，空载排水量 2 795 千克，最大风帆面积 48.80 平方米。这款竞技休闲两用风帆游艇为顶级的航海者的两全之选，极佳的航海性能，超值的感官刺激，是同级别游艇的佼佼者。

第三，First 25.7，总长 7.90 米，船宽 2.76 米，吃水深度 0.85～1.85 米，空载排水量 2 150 千克，最大风帆面积 36.60 平方米。First 25.7 船体线条简洁，有固定式和活动式两种稳向板制式，有宽大的风帆面积和舒适的生活区域。

第四，First Class 7.5，总长 7.49 米，船宽 2.54 米，吃水深度 0.90～2.00 米，空载排水量 1 170 千克，最大风帆面积 36.60 平方米。与法国航海协会联合开发，其是俱乐部或顶级锦标赛专业用船，也是亚洲航海比赛专业用船。First Class 7.5 是第 32 届美洲杯卫冕冠军瑞士阿灵基队备战美洲杯的专业训练用船，也同样被首次参加美洲杯的中国代表队所青睐。

(3)Beneteau 游艇系列。第一，Figaro Beneteau 2，总长 7.48 米，船宽 2.52 米，吃水深度 1.58 米，空载排水量 1 180 千克，最大风帆面积 32 平方米。依据 Figaro Beneteau 专业航海比赛级别要求制造，碳纤维桅杆双舵柄，最新船体制造工艺。该船型用于 Afflelou Le Figaro 杯博纳多单人航海帆船赛。该比赛是法国国家级的航海比赛，起始于 1970 年，有 12 人参加，8 人完成比赛。至 2005 年第 36 届比赛，有 46 人参加，43 人完成比赛，航程 1 462 海里(1 海里＝1 852 米)。

第二，Beneteau 57，总长 17.60 米，船宽 4.93 米，吃水深度 2.60 米，空载排水量 12 005 千克，最大风帆面积 168 平方米。Beneteau 57 是博纳多的经典船型。精美，优雅，豪华，舒适，快捷，是真正的梦想之船，带给人极限的航海乐趣。

第三，Beneteau 25，总长 7.48 米，船宽 2.52 米，吃水深度 1.58 米，空载排水量 1 180 千克，最大风帆面积 32 平方米。卓越的专项航海比赛用船，该船型被广泛应用于各种顶级的航海赛事。

4.2.2 中国游艇知名企业

中国内地生产小艇、游艇在内的厂商遍布苏、浙、沪、粤、闽、鲁、鄂、湘、川，以及京、津、辽等地，但主要集中在珠江三角洲地区、长江三角洲地区和环渤海地区。到 2009 年，中国从事游艇制造的相关企业达到了 370 多家，年销售超过 30 亿元人民币①。

1)珠江三角洲地区

该地区游艇生产厂商约 30 家，主要厂商有深圳江辉、大庆、蛇口船业、广州高华、东湾南华、江龙、珠海显利、珠海太阳鸟、海之马、广州黄埔造船厂、广船国际特种造船事业部等。

2)长江三角洲地区

该地区游艇生产厂商约 50 家，主要厂商有常州玻璃钢造船厂、水星游艇、长江玻璃钢游艇公司、武进华东、武进第二造船厂、江南高速艇厂、太平洋游艇厂、江海玻璃钢高速艇厂、东海游艇厂、无锡东方高速艇发展公司、苏州玻璃钢船厂、苏州江辉、无锡船舶修造厂、上海得菲尔、宝岛、冈田、富阳水上运动器材厂、富阳市飞鹰船艇有限公司等。

3)环渤海地区

该地区游艇生产厂商约 10 家，主要厂商有大连松辽玻璃钢船厂、大连明珠玻璃钢船艇有限公司、青岛北海船厂游艇分厂、秦皇岛耀华玻璃钢股份有限公司(简称秦皇岛耀华 GRP)、北京京港、天津舶斯艇等。

4)其他地区

除了上述三个主要地区，全国其他地区仍有零星游艇厂分布，如吉尔曼、福州大风、厦门 GRP 船厂、宜昌 GRP 厂、江西江新造船厂、湖南太阳鸟等。

根据企业的产业化落实程度，我国游艇制造业大致可以分为以下四种类型：第一类，产业化落实程度比较好，一批批量和定制生产各种尺寸的中资游艇制造

---

① 丁鸣非．中国游艇市场的品牌应对现状．中国海事服务网，http://www.cnss.com.cn/article/63324-1.html，2011-03-22.

企业，包括太阳鸟、毅宏、红双喜、厦门瀚盛等；第二类，已具备定制生产能力的游艇制造企业，包括海星、宝达、珠海江华、青岛海特等；第三类，主要生产以各类玻璃钢商务艇、观光船等为主的“亚游艇”制造企业，如常玻、珠海江龙、无锡东方等；第四类，已有成熟的设计制造技术，在国内投资建造的港台或国外独资企业，包括显利、杰腾、宝岛、奥普兰等。

目前深圳、珠海、东莞、广州、厦门、常州和青岛等地区已成为中国内地游艇制造业的重要基地，它们对推进中国玻璃钢制造游艇的发展将起到重要的作用。下面重点介绍中国游艇行业的两个龙头企业。

1. 太阳鸟游艇股份有限公司

1)企业经营现状

(1)公司简介。太阳鸟游艇股份有限公司创立于 2003 年，是一家从事高性能复合材料船艇设计、研发、生产、销售及服务，为客户提供从方案设计、产品制造到维修服务等全方位的个性化解决方案的企业。公司注册资本 6 500 万元，已拥有湖南沅江和广东珠海两个生产基地，长沙拉斐尔、上海兰波湾、香港普兰蒂、美国普兰蒂、意大利马可波罗五家子公司，分别从事游艇设计和销售。公司总占地面积 31 万平方米(湖南 25 万平方米，珠海 6 万平方米)，员工人数 700 余人，其中技术研发与设计人员 86 人①。

(2)主营业务。太阳鸟秉持“做最优秀的游艇制造商”的理念，专注于高性能复合材料船艇研发、生产、推广，以游艇为主导，共有三大系列产品：游艇(20～150 尺)15 个规格，40 种型号；商务艇(10～60 米)18 个规格，55 种型号；特种艇(6～100 米)16 种规格，30 种型号，是国内最大的复合材料船艇制造企业之一。公司产品销售覆盖全国 32 个省(自治区、直辖市)，其中金茂集团、华为公司、中信轮船公司等知名企业已成为公司客户。公司的自主品牌产品已成功进入国际市场，出口至美国、英国、西班牙、东南亚、非洲与美洲等国家和地区。2010 年 9 月 28 日，太阳鸟游艇有限公司登录深圳证券交易所创业板，成为中国第一家上市融资的游艇公司。

(3)核心竞争力。企业的核心竞争力在于自主设计能力、集约化能力、渠道优势和灵活的经营模式。在国内，公司游艇图纸数量最多，尺寸最大，出口单价最高，营销团队得力，完全有别于国内大部分厂商无营销无设计单纯贴牌的生产模式。

第一，具有自主设计能力。我国游艇的发展主要得益于全球游艇业的产业转移，导致国内游艇设计和制造相分离，国内大量游艇厂商以贴牌生产为主，依靠国外企业设计图纸。而太阳鸟游艇股份有限公司在国内设计实力最强，始终坚持

① 赵涛．太阳鸟游艇公司，专业打造国内顶级游艇．和讯网，http://stock.hexun.com/2010-09-07/124829900.html，2010-09-07.

自主设计，公司拥有湖南现代游艇技术研究与工业设计中心，该研发中心也是国内首个省级游艇设计中心，拥有目前国内规模最大、实力最强的设计团队，拥有外观设计专利18项。目前太阳鸟游艇股份有限公司已形成全面的产品系列，覆盖私人游艇、商务艇和特种艇，能够保障公司平稳发展，避免某一市场波动带来业绩的波动。

第二，拥有集约化能力。游艇的定制化需求特征要求公司具有快速反应能力，太阳鸟游艇股份有限公司能够针对消费者的个性化需求，按时交付消费者订购的游艇。

第三，拥有渠道优势。太阳鸟游艇股份有限公司产品销售依托游艇俱乐部，在三亚、深圳和珠海等地建立游艇"4S"店式的销售服务中心，一方面通过租赁泊位进行产品展示，开展租赁、试驾体验业务；另一方面为游艇提供保养、维修等服务，未来将继续向产业链下游服务业拓展，增强对产业链的掌控力。在出口方面，太阳鸟游艇股份有限公司产品以高品质、高性价比取胜，品质达到国外最高水准的90%～95%，但售价只有国外厂商的1/2，极具竞争力。

第四，拥有灵活的经营模式。太阳鸟游艇股份有限公司结合游艇销售的个性化特点和规模化生产的良好经济效益，采用个性化营销与标准化生产相结合的商业模式，即在生产环节实现标准化、模块化生产，在营销环节采用个性化营销方式，加强与客户之间的互动关系。

2)盈利能力分析

太阳鸟游艇股份有限公司自2007年以来实现营业收入、净利润的持续增长。太阳鸟游艇股份有限公司2007～2011年的主营业务收入分别为0.92亿元、1.41亿元、1.81亿元、2.44亿元和3.96亿元，2007～2011年复合增速43.91%，见图4-15。

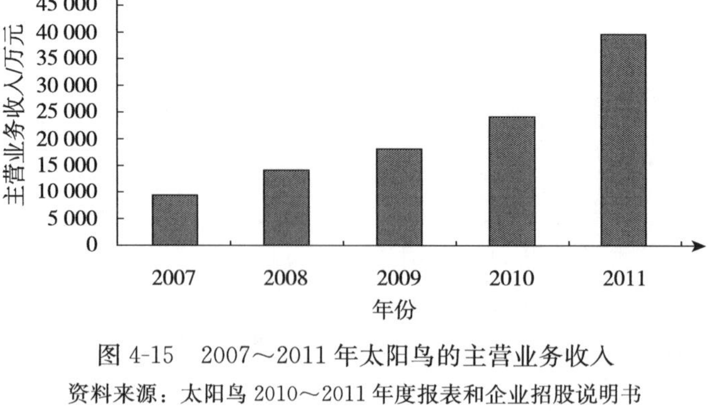

图4-15 2007～2011年太阳鸟的主营业务收入

资料来源：太阳鸟2010～2011年度报表和企业招股说明书

2007～2011年太阳鸟游艇股份有限公司净利润分别为615万元、1 910万元、2 803 万元、3 197 万元和 4 403 万元，2007～2011 年复合增速 63.58%，见图 4-16。

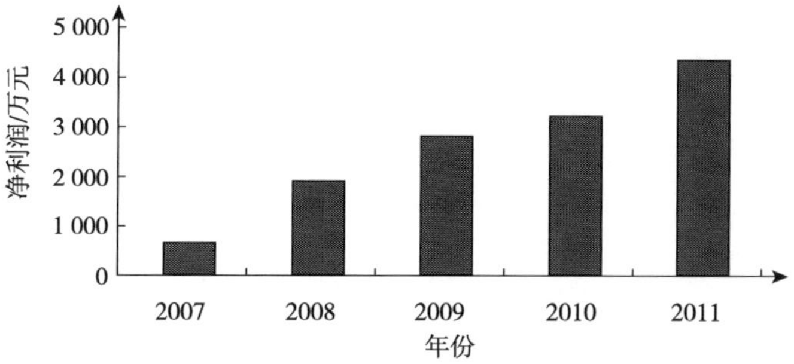

图 4-16　2007～2011 年太阳鸟的净利润

资料来源：太阳鸟 2010～2011 年度报表和企业招股说明书

企业生产的三大类产品中，2011 年私人游艇、商务艇、特种艇的占比为 1∶4.92∶4.03，见图 4-17 所示的 2007～2011 年太阳鸟主营业务收入分产品情况。

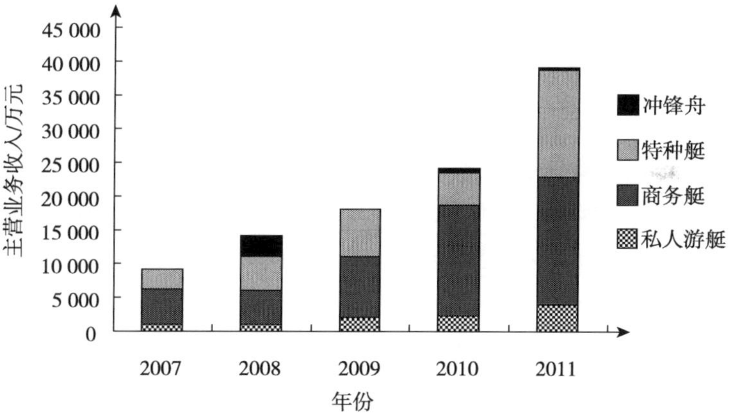

图 4-17　2007～2011 年太阳鸟主营业务收入分产品情况

资料来源：太阳鸟 2010～2011 年度报表和企业招股说明书

从图 4-17 可看出，太阳鸟游艇股份有限公司近几年主营业务收入总体呈上升趋势。四大类游艇产品中，特种艇上升最快，原因在于公司已被国家有关部门和军事单位列为装备定点生产单位；商务艇占据较大比重，其主要受益于商务接待的需要；私人游艇收入的小幅上升也需引起关注，这表明我国私人游艇市场正逐步从萌芽阶段走向发展阶段。

太阳鸟游艇股份有限公司从 2009 年开始开拓出口市场，2009～2011 年的外销收入分别为 1 804 万元、1 836 万元和 2 994 万元，分别占总销售收入的

9.93%、7.53%和7.55%，见图4-18所示的2007～2011年太阳鸟主营业务收入出口占比。

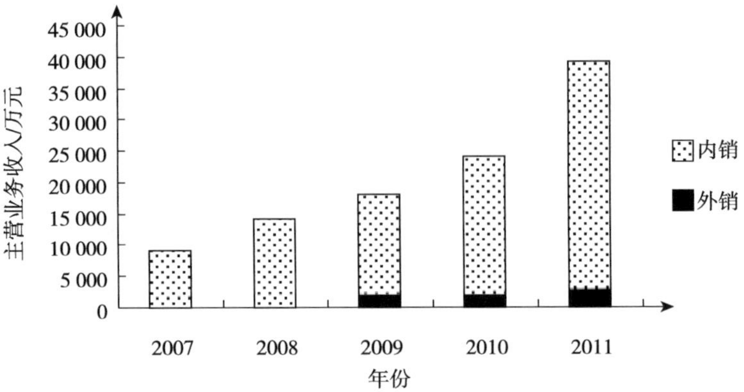

图4-18　2007～2011年太阳鸟主营业务收入出口占比

资料来源：2007～2010年太阳鸟集团年度报表

从图4-18可看出，公司真正开始出口业务是在2009年，之前并无出口业务。这说明公司业务不断发展壮大，开始从仅仅关注国内市场，到如今的以国内市场为主同时兼顾国外市场。这也预示着公司今后将不断拓展海外市场，打响公司的国际知名度，真正成为享誉国内外的游艇知名品牌。国际复合材料船艇市场主要为游艇市场。太阳鸟游艇股份有限公司产品在国际市场的定位为中高端，定位于飞桥型游艇市场。在国际市场，飞桥型游艇市场的消费者已经相对成熟，单艇价格相对较高，需求量较大。经过多年发展，太阳鸟游艇股份有限公司的设计与工艺水平已接近或达到国际性游艇品牌，具备了参与国际游艇市场竞争的能力，且性价比优势十分突出。定位于飞桥型游艇市场，一方面有利于公司发挥性价比优势；另一方面高附加值产品毛利率高，即使少量出口也可带来较大收益。

3)未来经营计划

公司将把握成功进入资本市场这一有利时机，在不断提高现有业务经营管理水平的同时，精心实施募集资金投资项目，通过新产品研制开发、引进培养人才、市场开拓、完善组织结构和提高管理效率等手段，保持公司产品的领先优势，巩固公司在复合材料船艇制造业的领先地位，确保公司持续、快速、健康发展，提升公司价值，实现投资者利益最大化。

(1) 产能扩大计划。2010年订单大幅增加、募集资金到位为公司主营业务产能扩大提供了良好的实施条件。公司计划在湖南建造船体成型车间，在珠海新建游艇成型车间。

(2)研发设计水平提升计划。公司计划加大对长沙游艇设计中心的投入，准备引进一批先进的设计软件和设备，建立设计数据库，提高公司的集成设计和技术创新水平，进一步巩固公司的设计和研发技术在行业内的优势地位。

(3)营销及品牌建设计划。公司所处行业市场容量增长潜力巨大，发展前景广阔。据预测，未来五年我国游艇市场的年复合增长率为 50%，特种艇市场的年复合增长率为 20%①。为了将快速增长的市场空间转化为公司的市场份额，公司通过实施“营销服务网络建设项目”，有计划地扩展公司营销服务网络，在沿海游艇主要消费市场三亚、青岛、厦门等地将有重点地建设 4～6 个营销服务中心，进行品牌展示、消费体验和提供维修服务，配备营销车辆与维修设备，通过租赁泊位与放置样艇，积极引导国内游艇消费，不断增强公司对整个产业链的掌控能力。在国际市场，公司将利用自筹资金建设境外子公司，加强意大利与美国子公司永久性销售中心的建设，将直销及售后维修服务网络延伸至全球主要游艇消费国，为进一步开拓国际市场奠定良好基础。

公司的品牌建设计划将在国内市场和国际市场两方面实施。一方面，继续弘扬“太阳鸟”的品牌底蕴，提高“太阳鸟”品牌在国内市场的影响力，通过针对性极强的航空媒体投放广告，以及上海展、三亚展、厦门展、深圳展等展会以及游艇俱乐部推广、社区推广等推广方式，力争获得最好的品牌传播效果；另一方面，实施多品牌战略，将在美国、意大利等世界主要游艇市场注册 3～5 个具有太阳鸟特色的商标，提高企业的国际知名度。公司应通过品牌效应在竞争中实现附加值的几何增长，不断赢得包括中国消费者在内的全球消费者的青睐和信任。

(4)管理水平提升计划。公司将以集成化、标准化管理为导向，继续推行以完善的管理制度和先进的企业文化为基础的精细化管理，坚持制度化、程序化、数字化的精益管理方法，弘扬“自强不息、天道酬勤”的经营理念，倡导全员参与管理的企业氛围，强化各项竞争、激励、监督和淘汰机制，全方位地提升公司的管理水平。

(5)人才梯队建设计划。员工是公司的核心资源之一，是可持续发展的基础。公司的人才梯队建设将继续本着“以人为本”的人才观，以进一步提升公司整体人员素质为目标，完善招聘管理、绩效管理、薪酬管理、培训管理等员工队伍建设机制，全面打造设计人才、技术人才、营销人才、管理人才四大系列人才梯队。公司将根据发展战略和发展目标的要求，坚持内部培养和外部引进相结合的方针，充分关注员工成长，以实现员工价值和企业价值的和谐统一。未来五年，公司将力争建立起一支 300 人左右的设计团队，同时引进、选拔各类高端人才，进一步优化公司员工队伍的年龄结构、专业结构和学历结构。

(6)收购兼并计划。目前，国内从事复合材料船艇生产的企业较多，尽管公

① 太阳鸟游艇股份有限公司 2010 年年度报告，2011-03-30.

司目前在市场份额方面位居前列，但仍未建立起行业内的绝对优势。公司不排除通过对竞争对手的收购兼并来进一步完善和丰富产品结构，提高市场份额，实现优势互补。公司将专注于主业发展，若发现同行业中有合适的收购兼并对象，将通过充分的可行性论证，依托资本市场，根据实际情况实施有利于公司发展的收购兼并计划，以实现公司的持续健康发展和合理扩张，实现股东利益的最大化。

2. 上海佳豪

1)企业经营现状

(1) 上海佳豪公司简介。上海佳豪是国内民营船舶设计龙头，是国内唯一一家拥有从开发设计、合同设计、详细设计到生产设计、技术监理等完整技术服务链的一站式设计服务商。2010 年上海佳豪积极拓展船舶工程总承包(engineering procurement construction，EPC)业务，并开始进军游艇领域。上海佳豪于 2010 年 6 月 28 日成立控股子公司——上海佳豪游艇发展有限公司，主要经营游艇、公务艇的设计、制造、批发、零售；游艇和船舶设备、装饰材料及玻璃钢制品的技术开发、技术咨询、技术服务、技术转让、仓储服务；从事货物进出口业务、商务信息咨询、展览展示服务。截至 2010 年 12 月 31 日，上海佳豪游艇总资产 29 575 526.42 元，净资产29 564 477.52元。

(2)雄厚的船舶工业基础。上海佳豪自成立以来一直以船舶与海洋工程装备设计为主营业务，是目前国内三家规模最大、实力最强的专业民营船舶与海洋工程设计企业之一。旗下传统的主营业务有船舶与海洋工程设计、船舶工程总承包和船舶监理业务，主要服务对象有船舶与海洋工程装备制造业、船东、政府海事部门等。而目前公司顺应时代发展的需要，积极向生活消费领域拓展，涉足游艇经济领域，而其传统的船舶工业为公司游艇业务的发展提供了雄厚的助力。2010 年上海佳豪传统主营业务的发展状况，见表 4-17 所示的 2010 年上海佳豪传统主营业务收入分类情况表。

表 4-17 2010 年上海佳豪传统主营业务收入分类情况表

分产品或服务	营业收入/万元	营业成本/万元	毛利率/%	营业收入比 2009 年同期增减/%	营业成本比 2009 年同期增减/%	毛利率比 2009 年同期增减/%
船舶工程设计	7 522.40	3 240.85	56.92	45.05	33.09	3.87
海洋工程设计	5 292.29	2 226.72	57.93	−16.13	−25.30	5.16
工程总承包	5 685.93	4 900.53	13.81	—	—	—
船舶监理及其他	1 787.81	899.46	49.69	48.75	37.47	3.35
合计	20 288.43	11 267.56	44.46	59.77	85.91	−7.81

资料来源：2010 年上海佳豪年度报表

2010 年虽然船舶市场仍然处于低位，但已呈现逐步复苏迹象，上海佳豪的船舶工程设计和监理业务均有了较好的发展，其营业收入额分别比 2009 年同期增长 45.05%和 48.75%，毛利率分别增加 3.87%和 3.35%。海洋工程设计业务由于受到墨西哥湾漏油事故和全球金融危机对欧美金融信贷业务的持续影响，营业收入出现一定程度的下滑，营业收入比 2009 年同期减少 16.13%，但由于成本控制得当，毛利率仍比 2009 年提高了 5.16%。船舶工程总承包业务是 2010 年的新增业务，已成为公司收入和利润增长新的重要来源。从上海佳豪传统船舶业务的收入情况可见，公司经营发展良好，船舶工业实力雄厚，为公司未来的产业升级打下了坚实的基础。

(3) 游艇业务布局。第一，布局两步走。上海佳豪从 2010 年开始进行游艇业务的布局，具体步骤分为两步。第一步，2011 年开始的 3～5 年内，通过代理国外知名品牌，引进国外先进技术，学习国外设计，在积累生产经验的同时，利用"Bestway by Fipa"的代理品牌享受品牌溢价，并通过设立游艇俱乐部布局销售渠道。第 3 年后，在消化吸收国外先进技术的基础上，开始设立自主游艇品牌，增加游艇产量，丰富游艇品种。第二步，3～5 年后，随着游艇爆发期的来临，开始拓展中低端市场，由高端走向低端，由代理品牌走向自主创新，成为集设计、生产、销售、服务为一体，覆盖高、中、低档产品的游艇制造运营商。

第二，进行游艇业务布局两步走中的第一步。首先，上海佳豪代理意大利知名品牌 Fipa 旗下高端游艇。Fipa 是全球著名的游艇品牌，2010 年全球排名第七，上海佳豪为 Fipa 旗下 20 多类游艇在中国内地的唯一代理商，代理收入为国外游艇售价的 20%。其次，上海佳豪引进 MAIORA20S(68-70ft)游艇生产技术。上海佳豪与 Fipa 签订《MAIORA 20S 游艇生产技术转让合同》，以 55 万欧元获得 MAIORA 20S 游艇的生产许可及技术指导。

(4)游艇业务核心竞争力。第一，引进人才，打造游艇专业团队。上海佳豪作为意大利游艇品牌 Fipa 在中国内地的唯一总代理，其游艇的建造由意大利专家全程指导直至游艇建造完成，确保公司游艇制造的顺利进行。公司为布局游艇业务，从其他游艇企业引进了大量研发、生产、销售环节的人员，包括业内知名人士及曾从事奢侈品牌销售的人才。目前，上海佳豪的游艇设计已经开始接单，2011 年开始贡献收入。此外，上海佳豪原有的设计、监理业务和工程总承包项目也使其对船艇制造现场有了一定的理论基础和感性认识。因此，上海佳豪有能力将设计图纸转化为产品。

第二，收购高端家居定制企业美度沙，提升游艇内装品质。上海佳豪子公司佳豪科技以 1 190 万元收购上海美度沙家具制造有限公司 70%的股权。美度沙专业从事新古典欧式家居的设计、制造与销售，提供高端定制家具及配套装饰装潢，曾与意大利游艇公司合作生产定制游艇的内部木饰和家具，美度沙将承接公司游艇生产及工程总承包的内装业务，为公司高端游艇的内装品质提升奠定基础。

第三，依托游艇俱乐部进行销售渠道布局。上海佳豪计划在黄浦江沿岸设立游艇俱乐部，计划设立60个泊位，2011年，上海佳豪的游艇俱乐部已在黄浦江沿岸选址，同年年底投入运营。对于会员的招募将设置门槛，精挑细选，吸纳50～100人的高端客户，公司将采用实艇销售，即让顾客登上意大利建造的MAIORA20S游艇，亲身体验游艇的乐趣。除了销售代理游艇和自产游艇外，上海佳豪将进一步完善租赁、维修和保养等售后服务。上海佳豪目前还加入了三亚鸿洲国际俱乐部、上海亚廷游艇俱乐部。

2)业务发展趋势

(1)未来发展战略目标。2007年国务院出台《关于加快发展服务业的若干意见》，强调要大力发展科技服务业，充分发挥科技对服务业发展的支撑和引领作用。“十二五”期间，加快发展服务业，尤其是科技服务业，仍将是国家和地方政府重点扶持的支柱产业政策。

上海佳豪作为一个船舶行业内的科技服务上市公司，仍将自身的未来战略发展定位在行业科技服务的最前沿，结合国家“十二五”规划纲要的指导思想，专注于主营业务的创新与完善，并依托行业内首创的一站式、全设计过程的技术服务资源优势，积极拓展船舶工程总承包业务和游艇的设计、制造及相关服务业务，以进一步拓展公司业务发展的广阔空间。

(2)发展计划。第一，进一步做大做强设计业务。上海佳豪将在原有设计平台上将公司主营业务进一步做大做强，全面推进前沿科技研发带动主流市场发展的目标，进一步加强市场的研发力度，强化与主流船东、船厂以及国际先进行业单位的战略合作，不断追求产品的先进性以及可持续发展能力，极力推广具有公司自主品牌特色的系列产品，进一步扩大主要设计产品的盈利能力。

上海佳豪将大力投入船舶和海工产品的科技研发工作，占领技术制高点以确保公司走在行业前端，成为行业内的科技创新领先者。对已经成功开发的船型要及时梳理、优化和总结，形成公司自己的船型数据库，针对市场格局的复杂性，制定相应的产品转型策略，根据市场的实际需求有的放矢，尤其是要着力开发绿色环保等新型船型，为引领未来船舶市场做好铺垫，为公司的腾飞插上更有力的翅膀。

第二，实现从“设计公司到技术服务商”的转型。要进一步开拓思路，尤其是要大力拓展新的业务模式和业务渠道。要全面利用第二产业制造业的优势不断延伸到第三产业服务业，完善工程配套服务，包括游艇俱乐部、船舶租赁、工程融资、物流、贸易、内部装饰和高科技部件开发等。全力开展的工程总承包业务是公司为实现可持续发展战略迈出的阶段性的第一步。就中长期目标来看，佳豪科技的成立将使公司的技术服务链进一步拓展延伸，使项目规模化、集成化，增强公司在行业内的核心竞争力。上海佳豪将不仅是一家专业设计公司，还将成为船舶及海洋工程技术和服务的全方位提供者和总集成服务商。

监理业务要依托公司强有力的技术支撑，着力培养一支有精湛技术，不断学习和探索新技术、新工艺以及不怕脏、不怕累，特别是具有吃苦耐劳的敬业精神及强烈的工作责任心的，忠诚于顾客的监理服务队伍，赢得顾客和潜在顾客的好感和充分的信赖；要充分满足顾客明示的和隐含的需求或期望(如技术咨询、设计审图等)，使顾客满意，从而大大增加顾客的忠诚度；要树立“人力资源是资本而不是成本”的指导思想，培养和塑造一流的监理人才，在专业技术、管理技术的能力上胜人一筹，并成为“技术专家”和“细节管理专家”；要加强技术咨询、技术管理等与国际接轨的设备监理服务工作，并进一步探索承接国际设备工程监理项目。

第三，加速完成产品业务板块的战略布局。上海佳豪将重点发展以游艇为代表的产品业务，除了加快在上海奉贤的游艇制造厂区的建设外，上海佳豪将通过与意大利 Dominator、Fipa、Italiana 等游艇公司及意大利船级社等机构的合作交流和洽谈，为未来公司在游艇制造、生产技术转让、游艇检测、建立销售渠道及售后服务体系、游艇租赁及游艇俱乐部建设等方面进行多方面的合作探讨，初步确定具有佳豪特色的游艇业务发展模式。

上海佳豪一方面将努力打造具有国际领先理念、国内一流的游艇产业链，为未来持续发展培育新的利润增长点；另一方面，还将通过对外合作，进行具有国际领先技术、高科技含量、高附加值的船用配套设备的研发、制造及销售，为自身的设计和服务业务提供有力的基础产品支持，形成联动效应。

第四，进一步增强市场开拓力度。上海佳豪在多年技术服务和经营过程中，已经与大量的船东、船厂以及重要设备的供应商建立了良好的战略合作伙伴关系，已经具备了提供全面技术服务包括现场工程管理与服务的得天独厚的能力，加之上市后形成的市场品牌形象、更为强大的综合设计能力和监理技术服务平台为企业注入了一定规模的融资能力。因此，在继续保持与中小客户良好关系的基础上，上海佳豪要集合优势，不断进取，锐意开拓，用全球化的视野，发展更大更多的客户群体。

本章小结

产业组织理论中，结构-行为-绩效范式认为产业的市场结构将影响企业的行为，进而影响该产业的绩效。我国游艇产业正处于起步阶段，有必要对游艇产业的市场结构进行深入分析，发现其对游艇企业的行为影响，从而预测我国游艇产业的市场前景。

本章首先对我国游艇产业市场结构的需求方和供给方进行了分析。在需求方面，介绍了我国游艇消费的条件、特点、存在的问题及解决方法，并在此基础上预测了我国游艇消费的趋势；在供给方面，主要介绍了我国游艇的出口情况，并与我国游艇的进口情况做了比较分析。其次，在结构分析的基础上，分析了企业行为，介绍了国内外知名游艇企业的发展现状。

通过对游艇市场结构和游艇企业的分析发现，首先，我国游艇已处于起步阶段。沿海许多省份已具备游艇消费的经济实力，进口数据可以证实这一点，无论是进口金额的增幅还是进口数量的增幅都远大于出口，这在一定程度上表明我国游艇的内需市场正在逐步增强，其主要得益于富人阶层的扩大、政策的支持等。其次，我国游艇企业抓住历史机遇，正不断加大扩展游艇业务，积极推进我国游艇产业向前发展。最后，我国游艇产业虽然已得到初步发展，但仍存在许多问题，如政策未完全开放、基础设施不完善等，同世界游艇产业的发展仍存在一定距离。我国游艇产业未来的发展仍需要国家和企业各方的共同努力。

➤案例

中国，离游艇消费大国还有多远？①

2011 年 4 月、5 月，2011 中国(上海)国际游艇展与第九届中国国际航海博览会暨中国(青岛)国际船艇展览会相继开展。前者的实船展出数量超过了 300 艘，交易额超过 10 亿元，后者则吸引了 20 多个国家和地区的 137 家企业、100 多个知名的游艇与帆船品牌前来参展，总展出面积达 2.5 万平方米。形形色色的游艇展，不仅有美艇佳人，而且观者如云，看点众多，人气爆棚。然而，尽管中国众多的游艇展会呈现出游艇业一派繁荣的景象，但事实上，从更为冷静的角度来看展会及各类配套活动，其背后透露的现象值得深思。

1. 中国市场受关注

作为国内最负盛名的游艇展，中国(上海)国际游艇展是一面旗帜，其几乎能够代表中国游艇产业的发展水平。到 2011 年该展览会已经成功举办了 16 届，规模越来越大，参观人数也越来越多。而在国内其他沿海地区，如青岛、大连、海南也都拥有自己的游艇展。游艇展之所以能如此火热，离不开市场的支撑，中国游艇市场展现出令人惊叹的消费能力。而从潜在消费层面来看，《2010 胡润财富报告》显示，中国内地千万富豪已达 87.5 万人，亿万富豪达到了 5.5 万人，其中有一半富豪都有购买豪华游艇的意愿。假如，再将中产阶级对中低端游艇的消费潜力挖掘出来，那么这个市场规模将非常惊人。

短短几年，中国蹿升为全球炙手可热的游艇市场之一，西方游艇巨头也顺势在 21 世纪初开始试探中国的市场，尤其是金融危机之后相较于其他西方国家的稳定表现，更让全球游艇界将目标锁定在中国。

① 张瑛．离游艇消费大国还有多远？船舶经济贸易，2011，6：98.

2. 离顶级消费市场还有多远

虽然从统计数据来看，国内游艇需求市场透露出非常乐观的信号，然而，中国游艇企业制造的不少游艇却主要供给海外市场，金融危机重创后的 2009 年，国内制造的游艇出口金额达 1.7 亿美元，2010 年这个数字又迅速上升到了 2 亿美元。事实上，真正要打开游艇市场，单靠相对大型的豪华游艇是难以支撑的，国外销量最大的恰恰是低价位的“家用”游艇。中国游艇已得到了初步发展，但从游艇展的深入分析仍可发现，中国离超级游艇大国仍有一定距离。

1)国内游艇文化欠缺

中国的游艇供给主要面向国外，国内游艇市场尚未得到深入开发，国内游艇文化欠缺。为了进一步发展游艇产业，必须先培育出国人想要使用游艇、渴望玩水的生活方式，让国人得到更多海洋文化的浸润。

正是基于这一理念，2011 年上海游艇展一改往年以推动商贸和行业沟通为主旨的风格，首次明确提出打造“水上嘉年华”的概念。不仅如此，上海游艇展和青岛游艇展也都采取了“水陆展区”有机结合的模式，从“奢华”到“亲民”，多层面地向观众展示游艇及其文化理念。这样的做法不仅吸引了更多的观众，展会现场甚至还有家长带着孩子排队等候“实船体验”，从而让游艇对于大众而言不再只是出现在电视上的画面，而成为了实实在在触手可及的东西。

2)产业配套服务欠缺

除了文化层面的因素，国内游艇产业配套服务的空白也是中国成为游艇消费大国的一大瓶颈。

在游艇会展上，不少有购买游艇意愿的客户就对游艇的购买方式、维护及管理机构的服务存有疑问，他们期望能在购买游艇后使其得到更好的利用，更提出了一些问题，如高价的豪华游艇能否由多人合伙购买，并以“股份制”的方式来使用；在购买游艇后，是否有专门的公司来帮助管理维护游艇；在自己不使用时租赁给其他人；等等。类似这样的服务在美国都已相当成熟，但在中国游艇产业链的发展中，这块领域仍尚未启动与开发。这也使得许多潜在消费者在诸多游艇使用的限制下望而却步。

3. 展望

通过对中国游艇展会的了解分析，主要发现以下两点问题：一是国内游艇文化欠缺，国内市场尚未完全打开；二是国内游艇产业配套服务欠缺。中国游艇有待进一步发展，随着国内游艇产业的加快发展，游艇产业可能会成为下一个“汽车”产业。在沿海城市，在不远的将来，就像今天汽车进入家庭一样，游艇会进入千家万户，成为人们生活中不可或缺的一部分。但是，一个产业能否兴起，仍需要各方精心的培育与呵护。期待在中国游艇产业的下一个五年，中国人能真正了解游艇文化，并有更多机会与渠道从各式水上休闲活动中汲取乐趣。

第5章

世界游艇业投资趋势

在了解了我国游艇市场的供需状况后，有必要了解当今世界游艇市场的发展状况，以便明晰世界游艇产业的发展形势，抓住机会，规避风险，使我国的游艇产业走上健康发展的道路。因此，本章从多个角度分析世界游艇的供给和需求情况，并对世界游艇未来的投资趋势做出预测。

5.1 世界游艇供给状况

供给结构是指在一定的时期内，一定条件下，在一定的市场范围内可提供给消费者的某种商品或劳务的分配比例。供给的范围和水平取决于社会生产力的发展水平，一切影响社会生产总量的因素也都影响供给量，常见的影响因素包括商品本身的价格、其他商品的价格、生产技术的变动、生产要素的变动、政府的税收和扶持政策。

但是，市场供给量不等于生产量，因为生产量中有一部分用于生产者自己消费，作为贮备或出口，而供给量中的一部分也可以是进口商品或动用贮备商品。所以，在游艇产业中，有一部分游艇产量很高的国家和地区，但其自身的游艇消费量却不大；也有一部分游艇消费量很高的国家和地区，但其自身的游艇生产量却很小。

5.1.1 世界游艇主要供给地区

1. 游艇的产量规模

在全球200多个国家和地区中，真正在游艇市场占有一席之地的只有为数不多的几个国家。事实上，世界前8个主要游艇建造国家垄断着世界游艇市场

80％的市场份额①，见表 5-1。

表 5-1　2008 年世界主要发达国家游艇产量表(单位：艘)

国家	帆船	舷内机艇和舷内外机艇	舷外机艇和小型艇	充气艇	总数
澳大利亚					39 000
克罗地亚	41	246	508	239	1 034
丹麦	1 026	13			1 039
芬兰	96	610	18 603		19 309
法国	6 787	2 648	7 510	37 086	54 031
德国	3 152	1 689	18 790		23 631
日本	188	548	3 089	16 239	20 064
爱尔兰	80	50	300	150	580
意大利	686	3 162	4 026	5 345	13 219
挪威					8 000
新西兰	1 112	1 110	5 100	3 000	10 322
波兰	1 200	1 520	19 000	700	22 420
英国	2 885	3 087	770	6 570	13 312
美国	14 300	96 800	647 800	31 600	790 500
南非	629	573	295	325	1 822
瑞士					154

资料来源：2009—2010 中国游艇产业报告

从表 5-1 的游艇产量来看，全世界的游艇制造业仍主要集中在欧美等国家，美国居世界第一，其次是法国、澳大利亚等国家。美国的游艇制造业集中在西海岸，佛罗里达州是世界上最大的游艇市场和娱乐中心，每年都举办国际性游艇展览，其游艇的原材料、设计、建造工艺和质量控制等方面均占领先地位。法国游艇制造业中以帆船制造为主。1997 年游艇产品的 53％供应国内市场，剩余产品外销。产品中的 22％出口至欧盟国家，16％出口至非欧盟国家，9％出口至原法属国家②。法国游艇工业主要立足于国内市场，但缺乏大规模的发动机制造厂。法国游艇租赁公司出现后，高档游艇的需求迅速增长，目前法国已成为世界上规模较大的帆船和气垫船制造国和出口国。意大利游艇工业发达，其玻璃钢游艇在原材料、设计、工业和制造设计等方面均处于世界领先地位。意大利最早将芳纶

① 张长涛．世界游艇市场与竞争格局．中国船舶报，2006，9：27～33.

② 谢亮．珠海市(平沙)游艇工业区招商引资战略研究．中南大学硕士学位论文，2007.

纤维用于建造游艇艇体，一艘15.5米长的摩托艇“M274”，由于采用了芳纶纤维，比玻璃钢艇体轻40%，航速高达47海里。英国也是世界上游艇制造业发达的国家，它最早制定了游艇的设计和建造规范，英国劳氏船级社于1978年率先颁布了《游艇和小艇入级规范和规则》。英国在玻璃钢ACM(advanced composites material，即先进复合材料)游艇的设计和建造方面颇具实力，特别是采用碳纤维和芳纶纤维研制的新颖ACM游艇则更具有优势。经研究认为，在碳纤维中混杂芳纶纤维制造的ACM艇体减重效果明显，可提高航速20%，节约燃料费33%[①]。

2. 游艇的销售规模

从销售额排名来看，美国居第一位，其次是意大利、法国、英国和德国等国家。2004年美国国内游艇销售总额达到110.2亿美元(不包括主机和配件)，较2003年增长10.1%，占世界游艇市场份额51.2%；2004年意大利游艇销售额达到21.67亿美元，占世界游艇市场份额10.1%；法国游艇销售额为14.65亿美元，占世界游艇市场份额6.8%；英国游艇销售额为10.46亿美元，占世界游艇市场份额4.9%；德国游艇销售额为6.61亿美元，占世界游艇市场份额3.1%[②]。

从艘数上看，美国游艇工业居世界第一，其次分别是澳大利亚、法国、意大利、英国和德国。2004年美国销售游艇402 865艘，占世界市场份额70.3%；澳大利亚销售28 699艘，占世界市场份额5%；法国销售11 943艘，占世界市场份额2.1%；意大利销售游艇9 600艘，占世界市场份额1.7%；英国销售游艇8 700艘，占世界市场份额1.5%；德国销售游艇8 571艘，占世界市场份额1.5%[②]。

3. 游艇生产厂商规模

从世界各国游艇企业统计数据来看，世界游艇建造厂商共有3 000多家。其中，美国最多，约有1 100家；意大利其次，约有770家；再次是澳大利亚，约有420家；之后是德国、英国、法国、新西兰等国。除游艇建造厂商外，美国还有约1 000家从事游艇销售、主机和零部件供应的厂商，见表5-2所示的2008年世界各国拥有游艇企业数量统计表。

表5-2 2008年世界各国拥有游艇企业数量统计表

国家	游艇厂数目/个	雇员数目/个	总交易额/欧元	平均每船厂交易额/欧元	平均每雇员交易额/欧元	平均每船厂雇员数/个
澳大利亚	420	4 847				12
克罗地亚	49	766				16

① 谢亮. 珠海市(平沙)游艇工业区招商引资战略研究. 中南大学硕士学位论文，2007.

② 张长涛. 世界游艇市场与竞争格局. 中国船舶报，2006，9：27～33.

续表

国家	游艇厂数目/个	雇员数目/个	总交易额/欧元	平均每船厂交易额/欧元	平均每雇员交易额/欧元	平均每船厂雇员数/个
芬兰	54		237 000 000	4 388 889		
法国	114	7 078	888 500 000	7 793 860	125 530	62
德国	412	6 238				15
爱尔兰	7	180	10 500 000	1 500 000	58 333	26
意大利	770	9 200	1 867 000 000	2 424 675	202 935	12
挪威	90	1 745	113 788 487	1 264 317	65 208	19
新西兰	150	5 000				33
波兰	20	2 000	72 977 034	3 648 852	36 489	100
葡萄牙	40	450	35 000 000	875 000	77 778	11
英国	400	8 977	947 447 447	2 368 619	105 542	22
美国	1 100		8 821 985 234	8 019 987		
南非	40	1 500	81 586 544	2 039 664	54 391	38
瑞典	50	800	263 707 285	5 274 146	329 634	16
瑞士	18	120	13 080 445	726 691	109 004	7

资料来源：2009—2010 年中国游艇产业报告

从表 5-2 可看出，美国游艇制造业发达，拥有游艇企业数量在世界排名第一。但是，从豪华游艇制造来看，由于意大利在游艇设计方面具有优势，集中了高端的品牌和大量的时尚设计师，因此，在大型豪华游艇的生产上意大利占有明显的优势。表 5-3 所示为 2007 年全球排名前 20 的豪华游艇制造厂商分布状况。

表 5-3　2007 年全球排名前 20 的豪华游艇制造厂商分布状况(单位：家)

所属国(地区)	游艇厂商数量
意大利	8
美国	4
英国	1
德国	2
中国台湾	1
荷兰	3
丹麦	1

资料来源：ShowBoats International

从表 5-3 可以看出，在豪华游艇的供给方面，欧美生产厂商具有绝对的垄断地位。相比美国人更偏爱运动型的中小游艇而言，欧洲人则更喜欢代表身份和生活品位的豪华游艇。从中可以看出，游艇业的世界供给结构和游艇制造国的传统工业优势有着密不可分的联系。认识到这一点，可以帮助各主要游艇生产国根据自己的传统工业特点，取长补短，丰富世界游艇供给的产品和结构。

游艇生产就其本身来讲是一种资金、专业技术和劳动密集型的产品，由于需要特殊的厂房和配套岸线建设，所以较之一般工业生产，资金需求量大且周转期长，而其建造在很大程度上取决于相关的技术知识及劳动力成本。虽然欧美等发达国家的劳动力成本相当高，像游艇这种十分强调手工制作、讲究内部装修和设备组装的奢侈产品，在发达国家的建造成本也相对较高，但从以上分析可以发现，目前游艇的生产销售仍主要集中在欧美等发达国家，主要的生产销售强国有美国、意大利、英国等。

5.1.2 不同规格游艇的供给状况

1. 中小游艇

从数量上看，全球游艇以中小游艇为主流。根据造船工业协会国际委员会(International Council of Marine Industry Association，ICOMIA)的统计，2007年长度9米以下的新注册游艇占注册总数的79%，大于13米的游艇仅占5%，见图5-1所示的2007年世界游艇市场按船舶尺度划分的比重。

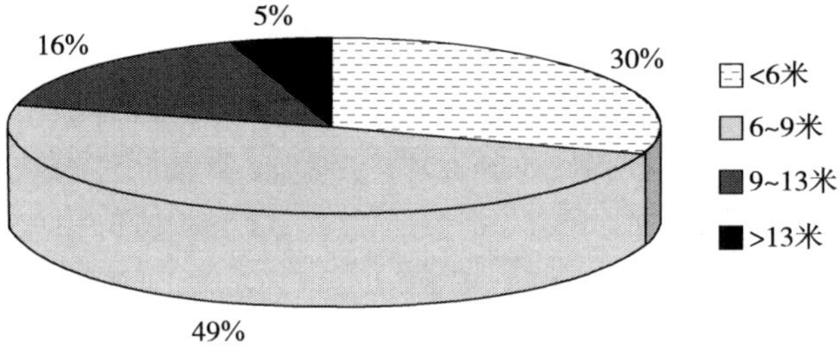

图5-1 2007年世界游艇市场按船舶尺度划分的比重

资料来源：广东省沿海港口游艇码头布局规划．http://www.doc88.com/p-848519156692.html

全球游艇消费市场仍以帆船、钓鱼艇、快艇、休闲艇等中小游艇为主：2004年北美大部分游艇销售单价为1.5万～5万美元，平均单价在2.8万美元，豪华游艇只占2.5%；欧洲游艇平均单价在11.5万美元左右，见图5-2所示的2004年美国与欧洲游艇市场中小游艇占比情况。

2. 舷内机艇

从销售额看，2004年高价位的舷内机艇占比68.31%。虽然舷内机艇的销售数量有限，仅占20%，但由于其单位价格昂贵，因而从对销售额的贡献来看，舷内机艇的比重远远超过其他类型的游艇，见图5-3所示的2004年世界四类船艇销售数量占比和图5-4所示的2004年世界四类船艇销售额占比。

3. 超级游艇的供给不断向大型化升级

超级游艇一般是指长度在80英尺(约24米)以上的游艇。*ShowBoats Inter-*

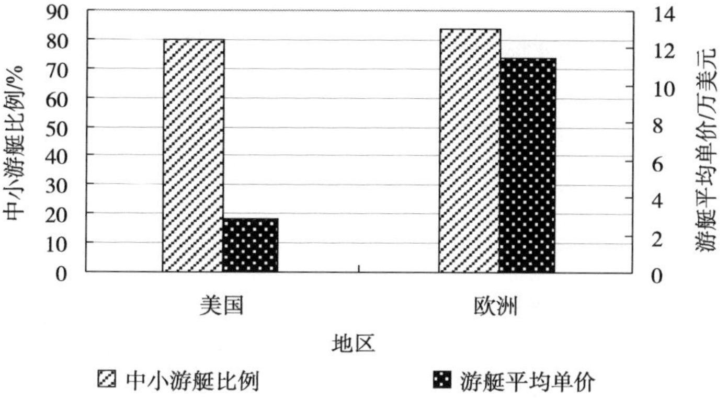

图 5-2　2004 年美国与欧洲游艇市场中小游艇占比情况

资料来源：张运华，陶永宏．游艇市场分析(之一)——国外游艇产业发展现状．中外船舶科技，2010，4：27～30

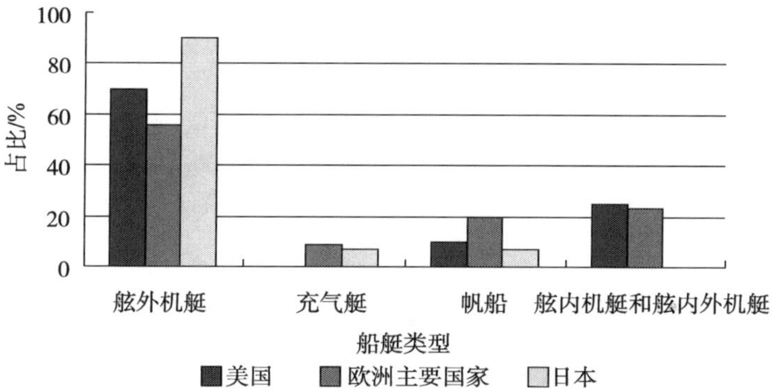

图 5-3　2004 年世界四类船艇销售数量占比

资料来源：朱珉虎．游艇经济和文化(四)．中外船舶科技，2010，4：22～26

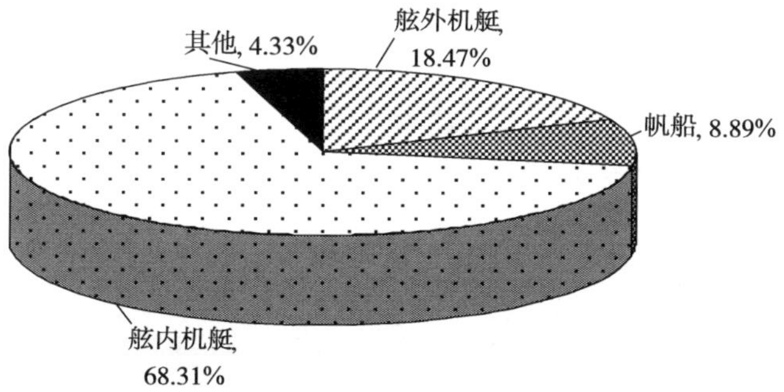

图 5-4　2004 年世界四类船艇销售额占比

资料来源：朱珉虎．游艇经济和文化(四)．中外船舶科技，2010，4：22～26

national 每年公布的 Global Order Book 显示，150 英尺以上的超级游艇供应量在 2009～2011 年宏观经济低迷、超级游艇整体供应量回落的背景下反而提升 34%；相比之下，80～89 英尺游艇的订单数较 2007 年下降 25%[①]，如图 5-5 所示的 2004～2011 年全球超级游艇订单个数和图 5-6 所示的全球三类型号超级游艇订单个数，可见超级游艇的供应不断向大型化发展。

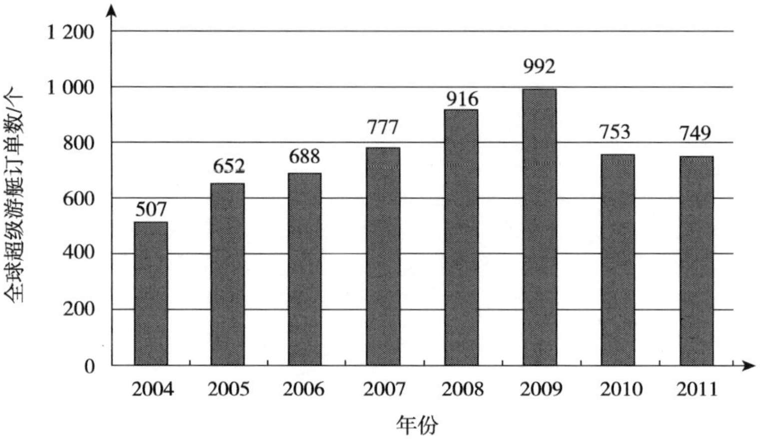

图 5-5　2004～2011 年全球超级游艇订单个数

资料来源：ShowBoats International 2011

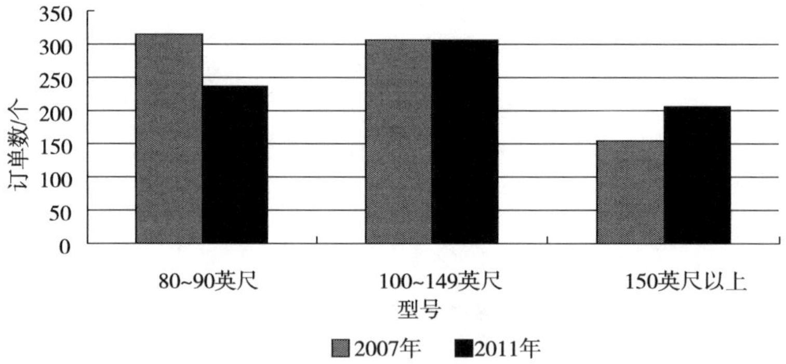

图 5-6　全球三类型号超级游艇订单个数

资料来源：ShowBoats International 2011

在超级游艇的制造国中，根据 *ShowBoats International* 公布的 Global Order Book 数据[①]，2005～2010 年意大利、美国、荷兰始终位居超级游艇制造前三强，

① ShowBoats International. Global Order Book 2011. http://www.doc88.com/p-954296311403.html，2012-09-17.

而中国内地已跻身前十大超级游艇制造国(或地区)，位居第八，这说明了中国内地游艇的发展速度和巨大的潜在竞争力，见图 5-7 所示的 2005 年 Global Order Book 中的前十大超级游艇制造国(或地区)和图 5-8 所示的 2010 年 Global Order Book 中的前十大超级游艇制造国(或地区)。

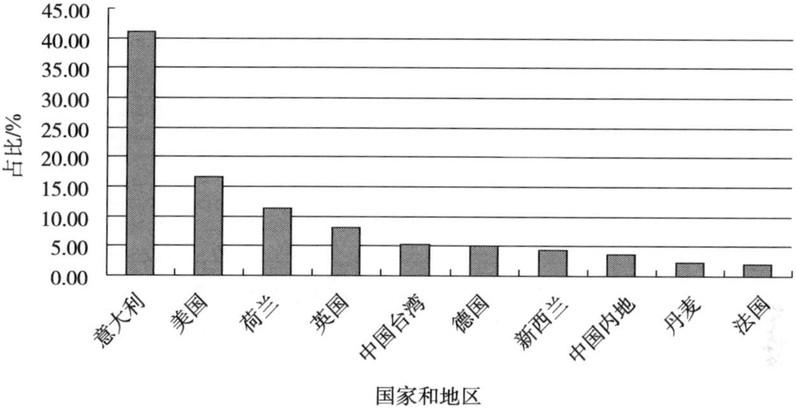

图 5-7　2005 年 Global Order Book 中的前十大超级游艇制造国(或地区)

资料来源：ShowBoats International 2010

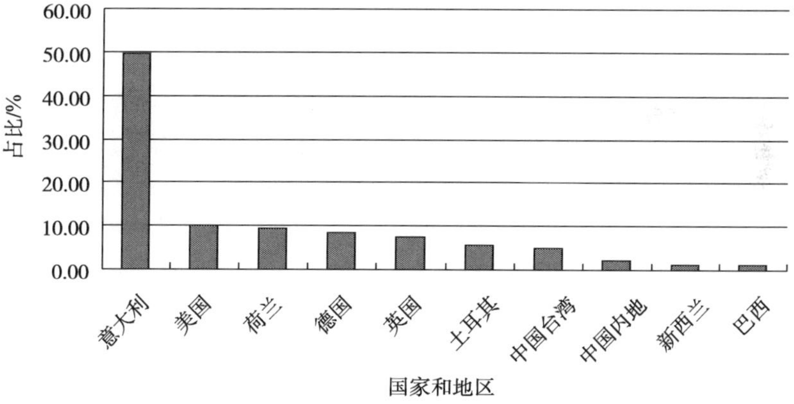

图 5-8　2010 年 Global Order Book 中的前十大超级游艇制造国(或地区)

资料来源：ShowBoats International 2010

5.1.3　游艇产业链不同环节的供给状况

作为一种高级耐用娱乐消费品，游艇制造最突出的特点有以下几点：价值昂贵、供应链长、生产环节多、生产方式复杂、技术程度高、劳动力密集以及运用的工艺精巧。除此之外，游艇制造同其他产业关联性大，覆盖包括金属加工、化工、木器制造、复合材料、涂料、电子仪器、电器设备、通信、航海器材，甚至雷达和卫星导航等在内的各种技术。

就整个游艇产业链而言，目前游艇产业链主要表现在设计、制造、配套、销售、服务、支持、辅助七个环节上，其中设计、制造、配套属于上游产业，销售、服务属于核心产业，支持和辅助属于下游产业。

上游产业因为投资大、要求高，一直以来被欧美游艇企业所垄断。中国作为新兴游艇制造国家，通常只能占据该产业链上的一些低附加值部分，如游艇的卫生洁具、涂料、帆具等制造环节。其在上游产业链市场供给有限，但却在销售、服务、支持等核心产业和下游产业上有着比较大的优势和市场空间，而且这类产业主要面向国内市场，更利于自身优势的发挥。

因为核心产业和下游产业的产业链长，带动性强，是未来市场供给的主要方向，所以中国的游艇产业要想真正在世界游艇供给市场上占有一席之地，除了加大上游产业的投入力度，争取更多的知识产权和技术优势外，目前应该更多地面向游艇的核心产业和下游产业，在销售渠道的疏通、服务质量的提高、辅助产业的开发上下工夫。

5.2 世界游艇需求状况

诸多因素影响着一个国家对游艇的需求，如自然条件因素、经济因素、社会文化因素和消费者偏好等。某一国家或地区所拥有的水道(包括河流、湖泊等能够开展游艇活动的区域)的数量、宽窄以及类型都会对游艇消费产生实质性的影响，因而会直接影响游艇的需求。而对于帆船运动来说，风力、水文条件至关重要，这就是上述的自然条件因素。此外，当地的游艇码头、航线的开辟等相关配套基础设施发展状况，休闲度假场所的数量等也都会对游艇的需求产生影响。除自然条件因素外，国民经济发展水平、地区人口数量、人们对游艇休闲消费的喜爱程度、相关政策法规等也会对游艇市场需求产生直接影响。上述各项因素除影响游艇市场整体需求之外，也会影响某一国家或地区游艇消费的具体产品种类。例如，沿海地区的游艇需求以大型钓鱼艇、帆船和可住宿游艇为主，而内陆湖泊和水库的游艇需求以小型摩托艇等小型动力艇为主。在温度较低或者空气湿度较大的地区，可住宿游艇会有更大的市场需求，因为相对那些露天敞口式游艇而言，这类游艇具有遮风、避雨、御寒等诸多明显优势。

5.2.1 世界游艇需求的地区情况

目前美国和欧洲占据了世界游艇消费市场的 95%。美国是游艇的第一大消费国，1970 年美国游艇销售收入 34.4 亿美元，占世界游艇市场的 73.60%，见图 5-9 所示的 1970 年美国占世界游艇销售额比例。

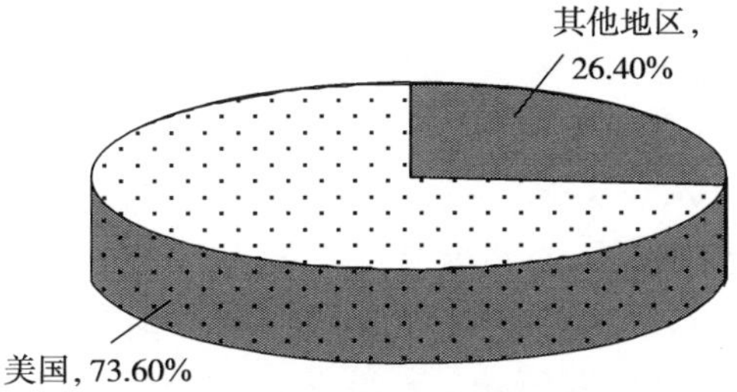

图 5-9　1970 年美国占世界游艇销售额比例

资料来源：华承昌．国内外游艇产业发展简况．船舶工业技术经济信息，2004，10：4～8

20 世纪 70 年代末，欧洲游艇市场需求开始急剧上升，到 2008 年已占据世界游艇消费市场的 47%，见图 5-10 所示的 2008 年世界主要游艇国家游艇市场占比。2007 年世界游艇市场总量(包括二手艇交易、配件供应、维修和相关服务)约 700 亿美元，其中新艇销售额为 300 亿美元。

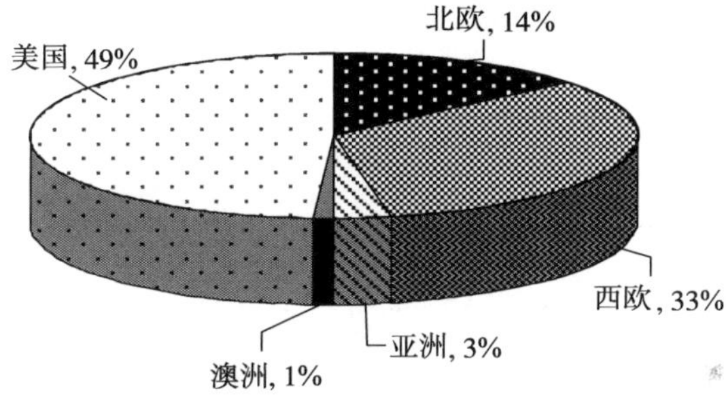

图 5-10　2008 年世界主要游艇国家游艇市场占比

资料来源：申银万国游艇系列报告．http://www.doc88.com/p-310986120355.html

1. 局部低迷，整体旺盛

根据美国 E-Composites 公司的《世界游艇市场分析和预测》报告显示，2005 年世界游艇市场整体规模在 237 亿美元左右(统计范围只包括游艇销售，不包括游艇主机和其他附属器材的销售额)。北美洲和欧洲是当今世界最主要的两大游艇消费市场。欧洲及亚太地区的经济持续增长，为世界娱乐休闲用艇市场的增长提供了保证；另外，大型及豪华游艇也是欧洲的主要需求之一。根据游艇实业界估计，从 2014 年起游艇市场总额每年增长率将不低于 40%，未来五年有望达到 40 亿元①。

游艇的需求和全球经济的发展一般成正比关系，经济发展良好，则游艇需求量大；经济发展欠佳，则游艇需求量小。特别是近些年，国际经济经历许多天灾

① 游艇市场年增长率将不低于 40%．和讯新闻，http://news.hexun.com/2013-07-11/156049951.html，2013-07-11.

人祸，2004 年东南亚海啸、2005 年美国 Katrina 飓风，到 2007 年美国次贷危机，以及能源价格持续增高，欧美国家开征奢侈品税，这一系列的事件很大程度上影响了人们的消费信心，对于游艇市场的影响更是显著。2008 年 7 月《国际游艇业》(*International Boats Industry Magazine*)在美国次贷风波后，针对美国 250 家游艇销售公司销售结果的调查显示，将近 35%的经销商认为新艇的销售量降幅将超过 30%，第二季度整体游艇市场销售降幅在 25%～30%。不可否认，世界经济的下滑带来了世界游艇的局部低迷。

虽然美国的游艇业受到经济不稳定带来的负面影响，但是行业总收入却还在继续增长。2008 年美国游艇业的毛营收入比 2007 年增长了 9%，达到了 248.8 亿美元，消费也增长了 2%，达到了 190 亿美元，尽管这些增长是有史以来最小的增长①。这种现象主要得益于国际巨型游艇(专指船长在 80 英尺以上者)订单数的持续、稳定增长，2003 年，中国台湾地区接收美国 482 艘订单，一直到 2008 年 1 月时增至 916 艘，在 5 年之内，国际巨型游艇的订单总数成长至接近 2 倍②，这在一定程度上拉动了游艇总体销售额。更为重要的是，中国游艇需求市场潜力巨大。除了欧、美、日等传统发达国家和地区外，这几年，中国经济取得了巨大的发展，中国已具备消费游艇的经济实力，再加上中国政府对游艇产业的积极引导，必将推动中国游艇业的巨大发展。而作为世界游艇业的一部分，中国游艇业的迅速发展将会带动世界游艇业的新一轮发展。

通过以上分析可见，虽然世界游艇需求呈现出一部分地区的低迷，但总体上仍然表现出旺盛的发展趋势。

2. 各国游艇拥有数量

世界上拥有游艇数量最多的国家前十名分别是美国、瑞典、澳大利亚、芬兰、法国、挪威、德国、英国、新西兰、意大利，如表 5-4 所示的 2008 年世界主要发达国家拥有游艇数量统计表。

表 5-4　2008 年世界主要发达国家拥有游艇数量统计表

国家	人口/万人	每 1 000 个居民游艇拥有量/艘	游艇总数/艘	帆船/艘	舷内机艇和舷内外机艇/艘	舷外机艇/艘	充气艇/艘
澳大利亚	1 910	39	738 948				
克罗地亚	444.2	24	105 000				

① 王贵友．美国游艇业消费减少，但 08 年行业总收入增长．http://www.chinesetoday.com/zh/article/296808，2009-09-01.

② 庄正仪，黄国哲．游艇产业发展现状与展望．http://wenku.baidu.com/view/7b5514a70029bd64783e2c89.html，2008-10-04.

续表

国家	人口/万人	每 1 000 个居民游艇拥有量/艘	游艇总数/艘	帆船/艘	舷内机艇和舷内外机艇/艘	舷外机艇/艘	充气艇/艘
芬兰	523.6	140	731 000	18 000	92 200	618 800	2 000
法国	6 200	12	725 935	173 658	142 978	212 976	196 323
德国	8 100	5	441 530	120 475	88 932	232 123	
日本	12 773.4	3	326 000	13 000		298 000	15 000
爱尔兰	404.4	6	25 067	9 702	9 315	3 500	2 550
意大利	5 790	7	400 000				
挪威	450	154	692 000	50 000	280 000	362 000	
新西兰	400	101	403 000	36 500	16 500	329 500	20 500
荷兰	1 610	17	280 000	140 000	84 000	56 000	
波兰	3 870	1	51 170	31 480	1 040	15 800	2 850
葡萄牙	1 035.6	5	55 000				
英国	6 140	8	463 019	113 898	46 844	211 031	91 246
美国	38 400	47	17 912 200	1 587 700	3 621 500	12 703 000	
瑞典	901.1	84	753 000	87 000	83 000	548 000	35 000
瑞士	741.8	14	100 656	33 566	59 786	7 304	

资料来源：2009—2010 年中国游艇产业报告

将表 5-4 中数据和游艇制造大国数据对比发现，绝大部分游艇供给大国也是游艇的需求大国。但这个规律主要体现在欧美发达国家，而亚洲地区的中国、韩国、东南亚等游艇制造大国和地区，因为生活习惯、文化习俗、经济发展要求等诸多因素，亚洲地区游艇制造国家往往在世界游艇供需结构中仅扮演着供给一方的角色。

另外，除了美国在供需双方都独占鳌头之外，北欧的三个国家瑞典、挪威、芬兰均在世界游艇的供需结构中扮演着重要角色。如果考虑到这三个国家的人口总量，可以发现，这三个富裕的北欧国家的人均游艇拥有量是非常高的，这也表明游艇在这三个国家的普及程度非常广。我国游艇业企业应该认真分析这三个国家游艇需求的特点，争取能获得这块市场。

欧洲的传统工业强国，如意大利、法国、英国、德国、荷兰等无论在游艇的制造技术、理念、工艺上，还是人们对于游艇的认识、需求上都有着深厚的基础。分析其产业特点、进行差异化生产、做好细分市场和产业链结构的研究将是进入欧洲市场的关键所在。澳大利亚、新西兰等典型的海洋国家，其独特的地理和气候条件，及海洋文化传统，决定了其运动艇的广阔前景。注重游艇的高性价比将是拓展该市场的最佳选择。

5.2.2 不同规格游艇的需求状况

游艇有多种规格，按照不同标准形成不同的分类。世界主要游艇消费国家和地区因各自的文化传统不同，对不同游艇类型有着各自独特的偏好。本小节主要介绍了几大游艇消费国家对不同规格游艇的需求情况，并对主要几种类型游艇的销售额和销售数量做了比较分析。

1. 各国游艇消费的档次

从全球看，游艇消费市场是多元化的。既有贵族富豪专属的超级游艇，也有白领阶层、中产阶级买得起的帆船、钓鱼艇等。

占世界游艇市场份额55.9%的北美地区，游艇消费以平民为主，大多数游艇销售单价在1.5万～5万美元，游艇尺寸一般在8～68英尺[①]。这类游艇性价比高，维修成本低，转运、存储方便，满足家庭休闲需求，符合美国人随性、自由的个性，而豪华游艇的销售数量很小，只占总量的2.5%，但其价格昂贵，单艇价格在10万美元以上。在北美市场，最受欢迎的游艇是舷外挂机艇，其总量占北美游艇总量的50%以上。

欧洲是世界第二大游艇市场，2004年占世界游艇市场的份额达到38.4%，销售总额约为82.55亿美元。与北美市场不同，其出售的游艇中虽然84%依然是几万欧元的中小游艇[②]，但区别于美国小型游艇市场需求的随意性，欧洲小型游艇市场更强调游艇自身的舒适度、独特的设计和装修风格。同时，大型的豪华游艇在欧洲也有非常好的市场，尤其是24米以上游艇，其中30～40米的大型豪华游艇需求量最大。根据2004年数据计算，欧洲市场出售的游艇平均单价为115 234美元，而美国市场出售的游艇平均单价只有27 639美元[①]。偏爱豪华游艇和大型游艇是欧洲市场游艇单价高的最主要原因，这类游艇普遍代表着一种身份和地位，主要消费对象为企业家、社会名流和政治人物。此外，欧洲人对其他各类游艇也都有浓厚的兴趣，同样对舷外挂机艇有所偏爱，但并不像美国人那样强烈。

澳大利亚、新西兰等国家有着悠久的水上运动的传统，海洋文化意识浓厚，他们把游艇游乐当做日常生活的一部分。在新西兰主要的海洋活动有帆船运动、娱乐性钓鱼、帆船海岸巡游等，其中帆船竞赛类活动有校间竞赛、当地俱乐部内竞赛、国际比赛(如美洲杯)等。因此，为运动设计的游艇在这些国家普遍受到

---

① 张运华，陶永宏．游艇市场分析(之一)——国外游艇产业发展现状．中外船舶科技，2010，4：27～30.

② 尹晓琳，杨铮．“艇”大商机，十年造千亿元市场．凤凰网，http://news.ifeng.com/gundong/detail_2011_06/27/7274949_0.shtml，2011-06-27.

青睐。

中国游艇工业刚刚起步，人们接受和消费游艇产品还需要一段时间，加之游艇的配套设施、服务以及中国人传统的生活习惯等诸多因素影响，使得中国真正拥有游艇的人并不多，大部分消费者通过租用游艇进行简单的体验。因此，性价比较高的运动艇、钓鱼艇广受欢迎。在 2011 年落幕的大连国际游艇展上，60 余家海内外参展商现场展示了各自最新的游艇，其中价位在 100 万元以内的休闲钓鱼艇及十几万元的运动艇最受青睐。一家参展商甚至一次性被客户订购了 20 余艘 30 万元左右的钓鱼艇。钓鱼艇的额定载客为 6 人左右，适合家庭、朋友出海垂钓休闲，而运动快艇不仅可以用于垂钓，还因其时速快，被众多热爱海上运动的人接受。可见中小型艇将是我国未来一段时间的投资重点。

2. 游艇消费的类型

按销售额计算，艇内装机游艇和舷内外艇的市场容量最大，2004 年其销售额达到 146.91 亿美元，占总市场份额的 68.30%。2004 年全世界舷外挂机艇的销售额为 39.73 亿美元，市场份额居第二，为 18.50%。第三位的是帆艇，销售额为 19.12 亿美元，市场份额为 8.90%，其他游艇产品销售额为 9.29 亿美元，市场份额为 4.30%。

但从销售数量来看，2004 年共销售艇内装机艇和舷内外艇 123 899 艘，占世界游艇市场销售总量的 21.60%；销售舷外挂机艇 319 121 艘，占世界游艇销售总量的 55.70%；销售帆艇 36 997 艘，占世界游艇销售总量的 6.50%；销售其他种类游艇 92 915 艘，占世界游艇销售总量的 16.20%，见图 5-11 所示的 2004 年世界各类游艇销售情况。

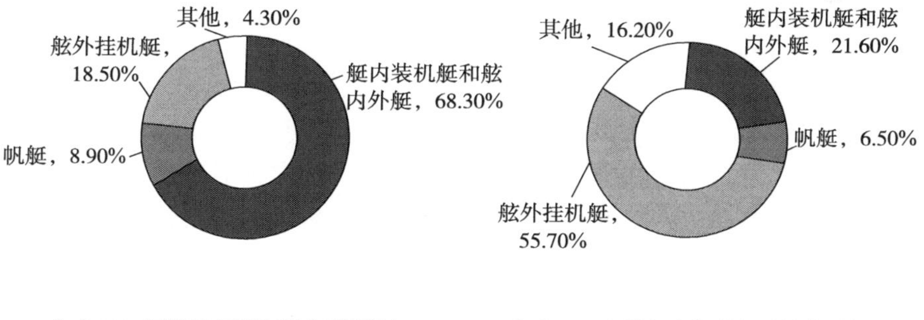

（a）2004年游艇市场份额（销售额）　（b）2004年游艇市场份额（销售量）

图 5-11　2004 年世界各类游艇销售情况

资料来源：朱珉虎．游艇经济和文化(四)．中外船舶科技，2010，4：22～26

从图 5-11 可以看出，艇内装机艇和舷内外艇销售额占世界游艇市场总量的三分之二以上，但是其销售数量不到世界市场总量的四分之一，这主要是因为这类游艇的单价普遍较高。根据 2004 年的统计数字，舷外挂机艇的平均单价为

1.4 万美元，摩托艇的平均单价为 3.78 万美元，豪华游艇的平均单价为 35.18 万美元，艉驱动艇的平均单价为 3.35 万美元，水上摩托的平均单价为 9 600 美元，喷水推进艇的平均单价为 1.85 万美元，帆艇的平均单价为 4.72 万美元。

5.3 世界游艇业投资发展趋势

结合世界游艇的供需特点，本节对世界游艇业未来的投资发展趋势给出几点预示，主要包括以下几个方面：需求结构的变化、未来投资重点地区、游艇多功能化投资趋势、游艇下游产业链投资趋势、新能源游艇投资趋势。这些新特点的出现，一方面是满足游艇热爱者对游艇的更高要求，如游艇的多功能化趋势；另一方面是游艇制造商和经销商寻求更大的价值空间，如对游艇下游产业链的投资。

5.3.1 需求结构变化带来投资的变化

根据中国交通运输协会邮轮游艇分会 2009 年的调查发现，游艇作为满足人们精神需要或享受需要的高级消费品，其需求随着经济的发展和购买力的提高呈不断上升趋势，经济水平的提升带动了游艇需求结构的变化①。

从游艇发达国家需求结构来看，一方面游艇消费不断向高档次游艇推进，因为游艇像时装、汽车、电视等高档消费品一样，随着收入水平提高，消费者会不断更新这些产品。希腊船王打造“顶级游艇俱乐部”就是这个发展趋势的最好诠释。“私人领海”俱乐部由希腊船业巨贾拉特西斯家族创立，该俱乐部被誉为“终极富豪俱乐部”，它以顶级游艇、尊贵的马球会和乡村俱乐部作招徕，目标群体是全球顶级的富豪名流，全球只有 100 个名额，会员均为王室成员、政要及企业家，一律是富有兼社会地位高尚的人士，会费高达 80 万英镑，可享用水上皇宫般的豪华游艇，随时可到地中海、加勒比海、美国等全球最贵的度假村度假。

另一方面，游艇消费的绝对量仍是中低档次游艇占绝对比例，并且消费量还在增加。因为中低档次游艇的消费群体，范围从白领阶层到蓝领阶层，从年轻人到中年人在不断扩大，但能消费得起高档豪华游艇的人数毕竟有限。

需求结构的变化必将带来投资结构的变化，顺应未来游艇的需求结构，游艇投资将投入高档次、豪华、大型化游艇领域，以满足游艇消费者更新换代的要求。

---

① 中国交通运输协会邮轮游艇分会，《游艇业》杂志编辑部. 2009—2010 中国游艇产业报告，2010：5.

5.3.2　未来投资重点地区

2008 年全球金融危机开始，欧美经济持续衰退，一方面使得该地区在奢侈品消费方面的能力逐渐减弱；另一方面，越来越成熟和理性的消费观使得欧美游艇消费者更倾向于实用和彰显个性的游艇产品，如休闲艇、快速艇、海钓艇等，不再单纯地追求游艇的豪华和奢靡。

伴随着欧美等发达国家游艇消费实力的减弱，游艇的投资也逐步从传统的欧美强国向亚洲转移，中国台湾和韩国正在成为未来游艇投资的重点地区。

1. 未来游艇供给市场的增长极之一：中国台湾

1)发展历程

中国台湾地区从 20 世纪 50 年代就开始涉足游艇产业，起步较早，经验丰富，刚开始从代工生产做起，当时的驻台美军顾问团有人拿着设计图纸，希望台湾制造渔船的工匠们为他们造出小型帆船，以供海上休闲娱乐之用，结果就有了 1958 年台湾第一艘游艇的诞生。由于工艺优良、价格低廉，台湾造船技艺的好口碑通过驻台美军在美国市场逐步传开，并引起美国游艇业者的关注，从此开启了台湾游艇代工外销的时代。

20 世纪 80 年代，中国台湾的游艇制造进入黄金时期，高峰时一年游艇出口量近 2 000 艘。但后来因为竞争加剧、人力成本增加、金融危机以及欧美市场增收奢侈税等诸多因素的影响，台湾游艇生产一度衰败，于 1994 年跌到谷底，游艇企业曾经萎缩到十几家，游艇年产量不足 300 艘①。

进入 21 世纪后，台湾游艇制造业调整战略方向，舍弃过去大量生产的平均价格在 8 万美元左右的小型游艇，朝大型化、高附加值方向发展，力求同时打开本地和海外两个市场。为此，一方面开发适合台湾市场的大尺寸游艇，开始生产长度在 18 米以上的大中型游艇；另一方面，为了在国际市场占有一席之地，台湾游艇企业按照客户要求，为其“量身定做”。2005 年，台湾游艇共出口 235 艘，只比 1994 年多出口 7 艘，但出口值却突破 2 亿美元，比 1994 年增加近 1.5 亿美元。2005 年台湾游艇的平均单价约为 94 万美元，是 1988 年游艇出口价格的 7.5 倍②。2007 年，台湾岛内各游艇厂商共计出口游艇 235 艘，出口产值为 92.5 亿元新台币，平均每艘游艇价值近 4 000 万元新台币，出口量占全球的 6%，排名全球第五，仅次于意大利、美国、荷兰和英国③。

---

① 中国交通运输协会邮轮游艇分会，《游艇业》杂志编辑部．2009—2010 中国游艇产业报告，2010：21.

② 谭山．台湾游艇制造业全球第五，受到世界富豪追捧．http://news.xinhuanet.com/fortune/2006-12/30/content_5548456.html，2006-12-30.

③ 袁崇焕．海峡两岸制造业：既竞争，又合作．海峡科技与产业，2008，4：14～20.

2)核心竞争力

第一，物美价廉，台湾的游艇在国际市场上具有很强的竞争力。台湾著名游艇厂商如嘉鸿、嘉信、巨星等游艇公司制造的大型豪华游艇，在品质、性能、豪华、精致程度和设备配置各方面都不比世界知名品牌游艇差，但价格却低许多，如台湾制造的某 25 米游艇的报价是 275 万美元，比意大利品牌的同类游艇报价 350 万美元便宜两成，这也正是台湾游艇业在整个台湾造船业不景气中一枝独秀的原因。

第二，个性化定制。台湾游艇制造业经过较长时期的发展和经验总结，无论从设计、技术、服务等方面都取得了长足的进步，游艇制造开始由大规模生产向更加个性化的定制化生产转变，为客户做独一无二的产品。出于这样的考虑，台湾的游艇业者决定每造一艘游艇就开一次模，尽管生产周期拉长、成本增加，但该做法却大大提高了台湾游艇的国际竞争力，为厂家赢得了更多的订单。

第三，精致的内部装饰。台湾在游艇内部装饰上走精致路线。早年台湾游艇的油漆只刷 3 遍，现在一般刷 18 遍，目的是让外壳亮如镜面。过去一艘游艇统一使用一种木材，现在则要求提供 20 种以上的木材让客户选择。游艇业者还根据客户需求，设置了多种人性化、个性化装备。例如，台湾高鼎公司为路易威登总裁制造的豪华游艇，单装潢费用就高达 10 亿元新台币，隔音、避震及家具全部由从欧洲进口的一流材料打造，为隔绝船上不同的噪声，就使用了 7 种隔音材质。

第四，量产化的小型游艇。除了大型化、高值化游艇的需求大增外，台湾量产化的小型游艇也有很大的市场需求份额。随着亚洲新兴经济的快速成长，特别是中国内地这几年在经济上取得的卓有成效的表现，造就了一大批潜在的客户。面对这样的市场，相较于其他主要的游艇生产国或地区而言，台湾地区有着较为显著的区位优势。另外，台湾地区拥有良好的游艇制造的气候环境，因为这类量产化的小型艇大部分以玻璃钢为材料，若气温低于 15℃，在树脂化工材料的运用上就会有很多困难，而像周边的韩国、日本等纬度较高的制造业大国就不太适合这种玻璃钢游艇的生产，因此，如果台湾地区游艇的量产技术能够建立起来，其在量产游艇的市场供给上将拥有一个不可替代的地位。

第五，产业集群效应。台湾游艇产业集群的发展已成规模，制造企业大都集中在基隆、高雄两个国际商港的周边，分成北台湾和南台湾，两个地区占了台湾外销游艇产值的 85%。例如，以高雄为中心的南台湾产业集聚区汇集了像嘉信游艇、嘉鸿游艇、联华游艇等一批领导型厂商。集群效应一方面使得许多设备设施可以共享共用；另一方面，也是更为重要的，产业集群的发展带动了一大批游艇相关产业的发展，如五金加工、化工原料、木工装潢、电器设备等，构成了一条完整的产业链，同时，在产业区内，相关的技术劳工也比较容易招集。

2. 未来游艇供给市场的增长极之二：韩国

船舶业带动韩国游艇业的大发展。韩国是个典型的海洋国家，与海洋相关的造船业是韩国的支柱性产业，其能力与造船大国日本不相伯仲，居世界领先地位，特别是金融危机之后，韩国造船业发展迅速，其订单量几乎占了全球造船项目的 35%，在韩国产业资源部颁布的《2010 年产业规划——迈入世界产业四强》中，把造船业和半导体产业共同列入韩国“确保世界第一”的两大支柱产业，韩国经济界甚至称其为“孝子产业”。其中现代重工业株式会社、大宇造船海洋株式会社、三星重工业株式会社三家造船公司几乎垄断了韩国的整个造船业，三家公司无论在船舶的制造技术、设计技术还是信息技术上都有着很强的国际竞争力，特别是这几年，随着中国造船业的快速发展和强力竞争，韩国造船业越来越重视技术的革新和质量的要求，生产附加值更高的特种船，而目前韩国也正是世界上唯一一个可以根据用户需要和订单要求生产特种船只的国家。

正是在韩国强大的船舶制造业的支持下，韩国的游艇制造业也有着巨大的发展空间。在综合全世界游艇业的竞争格局和韩国船舶工业的自身特点后，韩国游艇业这几年的主要目标是制造附加值更高的豪华游艇，同时，韩国政府也计划向韩国造船公司提供全面支持，为后者进军游船制造领域展开研究。虽然韩国在游艇制造的很多领域具有优势，但是在游艇零部件和造船材料的供给上还显得不足，也在一定程度上制约了韩国游艇制造业的发展。但总的来说，韩国在未来世界游艇市场的供给结构中将占有非常重要的地位。

5.3.3　游艇多功能化的投资趋势

随着消费者对游艇功能要求的提高，“一艇多能”将成为未来游艇制造的一个趋势。仅仅满足于使用功能的设计已不再适应时代的要求，新技术、新的设计理念的应用，在创造了游艇完美外部造型的同时，扩大了游艇室内空间，游艇逐渐演变成水上别墅、迷你型酒店。

大型游艇不仅要求艇的体量和艇内外装潢高档豪华，更加要求其是一个多功能的融现代办公与家庭休闲为一体的海上流动公寓，更注重在通信、会议和办公设备上的配套，在功能上能够满足现代企业办公或举办一些小型会议的需要。而运动型游艇一般配备有大功率的发动机，里面的设施相对要简单一些，更加追求一种速度和惊险的体验。休闲型游艇则会更加注重家庭情趣，配置有厨房、客房、卡拉 OK 设备、加长的钓鱼船尾等以满足休闲时的家庭氛围的需要。

5.3.4　对游艇下游产业链的投资趋势

世界游艇业投资除了关注传统的游艇设计、制造研发等上游产业外，越来越重视下游产业的投资力度。一方面，因为上游产业需要大量的资金投入，这让许多投资者望而却步；另一方面，原材料成本和人工成本的上升，游艇制造企业竞争的加剧，使得游艇上游产业链的利润大幅缩水，越来越多的企业开始把利润点转向供应链的下游产业，如游艇俱乐部、游艇驾驶、水上运动培训、游艇代管、保养维护、游艇租赁、游艇器材、码头租赁等，见表 5-5 常见的易于投资的游艇下游产业。

表 5-5 常见的易于投资的游艇下游产业

产业	内容
基础服务产业	游艇码头、仓储保管、游艇转运、安全服务、报关检验服务、资产评估、特种保险、航道服务、信息服务、水域资源、文化传播(赛事、论坛、会展)、产业政策
辅助产业	水上运动装备、体育用品器材、钓饵钓具供应、商务会议、旅游业、婚庆等

5.3.5 新能源游艇投资的趋势

随着人们环保意识的提高以及能源价格的快速上涨，新能源动力艇越来越受到消费者的青睐，游艇产业也将掀起一场能源大变革。绿色造船将成为游艇产业的发展方向，用洁净能源代替燃油、燃煤来作为游艇的主动力是业内人士共同关注的焦点。绿色游艇产业的发展亦将促进游艇环保节能技术的进步，如游艇太阳能和游艇风能设备制造、游艇污水厨余垃圾的生物降解技术、游艇的蓄电池技术、游艇的机油净化技术。

环保游艇的发展离不开西方国家的环保政策和立法的支持。美国就十分重视可再生能源和节能技术的研发，费用每年达 30 亿美元。按照可再生能源和节能技术成熟程度，对技术研发项目给予持续的资金补助，以降低私人企业投资的风险，提高其增加技术研发的积极性。在项目最初的可行性研究阶段，美国政府一般给予 100%的资金补助。欧盟也对游艇的排放用严格的立法进行控制。

2011 年第 50 届巴黎国际船舶展上以风力、电力、太阳能为动力的新能源游艇成为人们关注的焦点。瑞士楚格 River Holding 公司的 Planet Solar Project 太阳能计划的主旨是要坚定地服务人类和环境，发展和推广可再生能源的应用，取代传统的石化能源。同时，一系列命名为 Planet Solar Village 的太阳能和可持续发展的展览与推广活动会召开，该计划还设计了全球最大的太阳能游艇，该革新性游艇长 30 米，船上覆盖 470 平方米的太阳能光电板作为自航动力，计划以平均船速 10 里进行环球之旅。中国海事大学最近研制成功的游艇“天翔 1 号”，提出了“燃料电池电力推进”的新思路，并设计了燃料电池发动机，这是一种将氢和氧的化学反应直接转换成电能的装置。这种装置的最大特点是由于反应过程中不涉及燃烧，因此，能量转换率高达 60%～80%，而且还具有排气干净、无噪声、可靠性极好等特点。设计显示出了它无污染、无噪声和采用氢能为动力等特性，并成为 2010 年上海世界博览会运河中的一个“流动景观”。

上述几款游艇都是新能源应用于游艇产业的成功案例，可见世界在关注新能源在各个游艇产业投资领域的发展。同时，也可以看到，游艇产业的新能源选择方向是由混合动力到多种洁净能源提供动力，再到太阳能提供动力，一步一步迈向新能源替代燃油等污染能源成为游艇产业的主要动力来源这个目标。

5.3.6　世界游艇产业展望

未来相当长一段时间世界造船工业可望面临稳定的发展态势。由于世界经济增长、供求格局的调整和大量旧船需要更新，总体上新船的需求将保持在较高的水平上。从游艇行业来看，游艇市场方兴未艾，目前全球整个游艇工业市场容量已超过 400 亿美元，形成了以美国、欧洲和日本为三大中心的市场格局；从产品结构来看，价格昂贵的艇内装机艇、较大尺度的帆艇、大马力发动机、大载重能力游艇拖车等市场需求正日渐旺盛。美国仍将保持其游艇生产和消费大国的地位；日本、中国大陆和中国台湾以及马来西亚等国家或地区将成为亚洲游艇制造业的中心；西欧则在豪华、高档游艇生产上仍具有优势。由于游艇生产上的高工艺性和消费上的奢侈性，豪华和超豪华游艇的生产和消费仍将集中在欧美等发达国家，而中低档游艇的生产和消费将在发展中国家展开，且消费量也将逐年增加。

本章小结

欧美发达国家发展游艇产业已有一定的历史，其游艇产业已相当成熟。作为世界游艇市场的一部分，中国游艇产业的发展离不开世界游艇市场的发展。因而有必要对世界游艇产业的供需情况进行分析，从而为中国游艇产业的发展提供借鉴，帮助中国认清目前游艇产业的发展形势，抓住发展机会，规避潜在风险，使中国的游艇产业走上健康发展的道路。

本章主要从地区和游艇规格两个角度出发分析了世界游艇的供需状况。首先，供给方面介绍了主要地区的游艇供给数量、销售额，并对不同类型的游艇供给进行了分析；其次，介绍了当今世界游艇需求的总规模及地区状况；最后，在现状分析的基础上回顾了世界游艇发展的历程，并对未来游艇投资发展趋势做出了预测。

从世界游艇的供需现状可看出，首先，地区方面，美国无论在游艇制造还是游艇消费方面都独占鳌头，游艇的生产和消费仍主要集中在欧美等发达国家，形成了以美国、欧洲和日本为三大中心的市场格局，但伴随着世界游艇制造逐渐向发展中国家转移，中国大陆、中国台湾以及马来西亚等国家或地区的游艇业逐渐兴起；其次，产品规格方面，世界游艇仍以中小游艇为主，超级游艇不断向大型化升级，主要游艇消费国美国偏爱中小游艇而欧美国家则偏爱豪华游艇；最后，世界游艇出现新的发展趋势，多功能化艇和新能源艇迎来较快较好的发展，游艇投资重点关注高档次、豪华、大型化游艇领域及游艇下游产业链。

案例

美国游艇供需市场分析

美国能成为世界第一的游艇生产和销售大国，与其自然环境和经济环境有着必然联系。美国是全球游艇第一生产和销售大国，除了得益于其适合游艇产业发展的区位优势和气候优势之外，更重要的是依赖于其发达的经济基础。美国具有高度发达的现代市场经济，其劳动生产率、GDP和对外贸易额均居世界首位。当然，美国经久不衰的游艇消费文化为其奠定了游艇销售大国的文化基础，美国人能从游艇上获得各种乐趣。从各方面的条件看来，美国非常适合发展游艇业。

1. 美国游艇供给状况

(1)美国游艇零售市场。休闲游艇业仍旧是美国经济的一个非常重要的组成部分，2010年销售和服务产值达304亿美元，相比2009年减少1百分点。2010年新艇(不包括皮划艇)和二手艇总共销售118万艘，相比2009年下降4%，其中二手艇销售近93万艘，相比2009年下降2.4%。2010年销售的所有游艇中83.35%是二手艇，16.65%是新艇，这更像是持续压抑的需求在二手艇中寻找价格低点，见表5-6所示的2006～2010年美国游艇零售市场统计表。

表5-6　2006～2010年美国游艇零售市场统计表

游艇类型	项目	2007年	2008年	2009年	2010年	2010年相对2009年百分比/%
舷外机艇	总销售量/艘	188 700	151 400	117 500	112 800	−4.0
	总零售额/十亿美元	3.358	2.803	2.157	1.863	−13.6
	平均售价/美元	17 798	18 513	18 356	16 517	−10.0
舷外机	总销售量/台	275 500	227 000	180 700	178 900	−1.0
	总零售额/十亿美元	2.689	2.071	1.659	1.722	3.8
	平均售价/美元	9 761	9 125	9 178	9 624	4.8
游艇拖车	总销售量/美元	126 200	92 400	56 900	65 100	14.4
	总零售额/十亿美元	0.232	0.162	0.088	0.102	15.5
	平均售价/美元	1 839	1 750	1 555	1 569	0.9
舷内机划水艇	总销售量/艘	12 000	8 900	6 500	5 000	−23.1
	总零售额/十亿美元	0.566	0.449	0.348	0.287	−17.5
	平均售价/美元	47 234	50 400	53 516	57 422	7.3

续表

游艇类型	项目	2007 年	2008 年	2009 年	2010 年	2010 年相对 2009 年百分比/%
舷内机艇	总销售量/艘	6 200	4 200	3 000	2 330	−22.3
	总零售额/十亿美元	2.888	2.548	1.921	1.750	−8.9
	平均售价/美元	465 826	606 621	640 418	750 917	17.3
舷内外机艇	总销售量/艘	60 400	38 500	26 550	18 700	−29.6
	总零售额/十亿美元	2.671	1.789	1.244	0.914	−26.5
	平均售价/美元	44 237	46 459	46 858	48 882	4.3
皮艇	总销售量/艘	99 600	73 700	89 600	77 100	−14.0
	总零售额/十亿美元	0.055	0.040	0.043	0.037	−14.0
	平均售价/美元	553	547	482	482	0.0
划艇	总销售量/艘	346 600	322 700	254 000	228 000	−10.2
	总零售额/十亿美元	0.184	0.171	0.147	0.132	−10.2
	平均售价/美元	531	531	578	578	0.0
充气艇	总销售量/艘	29 400	28 300	21 700	24 300	12.0
	总零售额/十亿美元	0.011 7	0.084	0.084	0.067	−20.7
	平均售价/美元	4 012	2 952	3 868	2 740	−29.2
水上摩托	总销售量/艘	79 900	62 600	44 500	41 600	−6.5
	总零售额/十亿美元	0.793	0.670	0.500	0.463	−7.5
	平均售价/美元	9 931	10 703	11 242	11 123	−1.1
喷射艇	总销售量/艘	6 800	4 900	3 550	3 500	−1.4
	总零售额/十亿美元	0.188	0.138	0.160	0.115	8.5
	平均售价/美元	27 784	28 088	29 774	32 752	10.0
房船	总销售量/艘	420	320	220	115	−47.7
	总零售额/十亿美元	0.197	0.150	0.099	0.051	−48.9
	平均售价/美元	470 093	470 093	452 264	441 954	−2.3
帆船	总销售量/艘	11 800	9 300	5 400	4 300	−20.4
	总零售额/十亿美元	0.716	0.448	0.197	0.179	−9.0
	平均售价/美元	60 708	48 157	36 503	41 717	14.3
新艇总销量	总销售量/艘	841 820	704 820	572 520	517 754	−9.6
	总零售额/十亿美元	11.738	9.289	6.847	5.857	−14.5
	销售量变动/%	−7.7	−16.3	−18.9	−9.6	
	销售额变动/%	−1.3	−20.9	−26.3	−14.5	

资料来源：2010—2011 中国游艇产业报告

2010 年新艇销售量(包括皮划艇)517 745 艘，比 2009 年下降约 10 百分点，总销售额 59 亿美元，比 2009 年下降 14.5%。二手艇总销量 929 900 艘，比 2009

年下降2.4%，总销售额99亿美元，增长0.8%。数据表明，游艇季节性非常强，59%的新艇都是在2010年4～7月注册的。

(2)传统动力艇市场。2010年的动力艇(包括新艇和二手艇)销售额137亿美元，相比2009年下降3百分点。其中新艇销售142 330艘，占整个动力艇销售量的16%，相比2009年下降9百分点。二手艇销量767 900艘，相比2009年下降3百分点。2010年平均每艘新的动力艇价格为34 675美元，比2009年下降5.8%，二手艇平均每艘价格14 039美元，比2009年增长4%。二手动力艇占整个动力艇市场83%的份额。

(3)美国游艇主要销售地区。佛罗里达州继续保持美国游艇销售额第一的位置，所有的新艇、发动机、拖车、配套设备销售额达10.9亿美元，比2009年下降8.1%。德克萨斯州、纽约州、北卡罗来纳州和路易斯安那州分列第二至第五位。

2. 美国游艇需求状况

(1)美国游艇拥有量。2010年美国游艇保有量1 667万艘，大约下降1百分点，少了150 000艘游艇，见表5-7所示的2000～2010年美国游艇拥有量。北美五大湖区玩游艇的人数最多，大约占全美的20%，达1 700万人。舷外机艇仍旧是美国最受欢迎的游艇，大约有49%的游艇都是舷外机艇。

表5-7 2000～2010年美国游艇拥有量(单位：百万艘)

年份	舷外机艇	舷内机艇	舷内外机艇	摩托艇	帆船	其他
2000	8.29	1.66	1.71	1.24	1.64	2.28
2001	8.34	1.69	1.74	1.29	1.63	2.35
2002	8.38	1.71	1.77	1.35	1.61	2.51
2003	8.42	1.73	1.79	1.42	1.58	2.46
2004	8.48	1.75	1.82	1.48	1.58	2.50
2005	8.55	1.76	1.86	1.55	1.57	2.65
2006	8.27	1.09	1.64	1.19	1.56	3.13
2007	8.28	1.10	1.71	1.19	1.55	3.11
2008	8.29	1.09	1.57	1.24	1.54	3.07
2009	8.29	1.08	1.56	1.33	1.54	3.03
2010	8.24	1.08	1.52	1.30	1.53	2.99

资料来源：2010—2011中国游艇产业报告

(2)美国游艇娱乐参与人数。2010年美国游艇参与人数总共有7 500万人，大约占美国32.4%的成年人参加了休闲游艇运动。这是自1999年33.4%以来最高的比例，相比2009年的6 520万人增长了约11百分点，见表5-8所示的1990～2010年美国成年人参与游艇娱乐人数。游艇仍旧是中产阶级的娱乐活动，

83%的游艇活动参与者家庭年收入低于10万美元。目前参与游艇运动的更多是男性，年龄小于50岁，家庭年收入25 000～75 000美元，大约15%玩游艇的人年龄超过65岁。

表5-8 1990～2010年美国成年人参与游艇娱乐人数

年份	成年人参与游艇人数/百万人	成年人参与游艇人数占成年人数比例/%
1990	67.4	36.5
1991	67.2	36.3
1992	67.9	36.1
1993	68.7	36.2
1994	69.6	36.2
1995	70.0	35.6
1996	70.7	36.0
1997	71.3	35.8
1998	68.0	33.6
1999	68.2	33.4
2000	67.5	32.3
2001	62.1	29.2
2002	65.5	30.4
2003	63.0	28.9
2004	63.4	28.8
2005	57.9	26.0
2006	60.2	26.6
2007	66.4	29.3
2008	70.1	30.5
2009	65.2	28.3
2010	75.0	32.4

资料来源：2010—2011中国游艇产业报告

3. 美国游艇进出口状况

2010年美国出口大约117 000艘游艇(35 300艘动力艇)，在最近15年来处于第三高位，比2009年增长5%。大约四分之一的游艇和发动机出口加拿大，总额6.02亿美元；其次是西欧，5.14亿美元；出口到拉丁美洲的金额占出口总额的19%，相比2009年增长16%；出口非洲、中东和波斯湾的金额占出口总额的9%，增长16%。2010年美国进口游艇265 000艘，80%是皮划艇，动力艇有11 000艘。进口游艇和发动机增长35%，达16亿美元，其中发动机进口比2009年增长将近一倍。超过一半(8.37亿美元)的进口游艇和发动机来自亚洲，其次是西欧占25%(2.93亿美元)，加拿大占22%(3.44亿美元)。

第6章

中国游艇业重点投资区域

一个地区游艇产业的兴起离不开当地的经济条件和自然条件等因素，目前，我国游艇产业的发展主要集中在珠三角、长三角、环渤海三个地区，这与三个地区的地区特征有着密切关系。现如今三个地区游艇产业的发展现状和前景，想必是投资者最关心的问题。因此，本章将分别介绍三个地区游艇产业现状，分析其产业竞争力和产业发展前景，从而为投资者的投资提供一定的参考借鉴。

6.1 珠三角游艇产业与投资现状

珠三角是我国游艇产业最早兴起的地区，凭借多年的发展经验，如今在我国众多游艇产业发展地区中名列前茅，其中珠海的游艇制造业和海南的游艇旅游业发展尤为突出。本节通过介绍珠三角地区的游艇产业发展现状，分析其游艇产业发展竞争力，在此基础之上对该地区未来发展做出预测。

6.1.1 珠三角游艇产业现状

本小节主要从两个视角对珠三角游艇产业的发展现状进行介绍，一方面，按游艇产业链的不同环节分析珠三角整个地区的游艇产业现状；另一方面，从珠三角地区的主要城市出发，分析各自的发展现状和优势。

1. 珠三角游艇产业链的各环节发展现状

1)游艇设计和研究

目前国内尚无专门培养游艇设计和制造人才的学校，从学科门类划分，游艇的设计和制造属于船舶工程专业。由于经济发展的限制，国内非营业性游艇的需求尚未形成，有关教学和科研涉及较少，珠三角地区船舶设计和研究的单位主要分布于广州，而教学和科研相结合的高等学校只有华南理工大学船舶与海洋工程系。事实上，在珠三角地区许多外商投资的游艇公司，其设计图纸基本上由外商直接从海外引入，如珠海平沙台资铎洋游艇(珠海）有限公司，设计技术主要来自中国台湾；珠海市斗门区美资企业海之马游艇制造厂，设计图纸来自美国；珠三角的其他一些游艇企业也存在如此情况。但随着游艇制造业的进一步兴起，游艇设计和研发的本地化趋势将不可避免，这也是中国游艇技术走向国际化必须迈出的第一步。

2)游艇制造业

目前珠三角地区从事游艇制造的企业有数十家，但真正从事豪华游艇(消费型)制造的却屈指可数，有一定规模的企业如珠海斗门的香港独资企业显利(珠海)造船有限公司，主要生产船长 65 米以内的高级豪华游艇，有近 1 000 平方米的船体加工空调车间和 1 600 平方米的全封闭式空气过滤除尘涂装车间。

游艇制造业的上游产业主要是与游艇有关的基本材料工业，如玻璃纤维、树脂、涂料等制造业。这部分产业在珠三角地区已得到蓬勃的发展，特别是随着珠海玻纤二期工程的投产，以及珠海台资长兴树脂厂的投产，再加上珠三角地区多家外资船舶油漆公司的参与，使珠三角游艇制造基础材料工业有了一个比较成熟的市场环境。在玻璃钢游艇的建造过程中，艇体模具的制造非常重要，模具质量的好坏直接影响到游艇质量，此环节技术与世界先进水平相比尚有相当大的差距，特别是豪华游艇用模具。

3)游艇配套行业

游艇的配套工业即游艇零部件制造业和艇内装饰业，涉及面很广，涉及的工业门类超过 50 个。游艇的专用发动机、发电机、专业的仪器仪表、导航设备和螺旋桨等可认为是游艇配套工业的第一级，这部分部件在很大程度上决定了游艇的使用性能。由于这部分产业技术密集、质量要求高、利润空间大，国际市场上争夺非常激烈，目前这部分设备大部分市场份额主要分布在欧、美、日等跨国公司手中，如著名的游艇发动机生产商康明斯、雅马哈、美国水星等。其他诸如雷达、电话通信设备、冷气设备、家用电器、船用空调、各种信号类等船用电气设备以及类别众多的室内装饰件等，划入游艇配套产业的第二级，其也是目前国内游艇配件制造商或供应商将主要参与竞争的市场所在，这部分配件产业在珠三角地区有比较雄厚的工业基础，也有众多初级配件产品供货商提供服务。

2. 珠三角游艇主要城市发展现状

1)珠海

珠海市是中国著名的花园式海滨城市，位于广东省珠江口的西南部，是中国最早设立的经济特区之一，下辖香洲、斗门、金湾三个行政区和珠海国家高新技术产业开发区、珠海保税区、万山海洋开发试验区、横琴经济技术开发区、临港工业区等经济功能区。

第一，游艇制造业。珠海近几年游艇工业发展迅速，特别是珠海大道鸡啼门大桥两侧平沙游艇工业基地现已形成一定规模，2005 年在该区域落户的游艇专业生产企业已有 10 余家，投资额约 1.9 亿美元①。截至 2011 年 11 月，珠海已有游艇制造企业 25 家，配套制造企业 10 余家、商贸配套企业 60 余家。2010 年珠海游艇制造实现产值 11 亿元，2011 年突破 15 亿元，预计到 2015 年将达 40 亿～50 亿元，是国内设立最早、规模最大、聚集度最高的游艇制造基地②。珠海主要的游艇厂商有香港显利(珠海)造船有限公司、台湾铎洋游艇(珠海)有限公司、中美合资的雄达游艇制造公司、珠海恒力游艇制造有限公司、珠海杰腾造船有限公司、澳资的澳新护舷气囊有限公司、金沃游艇(珠海)有限公司、珠海博胜游艇配件有限公司、珠海太阳鸟游艇股份有限公司、珠海江龙船舶制造有限公司及东荣金属制品有限公司等。其投资额、主要产品如表 6-1 所示的珠海游艇制造业简况。

表 6-1 珠海游艇制造业简况(单位：万元)

企业名称	首期投资	投资总额	主要产品
香港显利(珠海)造船有限公司(港资)		11 500(万港币)	豪华游艇、拖轮、船舶配套产品、船用家具
珠海市海之马游艇制造厂		400	钢制、玻璃钢游艇
珠海杰腾造船有限公司	3 000	10 000	高档豪华游艇
雄达游艇制造公司(中美合资)	3 000	10 000	豪华游艇及冲锋艇
珠海恒力游艇制造有限公司	3 000	9 000	小型高档游艇
台湾铎洋游艇(珠海)有限公司(台资)	2 500	7 000	高档游艇
珠海太阳鸟游艇股份有限公司	2 500	6 000	各种功能艇、游艇
珠海江龙船舶制造有限公司	3 000	8 000	各种功能艇、游艇
永呈水上运动器材有限公司(港资)	6 500	10 000	潜水器材、帆船
宏昌船舶推动系统有限公司(德台合资)	2 500	2 500	螺旋桨等
珠海博胜游艇配件有限公司	6 000	8 000	游艇配件
东荣金属制品有限公司	8 000	8 000	游艇配件
澳新护舷气囊有限公司(澳资)	800	2 000	各种护舷气囊
珠海黄金岛游艇制造有限公司	20 000	20 000	高档豪华游艇
珠海市红门机电设备有限公司	8 000	13 000	游艇配件
珠海宝丽船舶工程有限公司	16 500	25 000	豪华游艇
珠海佳粤造船有限公司		1 000(万美元)	各种功能艇、游艇
宾士域游艇制造(珠海)有限公司	1 250(万美元)		豪华游艇
珠海三洋造船有限公司	约 2 000(万美元)		豪华游艇

资料来源：叶家玮．珠海游艇产业规划报告．华南理工大学，2007：43

珠海游艇制造业走在全国前列，并正在高速发展。自 2002 年第一家游艇企

① 叶家玮．珠海游艇产业规划报告．华南理工大学，2007：42.

② 中国交通运输协会邮轮游艇分会，《游艇业》杂志编辑部．2010—2011 中国游艇产业报告，2011.

业正式落户金湾区平沙之后，平沙游艇产业发展迅速。2008年，平沙被广东省评为“广东省(游艇)技术创新专业镇”。2012年，平沙镇游艇产业工业总产值达13.85亿元，同比增长19%；游艇进出口总额为7 450万美元，同比增长16%，其中出口4 510万元，同比增长149%；平沙镇从事游艇产业的人员达3 000多人次①。平沙游艇与休闲旅游区共有来自美国、澳大利亚、德国、意大利、加拿大、中国台湾、中国香港和中国内地游艇制造及配套企业25家。年产各类游艇200多艘，产品覆盖17～300英尺的各类游艇、帆船。平沙已成为中国规模最大、档次最高、聚集度最高的游艇产业基地。

第二，游艇设计。珠海平沙游艇工业区发展定位：以制造和销售大中小型豪华游艇为主、各种高性能功能船艇为辅，及相关配套产业汇集的生产基地和销售中心。近年来，随着形势的发展和企业的壮大，平沙游艇企业从刚开始时只接国外的设计订单，到成立自己的设计室，组建自己的设计团队，重视产品研发和技术创新，很多企业生产的游艇拥有自己的知识产权，发明专利、实用新型专利和外观设计专利层出不穷，如珠海太阳鸟游艇股份有限公司还被广东省科技厅授予“高新技术企业”。

平沙游艇企业制造的游艇产品因设计新颖、技术含量高、性能优越而广受世界各地客户的青睐。珠海杰腾造船有限公司还为美国微软公司四位副总裁分别制造了一艘上百万美元的豪华游艇；珠海佳航游艇有限公司为国外客户制造了一艘参加“世界杯环球帆船大赛”的帆船；世界上第一艘太阳能双体游艇也在平沙的铎泽游艇公司制造；2010年上海世界博览会订购的三艘“300客位钢-玻璃钢复合性船型”新概念游船由珠海江龙船舶制造有限公司中标承建。可见珠海的游艇设计能力在逐渐加强，并逐步与国际接轨。

第三，游艇出口。通过游艇出口可以看出一个国家和地区的生产能力，其可反映一个地区游艇产业发展水平，是产业发展的一个重要衡量指标。据海关统计数据，2007年广东省出口前6名的游艇企业，珠海占4个，即显利(珠海)造船有限公司、珠海杰腾造船有限公司、宾士域游艇制造(珠海)有限公司和珠海市琛龙船厂有限公司，其游艇年出口额均在100万美元以上②。

第四，招商引资情况。凭借优良的自然条件，毗邻港澳的市场优势，以及日益完善的产业基础，平沙成为国内外游艇企业投资的首选之地。2008年12月18～19日，珠海市经济贸易局和金湾区人民政府共同主办的珠海市游艇产业配

① 中国交通运输协会邮轮游艇分会，全国游艇发展专家指导委员会.2011—2012中国游艇产业报告，2010.

② 杨久炎，刘健英.珠海崛起中国最大游艇基地——珠海平沙游艇工业园发展经验及其启示.广东造船，2009，28(6)：65～67.

套项目专题招商会在平沙隆重召开，招商会签约项目汇总表见表 6-2。

表 6-2　珠海市游艇产业配套项目专题招商会签约项目汇总表

序号	项目名称	项目类型	项目内容	投资额/万美元	备注
1	珠海云辉游艇有限公司项目	增资扩产	扩建生产场地	5 000	购地
2	珠海佳航游艇有限公司项目	增资扩产	扩建生产场地	2 000	购地
3	深圳市海斯比船艇科技发展有限公司项目	增资扩产	生产制造游艇	2 000	购地
4	瑞斯投资(深圳)有限公司项目	增资扩产	生产制造游艇	2 000	产业配套
5	伟腾船用五金项目	增资扩产	生产加工船用舾装件，经营有色金属铸件	100	产业配套
6	泰珀迩国际贸易(上海)有限公司项目	商贸	配套服务		产业配套
7	广州新京穗船用发动机有限公司项目	商贸	国内雅马哈船外机主要代理商		产业配套
8	上海欧星机电设备有限公司项目	商贸	代理经营德国 MAN 船用发动机、美国科勒船用发动机组以及各类船艇设备等		产业配套
9	深圳市岩名商贸有限公司项目	商贸	业泵系列产品、希腊公司的航海产品、美国公司的舵盘操控系统等产品		产业配套
10	宁波捷特贸易有限公司项目	商贸	供应和销售船舶装修材料		产业配套
11	芬兰诺鼎经贸技术合作中心项目	采购中心	代表芬兰西海岸地区的游艇制造集群，通过珠海采购基地进入中国		产业配套
12	珠海游艇产业技能型人才培养基地项目	人才培训	利用珠海市城市职业技术学院资源，合作打造游艇产业技能型人才培训基地		合作办学
13	珠海南国游艇俱乐部酒店项目	酒店	兴建五星级酒店，为南国游艇俱乐部配套服务	1 500	配套服务
14	广东南国游艇与零配件交易中心项目	专业市场	游艇配件专业市场	3 000	产业配套

资料来源：杨久炎，刘健英．珠海崛起中国最大游艇基地——珠海平沙游艇工业园发展经验及其启示．广东造船，2009，28(7)：65～67

招商会上共有签约项目 14 个，签约总金额约 10 亿元，其中游艇制造项目 4 个，投资金额约 7 亿元；产业配套项目 8 个，投资金额约 2 亿元；服务配套项目 2 个，投资金额约 1 亿元。从招商的情况来看，广大投资商对珠海游艇产业持乐观态度，对前景较为看好，珠海游艇产业发展后劲足。

2)海南

2009 年年底国务院《关于推进海南国际旅游岛建设发展的若干意见》要求“研

究完善游艇管理办法，创造条件适当扩大开放水域，做好经批准的境外游艇停泊海南的服务工作”，为海南游艇产业快速发展提供了空前的机遇。发展游艇产业是推进海南国际旅游岛建设的重要内容。自国务院《关于推进海南国际旅游岛建设发展的若干意见》颁布实施后，政策效应巨大，海南游艇产业发展势头迅猛。海南发展游艇产业有其特有的优势，见表 6-3 所示的海南省发展游艇业的优劣势。

表 6-3　海南省发展游艇业的优劣势

优势	劣势
1. 区位优势，有亲海氛围 2. 气候宜人，属热带、亚热带气候 3. 有消费场所 4. 国家层面政策支持，先行先试示范区 5. 国际化开放程度高，辐射东南沿海及港澳、新加坡等地消费，交通运输在时间成本上具有优势	1. 我国没有专门的部门负责游艇活动和游艇业管理，海南目前也没有专门的行政主管部门统筹管理 2. 在造船上，我国已占领 5%的国际市场，但游艇业却几乎是一片空白，每年游艇出口仅有 2 200 多万美元。我国游艇自主研发能力低，在游艇及装备制造、电子信息制造能力方面尚显薄弱 3. 海南整体上仍属欠发达地区，经济实力不强，城镇化发展不足，旅游产业结构层次偏低，游艇旅游起点较低 4. 海南省居民游艇消费能力低，过境游客居多，论坛、峰会的会议等聚集的高端商务人士来岛时间短暂 5. 除海口、三亚、琼海等几个主要城市之外，其余县市规划建设游艇码头，但城市、交通、补给等配套设施设备不健全，条件不成熟，亟须政策落实到细节之处 6. 人文环境、文化内涵尚没有形成显著特征，城市商贸、交通管理水平不能与国际一流旅游岛相当

目前海南已建成三亚鸿洲、海口美源、海口港 3 个游艇码头，共有 212 个泊位；正在建设和规划建设的游艇码头有 13 个。据统计，已经有 260 多家与游艇产业相关的企业在海南登记注册，登记注册的游艇俱乐部有 34 家①，为海南游艇产业的发展打下了坚实的基础。从表 6-3 可以看出，海南游艇产业的发展优势主要有区位优势、气候宜人、有消费场所、政策支持、国际化开放程度高等。

第一，区位优势。从自然地理位置上讲，海南地处我国华南地区，拥有丰富的海岸线资源。从经济区位上讲，海南处于泛珠三角经济圈和中国-东盟自由贸易区(China-ASEAN Free Trade Area，CAFTA)两大具有活力的经济区域之间，是泛北部湾地区的重要组成，位于太平洋与印度洋主航道的中心线上，毗邻港澳台，是连接中国内地和东南亚的枢纽；同时依托南海诸岛及海南岛，旅游资源丰富，海岸类型多种多样，这些为海南省游艇业的发展提供了有利的自然地理条件和优越的区位优势。

第二，气候优势。海南属热带、亚热带气候。海南省是我国少有的热带省份，与东南沿海其他城市相比，四季水温适宜，是游艇运动的最佳地区。海南北部近海海水表层年平均水温为 25.2℃，月平均最低水温为 18.8℃；南部近岸海

① 张志明．海南省游艇码头总体规划．北京：中交水运规划设计院有限公司，2010.

水表层年平均水温为27.2℃，月平均最低水温为22.7℃。

第三，市场成熟，消费场所多。海南海岸线长1 618千米，占全国的8.8%，海域面积200多平方千米，占全国的1/3，海南岛沿岸有84个港湾，四周多为优质沙滩。海南吸纳有两家国际游艇会，拥有182个泊位；另外，在建游艇码头项目有亚龙湾瑞吉酒店游艇码头和新埠岛游艇码头。海南拥有星级酒店239个，其中五星级酒店20个[①]。根据《海南省土地利用总规划(2006—2020)》，各县市旅游区将达45个，与游艇的旅游发展相辅相成，为游艇旅游提供了广阔的空间。

第四，政策优势，先行先试示范区。国家层面，2009年12月1日国务院发布《关于加快发展游艇业的意见》，2009年12月31日，国务院办公厅发布了《关于推进海南国际旅游岛建设发展的若干意见》，两项政策的出台，为海南未来游艇业的发展保驾护航。海南省出台的《海南国际旅游岛建设发展规划纲要(2010—2020)》中，确定了2015年显著提升旅游管理、营销、服务和产品开发的市场化、国家化水平，基本完成旅游要素国家化改造的主要任务，2020年基本完成国际旅游岛建设，旅游服务设施、经营管理和服务水平与国际通行的旅游服务标准全面接轨。

第五，国际化开放程度高。海南国际旅游岛建设上升为国家战略，其国家化路线已逐渐清晰，拥有与阿迈密、夏威夷、塞班岛等世界著名海岛相近纬度的海南岛，将借鉴国际上岛屿型经济的成功经验，建设世界一流的休闲度假型岛屿。海南近邻我国东南沿海珠三角、港澳台以及东南亚国家，拥有对外开放、汲取先进经验最便捷的途径。

3）广州

2011年广州人均GDP为1.3万美元，达到中等发达国家水平。据《2012胡润财富报告》，我国千万富豪人数已达102万人，其中包括6.35万个亿万富豪，广东省千万富豪16.7万人，亿万富豪9 500人，而广州有5.5万名千万富豪和4 100名亿万富豪[②]，相当一部分富豪年龄集中在30～45岁。这充分表明广州已完全具备发展游艇业的消费市场基础。除此之外，广州的自然条件和政策条件都利于广州游艇的发展。

根据广东海事局和广州的游艇驾驶培训机构提供的数据，自1996年广州出现第一艘私人游艇以来，目前广州已超过100人持有游艇驾驶执照，其中30多人已拥有私人游艇。广州大部分的私人游艇主都是资产丰厚的业界精英，来自于房地产、金融证券、制造业、专业建造设计等行业的社会名流居多，是典型的现代隐形富豪。对于私人游艇主来说，游艇已不仅仅是一件奢侈品，更代表了一种

① 张志明．海南省游艇码头总体规划．北京：中交水运规划设计院有限公司，2010.

② 胡润研究院，群邑智库．2012胡润财富报告，2012.

全新的生活理念与消费方式。

目前，广州以发展游艇消费、游艇旅游休闲为重点方向，码头设施以及俱乐部建设正在如火如荼地进行。广州番禺莱茵游艇会泊位扩建到四五十个；广州南沙游艇会已经有 365 个泊位；太古仓已投入运营的首期游艇码头泊位共三十多个，最大的泊位可以停靠 250 尺的超大型游艇。位于广州黄埔的游艇公共服务基地于 2013 年已经开工建设。

现阶段，广州要发展具有地方特色的游艇产业，在香港、深圳、上海、厦门等有着优良海岸线的港口城市中脱颖而出，主要需做到以下两点。首先，要充分利用流经市内的六江一河即 213 条河涌，主打河涌旅游牌，以游艇会为主导，结合"珠江"深度游等旅游项目，推广游艇生态旅游文化，通过与珠江游、历史文化名城、餐饮服务即休闲购物等配套服务业的结合，打造有广州特色的游艇旅游；其次，积极推进粤港游艇自由行，由粤港共同争取游艇会口岸开放、游艇两地牌、粤港澳游艇驾驶员证书互认、扩大游艇航行水域等相关政策突破，切实简化通关程序，缩短旅客和游艇相关通关时间等。

4)深圳

深圳位于南海之滨，是中国最早发展游艇业的城市之一，具备发展游艇业的重大地缘优势。首先，经济基础好，2012 年人均 GDP 将近 2 万美元；其次，区位优势明显，毗邻香港这个发达的游艇天堂，同时背靠珠三角经济腹地。目前，香港注册游艇数量超过 2 万艘，但全港游艇会的泊位已几近耗尽，深圳建成的游艇码头将大量承接香港乃至珠三角游艇船东的停泊需求。另外，深圳还拥有较为成熟的金融体系，旅游业发达，能为游艇业提供市场土壤。

深圳市在游艇产业链的下游表现出色，企业主要集中在游艇销售代理以及游艇俱乐部方面。全市共拥有辛普森、圣斯克、飞驰、卓越、嘉汇等将近 10 家游艇销售和维修服务公司，大多跨深港两地经营，代理销售欧美及澳大利亚的著名豪华游艇。从全国来看，深圳的游艇俱乐部发展较早，数量和服务水平均走在前列，如 1998 年成立的万科浪骑游艇会是国内最早、会员最多的会员制海上游艇俱乐部，大梅沙湾游艇会曾被圣斯克游艇亚洲区总裁盛赞"集香港 10 大游艇会优势于一身"。据统计，深圳已注册 7 家游艇俱乐部，其中正式运营的 3 家，已投入使用的游艇泊位 300 个，在建和计划建设的游艇泊位约 2 500 个[①]。

随着深港澳三地的经贸交流日益频繁，港澳旅游的"访深旅游"需求日趋迫切，如能分流一部分港澳游客在周末、假日来深从事休闲旅游活动，将有力地拉动内需、促进深圳的游艇产业发展。

---

① 李昌鸿．港泊位饱和　深游艇业具潜力．文汇报，http://paper.wenweipo.com/2012/03/04/FI1203040014.htm，2012-03-04.

6.1.2 珠三角游艇产业的投资前景

通过对珠三角地区游艇发展现状的描述以及发展优劣势的分析，笔者认为珠三角地区走在中国内地游艇产业发展的前列，有着较扎实的游艇产业基础，无论是游艇制造业还是游艇消费服务业，都得到了较充分的发展，有着较为广阔的发展空间，尤其是珠海的游艇制造业和海南的游艇旅游业，是该地区将来游艇发展的中坚力量。

1. 珠海游艇制造业

珠海的游艇制造业发展迅速，众多游艇企业落户平沙工业园区，现今已经具备了一定的基础，而珠海自身拥有的众多优势也将为其游艇制造业的未来发展保驾护航。

1)得天独厚的自然条件

珠海市具有发展游艇产业优良的自然环境，东与深圳、香港隔海相望，南与澳门陆地相连；海域广阔，领海基线内海域面积 6 000 平方千米，海岸线长 731 千米；岛屿众多，大小海岛计 146 个；河流纵横，有大小河流 170 条；有美丽的海湾和宽阔的滩涂，亚热带气候宜人，此类型自然条件无论是发挥在消费型游艇产业还是制造型游艇产业，均具有得天独厚的优势①。

2)政府重点扶持

第一，政府的高效服务。政府相关部门为投资项目涉及的注册登记、规划选址、报批报建等手续提供高效服务。

第二，现行税收优惠政策。按珠海经济特区税收政策征收企业所得税、增值税和消费税。

第三，现行珠海市游艇企业优惠政策。注册资本在 50 万元以上的生产性民营企业，经外贸部批准，享有自营进出口货物经营权；免征管理费、暂住证费、治安费、计划生育管理费、城市增容费、绿化费。

3)较好的产业基础和产业配套

平沙和斗门的游艇企业集聚已初具规模，长兴化工和玻璃纤维公司提供配套游艇艇体的主要原料玻璃钢。另外，平沙附近的联港工业区、珠海石化产业基地和新青、白蕉、三灶等科技工业园，也可以发展成为游艇提供强大产业配套功能的基地。

4)低廉的投资成本

提供“六通一平”完备的工业用地，同时免除用电、用水的增容费，以及企业和员工的管理费、绿化费、计生费等地方性收费。

---

① 叶家玮. 珠海游艇产业规划报告. 华南理工大学，2007：45.

5)快捷的货物进出口

珠海市内多处设有海关和国家二类口岸码头，方便企业办理合同、保关、打单、查验、封关、进口、出口或转关等业务。

从以上分析可以看出，凭借独特的自然条件、优越的地理位置、合理的产业定位、专业高效的政府服务，珠海吸引了许多来自香港、台湾的游艇企业落户，市场前景广阔，非常适合成为区域游艇研发和制造的中心。其中，平沙游艇工业基地有望成为以游艇整艇制造业为主、配套件制造业为辅的生产基地，而其将产生巨大的产业集聚效应，折射平沙周边地区，带动珠海市游艇制造业的快速发展。

在国内激烈的市场竞争格局中，珠海想要实现“国内游艇制造中心”这一目标，需在巩固制造地位、培育消费中心、创建销售中心三方面下足工夫。首先，进一步扩大珠海游艇工业用地规模，鼓励周边地区，特别是毗邻平沙游艇基地的江门台山地区积极发展游艇制造产业，缓解土地紧张局面。其次，在零配件生产条件不成熟的情况下，可先支持有实力、有经验的企业建设游艇零配件销售配送中心，作为游艇零配件常年展示、销售、配送中心，立足珠海并向珠三角乃至国内游艇企业辐射。最后，支持南国游艇俱乐部建设，抢先在珠三角形成一个高档次、专业化的游艇服务和休闲旅游基地。同时，重点扶持建设一批综合性码头、简易码头和停泊区作为突破点，启动游艇消费市场，增添新的城市景观，带动周边土地升值和商业繁荣。

2. 海南游艇旅游业

游艇业在我国是新兴产业，随着海南国家旅游岛建设上升为国家战略，游艇业已成为海南旅游业转型升级、创新发展的一个亮点。

海南省属于岛屿省份，以旅游业为主导的第三产业是海南省的支柱产业。2011 年海南省完成 GDP 2 515.29 亿元，同比增长 12%，其中第三产业增加值 1 141.64亿元，增长 13.3%[①]。

在国际旅游岛建设上升为国家战略层面的基础上，海南旅游业加速发展。2009 年海南省完成旅客吞吐量 2 845.73 万人次，同比增长 12.6%；旅客周转量 401.71 亿人公里，同比增长 22.9%；接待旅客过夜人数 2 250.33 万人次，同比增长 9.2%，其中接待国内旅游者 2 195.18 万人次，增长 11.9%；旅游总收入 211.72 亿元，增长 10.1%，其中国内旅游收入 192.82 亿元，增长 16.9%；年末共有星级宾馆 238 家，其中五星级宾馆 20 家，四星级宾馆 54 家[②]。

随着海南省国际旅游岛建设工作的全面启动，海南旅游的国际吸引力、社会

① 中华人民共和国统计局．2012 年中国统计年鉴．北京：中国统计出版社，2013.

② 张志明．海南省游艇码头总体规划．北京：中交水运规划设计院有限公司，2010.

影响力将进一步增强。2012年海南省接待过夜游客人数3 320.37万人次，同比增长10.6%，接待入境游客人数81.56万人次，同比增长0.1%，实现旅游总收入379.12亿元，同比增长17%[①]。2015年接待国内外游客达到4760万人次，游客总收入540亿元，旅游业增加值占地区生产总值的比重达到9%以上[②]。

从以上分析可以看出，海南省的旅游业现今发展良好，在海南省的经济发展中占据着至关重要的作用，而这正可成为海南省发展消费型游艇产业的切入点，将游艇同旅游相结合，由较强的旅游产业带动游艇发展，不难想象海南省游艇消费业未来发展前景一片看好。

海口作为海南省的省会城市更是海南省未来游艇旅游业发展投资的重中之重。位于太平洋与印度洋主航道中心线上，海口是新加坡、中国香港、中国台湾等亚洲地区游艇爱好者的汇集地和理想交流平台，分析发现其游艇旅游业具有广阔的国内外市场，有望成为中国最具影响力的游艇旅游目的地。

1)海口游艇旅游国内市场

2010年，海口市国内游客为718万人次，同比增长7.28%，见图6-1所示的海口市国内旅游人数。预测到2015年海口市国内游客将达到986万人次，见表6-4所示的未来海口市国内游客量预测。根据《海口市游艇邮轮产业发展规划(2011—2020年)》预测，国内未来参与游艇旅游的游客可达87.36万人次。

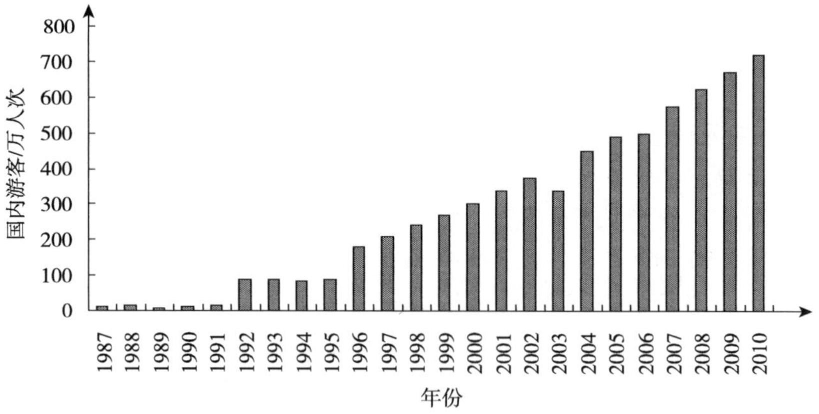

图6-1 海口市国内旅游人数

资料来源：海口市游艇邮轮产业发展规划(2011—2020年)

① 黄丹.2012年海南接待游客3320.37万人次，收入379亿元.南海网，http://www.hinews.cn/news/system/2013/01/17/015363493.shtml，2013-01-17.

② 张志明.海南省游艇码头总体规划.北京：中交水运规划设计院有限公司，2010.

表 6-4　未来海口市国内游客量预测(单位：万人次)

年份	2014	2015	2020
人数	928.96	986	1 293

资料来源：海口市游艇邮轮产业发展规划(2011—2020 年)

2)海口游艇旅游国外市场

2010 年，海口市海外游客为 13.29 万人次，占旅游总人数的 1.81%，见图 6-2 所示的海口市国际旅游人数。预测到 2015 年海口市海外游客将达到 14.5 万人次，见表 6-5 所示的未来海口市国际游客量预测。境外游客层次较高，每次外出旅游时间较长，游艇旅游作为中高端旅游项目，比较符合国外游客的心理。《海口市游艇邮轮产业发展规划(2011—2020 年)》中，按照一个比率对海外游艇旅游市场进行估算，到 2015 年，海口国外游艇旅游市场的旅客可达 2.52 万人次，见表 6-6 所示的海口市未来参加游艇旅游的人次数。

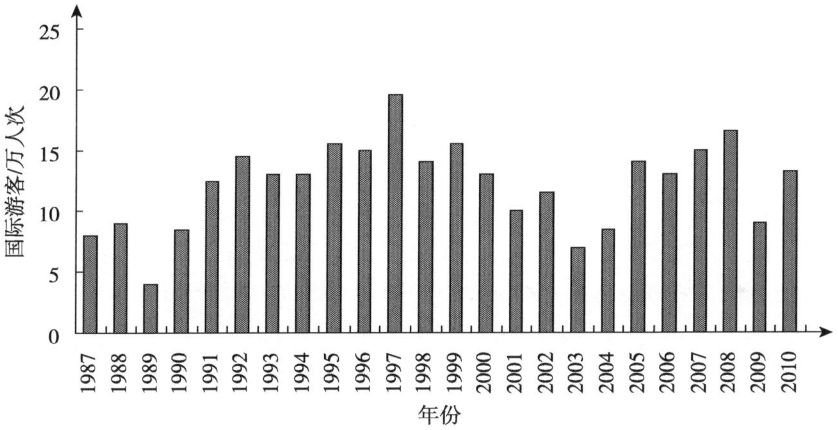

图 6-2　海口市国际旅游人数

资料来源：海口市游艇邮轮产业发展规划(2011—2020 年)

表 6-5　未来海口市国际游客量预测(单位：万人次)

年份	2014	2015	2020
人数	14.43	14.50	14.80

资料来源：海口市游艇邮轮产业发展规划(2011—2020 年)

表 6-6　海口市未来参加游艇旅游的人次数(单位：万人次)

年份	2015	2020
总人数	89.88	190.10
国内人次数	87.36	184.85
国际人次数	2.52	5.25

资料来源：海口市游艇邮轮产业发展规划(2011—2020 年)

从表6-6的预测数据可看出，海口市在未来10年有着广阔的游艇旅游市场，2020年预测数据更是比2015年翻了一倍，其中国内市场占据着绝大部分比重，表明海口市国内游艇旅游市场潜力巨大。海口市正是把握这一有利契机，将自身具有传统实力的旅游业同新兴游艇业相结合，努力在不远的将来实现成为中国最具影响力的游艇旅游目的地的目标。

6.2 长三角游艇产业与投资现状

游艇经济在国际上已成为一个庞大、热门的产业，被称为“漂浮在黄金水道上的商机”。长三角地区被称为中国最有游艇消费能力的地区，伴随着经济的发展，高收入人群不断扩大，海外人士、台胞、华侨不断涌入，具有游艇消费潜力的人群增多，游艇经济的巨大市场潜力在逐渐形成和发掘之中。本节介绍了长三角地区主要城市的游艇发展现状和整个长三角地区的游艇产业发展竞争力，分析认为上海作为我国乃至世界的金融中心，其必将承接世界游艇产业的转移，成为世界游艇中心城市之一。

6.2.1 长三角游艇产业现状

我国260多家大中型游艇制造公司主要集中驻扎在长三角区域，比例达30%以上①。自2005年长三角诸多城市向外界透露支持游艇经济发展的信息以来，越来越多的游艇制造商已不再仅仅单纯依靠接受外国客户订单进行简单的加工制造，而是努力拓展我国本地市场，长三角地区的游艇经济呈现出“出口转内销”的现象。

我国游艇产业起步较晚，在游艇制造方面虽然已占有5%的国际市场，但同发达国家相比仍相距甚远。在我国，现只有500～600人拥有自己的私人游艇，这与一般中等发达国家平均每171人就拥有一艘游艇的比例相比，也存在着巨大的差距。但我国参加各种游艇俱乐部的人数却在私人游艇拥有人数的10倍以上，这些人正是未来我国游艇消费的潜在需求者，足见国内游艇市场存在足够大的发展空间。目前，我国长三角地区普通和VIP(very important person，即贵宾)会员的游艇俱乐部会费已达每年1.65万元和3.3万元②，这使游艇俱乐部本身收益不菲的同时，也吸引了众多游艇投资商的目光，使其从国际市场转战国内市场。

---

① 黄蕾．长三角烹制3000亿“游艇大餐”．人民网，http://www.people.com.cn/GB/paper66/11817/1065264.html，2004-04-19.

② 中投顾问．游艇系列之二——“两三角，一环海”游艇经济迅速崛起，2010：8.

1. 上海

从 2001 年上海出现第一艘自己制造的游艇——红双喜“001 号”，到 2006 年年底上海成立首家真正意义上的游艇俱乐部——金茂盛融游艇俱乐部，再到 2007 年苏州河古北路桥附近建造的首个游艇码头，细细数来，上海的游艇产业已经历了十多年的快速发展期。根据规划，“十二五”期间，上海将形成以新华码头为主港，复兴码头、三泰码头、东昌滨江码头、汇山东块港地、苏州河盘湾里、长风公园等为辅的“一主多辅”游艇产业集聚区；吴淞江、崇明东旺沙、长兴南岸、三岔港等游艇停泊区将打造成为长江口游艇旅游服务功能区；淀山湖、滴水湖、明珠湖将成为游艇运动、训练和休闲旅游服务功能区；杭州湾的奉贤碧海金沙、金山城市沙滩以及洋山东港池等停泊区则将成为游艇滨海旅游和航海旅游服务功能区。

1)游艇制造业

2006 年上海奉贤区中船游艇产业基地开始建设，至 2011 年 8 月底，有 14 家企业签约，累计吸引外资 4 900 万美元，吸引国内投资 8.35 亿元，预计“十二五”期间年产值将达到 15 亿元①。上海珐伊玻璃钢船艇股份有限公司是 2008 年北京奥运会帆船帆板项目、2011 年世界大学生运动会和中国杯帆船赛的器材供应商，其生产的帆船等水上运动产品销往全球。上海佳豪亦拥有自主的设计团队和制造工厂，一期厂房可以满足年产 12 艘 70 尺以上的可定制型豪华游艇。上海游艇制造业依托强大的研发、设计能力和庞大的市场容量，可与周边地区行业联动，形成集群优势，促进游艇产业整体发展。

2)游艇俱乐部和游艇会展

上海的游艇俱乐部主要分布在黄浦江、苏州河、淀山湖等水域。2011 年下半年上海海事局启动了辖区游艇俱乐部备案工作，2012 年向上海长风游艇俱乐部有限公司发放了首份《上海市内河游艇俱乐部备案登记证书》，上海市内河辖区游艇管理进入实质性开展阶段。

中国(上海)国际游艇展创立于 1996 年，是中国历史最悠久、亚洲规模最大的综合性游艇展会。2012 年首次移师上海世博馆，吸引 23 个国家和地区的 450 余个品牌、逾 500 条实船参展；观众数量突破 3 万人；促成 22 亿元交易额，同比猛增 120%①。

3) 重点区域——沪郊奉贤区

沪郊奉贤区计划把当地打造成集“国际游艇制造基地、游艇及零附件出口贸易总部、游艇开发和会展中心”于一身的上海国际游艇母港。一些工程项目如“金

---

① 中国交通运输会邮轮游艇分会，全国游艇发展专家指导委员会 . 2011—2012 中国游艇产业报告，2012.

汇游艇城”“碧海金沙休闲旅游区”已经启动；“国际游艇文化中心”“奉贤游艇工业园”“南桥游艇码头”等开始筹备。

第一，金汇游艇城。上海金汇游艇城规划总用地面积674.7公顷，其中城镇建设用地647.2公顷，规划居住人口规模8万人①。金汇游艇城总体规划2007年初步建成金汇游艇城的核心区域，完成水域拓宽改建工程，建成湿地公园。2009年金汇游艇城基本建成，成为2010年上海世界博览会靓丽的水上南大门。2012年完成金汇游艇城的后续公建配套设施和延展开发功能。

金汇游艇城将通过高级生活形态来配置资源和锻造产业链条，打造游艇主题生活城区，使游艇经济成为奉贤城市经济综合协调大发展的引爆剂和催化剂。其作为依托游艇产业的现代新城，展现出以游艇销售、游艇消费带动现代水上运动、水岸休闲活动和商务、生态居住的国际生活方式。它是奉贤发展游艇经济的标志性地区，也是上海国际游艇母港基地的重要组成部分。游艇城将成为以居住、休闲功能为主体，以游艇观光活动、生态水系、生态绿地为特色，集商业、文化体育及相关功能于一体的生态型现代化小城镇。这将推进奉贤区的城市化建设，改善当地的生活质量。

第二，国际游艇文化中心。上海国际游艇文化中心位于金汇港与浦南运河的交汇处，占地4 000亩，约2.5平方千米，项目总投资150亿元①。

上海国际游艇文化中心共分为七大类：一是国际游艇文化博览中心，包括国际游艇文化展、国际游艇展示展销平台、丰富的国内外展览；二是游艇俱乐部，包括租售游艇、自驾游艇、高端服务中的餐饮、娱乐、SPA理疗、休闲运动、游艇个性化装饰、游艇个性用具；三是游艇培训基地，包括驾驶培训中心、技术学习、专业技术培训、游艇服务培训；四是水上主题游乐中心——水上自由岛，包括室内水上乐园、儿童专属领地、时尚运动、水上赛事、水上活动；五是现代服务商业圈，包括五星级会议酒店、威尼斯小镇；六是水上交通，包括水上巴士、水上观光景观路线、沿岸经济及商贸；七是游艇度假区，包括高级别墅度假区、企业会所、康复疗养中心、老年养生基地、职业护理培训机构。

上海国际游艇文化中心功能定位：集会展、培训、购物、运动、商务、美食、商住于一体，倾力打造具有国际水准的上海国际游艇文化中心。该中心的建成一方面将引进相关配套企业入驻，促进奉贤游艇产业链的发展，增加税收，带来更多的就业机会，提升奉贤国际知名度，使奉贤成为全国乃至全世界最具吸引力的游艇旅游区，成为国际性的经济、社会、文化发展的新热点。另外，国际游艇文化中心的建成将会培养人们的海洋文化情结，将人们从传统的陆地文化带到海洋世界，更好地接受游艇带来的乐趣，促进游艇经济的发展。

---

① 杨晓武．上海奉贤区游艇经济发展研究．上海海事大学硕士学位论文，2007.

第三，海湾旅游区。海湾旅游区以金汇港为界，分为东西两块，规划陆地区域为70平方千米。西部10.2平方千米，东部8平方千米，市级项目“碧海金沙、黄金海岸”50多平方千米。海湾旅游区的滨海旅游资源和清新的自然环境为奉贤游艇旅游的发展创造了条件，是奉贤游艇旅游发展战略中的一个重要组成部分。“碧海金沙”的建成将加快游艇旅游前进的步伐。

海湾旅游区将建成一个集水上娱乐、餐饮休闲、商务会议、体育健身于一体的旅游胜地，积极发展游艇旅游，把海湾旅游区建成为奉贤游艇旅游产业的基地。奉贤区通过游艇这张名片吸引更多的游客来海湾旅游区旅游，进一步盘活当地的经济，改善当地环境条件。

2. 浙江省

浙江省已确立发展游艇经济战略举措。2004年，浙江省颁发了《关于加快船舶工业发展的若干意见》的文件，为发展游艇经济创造了有利的政策条件。文件将“高技术含量的游艇”等列入优先发展产品，提出保障措施，加大财政支持力度，提供土地使用优惠支持，改善服务环境。浙江省的不少地区正在筹划游艇经济的美丽蓝图，杭州、舟山、宁波、温州等地政府也在依托游艇展会，大力发展游艇体育、休闲及旅游产业。

1）杭州

根据游艇产业链较长、技术密集型和劳动密集型相结合的特点，杭州市已经把游艇产业作为一个调整经济结构，鼓励和促使产业结构升级转型的重要方向，提出力求将杭州打造成为长三角乃至全国游艇产业聚集地和制造中心。杭州东风造船厂已进入中高档游艇生产商行列，为数众多的中小企业更是成为国内外游艇生产商的零配件供应商。杭州地区县级市富阳所生产的皮划艇、赛艇，已占据国内行业市场80%以上的份额。杭州飞鹰船艇有限公司旗下的华鹰控股公司与南非罗宾逊游艇公司联合投资建设的浙江省首个豪华游艇研发制造基地也已于2007年落户富阳。

随着游艇产业的勃兴，游艇俱乐部也应运而生。2004年4月，杭州市第一艘私人游艇试水钱塘江，随后该市首家游艇俱乐部——假日游艇俱乐部宣告成立，2005年，杭州市政府出资建设的首个私人游艇专用码头在京杭大运河投入使用。截至2010年，仅在淳安千岛湖就成立了3家游艇俱乐部，投资额均在1亿元以上。

在2011年9月的第6届杭州千岛湖国际游艇展上，来自中国、美国、英国、澳大利亚、意大利、西班牙、加拿大等10个国家和地区的40余家参展企业的80余艘高端豪华休闲游艇参与水陆联展，展出范围包括各类游艇、帆船、船艇动力等设备和配件，以及游艇帆船俱乐部、码头等配套设施。共销售游艇38艘，总成交金额2.14亿元，其中现场成交游艇16艘，成交金额1.24亿元，意向购买游艇 22 艘，意向金额8 950万元，各项数据都创下了展会举办以来的新高①。

2)舟山

舟山海域面积 2.08 万平方千米，港湾众多、水深浪平，是天然水深良港；拥有 1 390 个岛屿，占全国的五分之一；舟山旅游集海洋文化景观和佛教文化于一体，拥有普陀山、嵊泗等风景名胜，构成了“千岛之城”独特的山海风光。2011 年 6 月 30 日，国务院正式批准设立浙江舟山群岛新区，成为我国首个以海洋经济为主题的国家级新区。舟山发展游艇业拥有明显的海洋优势。同时，舟山游艇配套设施发展已初具规模。2009 年 11 月，普陀国际游艇会游艇码头开工建设，这是舟山首个专用游艇码头。凤凰岛游艇会和徐公岛游艇基地也在加紧建设。凤凰岛游艇会规划建设 250 个游艇泊位，徐公岛的“海上游艇国际俱乐部”规划建设游艇泊位 279 个，打造长三角地区最大的综合性外海游艇会所。

舟山将着手在著名的普陀山景区和桃花岛景区打造上海的海上“后花园”——“游艇天堂”以及华东最大的游艇产业基地，用于游艇及相关配件的制造。一期可用面积为 2 000 亩，在产业园设有公用下水码头，供游艇生产企业租用。而处在长江三角洲地区的海上中心舟山普陀区将游艇产业作为本地发展海洋旅游的重要产业，确立了打造 1 个游艇制造产业园、3 个游艇俱乐部、5 个游艇停泊码头的“一三五”发展思路。已委托澳大利亚游艇专家做游艇基地的规划，游艇基地规划面积 2 000 亩，将容纳 1 000 艘以上游艇，可避 12 级台风，基地内设有游艇俱乐部、展览中心、驾驶培训学校等，适合大型游艇全天候停泊、补给。这一项目计划将在 5 年内完成。

3)温州

温州正谋划建设集旅游、度假、休闲于一体的“苍南海口经济旅游区”，该区将发展成温州首个集旅游、商务、休闲度假于一体的游艇经济旅游区，初步设想除扩大游艇俱乐部规模外，还包括“托管”私人游艇业务。面对国际金融危机后航运市场持续低迷，资金、技术、土地等因素困扰，温州的不少造船企业纷纷调整“航向”，把目光投向游艇制造业。温州春风控股集团投资 1.8 亿元，创建一家年产 10 万套游艇动力设备及 1 万艘游艇的浙江赖仕雷恩游艇有限公司，2011 年 4 月该公司第一次参加“上海国际游艇展”，便收获了 17 份订单。温州中欧船业也与意大利工程技术承包公司合作，投资制造高端豪华游艇。

3. 厦门

厦门游艇产业立足海西，辐射珠三角和长三角经济圈，对接台湾游艇产业，具备发展游艇经济的自然条件和产业优势。厦门是我国第二家“游艇(帆船)经济

---

① 王学东，邵中 .2011 中国杭州千岛湖顺发国际游艇展圆满落幕 . 千岛湖游艇网，http://www.qdhyacht.com/newsshow.php? id=34，2011-09-26.

发展试验基地”，据不完全统计，厦门现有游艇类企业 47 家，其中游艇制造企业 11 家，游艇贸易企业 12 家，游艇俱乐部会所 10 家，游艇配套企业 14 家。厦门游艇行业协会是我国最有影响力、最有活力的地方游艇社团组织。在国际经济形势持续低迷、国内经济增长趋缓的大背景下，2012 年厦门游艇销售仍逆势而上，全年销售游艇 158 艘，销售总额达 4.2 亿元①。

1)游艇制造业

目前，厦门拥有一批产量大、品牌响、外向度高的游艇制造企业。同时，在厦门周边的漳州、泉州沿海一带，也聚集着十多家有一定规模、由厦门企业控股的游艇制造企业。近年来，游艇制造业已列入厦门船舶工业发展规划，厦门市政府规划并相继启动了翔安欧厝游艇产业制造集中区、五缘湾帆船港游艇会所、香山游艇会所、东坑湾游艇会所等建设项目，厦门游艇出口已占福建省的 50%。可以说，在厦门以及以厦门为中心的闽南沿海区域，游艇工业已初具规模，成为海西产业集群的新龙头、新亮点。

2)游艇基础设施

厦门的五缘湾游艇港是一个优质的天然良港，航海界人士称赞其是“全球少见的帆船运动基地”。目前，五缘湾游艇港已拥有相对完善的游艇产业配套设施，自 2007 年正式投入使用至今，从仅有的几艘帆船发展到现拥有大小船艇超过百艘。2011 年五缘湾游艇帆船港的运营商——厦门路桥游艇开发有限公司启动了 276 个码头泊位的扩建工作，增设 2 个起吊泊位、3 个游艇专用柴油加油泊位以及 2 个陆域连接通道，将解决存在的泊位数量少和陆域连接通道少、缺乏游艇上下岸及加油设施等问题。2012 年，厦门路桥游艇开发有限公司在海关总署、厦门海关、厦门市商务局及厦门市口岸管理办公室等相关部门的大力支持下，在厦门五缘湾建成中国第一个水上保税仓库，2013 年正式投入使用，水上保税仓库的设立，弥补了原有陆上保税仓库无法停放大型游艇的不足。

4. 内陆沿江省市

1)重庆

重庆地处长江与嘉陵江汇合处，是西部地区年轻的直辖市。直辖以来，重庆旅游经济得到长足发展。“把重庆建设成为国内外知名的旅游目的地和重要的旅游客源地”成为重庆旅游业的未来发展方向。

对于重庆，三峡库区有着极其重要的意义。随着移民“搬得出”任务的完成，如何“住得安”成为关注点。旅游业被作为化解库区产业空虚、移民就业难题的突破口。以三峡为主的长江观光邮轮旅游是三峡旅游的主要形式，三峡作为重庆市

---

① 中国交通运输协会邮轮游艇分会，全国游艇发展专家指导委员会．2011—2012 中国游艇产业报告，2010.

最重要的资源和名片，有助于重庆市游艇经济的发展。据统计，三峡库区拥有长640多千米、面积1 000多平方千米的广阔水域，形成有开发价值的河流近百条，大小岛屿120个，湖泊11个。资料显示，三峡蓄水高度达到175米后，水库长度增加了570千米，岸线增加到5 771千米，水域面积增大到862平方千米，长江江面平均宽度达1.6千米，水深普遍达86米，最深处为164米①。星罗棋布、四通八达的河汊、湖泊、港湾正是三峡库区开展游艇活动、发展游艇经济的必备条件。

在未来的三峡库区的水域和陆地上，一个产业链蓝图将一路展开：通过发展游艇运动和开发游艇地产，带动相关服务业及制造业的发展；通过游艇消费、投资、服务贸易出口的综合产业，带动整个库区水陆地产的资源增值，从而形成重庆库区对外开放型的经济产业链，最终形成重庆地区新的经济增长点。对库区居民来说，这样的良性循环将对其就业、消费、生活产生深远的影响，他们将从传统的农业、林业逐渐转向现代服务业。而投资机会也将吸引外地居民来此发展，从而稀释移民比重，有利于从根本上解决移民及产业空心化问题。

2)南昌

2010年是江西实施鄱阳湖生态经济区规划的起始之年，也给南昌的发展带来了千载难逢的历史性机遇。南昌市委、市政府及时提出，以鄱阳湖生态经济区建设为新的动力，加快实施“山江湖”综合开发战略，对南昌布局系统谋划，对产业发展科学部署，作为鄱阳湖生态经济区的核心增长极、龙头城市，南昌一定会在发展战略性产业上抓住机遇。

相对于上海、深圳等沿海发达城市，南昌虽然属于内陆城市，但在发展游艇经济方面仍有比较突出的优势。

第一，有独特的区位优势。南昌地处长江下游，濒临鄱阳湖西海岸，是唯一一个和中国经济发展最具活力的三个三角洲即长江三角洲、珠江三角洲和闽东南三角区相毗邻的省会城市，是京九、浙赣铁路的交汇点，可谓承东启西、沟通南北。同时，南昌拥有丰富的河流、湖泊资源，为游艇业的发展提供了天然的基础。作为全球最具动感的魅力城市，为主推鄱阳湖生态经济区建设，南昌将成为江西实现“生态立省”与“加快发展”有机统一的引擎。

第二，投资环境优越。南昌拥有各类工业园区12家，其中工业园区2家，这些工业园区的开发建设为先进制造企业的入驻提供了优越的配套硬件环境。其中，南昌高新工业区作为国家级的工业园区，力争吸引高、精、尖的项目落户，举全区之力，针对发展前景乐观并具有较强带动作用的游艇项目，在项目审批、核准、备案等方面开通了“绿色通道”。2007年江西罗伊尔游艇公司的落户，正

---

① 中投顾问．游艇系列之二——“两三角，一环海”游艇经济迅速崛起，2010.

是高新区助推鄱阳湖生态经济区的前瞻之举，为江西省打造游艇产业奠定了良好的基础。

第三，资源丰富。南昌有着丰富的劳动力资源、土地资源及其他各式成本资源。此外，2011 年南昌人均 GDP 超过 8 000 美元，为游艇消费提供了可能。未来南昌将集聚发展服务业、高新技术产业和都市型工业，步入“大江时代”和“大海时代”。进一步加大人才引进、自主创新、品牌创造的力度，加快建设由高新技术支撑的具有鲜明“南昌创造”的游艇产业基地，建立游艇工业园区，加快江西造船业的发展，在用地、厂房、码头配套等方面给予政策倾斜，不断增强产业发展的竞争力和后发力。

南昌高新区将全面落实“一手抓南昌制造、一手抓南昌创造”的精神。以江西唯一一家专业游艇生产企业为龙头，坚持不断完善和延伸产业链，加快自主技术的创新，打造强势品牌效应，充分发挥江西低成本及人才优势，抢占先机，以其自身的生产化、信息化、专业化和服务化面向国内外两大市场，建立形成游艇研发生产和产业化配套基地。游艇业将成为南昌一手抓工业、一手抓第三产业的示范产业。

6.2.2　长三角游艇产业的投资前景

近几年我国经济最为发达的长三角地区的游艇产业的发展取得了良好的成绩，逐步形成了以上海为中心，辐射苏南、浙江的游艇产业布局。其中上海作为国际金融中心、经济中心、贸易中心，有着雄厚的经济实力和特有的国际地位，借助其自身的商务需要，上海商务艇发展前景广阔。

上海的游艇发展经历了三个阶段，第一个阶段是游艇私有热，第二个阶段是游艇会兴起，第三个阶段是游艇城开发。经过十多年的发展，随着“十二五”规划的起步，上海的游艇产业已经从“浅蓝”走向了“深蓝”，正努力朝世界游艇中心城市这一目标迈进。

1. 成为游艇中心城市的自身优势

1)资源优势

众所周知，水是游艇产业的生命之源，发展游艇产业必须要有丰富的水域资源加以支撑。上海集江、河、湖、海于一体，独特的地理优势、丰富的水系资源，以及迅捷的现代化发展，使上海发展游艇产业具备先天优势。

上海三面临江靠海，一面与太湖水系相连，市内湖河众多，水系四通八达，另一面与江、浙两省以及沿长江的内地省市水路联系密切。全市境内现有大小河道 23 787 条，河道总长度约为 21 646 千米，河网密度约 3.41 千米/平方千米，全市水面率约为 6.4%；另有大小湖泊 21 个，面积约 59 平方千米；海岛 13 个，尤以崇明岛、长兴岛和横沙岛最为闻名。规划岸线达 592 千米，其中 8 米水深以上的岸线有 150 千米，约占岸线总长度的 25%。同时，以防洪除涝为主要目标的水利建设，已使内河水网基本形成了14个相对独立的水利分片，提供了发展游艇产业的水域需求①。

2)配套设施优势

上海已经建成了北外滩上海国际客运中心、十六铺旅游码头，吴淞口国际邮轮码头也已经投入试运营，邮轮、游船、游艇码头配套设施齐全，接纳能力充足，均已达到国际先进水平；黄浦江、苏州河、淀山湖等地已经出现了游艇经营产业或游艇俱乐部，如黄浦江上的金茂盛融游艇俱乐部、大都会游艇会，苏州河上的长风游艇俱乐部、淀山湖的大观园飞豹游艇俱乐部等，成为上海新兴水上旅游产业的一道亮丽风景线。同时，上海拥有比较完备的立体交通网：浦东、虹桥两个国际机场连通世界，近60家国外航空公司已在上海开设定期航班；铁路、国道、高速公路连贯周边城市，对吸引最佳的2小时旅游圈客源的优势不言而喻。

3)经济发达优势

作为一种高消费的产业，游艇业需要一个经济发展、人文素养都达到较高程度的城市环境作为支撑。而上海地处内陆水网和滨海地带，周边集聚了中国富裕的城市群落长三角，是发展游艇产业的最佳地区之一。2011年，仅上海就拥有私人游艇200多艘。据上海船舶工业行业协会预测，到2020年，上海水上的游艇将达到万艘；原上海市港口管理局发布的《上海水上旅游客运总体规划》也对游艇需求做了乐观预测，到2020年，每1万名水上游客中，将有55人会来玩游艇①。随着上海“四个中心”建设的进一步推进，市民生活水平将进一步提高，外籍人士将越来越多，加上开放性的“海派文化”的影响，都为上海发展游艇产业提供了广阔的市场空间。

4)政策优势

加快建设国际航运中心的上海，已制定了游艇航运发展总体规划和纲领性文件，来统领游艇产业的发展。《上海游艇行业发展总体规划》明确要将上海打造成中国吸纳国际游艇产业转移的游艇制造业总部，亚太地区游艇零部件与附件的供应总部，中国游艇出口的贸易总部，以及中国游艇研发和培训总部，并设计了“一心(市中心)、两网(黄浦江、苏州河)、四区(外滩、淀山湖、长江口、杭州湾)”的游艇产业布局；《上海市水上旅游发展规划(2011—2015年)》进一步明确了发展游艇产业的措施；2013年，《上海海事局游艇安全管理暂行办法》颁布实施，从游艇检验、登记、备案，游艇操作人员培训、考试、发证，航行、停泊，安全、防污染保障等方面，对管辖范围内的游艇安全管理进行了规定，为上海水域内游艇业的健康发展提供了进一步的制度和安全保障。

① 陈秀平．走向“深蓝”的上海游艇产业．中国水运，2011，(5)：6~7.

2. 成为游艇中心城市的契机

1)游艇城的定位

早在 2005 年，上海就制定了"游艇城"的定位，成为国内首个以城区形式开发游艇经济的城市。作为上海发展游艇经济的标志性项目，2010 年，金汇游艇城一期工程已基本完工。金汇游艇城位于金汇港和黄浦江交界处，拥有 13.7 千米的江岸线，是黄浦江沿线最大的"河湾"，西达淀山湖、太湖，东连上海城区，南通杭州湾，出海可达舟山群岛。未来金汇游艇城将向市民展现以游艇销售、游艇消费带动现代水上运动、水岸休闲活动和商务、旅游、生态居住的生活方式。

2)世界游艇产业的转移

游艇作为海洋文化的典型代表之一，在欧洲、美国等发达国家发展时间较长。西方游艇产业趋近饱和，以及 2008 年金融危机给游艇发达国家带来的游艇制造成本上升，促使其逐步将游艇的生产制造向沿海等发展中国家转移，包括中国、海湾国家、俄罗斯等在内的新兴市场成为知名游艇公司下一步布局的目标。游艇产业重心的转移无疑为上海成为游艇中心城市提供了良好的契机。由于具有久远的造船历史、高素质的工人，上海被很多投资商看重，其应该抓住这一市场机遇，开拓创新，与时俱进，争取成为世界游艇中心城市。

6.3　环渤海游艇产业与投资现状

环渤海区域是指绕着渤海分布及黄海的部分海岸地区组成的大经济区，本区是中国北部沿海的黄金海岸，在中国对外开放和沿海发展过程中占有重要地位，也是中国游艇产业发展的重要区域。环渤海地区的游艇产业，相对于游艇产业发展较早的珠三角地区和经济较为发达的长三角地区，有着其特有的优势。本节在介绍环渤海地区主要城市游艇制造业和游艇俱乐部发展现状的基础上，分析了其游艇产业的发展竞争力，认为环渤海地区作为我国唯一的北方游艇发展地区，其未来发展前景广阔。

6.3.1　环渤海游艇产业现状

1. 游艇制造业现状

2010 年 4 月，船艇分会的统计显示：全国游艇制造企业总数已达到 364 家，其中环渤海和北方区占比 24%。本区域共有游艇制造企业 80 多家，年产值 10 亿元左右。其地域分布可分为三块，即辽宁沿海经济带地区、山东青岛和烟台地区、天津和河北地区①。

① 曲凤祥，林匡平．环渤海区域游艇产业将获大发展．船舶经济贸易，2010，12：9～11.

1)辽宁沿海经济带地区

在辽宁沿海经济带地区，目前共有游艇制造企业20多家。作为本地区的龙头和北方最具活力的滨城大连，随着经济快速发展和辽宁沿海经济带上升为国家战略的机遇，近几年游艇制造业的数量、规模、品牌、品质也在迅速发展。游艇制造企业超过15家，年产值约2.5亿元，包括松辽、朝日、恒达、海诺、长美、环球、伟创、名岛、环殊等中资企业和欧伦、欧计设等4家法资铝壳船艇企业；游艇配套企业、社团30多家；产品出口欧美、澳新、日本、中国台湾等20多个国家和地区①。

本地区的行业领头羊——松辽游艇，依托母厂军工技术优势和加拿大、日本、中国台湾等的合作，使得工厂技术水平和建造工艺得以与世界顶级游艇接轨。现已具有50英尺以下自主知识产权船20多个，其销售的游艇从14英尺至105英尺，横跨大、中、小和巨型游艇4个区间，用户上至国家总统下到普通百姓。其中，该公司为苏丹总统建造的豪华游艇“大连”号，获得了总统好评。在2009年国际金融危机下，松辽依靠多年沉积和过硬的品牌，以及全体员工和各地松辽经销商的努力，仍然生产销售游艇40多艘，产值达8 000多万元②。

辽宁沿海经济带上的丹东、营口、盘锦、葫芦岛等市，原来造船业就比较发达，其中有的企业也在生产一些游艇，如锦州众远游艇、丹东煜阳玻璃钢游艇厂等。最近澳大利亚生产巨型豪华游艇的Evolution游艇集团已被葫芦岛七星集团并购，并在葫芦岛建设制造基地，目前已开始为中国客户建造2艘23.4米、1艘33米游艇，并准备55米、73.5米大型游艇出口。位于辽河口的盘锦游艇产业园正在起步，丹东、营口等市也有发展游艇产业的规划。

2)山东

根据最新出台的《山东省促进游艇制造业加快发展的指导意见》，山东省将优化政策发展环境，积极承接国际游艇制造业转移，加快培育游艇产业集群，力争到2020年建成国内外知名的游艇研发制造中心、展销中心和零部件集散中心。截至2008年年底，山东省共有游艇制造及配套企业100余家，实现销售收入10亿元，具备年产游艇2 600艘、充气橡皮艇6万艘的能力，其将在巩固提升一批优势产品的基础上，努力形成专、精、特、新游艇产业集群③。游艇发展主力城市有青岛和威海。

第一，青岛。青岛位于山东半岛南端(北纬35°35′～37°09′，东经119°30′～

---

① 中国交通运输协会邮轮游艇分会，全国游艇发展专家指导委员会．2011—2012中国游艇产业报告，2010.

② 曲凤祥，林匡平．环渤海区域游艇产业将获大发展．船舶经济贸易，2010，12：9～11.

③ 中投顾问．游艇系列之二——“两三角，一环海”游艇经济迅速崛起，2010.

121°00′)、黄海之滨，是全国 70 个大中城市之一。青岛地处山东半岛东南部，东、南濒临黄海，东北与烟台市毗邻，西与潍坊相连，西南与日照接壤。青岛依山傍海，风光秀丽，气候宜人，是一座独具特色的海滨城市。全市海岸线(含所属海岛岸线)总长为 870 千米，其中大陆岸线 730 千米，占山东省岸线的 1/4。海岸曲折，岬湾相间。青岛地处北温带季风区域，属温带季风气候。市区由于海洋环境的直接调节，受来自洋面上的东南季风及海流、水团的影响，故又具有明显的海洋性气候特点。空气湿润，温度适中，四季分明。春季气温回升缓慢，较内陆迟 1 个月；夏季湿热多雨，但无酷暑；秋季天高气爽，降水少；冬季风大温低，持续时间较长，但无严寒。发展游艇业，青岛有着得天独厚的优势，滨海旅游、海洋文化、海洋运输成为发展中的“三驾马车”。

“十一五”期间，青岛投资海上高端旅游项目的资金超过 300 亿元，其中拟建游艇俱乐部专用码头近 30 个，游艇泊位将超过 5 000 个，许多数亿元、超 10 亿元的大项目已经签约①，有的已经开工建设，如开发区的唐岛湾游艇俱乐部项目、市南区的东奥游艇俱乐部项目等。相关游艇项目数量之多、覆盖面之广、投资强度之大，在青岛是前所未有的，充分显示了社会各界对青岛游艇产业发展前景的普遍看好。

作为 2008 年奥帆赛的举办城市，青岛极力打造“帆船之都”城市品牌。近两三年游艇制造企业数量迅速增加，已有北海重工、立行车、松本、鑫和、邹志、金明、滨海、海铁、信光、凌波、昊运、蓝波、海特等 30 多家。已建成的游艇码头有青岛银海国际游艇俱乐部和青岛国际游艇俱乐部(青岛奥帆基地)。

为进一步促进青岛游艇业的发展，青岛积极布局胶州湾。长期以来，崂山和前海一线构成了青岛最经典的旅游线路，承接了青岛绝大部分的城市旅游功能，作为青岛的母亲湾——胶州湾，虽然风光旖旎，但受沿线开发进度和固有产业布局的影响，一直是青岛旅游市场中的一个“小角色”。随着“环湾保护、拥湾发展”战略的稳步推进，青岛旅游格局有望出现重大变革。根据青岛市规划局的《“环湾保护、拥湾发展”概念规划研究》，在拥湾发展过程中，青岛市将重点突出胶州湾的旅游功能，环湾岸线旅游的发展将贯穿胶州湾全线，环湾形成以唐岛湾中心区、胶州少海新城、大沽河生态湿地、红岛生态城、四方滨海新区、邮轮母港、小港湾七片区域为主构成的旅游格局。目前，胶州湾拥有游艇概况如表 6-7 所示。

表 6-7 胶州湾拥有游艇概况

游艇种类	游艇名称及数量
60 英尺以上	1. 银海 2008 号　2. 盛世飞扬号 3. 快乐号　4. 励志号 5. 君丽豪号　6. 公主号 7. 海尔公司游艇

续表

游艇种类	游艇名称及数量
40～60 英尺	1. 美国水星 4080(2 艘)　2. 欢乐时光号 3. 青岛号大帆船　4. 颐中泰山号 5. 青岛啤酒公司游艇　6. 青岛航校大帆船(2 艘)
20～40 英尺游艇、帆船及钓鱼船	70～80 艘

资料来源：2009—2010 中国游艇产业报告

第二，威海。近年来，威海市游艇产业快速发展，目前已拥有游艇加工生产企业 27 家，这些企业大多属于加工贸易企业。据威海海关统计，仅 2009 年，威海市就出口游艇 76 960 艘，出口量占全省游艇出口量的 72.65%，成为山东游艇出口第一市①。

冬季为加工游艇的旺季，威海海关专门设立了游艇旺季便捷通道，指定关企联络员与业务量较大的 7 家企业建立互通机制，并不断优化加工贸易监管，简化审批手续，同时还为 AA 类、A 类游艇企业优先办理加工贸易备案、变更、报核等手续，支持辖区游艇企业快速发展。

为应对金融危机影响带来的订单不足、资金短缺等问题，威海市游艇企业纷纷走上探索产业转型升级之路。为此，威海海关将 100 余份游艇加工贸易操作指引及时送到了企业，让企业充分了解和享受加工贸易优惠政策，加快产业升级、开拓国际市场。

3)天津

2011 年天津市人均 GDP 达到 13 392 美元，突破 10 000 美元，城市经济的快速发展为游艇产业发展提供了巨大空间。天津力图成为北方的游艇产业中心，其游艇俱乐部主推北京市场，辐射天津、河北、山西，其中来自北京的消费客户占到 40%，山西客户占 20%，河北和内蒙古的客户占 20%，其余为天津本土及周边消费者②。同时，天津正规划建设一大批国际游艇码头。

第一，中心渔港。在建的中澳皇家游艇城，是中澳首次在游艇项目上的联手合作，该项目总投资 70 亿元，将建设 1 000 个游艇泊位，其中包括中国首个长度超过 100 米的超级游艇码头。游艇城将成立游艇培训学校，并建设豪华游艇俱乐部以及公众活动区域。同时加速打造游艇制造、游艇会展、游艇俱乐部三大产业共同发展的游艇产业集群。

第二，东疆港。总投资 4 亿元的东疆保税港区游艇俱乐部，位于东疆人工沙

---

① 中投顾问．游艇系列之二——“两三角，一环海”游艇经济迅速崛起，2010：43.

② 高鹏．天津开掘游艇产业“金矿”打造北方最大游艇基地．凤凰网财经，http://finance.ifeng.com/roll/20100826/2555922.shtml，2010-08-26.

滩旁，可停泊 300 英尺长的豪华游艇，将打造中国最大和设备最完善、唯一能提供全套设施接待国际顶级豪华游艇的多功能游艇码头。

第三，滨海旅游区。位于天津滨海旅游区的海斯比游艇城项目，占地 66.7 万平方米，投资金额 31 亿元，主要分为游艇制造基地、游艇交易中心和游艇俱乐部三部分，规划建设游艇泊位 500 个，建成后产值将达到 33.7 亿元①。

第四，天津湾。天津湾游艇会于 2009 年 9 月斥巨资引进了世界一线品牌法国亚诺牌游艇，这艘游艇身价达到 700 多万元，可以容纳 12～15 位游客，天津湾用它来接待贵宾以及举行一些大型活动。目前，天津湾游艇会已经吸引了大量高端商务人士，使天津湾形成了一个独具特色的商务休闲文化平台。

2. 游艇俱乐部现状

大连市现已建成和在建的游艇俱乐部有 6 家，包括星海湾、金石滩、老虎滩、东部港区、小平岛和金渤海岸，约有 300 个泊位，规划建设游艇俱乐部码头 20 家②。现有私家豪华游艇 40 余艘，最大的为星海湾进口意大利 DOMIMATOR78'的船长 24 米的“安达圣岛”号豪华游艇。

青岛市已有和规划游艇俱乐部近 20 家，包括已公布的银海、华爱、世界之星国际、石老人、唐岛湾国际、圣汐国际、利天、亿仁、什通、逸立、友谊等游艇俱乐部，共计有私家游艇 50 艘之多。日照市已规划建设 3 家大型俱乐部，包括日照游艇俱乐部、日照奥林匹克水上公园和日照国际水上运动基地，主要是开展帆式游艇和运动游艇活动。

投资 50 亿元的华鲁国际游艇俱乐部已经签约，落户即墨温泉镇。北京市有长城国际和御河两家游艇俱乐部。天津市有航空母舰水上游览基地，以及游艇俱乐部和游艇港。沈阳市正在建设浑河游艇俱乐部。

6.3.2 环渤海游艇产业的前景

相对于珠三角和长三角地区的游艇产业发展水平，环渤海地区相对落后，原因主要在于其经济相对以上两个地区稍显逊色，以及游艇产业起步较晚。但这并不代表该地区的游艇产业没有投资前景，结果恰恰相反。由于北方人不适应南方气候，所以北方的游艇玩家仅仅会在冬季选择香港、海南等地，而环渤海地区是这些游艇玩家在一年内更多时间里选择的海域，其中最具发展前景的就是天津。

近几年环渤海地区游艇产业发展较为迅猛，天津地处环渤海带的中心，拥有海岸线 150 多千米，在北方地区发展游艇产业的城市中具有不可多得的地理优势，其游艇俱乐部主推北京市场，辐射河北、山西，为企业和市民提供贴心的商

① 中投顾问．游艇系列之二——“两三角，一环海”游艇经济迅速崛起，2010：35.

② 张德胜，林匡平．环渤海区域游艇产业发展概况．中国大连海事论坛，2008.

务与休闲服务。同时，天津经济发展水平高，2011 年人均 GDP 达到 13 392 美元，突破 10 000 美元[①]，雄踞全国各省会级城市之首(不含港澳台地区)，远远超过国际公认的游艇产业快速发展的水平，城市经济的快速发展为游艇产业发展提供了巨大的空间。

目前，天津游艇产业仍属于初级发展阶段，但不可否认其发展前景巨大。天津积极将自身打造成为北方游艇产业的中心，为此，天津正在规划建设一大批国际游艇码头和俱乐部。滨海新区在未来的游艇泊位建设上将有上万个规划设想，已经开发建设的有亚洲顶级游艇俱乐部京津游艇会、中澳皇家游艇城等。在最新的天津规划里，2 200 平方千米的滨海新区，将天津重新定位为一个以国际港为中心，以自由贸易区、高增长巨型临海经济、广阔腹地"开发区经济"、"保税区经济"为基础的海港城市，其辐射中国北方，并进一步通过填海和挖掘航道，从渤海湾深处刺入海洋。

同时，位于天津市内陆河流、湖泊的于家堡金融区、星耀五洲、团泊湖、天津湾、东丽湖也都在建设不同级别的游艇俱乐部。除了游艇码头和游艇俱乐部建设，天津的游艇登记，游艇驾驶员培训、考核和发证等工作已经陆续展开。根据《天津市邮轮游艇产业发展"十二五"规划纲要》，天津市"十二五"期末，游艇泊位总数将达到 2 750 个，基本形成游艇产业链各主要环节齐全的发展格局，初步建成中国北方最大的游艇产业基地。

本章小结

我国游艇产业的发展主要集中在珠三角、长三角和环渤海地区，我国游艇产业的发展离不开这三个地区的推动，投资者更是时刻关注这三个地区的游艇动态。对这三个地区游艇产业进行深入分析，有助于为投资者投资决策提供参考，同时，也能为相关政府部门制定游艇政策提供一定的帮助和借鉴。

本章主要从三个角度分析了我国三个重点游艇发展区域的游艇产业状况。首先，根据三个地区各自的实际情况，介绍了三个地区的游艇产业发展现状；其次，结合三个地区各方面的发展情况，分析了其游艇发展的竞争力；最后，在现状分析的基础之上，预测了各地区的投资前景。

通过对三个重点区域进行分析可看出，三个地区的游艇产业都得到了一定程度的发展，这离不开三个地区特有的游艇发展条件。但不同的是，三个地区游艇发展各有其侧重点。珠三角地区，珠海重点发展游艇制造，而海南则侧重发展游艇旅游；长三角地区，上海着重发展游艇商务，积极将自身打造成为世界游艇中心城市；环渤海地区，鉴于其特有的北方地理位置，未来将成为北方的游艇制造中心。

---

① 中华人民共和国统计局．2012 年中国统计年鉴．北京：中国统计出版社，2013.

案例

促游艇产业集群，领行业绽放异彩①
——探寻平沙游艇工业园的发展之道

近年来，国内游艇业虽然以极快的速度发展，但距离发展成熟还有一段距离，游艇融资也遭遇瓶颈。这在很大程度上阻碍了国内部分游艇制造企业的发展。然而，这一困境并未出现在游艇产值占全国50%以上的珠海平沙游艇工业园内。从广州出发约3小时车程即可到达珠海平沙镇，众多游艇企业集聚于此，一片繁荣景象。自2002年起步至今，平沙游艇工业园已获得高度的集聚效应，而园中的18家游艇制造企业也有稳定的发展。

珠海平沙的游艇产业，为何能在全国的游艇产业中异军突起，以最快的速度成长？在经历金融危机后，为何仍能保持迅猛的增长势头？当地游艇企业自身又是如何在激烈竞争中走出一条有自身特色的生存发展道路？走进平沙游艇工业园，走访园内企业，最终探寻得到平沙游艇工业园的发展之道。

1. 工业园区简介

2003年珠海市确定游艇产业为珠海市特色产业，明确要加大对游艇产业(包括生产、配套、旅游、展览、服务等)的扶持力度，珠海市游艇工业区作为市级工业专区，首期规划面积为2.3平方千米，远期规划为30平方千米，重点发展游艇、水上运动器材、船舶等的制造及其配套业。

珠海市平沙游艇工业园是国内规划最早的游艇工业园之一，也是目前国内规模最大、企业最密集、档次最高的游艇工业园。珠海市政府将平沙正式定位为“珠海市游艇工业专区”，从资金、政策、服务等方面予以重点扶持。已有来自美国、德国、巴哈马、中国台湾、中国香港及中国内地等国家和地区的20多家企业落户，包括游艇生产企业和配套企业，其中宾士域、杰腾等公司的投资额在2 000万美元以上。

2. 工业园区发展现状

珠海市金湾区平沙工业园集中了珠海市近68%的游艇制造及配套企业，2008年平沙镇经广东省科技厅认定为“广东省(游艇)技术创新专业镇”，成为中国第一个游艇专业镇。2010年，平沙游艇产业快速增长，全年实现销售额10亿多元，预计到2015年销售额将达30亿元。

1)发展快，集聚度高

平沙游艇产业自2002年起步，发展迅速，已吸引国内外众多游艇相关企业

---

① 杨久炎，刘健英．珠海崛起中国最大游艇基地——珠海平沙游艇工业园发展经验及其启示．广东造船，2009，28(7)：65～67.

落户于平沙工业园，目前已成为中国产业规模最大、产业集聚度最高的游艇产业集群。平沙游艇与休闲旅游区主要游艇及配套生产企业见表6-8，2006～2008年平沙游艇制造及配套产业主要经济指标见表6-9。

表6-8　平沙游艇与休闲旅游区主要游艇及配套生产企业

序号	企业名称	企业性质	主要产品
1	美国宾士域集团	美资	生产及销售30英尺左右的豪华游艇
2	杰腾造船有限公司	台资	自主研发生产60～80英尺的高档游艇产品，主要销往欧美及澳洲
3	铎洋游艇(珠海)有限公司	台资	研发生产45～65英尺高档游艇，产品销往欧美及澳洲
4	珠海三洋造船有限公司	美资	生产80英尺以上豪华游艇
5	珠海先歌游艇有限公司	港资	生产和销售100英尺以上的大型豪华游艇
6	太阳鸟游艇股份有限公司	民资	广东省高新技术企业，研发、设计生产70英尺以上大型豪华游艇
7	广东江龙船舶制造有限公司	民资	公务船舶
8	珠海云辉游艇有限公司	加资	生产60～80英尺豪华游艇，同时加工游艇家具
9	珠海佳行游艇有限公司	澳资	生产各类高性能碳纤维比赛用帆船
10	珠海采埃孚宏昌船舶推进系统有限公司	德资	专业生产螺旋桨及船舶推动系统

资料来源：杨久炎，刘健英．珠海崛起中国最大游艇基地——珠海平沙游艇工业园发展经验及其启示．广东造船，2009，28(7)：65～67

表6-9　2006～2008年平沙游艇制造及配套产业主要经济指标

主要经济指标	2006年	2007年	2008年
销售产值/亿元	1.39	2.8	4.55
同比增长/%	—	101	63
税收/万元	269	420	3 155
同比增长/%	—	56	651.19
进出口额/万美元	861	2 026	4 070
同比增长/%	—	135	101

资料来源：杨久炎，刘健英．珠海崛起中国最大游艇基地——珠海平沙游艇工业园发展经验及其启示．广东造船，2009，28(7)：65～67

2)重创新，产品档次高

平沙游艇企业注重研发和技术创新，从起步期依赖贴牌加工，逐步发展为拥有自主知识产权、众多发明专利的创新型企业。2010年太阳鸟针对大规格、个性化或钢混合结构的玻璃钢无模建造技术已经申请了国家发明专利，“连续玄武岩纤维增强树脂复合材料及船艇项目”还被列为2010年度国家火炬计划立项项目。从上述的例子可以看出，平沙游艇工业园内企业重创新，研发设计能力雄厚，制造的游艇具有一定档次。

3)出口名列前茅

珠海平沙游艇工业园的产品主要销往国外，大多出口欧洲及港澳台，少量出口俄罗斯、日本和韩国，国内市场份额非常小，见图 6-3 所示的产品销售区域。

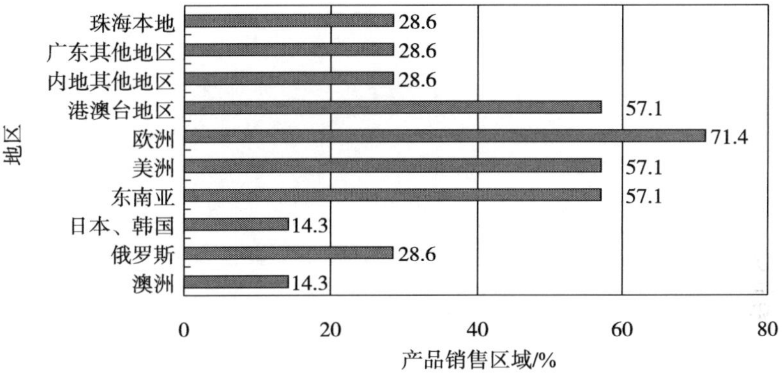

图 6-3　产品销售区域

资料来源：杨久炎，刘健英．珠海崛起中国最大游艇基地——珠海平沙游艇工业园发展经验及其启示．广东造船，2009，28(7)：65～67

4)国际知名度高

近几年来，珠海每年都有游艇展。珠海游艇产业在全球的知名度快速提高，每年都有几百名国内外专业人士、政府官员和投资者参观考察平沙，美国知名游艇杂志《动力巡航》、美国有线电视新闻网(CNN)、意大利知名杂志《游艇》、中国台湾《联合报》和《中华宅艇》等众多媒体都多次前往采访报道。杰腾造船生产的游艇在 2007 年美国迈阿密船展上荣获“人民选择奖”“最上镜游艇奖”，并力挫群雄获得“南美国际游艇拉力赛”冠军。先歌游艇为意大利客商制造了一艘世界第二大(127 英尺)、价值上亿元的玻璃钢船体一次性成型的大型豪华游艇。

3. 平沙游艇工业园的竞争力

平沙游艇工业园发展游艇产业条件得天独厚，其游艇制造已初具规模，要抢占先机、乘势而上，积极将自身打造成为国内游艇产业中心。平沙游艇工业园发展游艇业五大优势如下：①园区位于珠海，珠海素有“百岛之市”的美称，其临海特色和便利的水陆交通条件，适合游艇休闲产业的开发。②有优越的气候条件，游艇生产的气温要求在 15℃以上，珠海一年四季如春，几乎全年符合游艇生产和消费的要求。③靠近消费市场，距香港、澳门、广州、深圳很近，珠三角繁荣的经济孕育出了一批具有足够经济实力和品位的游艇目标客户群，市场空间较大。④有较好的产业基础和产业配套能力。⑤与珠海“浪漫之城”的城市特色和城市定位互为补充，相得益彰。

4. 平沙游艇工业园的主要经验

1)政府高度重视，政策配套齐全

早在2003年珠海市政府就将游艇产业确定为珠海市特色产业，并将平沙游艇制造基地设立为珠海市游艇工业区(后因国家开发区政策而撤并到平沙工业区)。2008年珠海市委、市政府1号文件出台了《关于加快工业产业集群发展的若干意见》，将游艇产业列为市重点发展的产业集群之一，将游艇作为珠海的城市名片。市委、市政府明确提出“抢占先机、乘势而上，打造国内游艇产业中心”，大力发展游艇制造业，延伸游艇产业链，努力建设以平沙镇为核心的集游艇研发、设计、制造、检测、休闲娱乐、展示、交易和培训的珠海游艇产业基地。广东省已将游艇作为新兴产业予以重点扶持，批复平沙镇为“广东省(游艇)技术创新专业镇”，这也是目前国内唯一的游艇专业镇。

2008年6月珠海市又出台了《关于整合园区资源促进产业集群发展的意见》，决定成立平沙游艇与休闲旅游区，依托海泉湾“国家旅游休闲度假示范区”，重点围绕游艇产业研发制造、展示交易、专业培训等环节，结合位于平沙镇的金湾区台湾农民创业园，大力发展生态休闲、旅游会展及文化创意产业，打造特色园区。

平沙游艇产业从初期形成集聚，至今一直相对稳定地向前发展着。在此过程中，当地政府“有形的手”对本地游艇产业的发展起了极其重要的推动作用。

2)制定发展战略规划，健全机制

珠海市于2004年就开始制定《珠海市游艇产业发展规划》，将鸡啼门水道以西，平东大道以东，大海环以南约7平方千米的土地列入游艇产业区的主体园区。通过合理规划，发展沿海、沿江游艇制造业和服务业；将升平大道南北两侧、珠江大道以东约4.3平方千米区域作为生产配套、生活配套区；将海泉湾西南侧约10平方千米区域规划为旅游商住区，将抒髻山一带约13平方千米区域规划为旅游区，总面积为30平方千米。

2008年，珠海市新组建金湾区平沙游艇与休闲旅游区管理委员会，进一步加强对游艇产业发展工作的领导，加大对游艇产业规划和园区规划的力度，加快游艇产业园区招商引资的步伐，全力推动游艇产业的发展。

3)出台操作性强的政策，鼓励扶持游艇业加快发展

为延伸游艇产业链条，推动游艇产业协调发展，珠海市政府正准备推出《游艇配套企业投资的优惠政策》，对进驻广东南国游艇及配套交易中心的商贸、物流企业给予租金和财政补助。其中，租金补助为首年每月租金补助8元/平方米，第二年每月补助4元/平方米。财政补助为五年内，年纳税额100万元以下的，按其对金湾区平沙镇财政实际贡献额的20%给予企业扶持发展资金；年纳税额

100 万～200 万元的，按 25%给予企业扶持发展资金；年纳税额 200 万～500 万元的，按 35%给予企业扶持发展资金。

4)完善配套服务体系，为游艇业发展提供保障

平沙游艇工业园的发展过程中，并没有一味地把目光放在追求高产值、高税收上面，而是整体思考行业发展，围绕建设游艇专业镇，平沙正规划建设船艇零部件与材料交易中心、游艇产业研究和人才培训中心、游艇技术研究中心、游艇材料检测中心、珠海市游艇行业协会和游艇网站等一系列平台，延长完善产业链，引导培育相关服务业，建设中国游艇产业中心。

2008 年 12 月 19 日，广东南国游艇与零配件交易中心在平沙正式揭牌。零配件交易中心的成立，方便了本地的游艇制造企业，节省了游艇制造环节中零配件的采购成本。该交易中心总投资 6 亿元，首期占地面积 3 万平方米，展区 2.1 万平方米；二期占地面积 5 万平方米，展区 6 万平方米；三期则以建设中的南国游艇俱乐部为基础，包括 500 个泊位的水面展览区和大型国际会议中心，并配有五星级酒店等综合商务设施。交易中心现已有 30 多家五金件、原材料、船机系统、仪表、船用灯饰等销售代理商进驻了交易中心的展示大厅。其中，以来自中国台湾和新加坡的零配件供应商居多。建成后的交易中心将集游艇研发、材料检测、产品展示、交易、会议会展、物流仓储、电子商务、保税监管以及金融结算等功能于一体，是国内首家以游艇为主题的大型综合交易展示平台。

5. 平沙游艇工业园发展的启示

为保持游艇产业在全国的领先地位，珠海市政府高度重视游艇产业集群竞争力的提升，其创新性与战略性举措如下：第一，积极营造游艇产业良好的投资环境，加强产业集群内的公共设施建设，加大原材料的招商引资，成立游艇行业协会，集群一站式服务，成立创新服务机构，整合码头资源。第二，创新服务功能，规划原材料专业市场，提升创新中心的功能。第三，发挥政府主导作用，搞好展会经济，加大区域品牌的推广，完善园区经济，积极引进物流企业，规范行业标准。第四，重视持续突出重点优势与挖掘现有优势：宣传推广游艇产业集群，积极打造地区品牌，把制定好的中长期发展规划付诸实施，让龙头企业发挥示范带头作用，繁殖孵化一批中小企业为大企业做配套，形成大中小企业并行发展，密切配合的良性集群内部竞争机制，制定各种配套政策鼓励企业创新。第五，制定游艇产业集群的可持续发展规划，建好一个原材料的专业市场，办好一个游艇展会，做好一个游艇俱乐部，发展好一个创新中心，维护好一个公共码头，营造好一个集群，开拓出一片营地。

珠海市游艇产业发展经验告诉我们，政府的高度重视是珠海游艇产业得以快速发展的保障。在平沙游艇产业初步形成集聚时，珠海市及时通过制定规划和优惠扶持政策、搭建公共平台、完善载体建设等一系列措施推动游艇产业快速发

展。珠海市将游艇产业作为重点发展的产业集群之一，将游艇作为珠海的城市名片来发展，关键是珠海看中了游艇制造业所具有的巨大的带动效应。如果仅盯着游艇产业现有的产值和税收，目光就会有失偏颇。游艇制造还有一条长长的产业链，包括仪器、仪表、五金、模具等。另外，游艇销售、研发、驾驶培训等，都会为当地经济带来巨大收益。而所有这些，首先要有游艇制造业作为基础。相对珠海市，江门市同样具有发展船舶工业所必需的岸线、水域等自然、地理条件；同时，在产业基础方面，银洲湖区域也已初步形成了以南洋船舶为龙头的10万吨级以下各类船舶产业集群。但在如何提高政府部门对船舶工业的认识，通过政府"有形的手"在规划和优惠扶持政策的制定、载体的建设、公共平台的搭建、高效服务的提供等方面进一步加快推进江门市船舶工业发展，珠海市发展游艇工业的经验给了我们很多启示，值得我们借鉴。

第 7 章

中国游艇业重点投资领域

在第 6 章重点介绍国内游艇产业重点投资区域的基础上，本章进一步以游艇产业链为基础，选择了游艇产业链上最具有投资价值和潜力的五个分支产业，即游艇研发产业、游艇制造产业、游艇俱乐部、游艇租赁服务产业、游艇管理服务产业，分别从这些分支产业的产业投资现状、产业投资特点、产业投资前景、产业投资战略构想四个方面详细分析了这些产业的投资状况，并为每一个分支产业列举了一个典型的投资案例，以期读者能更准确地把握游艇产业的投资方向和投资技巧。

7.1 游艇研发领域投资

7.1.1 游艇研发投资现状

一般而言，游艇研发主要包括游艇设计和游艇技术研发两个部分，见表7-1，前者着重于游艇的艺术表现，后者着重于游艇的机械效能。

表 7-1 游艇研发的主要内容

游艇研发项目	研发内容	研发目的
游艇设计	工程设计 美工设计	从工程设计来看，它既要满足结构的强度要求、整艇布置的匹配要求和冲压分块的工艺要求，又要适应艇身的空气动力学要求，保证其具有最小的阻力系数 从美工设计来看，它应当适应时代的特点和人们的爱好，像对待工艺品那样进行美工设计，给人以高度美感
游艇技术研发	总体设计 总成设计 零件设计	其任务是使所设计的游艇达到设计任务书所规定的整艇参数和性能指标的要求，保证其动力性、燃油经济性、制动性、操纵稳定性、舒适性、安全性、耐久性、维修性和对环境保护的影响性能等指标的最优配置

从表 7-1 游艇研发的内容来看，研发涉及的内容繁多而复杂，无论对研发单位的经验要求、工艺要求还是艺术要求都非常高，需要花费大量人力、物力、财力，经过一定时间的积累才能具备，其位于整个游艇产业链的最上游，决定着整条游艇产业链的健康度。

1. 研发投资只是少数企业的事情

我国游艇研发主要分为三个阶段：初级阶段，主要特征是基本依赖国外模具进行产品生产；中级阶段，主要特征是学习国外设计技术，培训自己的设计人才；高级阶段，主要特征是能够自主设计，有所创新，并最终创立自己的游艇品牌。

从目前的现状看，国内绝大部分的游艇企业还处在研发的初级阶段，即依靠国外模具进行产品的生产阶段，设计人才缺乏，自主品牌价值低是主要问题。业内有人指出，我国游艇企业存在“两头在外”的独特现象：一为设计在外；二为营销在外。究其原因，主要是因为游艇消费在我国仍属于奢侈品消费，对于产品性能和艺术感的研发设计要求很高，这不是每个游艇企业都能承担得起的投资项目。特别地，我国现有的大部分的游艇企业是从原来的中小型玻璃钢船厂演变而来的，研发力量薄弱，企业同质性强，竞争激烈，主要开展以出口为主的加工制造，研发投资只集中在极少数的游艇企业，而资金量较为充裕的上市公司是游艇研发的主体力量。目前，我国的游艇上市企业只有两家(太阳鸟、佳豪)，研发实力和国外游艇发达国家的企业相比还存在着较大的差距，但是，这两家公司在研发投资、品牌创建和技术引进等方面都做了一些积极的工作，虽然这并不能代表我国游艇研发产业的整体水平，但这种积极的努力将会给其他的游艇企业树立一个榜样，要想在竞争激烈的游艇产业中生存，研发投资至关重要。

2. 强调现代技术，忽略历史传承

游艇研发并不是一味地强调新技术的应用。游艇在我国属于奢侈品的特殊产品属性，决定了其应具有更高的文化内涵和稀有度，而不仅仅是一件简单的科技产品。LVMH(Louis Vuitton Moët Hennessy，即酩悦・轩尼诗-路易・威登集团)的总裁伯纳德(Bernald)曾经说过“奢侈品品牌打造没有捷径，时间和品质是关键”。我们所熟知的奢侈品品牌一般都具有悠久的历史背景，这种长达百年的历史沉淀使得品牌具有一种被时间证明了的生命力。所以奢侈品界的巨无霸 LVMH 集团在全世界范围内搜索这种具有历史传承性的品牌并对其进行收购，一旦这样的品牌加入像 LVMH 这样的大家庭就会迅速成长为国际性大品牌。同样的道理，优秀的游艇企业除了强调技术在产品制造和使用中的价值外，不能忽略了企业自身及其产品历史感的培育，技术的革新永无止境，如手机、计算机等快速消费品，可以采用“技术占领市场”的成长路线，苹果公司就是一个典型的案例，但像游艇这类少数群体消费的奢侈品则更强调的是企业经历时间，用“心”传承下来的品质，包括产品的历史性、原创性和独有的文化性，这些特性必须能经得起时间的考验，经典而且流行，鲜明于其他品牌。

意大利的游艇设计工业享誉世界，其实很多企业就是传统的手工作坊，没有先进的生产线和高科技的生产设备，甚至完全依靠手工打造船体，但这些手工技术却经历了百年的传承，其独有的历史感和稀有性使得这些游艇成为世界上顶级、最昂贵的游艇，且长盛不衰。这给我国游艇企业研发投资的决策者提供了一点启示：注重企业和产品自身深层次的文化性和稀有性的投资将比盲目地追求技术革新更加适合游艇产品，且具有更好的投资可持续性和更低的投资风险。

需要强调的是，对少数选择走高端路线的游艇企业而言，精心培育产品品牌的同时，不要急于品牌的扩张，品牌一旦急速扩张就会稀释品牌的稀缺性特质，这将背离奢侈品最根本的理念。虽然品牌知名度是奢侈品的一般特点，但是奢侈品最根本的理念还是排他性，一旦品牌急速扩张，被消费者大量拥有，品牌所能提供的社会属性就会骤然下降。而奢侈品品牌一旦被稀释，品牌重新打造的成本将不可估量。

3. 以市场换技术，养成创新惰性

我国游艇制造和销售的数据增长势头明显，甚至在全球经济不景气的大背景下也能保持一定比例的逆势增长，这些并不完全得益于游艇研发的收益，甚至形成了一种“以市场换技术”的创新惰性。游艇产业和汽车产业的发展具有很大的相似性，鉴于游艇产业数据的缺乏，笔者将以汽车产业来类推游艇产业。

全球汽车巨头的研发投入一般占其销售收入的 4%～5%，但中国汽车企业的研发投入普遍不到 3%，根据 2009 年财报数据，东风集团的研发投入为 20.87 亿元，占销售收入的 2.3%；上海汽车的研发投入为 12.87 亿元，占销售收入的 0.9%；江淮汽车的研发投入为 3.18 亿元，占销售收入的 1.6%；长安汽车的研发投入为 1.89 亿元，占销售收入的 0.7%①。研发比例都不高，汽车专家贾新光认为，中国车企研发投入占比低与“市场换技术”的惰性有一定的关系。我国汽车业是在合资过程中发展起来的，在合资事业体中，外方负责车型导入，各大汽车集团因合资而轻易获得新车型，背靠车市的大规模爆发式增长，几乎不需要任何研发投入，就能获得高额利润，由此养成了一种创新惰性，毕竟自主研发一款新车，不仅要有几亿元乃至十几亿元的投入，而且要面对失败危险，风险极大。各大汽车集团更热衷于扩大产能，而不是将决定企业核心竞争力的研发放在首位。

就是个别汽车企业强调研发，从严格意义上来说，也不能算是真正意义上的研发，只是在别人的技术平台上进行“二次开发”。在合资企业夹缝中生存的奇

① 丁彬．把脉中国汽车的“大国病”：强市场弱研发．第一财经日报，2010-09-06.

瑞、比亚迪、吉利等国内自主品牌，都是从模仿起家，走“逆向开发”的产品路线。近年来，实力增强的奇瑞、吉利等都在自主开发新产品，但大多是委托国外设计公司帮助开发新车型，虽然现在发展自主品牌已成为各大汽车集团的共识，但通过合资快速复制仍是首选的发展路线。

同样的现象也正发生在游艇产业内，甚至还不如汽车产业，毕竟游艇产业发展的时间和成熟度要远低于汽车产业。以“市场换技术”的方法是产业初期发展的一个非常有效的投资策略，成本低、收益高，但是因为投资壁垒低，企业很快会因为丧失核心竞争力而发生惨烈的价格竞争，不利于游艇企业的中长期发展。所以，从战略角度看，加大以技术研发为核心的产业链上游投资，形成高价值的品牌和高技术壁垒将有利于我国游艇产业的长远发展。

7.1.2 游艇研发投资特点

1. 投资重点突出：游艇的设计领域投资

游艇研发是系统工程，涉及领域广泛，随着制造技术和工艺的发展，其机械和电子零部件等已基本实现标准化、通用化和系列化，进行分工外包后，分别由不同的设计部门和专业厂商进行生产，游艇企业很少直接涉及该类产品的研发，其投资的重点继而转向游艇设计领域，特别是对于豪华游艇，几乎每一艘游艇都需要单独设计和开模，其工程设计和美工设计要求都很高，因此该领域应成为未来游艇企业重点投资的领域。纵观目前游艇产业发达的国家和地区，如意大利、法国、美国等都在进行游艇研发，特别是在游艇设计领域进行了重点投资，这也为我国游艇产业的健康发展提供了宝贵的经验。

2. 投资风格稳健：循序渐进的投资风格

游艇研发位于游艇产业链的最上游，是智力、财力、物力最为集中的领域，是产品个性化和创新的第一环，也是游艇企业从简单的制造装配走向拥有自主品牌的最关键一环，整体表现出投资难度大、投资周期长的特点，需要决策者从战略的角度规划游艇研发投资的方向和策略，按照循序渐进、稳扎稳打的方式进行投资，着重抓好游艇教育、游艇展会、游艇交流等基础性工作，切不可简单地认为优秀的游艇设计就是请几个著名的设计师、多投入一些研发资金等短期手段就能实现的。国内第一家上市的游艇企业——太阳鸟游艇股份有限公司在游艇研发方面给国内其他游艇企业树立了一个很好的榜样，它不仅积极引进和输出人才，更重要的是立足长远，积极夯实研发的基础。2012 年 11 月，企业和华中科技大学达成“产学研”合作协议，将该校的船舶与海洋工程博士后流动站设在企业内部，以保证“产学研”之间最高效的转化，企业也因此拥有了在长期的竞争中起决定作用的持续创新力。

3. 研发投资的产业动力性："游艇制造"还是"游艇创造"?

研发投资对促进游艇技术进步有很大的帮助。一方面，研发投资是技术进步的载体，任何技术成果的取得都不是空穴来风的顿悟，而必须通过研发投资活动来实现，并通过其他投资形式转化为经济价值，它是技术与经济之间联系的纽带；另一方面，技术本身也是一种结构性投资，任何一项技术成果都是投入一定的人力资本和资源资本(如试验设备等)的产物。可见，技术进步的产生和应用都离不开研发投资，而技术进步又是游艇产业发展的根本动力，所以，创造技术进步的研发投资构成了游艇产业发展的动力源泉，它在加速我国游艇产业升级换代，实现从"游艇制造"到"游艇创造"的实质性转变中起着决定性的作用。

4. 研发投资的产业方向性："游艇大国"还是"游艇强国"?

国际上通常采用 R&D(Research and Development，即研究与开发)活动的规模和强度指标反映一国的科技实力和核心竞争力。一国的 R&D 水平体现着一国的政治经济实力，一个行业的 R&D 水平体现着一个行业的竞争力。国际上的著名企业都把 R&D 视为企业的生命，无不投巨资于 R&D。据资料显示，早在 1996 年，通用汽车(General Motors，GM)的 R&D 经费就达到了 64.13 亿美元，占销售额的 5.6%；朗讯(Lucent)的 R&D 经费为 41.19 亿美元，占销售额的 11.6%。在日本，不少企业对 R&D 的投资已经超过了对固定资产的投资。R&D 的定量研究表明，投资 R&D 的收益率相当可观，大体在 20%～40%[①]。我国游艇产业和其他很多产业类似，重制造、装配而轻研发和创新，导致我国可以快速和长期保持游艇制造大国的地位，但却无法在短期内实现游艇强国的梦想，游艇强国一方面需要有成熟的国内消费市场；另一方面，则必须在游艇产业链的上游，即游艇 R&D 领域取得世界领先地位，这是投资期长、风险大的投资，也是我国游艇产业必须经历和承担的投资，R&D 投资效果的好与坏将最终决定我国是游艇大国还是游艇强国。

7.1.3　游艇研发投资前景预测

1. 明

游艇研发领域投资前景明朗。想要在世界游艇产业格局中有自己的话语权，必须在研发领域获得突破，不能仅仅做世界游艇的代工厂。实现目标的路径也很明确：以资金和政策为动力，以少数先发展起来的优质游艇企业为龙头，带动一批企业的技术创新，最终实现我国游艇强国的梦想。

---

① 周仁俊，窦智．R&D：亟待重视的会计视角．中华会计网校，http://www.chinaacc.com/new/287/288/306/2006/6/sh00730172660020-0.htm，2006-06-27.

2. 优

游艇研发在国内尚不成熟，各企业之间相差无几，不存在传统行业中经常出现的高市场壁垒的垄断企业。垄断企业为了保护自身利益，往往会动用各种力量对新进入者进行全面阻击，如利用政府补贴进行降价、利用计划经济时制定的标准进行经营方面的限制等。竞争企业要破除这些坚冰，所需付出的额外成本非常之高，不具备一定实力的投资者很难承受，即使具备了这种实力，在以后的经营过程中是否能消化这些成本也未可知。这种现象在游艇制造产业内部会出现，但在起步阶段的游艇研发领域垄断还未形成，这给投资者创造了相对自由的、低成本的、优越的投资空间。

3. 先

2011年，作为“十二五”规划的起始年，船舶工业仍将延续国务院2009年批准的《船舶工业调整和振兴规划》的战略规划，积极发展我国的装备制造业，进一步明确和落实《船舶工业中长期发展规划(2006—2015)》提出的总体指导方针，特别是在高技术、高附加值、节能环保型船舶，以及海洋工程装备制造方面的基本政策及其支持措施，仍将得到进一步的落实。延续我国船舶工业发展的规划和前景，游艇产业也必将在新技术、新材料、新装备的研发上迎来新一轮的发展机遇，研发将成为我国游艇产业走向世界游艇强国所必须抢占的第一个战略制高点。

4. 巧

虽然国内游艇研发行业相对竞争壁垒低，但是国外游艇发达国家的研发实力却远高于国内，投资者同样面临着高进入成本的风险，这个问题是综合实力的长期竞争，不是短期内能够解决的，但是及早地进入研发市场将有助于企业抢占先机。同时，巧妙地把握住机遇性事件也能起到事半功倍的效果。例如，2012年1月10日，山东重工集团下属的潍柴集团与全球最大的豪华游艇制造商意大利法拉帝有限公司主要债权人达成协议，通过参与法拉帝债务重组程序，共计向法拉帝投资37亿元人民币，收购法拉帝75%的控股权，实现绝对控股。这起并购事件得益于世界金融危机对欧洲消费市场的影响，使得潍柴集团在较短的时间内拥有了世界顶级游艇品牌法拉帝的研发实力、制造技术、优质产品和销售渠道。国内一些有实力的公司，可抓住机会，利用游艇发达国家经济不景气、游艇消费疲软等不利因素，变不利为有利，通过海外并购等方式寻找研发投资的另类突破口。

5. 稳

研发投资绝非一朝一夕就能实现高回报，必须经过持续的、稳健的战略布局，从投资环境、基础教育、合作交流等多方面综合考虑，逐步形成完善的研发机制和“产学研”相互转化的路径，国家和各级地方政府在政策和融资渠道等方面也要给予大力支持，只有以上工作逐步做细，做扎实，才能最终实现游艇研发投资的良性循环。

7.1.4　游艇研发投资战略构想

1. 高品质战略：先高后低，梯次发展

游艇在我国仍属于奢侈品，在短期内还必须坚守高品质战略，研发投资主要按照先高后低、梯次发展的战略进行，着重在游艇动力、材料、零部件研发和艺术性设计上加大投资，以保证产品优越的性能和独有的个性。接着向中低端游艇研发过渡，设计制造适合普通大众的、性能和艺术感要求相对较低的中小型游艇，以此推动大众游艇消费的普及。

2. 国际化战略：加强国际双向交流与合作

研发竞争是国际化的竞争，为了确保我国游艇研发能在世界游艇研发领域占有一席之地，加强国际双向交流与合作是一种有效的途径。一方面，加大先进技术的引进、消化和创新；另一方面，经常性地参加国际游艇展会、学术交流、联合开发等活动，并在条件成熟时，通过必要的企业经营手段，兼并或收购国外相关的研发企业，以最快的方式获得研发优势。

3. 系统化战略：以点带面，一体合作

研发不是我国游艇产业的强项，所以不适合所有企业同时开展，而应以少数具备条件的优质企业为龙头，以成熟的产业聚集区为研发孵化地，以点带面，在游艇的设计、制造、服务、保养等方面展开一体化合作。以制造、服务的产业利润反哺研发投资，以研发的成果促进相关产业的发展，并利用研发投资社会效益大的特点来带动其他中小游艇企业的发展，最终形成整个游艇产业链的全面发展。

4. 基础性战略：稳扎稳打，循序渐进

研发投资忌“急功近利”，以市场换技术不是长久之策，扎实研发的基础工作，加强校企合作，重视游艇设计人才的培养，循序渐进地进行研发和研发投资可为我国游艇产业提供持续的发展动力。

7.2　游艇制造业投资

7.2.1　游艇制造业投资现状

中国游艇制造业从 2005 年开始加速发展，以加工出口为显著特征，出口额从 2006 年的 1.8 亿美元，升至 2007 年的 2.2 亿美元[①]，到了 2012 年已达到 4.1

① 北京亚博中研信息咨询有限公司．2012—2016 年中国游艇业投资分析及前景预测报告．北京：亚博咨询，2010.

亿美元①。据不完全统计，截至2013年4月底，中国内地共有游艇制造厂家440家，但主要集中在华南、东南沿海地区，其中整艇制造商从2006年的近50家增至80家左右，零配件制造商360家左右，中国制造的游艇已出口70多个国家和地区②。

2008年之前，中国游艇制造企业主要以中小型游艇的生产和销售为主，但从2008年开始，国内一些实力较强的游艇制造企业开始涉足利润更高、风险更大的豪华游艇的生产，并取得了一定的成绩，但是和游艇发达国家相比，在品牌知名度、营销渠道和艇体设计等方面还存在不小的差距。游艇业界知名杂志*ShowBoat International*针对2011年全球各地游艇制造厂80英尺(24米)以上游艇订单进行了调查统计，并将其做了一个排名，见表7-2，中国只有台湾品牌"赫洡森"荣登全球前十大豪华游艇制造厂榜单，中国内地则无品牌上榜。

表7-2 2011年全球游艇制造订单调查统计表(24米以上)

世界前20位超级游艇制造商(此项排名是以所有游艇订单的总长度为标准而设的)					
2012年排名	公司	总长/米	总长/英尺	承接订单数/个	平均长度/英尺
1	Azimut-benetti	2 640	8 661	75	115
2	Ferretti-Group	2 427	7 961	76	105
3	Sanlorenzo	1 413	4 635	42	110
4	Lurssen	753	2 471	7	353
5	Sunseeker	649	2 127	21	101
6	Feadship	567	1 860	8	233
7	Westport	548	1 798	16	112
8	Heesen Yachts	535	1 754	11	159
9	Horizon	519	1 704	17	100
10	Amets	495	1 625	8	203
11	Fipa Group	482	1 581	15	105
12	Overmarine	461	1 512	13	116
13	Trinity Yachts	432	1 417	8	177
14	Perini Navi Group	426	1 398	8	175
15	Princess Yachts	378	1 239	13	95
16	Patmer Johnson	303	993	5	199
17	Christensen	259	848	6	141

① 全国游艇展专家指导委员会，中国交通运输协会邮轮游艇分会．2012—2013中国游艇产业报告，2012.

续表

世界前 20 位超级游艇制造商(此项排名是以所有游艇订单的总长度为标准而设的)					
2012 年排名	公司	总长/米	总长/英尺	承接订单数/个	平均长度/英尺
18	Proteksan-Turquoise	257	843	4	211
19	Kha Shing	240	787	8	98
20	Dream Ship Victory	238	781	3	260

资料来源：中国游艇发展网，http://www.yachtchina.org/page.asp? id=13827

1. 政府和企业投资热情高涨

“中国制造”享誉世界，制造业产品成为出口商品的主体，为国家换取了大量的外汇，我国财政收入的近一半来自于以制造业为主的工业产业。2010 年，仅年主营业务收入在 500 万元以上的工业企业就业人数就超过 9 000 万人[①]，解决了大量的城镇人口和农村剩余劳动力的就业问题，大大缓解了我国沉重的就业压力。这些都是国家和地方政府在经济发展中乐于见到的现象，因此也给予了企业大力的政策支持。游艇制造业有别于其他制造业，如在高消费性、产业带动性、城市品牌提升等诸多方面都有着其他产业无法比拟的优势。近些年，在沿海、沿江、沿河的省份和城市兴起了一股“游艇热”，一批游艇制造园、制造基地纷纷建立，相应的建设规划还在陆续出台，政策法规也在不断完善中。受政府宏观层面的利好消息，以及对我国未来经济增长持有的乐观态度的影响，越来越多的投资者开始关注游艇制造业。但是，百研资讯最近的一份调研报告显示，近一两年来我国游艇生产投资过快、过于集中，可能存在一定程度的投资过热现象，后续的投资者应在充分分析现有市场的前提下，合理选择投资项目，切勿盲目地集中投资。

2. 存在着制造业投资的通病

我国游艇制造业在高速发展的同时，也存在着类似于其他制造业的一些通病，如自主创新能力不强、增长方式粗放、低水平重复投资、部分产品产能严重过剩、配套装备发展滞后、高附加值产品装备开发投资进展缓慢等。特别是 2008 年下半年以来，受国际金融危机影响，造船市场受到很大冲击，游艇订单也随之大幅减少，企业融资出现困难，履约交船风险加大，我国游艇制造业发展面临严峻形势。面对不利的局面，2009 年国务院颁布了《船舶工业调整和振兴规划》，对未来我国船舶工业提出了一些建设性的建议，如：①加大制造企业经营信贷融资支持；②通过股份、市场换技术的方式，引入外资，这有利于中方吸收外方的技术、管理等先进经验，加速提高我国游艇制造企业的竞争力；③完善企业兼并重组政策措施、组建一批更具国际竞争力的大企业；④加大科研开发和技

① 薛志伟，冯其予．“中国制造”誉满全球．经济日报，2011-10-09.

术改造的资金投入。这些建议对于解决我国游艇制造业存在的通病具有很好的战略指导意义。

3. 各类投资集中现象明显

1)投资地区集中

2010年国内有26个省市有游艇及附属产品的出口，包括西藏自治区，这说明我国的游艇产业在各省市都有一定的发展，但从出口金额的排名看，依然以珠三角(广东、江西、四川)、长三角(福建、浙江、上海、江苏、湖北)和环渤海经济区(山东、辽宁)的省市为主，出口产量占了全国总出口的95%以上[①]，形成了我国游艇制造和投资最为集中的地区。这些地区目前已形成了一批实力较强的游艇产业园，如广东珠海的平沙游艇产业园、靖江的船舶(游艇)科技产业园、天津的海斯比游艇城等，这些产业园内的企业以游艇制造业为主，较少涉及游艇服务业。从长远看，以游艇俱乐部、游艇码头、游艇运输、游艇金融为载体的游艇服务业将会是这些地区游艇投资的新一轮亮点。建议投资者目前仍然重点以珠三角、长三角、环渤海经济区为投资中心组织生产，充分利用这些地区已形成的良好的制造基础和广阔市场，等待国内游艇消费市场逐渐成熟后，再逐步将制造转向劳动力成本更低的中西部地区。

2)投资方式集中

我国游艇制造业一直以来都以出口为导向，从游艇进出口的金额来看，2010年出口额达到2亿美元，进口额只有6 500万美元，出口额是进口额的3倍多，但从增长效果看，进口却远高于出口，其中充气的娱乐或运动用快艇、娱乐或运动用其他船舶或快艇、帆船、汽艇四类艇的进口量分别增加了320.36%、139.66%、97.04%、76.58%，而对应的出口增加值却只有15.07%、8.34%、26.14%、-43.15%[①]，这预示着游艇内需市场的进一步扩大。2012年，我国游艇进出口额分别为3.6亿美元和4.1亿美元[②]，进出口额之间的差距正在逐步缩小，投资集中方式也在改善。

3)投资艇型集中

第一，从制造出口的各类艇型来看，数量最大的是充气的娱乐或运动用快艇，2010年达到200万艘，出口金额为8 200万美元，平均价格为41美元；其次为娱乐或运动用其他船舶或快艇，数量为78 000艘，出口金额为1.1亿美元，平均价格为1 400美元[①]。很明显，我国目前制造的艇型以单价较低的小型艇、休闲艇、娱乐艇为主，平均单价在14万美元左右的汽艇制造相对较少，2010年

---

① 杨新发. 中国游艇产业发展综述报告. 上海：上海交通大学出版社，2011.

② 全国游艇展专家指导委员会，中国交通运输协会邮轮游艇分会. 2012—2013中国游艇产业报告，2012.

仅出口了 27 艘。究其原因，主要是金融危机削弱了国际市场对该艇型的需求量，同时该类艇型附加值高，国际竞争激烈，很多国际厂商一直都把该类艇作为投资和制造的重点，而将附加值相对较低的小型艇的生产转移到我国所致。但从长远看，随着技术的成熟、经济的复苏，价格在十几万左右的汽艇无论是从速度、维修保养成本以及体验感等多方面都将是工薪阶层的首选，国内游艇制造企业不可忽略该类艇型的投资。

第二，从国外游艇产业发展的经验来看，游艇产业的兴旺源于游艇运动的普及，而其中的帆船运动是性价比最高的一项运动，深受游艇运动爱好者推崇，一艘帆船的平均价格不到 1 万美元，和一辆汽车的价格相当，从 2010 年我国帆船的出口量也能看出这种趋势。2010 年在游艇制造业整体不景气的情况下，我国的帆船出口一枝独秀，出口额达到 840 万美元，增幅高达 55%，位于出口的所有艇型之首，出口数量同样也摘得增幅桂冠，达到 26%(销售 994 艘)①。虽然帆艇目前制造和销售的绝对数量还远低于其他休闲娱乐类游艇，但它的国际、国内市场需求空间巨大，应引起投资者的高度关注。

4)投资企业类型集中

我国游艇制造企业的一个显著特征是民营资本集中，主要分布在沿海地区，上市公司很少，几乎没有大型的专门制造游艇的国有控股企业。造成的结果是，企业实力，特别是国际竞争力较弱，企业资金困难。这些企业为了节约成本，在技术研发、渠道拓展、品牌打造等很多核心环节上投入偏少。例如，在游艇的材料应用与工艺方面，国内不少中小型生产企业出于成本考虑，在原材料选用上大都因循守旧，采用普通的惯用材料，很少为提高产品性能而采用档次较高的原材料(如碳纤维、芳纶纤维、乙烯基酯树脂等)。在工艺上也较守旧，较少考虑改进。国际上常用的机械浸渍成型法制造船体及上层建筑，用气压法脱模这类既可降低工人劳动强度，又可提高工效、确保质量、降低材料消耗的先进工艺方法，在国内却鲜有使用。国内企业还基本停留在创出一种型号“吃”多年的滞后状态，无力参与价格之外更高层次的国际竞争。不过近几年，一些民营企业也开始逐渐壮大自己的实力，主要通过引进先进技术、来料加工、与外商合资、引进专家和外商独资办企业等方式进行，表现在可生产豪华游艇的企业明显增加，如深圳江辉玻璃钢船厂、深圳蛇口玻璃钢船厂、东莞玻璃钢船厂、常州玻璃钢造船厂等，它们都能建造一些豪华游艇出口国外。但是这些厂家也都还存在着接单成本高、外贸游艇复合人才缺乏等困难。建议通过政策指引，引导一批实力较强的制造企业通过必要的资本运作手段，如发行股票、发行债券、配股、增发新股、转让股权、派送红股、转增股本、股权回购(减少注册资本)，企业的合并、托管、收购、

① 杨新发. 中国游艇产业发展综述报告. 上海：上海交通大学出版社，2011.

兼并、分立以及风险投资等，以实现资本结构或债务结构的改善，扩大企业规模，优化企业资本结构，形成一批具有国际竞争力、大型、专业化的游艇制造企业。

5)投资短板集中

我国游艇制造业投资存在以下三个最集中的问题，需重点解决。

第一，投资结构不合理。我国游艇装备制造业普通产品总量过剩，而体现竞争力的重大技术装备却不能满足要求。我国现在很多单体设备做得不错，但缺乏成套制造设备，系统设计水平不高，成套能力薄弱，致使大量附加值较高的游艇成套装备市场不得不让给外商。虽然改革开放 30 多年来，通过引进技术、合作设计、合作生产、自主开发等多条途径，已能生产大批高水平、高质量的单艇产品，但由于对工艺流程研究不够，没有掌握系统成套技术，缺乏一批具有系统设计、系统成套和工程总承包能力的供应商，导致 80%～90%的单艇由国内企业制造，但大部分利润却被外商拿走的尴尬局面①。

第二，技术研发投资严重不足。游艇制造中的大部分技术仍然依靠国外引进，原创性产品和技术较少；而企业又不能处理好引进、消化、吸收和自主创新的关系，缺乏消化吸收及创新的资金和优秀人才，基本停留在仿制、实现国产化的低层次阶段，尚未形成自主开发的良性循环，有些技术经过一段时间后还要重复引进。事实证明，如将原料生产与产品研发联系在一起，75%的价值创造能力落在产品的研发上；相反，靠原料成本的节省仅可以创造 25%的价值②。也就是说，提升企业的技术水平，优化产品结构，特别是产品研发设计及其生产决策，可以摆脱原料成本的约束，创造更高的价值，这就是我们要说的 IPD (Integrated · Product · Development，即集成产品开发)，即制造企业需要整个系统得到不断的效率提升和产品的改进，从而在全球竞争中创造更高的价值。

第三，人才投资缺乏。游艇制造业是技术和劳动“双密集型”产业，由于游艇产品和服务主要在水面上进行，它除了要求美观、舒适外，更要求安全性能高，艇体材料要具有足够的刚度和强度，不易变形、损坏，设备要求使用游艇专用设备；内装材料和五金件等也比一般船舶上用的高级很多；木材多使用柚木，五金舾装件使用大量的不锈钢制品、镀金制品及白银制品和各种防震、防海水腐蚀的玻璃。同时，游艇的装修、装配工艺也非常考究，需要专业技术人员完成。但是目前国内游艇制造业的员工职业化水平普遍较低，国际交流几乎没有，员工的基本素养仅停留在按照要求加工制造，工艺创新和技术改造能力偏弱，造成的结果是劳动生产率低。

---

① 杨新发．中国游艇产业发展综述报告．上海：上海交通大学出版社，2011.

② 郎咸平．中国制造业的出路在哪里？网易财经，http://money.163.com/09/0505/14/58IADB2A00251OBF.html，2009-05-05.

7.2.2　游艇制造业投资特点

1. 投资门槛较低、竞争激烈

总体来看，我国游艇生产企业相对分散、技术含量偏低。自改革开放以来，在我国广东、福建、江苏、山东、湖北等沿海、沿江省份大约出现了 260 家主营或兼营游艇的生产企业[①]。但是，这些游艇企业多数是小型的地方办游艇厂，制造技术差、管理水平低，生产的基本是低档次的敞开式玻璃钢划桨艇、机动艇和机动游览艇。这类小游艇厂投资门槛低，导致发展过快、过多，而国内市场这类游艇需求有限并接近饱和，造成了产品供过于求，竞争激烈。

国际市场较国内市场相对成熟，但由于国内企业在艇体设计、产品品牌、营销渠道等方面的先天不足，这些企业的产品在国际市场上竞争手段单一，单纯的价格优势受制于国际经济形势的波动和新兴经济体的强力竞争，很难在长时期内维持较高的投资回报率，因此，很多企业开始向利润更高的豪华艇和工作艇制造领域转移，也有的企业将投资视角瞄准游艇产业链下游潜力更为巨大的服务性环节，以寻求企业新的业务增长点。

2. 投资周期短、风险低、短期收益可观、长期收益具有不确定性

国内很多游艇制造企业是从早期的造船企业改制而来的，甚至有不少企业目前依然是传统的造船企业，只是零星地接单进行简单的游艇装配生产，不涉及技术含量要求较高的零配件生产和设计要求较高的艇体生产，因此，投资成本和风险都相对较低，投资周期也不长，只要对原有的造船生产设备稍加改造就可以进行生产。鉴于目前国内游艇制造成本较低，国际游艇需求市场还有较大的潜力，国内游艇企业，特别是一些技术比较成熟，具有一定知名度的企业的短期收益还是比较可观的，但是从长期效果看，收益具有不确定性，原因见表 7-3。

表 7-3　国内游艇制造业长期收益不确定性因素

有利因素	不利因素
(1)国内游艇消费市场一旦真正形成，游艇制造企业将迎来又一个春天，利润空间将出现大幅度增加 (2)西亚、俄罗斯、巴西、印度、中欧等迅速崛起的经济体或国家将贡献更大的游艇国际市场需求量 (3)游艇制造业的发展和成熟将使我国企业进军高端游艇产品领域成为可能，一些领头的企业已为后继者做出了成功的榜样	(1)国内企业的价格竞争激烈，造成部分利润的损失 (2)游艇产业发展起步晚，国际知名度低，在高端、高利润游艇产品的开发和制造上还有很长的路要走 (3)劳动力成本、资源成本、环保成本的增加以及国际经济形势的动荡都可能削弱我国游艇制造业未来的利润空间 (4)重制造轻研发、重数量轻质量、重现在轻未来的思维习惯也让未来的企业收益存在不确定性

① 王台庆．浅谈海南省发展游艇旅游的条件与对策．琼州学院学报，2011，18(1)：27～29.

3. 投资的分散性、专属性特征明显

和其他制造工业大规模的标准化生产不同的是，游艇生产属于定制化生产，特别是对于豪华游艇和工作艇等大型游艇而言，几乎每一艘游艇都有不同的要求，要求可能来自动力性能、电子导航性能、装饰风格、空间布局等多个方面，一家企业很难为满足每艘艇的不同需求而投入大量成本，因此游艇投资的方向非常分散，投资者可根据各自的实力和擅长的领域，投资游艇产业链上的不同环节，如游艇的模具、专用发动机、发电机、导航设备、螺旋桨等。这其中，技术要求高、利润空间大的部分主要由欧、美、日等跨国公司的独资或合资企业负责投资生产。而像雷达、电话通信设备、冷气设备、船用空调、信号灯等船用电器、办公设备、会议设备一般由国内企业投资生产，这种投资分工明确的专属性特征有利于发挥产业链上各家企业的生产特长，但是高利润的产业链上游行业长期被外资或合资企业垄断，很不利于我国游艇制造企业的成长，建议一些实力较强的企业或企业联合体以战略的眼光和魄力加大游艇产业链上游产业的投资力度，使“中国制造”的含金量更具成色。

7.2.3 游艇制造业投资前景预测

1. 多元化

作为游艇制造的中心区域，我国的长三角、珠三角和环渤海经济区正在发生“拥挤”现象，各类成本上升速度加快，制造产业转移趋势日益明显，转移到哪里，主要要看哪里更具有比较优势。近几年，随着“鼓励东部地区向中西部地区进行产业转移”“继续推进西部地区基础设施和生态建设”“增加西部大开发投资”等促进东西部产业转移政策列为中央经济工作的主要任务，西部地区的交通、水利、能源、通信等重大基础设施建设取得了实质性进展，具备了承接产业转移的能力，东部产业向中西部梯度转移成为可能。未来我国游艇制造中心“西进”的可能性同样存在，当然也不排除游艇制造向海外更具比较优势的地区转移的可能，总之，游艇投资的地域多元化将跟随游艇产业的转移逐步扩大，准确预测可能转移的地区，优先占据比较优势将有助于投资者获得更大的收益。

2. 信息化

传统制造业和现代制造业的一个显著区别就是信息技术与传统制造工艺、管理方法和金融创新的融合。我国是世界制造大国，但还不是强国，很重要的一个原因就在于制造业的信息化程度低，鉴于此，国家制定了“以信息化带动工业化”“以工业化促进信息化”的国家战略。游艇制造业大部分起步于传统造船业，导致信息化程度不高，在我国仍属于劳动密集型产业，这不利于企业持续竞争力的培育，因此，游艇制造业信息化的任务迫在眉睫，企业如能及早地完成信息化的投资和建设，将有利于改善企业的经营、管理、产品开发和生产等各个环节，带动产品设计方法和设计工具的创新、企业管理模式的创新、制造技术的创新以及企业间协作关系的创新，从而实现产品设计制造和企业管理的信息化、生产过程控制的智能化、制造装备的数控化以及咨询服务的网络化，全面提升我国游艇制造业的国际竞争力。

3. 环保化

自1998年英国公布《绿色消费指南》一书，呼唤绿色消费意识的崛起以来，绿色消费已成为一种全球性的、崭新的现代消费浪潮。由于"绿色浪潮"包含着冷静的、理性的商业逻辑，其可为制造业提供更加广阔的消费市场和发展空间。在汽车领域，混动、纯电汽车已经开始兴起，并形成一股新的投资热点。同样，在游艇动力方面，以风力、电力、太阳能为主要形式的新型环保动力艇正越来越被投资者、制造商和消费者所关注，一些国际领先的游艇制造商已经开始投入大量资金研发新能源游艇。例如，法拉帝推出了一款长75英尺的探险艇——Long Range23，该艇采用的是"零排量模式"(zero emission mode，ZEM)混合动力技术，拥有4种节能动力选择，意大利船舶技术证书协会(Regisrto Italiano Navale，RINA)授予Long Range23"绿之星"清洁动力和驱动证书，嘉奖其环保理念，在此之前，还未曾有游艇获得过这种殊荣。

国内一些企业也开始尝试研制新动力游艇，而新修订的《中华人民共和国车船税法实施条例》中明确规定使用新能源的车船可以享受免征或者减半征收车船税的优惠政策，这也进一步推动了绿色环保动力游艇的研发和投资。在上海世界博览会期间亮相的"尚德国盛号"游船宣告了中国混合动力船舶的诞生，该艇最为抢眼的就是船顶高10米宽5米的"太阳翼"，"太阳翼"由70余片高效晶硅异型太阳能电池组成，可跟踪阳光照射方向自动旋转，综合选择风力、风向，最大化利用太阳能。

4. 国际化

中国制造业得以快速发展、产业竞争力明显提升的基本经验主要有两个。

1)较早和较大程度的对外开放

中国多年来一直是吸引外资最多的发展中国家，外商直接投资中超过70%的份额投入了制造业领域①。对外商开放投资，开放市场，中国的制造业不仅并未因此而萎缩，而是通过与外商在合作中学习，在竞争中提高，产业的规模、水平和竞争力不断扩张、提升和增强，许多产品产销量位居世界前茅。

2)较深层次、较大范围的市场化改革

改革传统的计划经济体制，放松或放开市场准入管制，鼓励和促进市场公平、有效地竞争，焕发了企业微观主体的活力，尤其是民营经济的进入与发展，在许多行业形成了多种所有制在竞争中相互促进、共同发展的格局。纯粹的国有

---

① 姜德波，凌冬梅. 跨国公司全球生产体系与江苏制造业发展. 产业经济研究，2003，2：49～54.

企业占制造业产出的比例已从 1980 年的 76%，下降到了 2001 年的不足 30%[①]。体制改革带来的“内生增长效应”在制造业领域得到很大程度的体现。

同样的道理，未来中国游艇制造业的投资也应站在国际舞台上，用全球化的视角看待国际竞争、国际市场和国际投资，也只有在国际竞争舞台上扩大比较优势，才能真正使中国的游艇制造业拥有可持续发展的动力和美好的前景。

7.2.4 游艇制造业投资战略构想

1. 信息制造战略：由实体制造向虚拟制造转化

由实体制造向虚拟制造转化是国际制造业在信息技术推动下发生的最显著变化。该技术通过虚拟化的计算机模拟，完成从一个螺丝部件的安装，直到机床、模具等大型设备的一步步设计、生产和总成。目前，不少自主创新能力强的国内外先进游艇制造企业，已通过引进该技术，极大地降低了高新技术的研发成本。信息化战略还能使制造企业的生产模式发生根本变革。精益生产、敏捷制造、并行工程、大批量定制生产等层出不穷的生产模式，无不是信息化催生的结果。电子商务、供应链管理、网络化制造等都离不开信息技术，也正是这些与信息化伴生的新的生产组织方式使游艇制造业的竞争力不断提升，最终满足用户不断提升的个性化需求。

2. 核心制造战略：由完全制造向网络化总装制造转化

抓住核心制造环节，取得最大投资效益和竞争优势是目前我国游艇制造战略的重要选择。信息化提供了制造商和加工厂之间的最短路径连接和最快速度成交的现实可能性。利用这一优势，游艇制造企业可在全国范围，甚至全球范围内建立零部件的加工基地，自己负责产品研发、总装、营销等核心环节，以获得最大的投资效率。

3. 国际制造战略：由封闭型制造向全球化合作制造转化

制造业间的战略并购和合作导致了制造业资源的重新配置。以往制造业的技术研发多是在封闭状态下独自进行。为提高新技术的生命周期，减少研发风险，提高竞争力，制造业企业应逐渐加强研究开发的全球化合作。例如，在美国的硅谷地区，30%的 R&D 工作是在日本与欧洲进行的，90%的组装工作是在第三世界进行的[②]。同样的道理，为了使我国游艇制造业能取得较快的发展，开放的国内外交流就显得尤为重要，这必将成为未来我国游艇制造业投资的主导思想之一。

4. 制造服务战略：由单纯制造向制造服务业转化

由于制造业从总体上来说利润呈递减趋势，而知识密集型服务业则呈利润递

---

① 姜德波，凌冬梅．跨国公司全球生产体系与江苏制造业发展．产业经济研究，2003，2：49～54.

② 王汝林．制造业发展战略研究急待进行五大创新．中国管理传播网，http://manage.org.cn/article/200505/13802.html，2005-05-09.

增趋势，很多跨国游艇制造企业出于追逐利润的需要，纷纷调整战略，将竞争重点从产品制造转向客户服务，以提高制造业的获利能力。国内制造企业也应把握这种战略转移的机会，充分利用游艇产业链长、下游服务产业利润点丰富的特点，为即将形成的国内庞大的游艇消费市场做好充分的准备。

5. 绿色制造战略：由传统制造向绿色制造转化

当前，世界上掀起一股“绿色浪潮”，环境问题已经成为世界各国关注的热点，并列入世界议事日程，游艇制造业也将逐渐改变传统制造模式，推行绿色制造技术，发展相关的绿色材料、绿色能源、绿色设计数据库和知识库等新技术，生产出保护环境、提高资源效率的“绿色游艇”，引发新一轮的游艇投资热点。

7.3　游艇俱乐部投资

7.3.1　游艇俱乐部投资现状

典型的游艇俱乐部，主要包括游艇船只、码头、会所、导航、基础设施以及活动项目设施等。据全国游艇俱乐部协作联盟统计，截至 2013 年 4 月底，全国已建成的游艇俱乐部 46 家，在建俱乐部 17 家，全国已建成游艇泊位 6 404 个①，主要集中在华南、华北和华东地区，有着较为明显的区域特征。

不同类型的游艇俱乐部，往往有其特定的市场运作规律和投资侧重点，目前较为普遍的游艇俱乐部的类型有运动型、休闲型和商务型。

如果按照我国游艇俱乐部运营模式划分，主要分为以下几类。

(1)地产型。依托地产项目而建立的游艇俱乐部，游艇码头的一部分作为业主的私人码头，剩余泊位对外出售，通过游艇码头的建造提高整个地产的价值，这是目前俱乐部里面比较主流的一种模式，如三亚鸿洲游艇俱乐部、厦门香山国际游艇会等。

(2)旅游型。俱乐部一般依托某一景区，利用景区的人流支撑，运营一些休闲快艇码头，如大连星海湾游艇俱乐部、青岛银海国际游艇俱乐部等。

(3)运动型。这一类游艇俱乐部主要是为了满足游艇消费者的运动需求而建立的，如青岛奥帆中心，奥帆赛结束后泊位不用改造自然就成了游艇俱乐部，现在经常举办帆船比赛。

(4)纯游艇俱乐部。即没有任何背景的俱乐部，如深圳的大梅沙游艇俱乐部，这一类俱乐部现在开始和一些游艇的制造业挂钩，变成了游艇的代销基地，吸引外来投资。

① 全国游艇展专家指导委员会，中国交通运输协会邮轮游艇分会．2012—2013 中国游艇产业报告，2012.

1.“三高”现象突出：高投资、高价格、高消费

为了加快游艇俱乐部前期高投资的资金回笼，国内大部分的游艇俱乐部都采取了高价格、高消费的盈利模式，主要针对少数精英阶层，把大部分潜在的中产阶层消费群体排除在外。而目前这些精英阶层，有很大一部分人表现出“有钱无闲”的状态，即使购买了游艇，其使用的频率也很低，导致消费价值无法得到最大体现。对于过于小众和高端的游艇俱乐部现状，很多业内人士和专家学者表示了担心，全国游艇发展专家指导委员会秘书长郑炜航坦言：“目前中国绝大多数游艇俱乐部的建设投资以会所建设为主，走奢侈豪华路线，甚至互相攀比，设施豪华、装修奢侈并不是游艇俱乐部的必备条件，反而与高尔夫球场等其他高档会所同质化，失去了自己的特色。”一味地通过提高会籍和泊位租售价格求生存和发展的投资理念只会使游艇俱乐部失去生机和活力。走出象牙塔，亲近大众，适当地“去贵族化”，吸引更多的中产阶层参与游艇运动，将是中国游艇俱乐部突破发展瓶颈的重要途径。

2. 全能型游艇俱乐部多，个性化的游艇俱乐部少

国内游艇俱乐部投资偏爱“全能型”项目，追求“最大”“第一”等头衔，往往与所在城市的城市形象、城市战略等宏伟目标紧密联系，以厦门香山国际游艇俱乐部为例，其一期工程就包含俱乐部(俱乐部内中西餐厅、大型宴会厅、商务会议厅、高级客房、儿童游乐区、健身区、顶级 SPA、雪茄吧、红酒吧等一应俱全)、VIP 豪华泊园、游艇码头、游艇销售培训中心，二期工程包括超五星级酒店、SOHO(small office home office，即家居办公)写字楼、滨水商业街等，整体定位为亚洲最大的顶级游艇生活圈。这类大型的游艇俱乐部(也可以说是游艇城)在特定的城市是必需的，这主要和该城市长远的发展规划和目标有关，但是这类游艇俱乐部不应是主导力量，更多的还是要发展服务于中产阶层的中低端的游艇俱乐部。从西方游艇发达国家的经验来看，其游艇俱乐部往往会形成一套档次分明的消费体系，主要包括以下几类。

1)高端俱乐部

这样的俱乐部有大有小，非常注重个性化服务，配套设施齐全，有的更甚于星级酒店的配套功能。它们只对会员开放，会员有限，标准严格，入会费很高，会员多为公司老板、高级经理人、社会显贵人士等。

2)低端俱乐部

会员与非会员相结合，部分设施对外开放，大众化消费，俱乐部主要提供游艇买卖、泊位、保养、维修、补给等服务，类似于汽车行业的“4S”店，对俱乐部的其他配套设施如餐饮、娱乐、商务等没有要求。

3)专业俱乐部

专业俱乐部主要分为运动型和兴趣型俱乐部，为游艇运动、游艇改装、游艇

交流提供专业服务。这种个性化的、分层次的游艇俱乐部在我国还比较少，投资者可适当关注这类中低端的游艇俱乐部的发展前景，为可能进行的投资项目做好前期调研。

3. 游艇俱乐部的文化产品投资不足

目前我国游艇俱乐部的投资主要集中在硬件设施上，而在游艇文化产品的投资和宣传上明显不足，普通大众对于游艇俱乐部的认识大都还停留在“富人专属”的层面上，其实游艇运动不仅是一项富人专属的奢侈运动，它也是人们挑战自然、挑战自我、享受生活的大众运动。一般而言，俱乐部所承载的文化功能主要包括以下几个。

(1)社交功能：主要是商业伙伴之间交流，以获得更多的商业机会。

(2)娱乐功能：个人或朋友间的休闲娱乐，放松身心，获得更高的生活品质。

(3)心理功能：满足安全、地位、社交这三种心理功能。

(4)力量功能：在集体中寻求归属感和信心。

以上这些功能都属于文化层面的内容，是游艇俱乐部真正的灵魂和特色所在，加大这些文化产品的开发、投资和宣传将帮助更多的人了解游艇和游艇运动，增加其参与的可能性。

7.3.2　游艇俱乐部投资特点

1.“一大”“三长”

游艇俱乐部投资呈现出“一大”——投资量大；“三长”——审批周期长、建设周期长、资金回收周期长的总体特点。

1)投资量大

游艇俱乐部涉及船只、码头、会所、基础设施等众多硬件设施的建设，后期的运营管理费用也十分昂贵，因此对资金的需求量很大，需要有实力的企业参与建设。表 7-4 列举了分属三大不同经济区的三个典型的游艇俱乐部的投资情况，以供投资者参考。

表 7-4　典型游艇俱乐部投资情况一览表

投资项目	投资方	投资金额/亿元	地点	所属经济区
鑫基国际游艇俱乐部	鑫泽置业有限公司	10.2	青岛	环渤海经济区
宁海湾游艇俱乐部	美国双门贸易有限公司	2	宁波	长三角经济区
深圳市大梅沙国际游艇俱乐部	大梅沙国际游艇俱乐部有限公司	5(首期)	深圳	珠三角经济区

资料来源：由三家游艇俱乐部官方网站资料整理所得

2)审批周期长

我国游艇俱乐部建设档次高，土地用量大，还常覆盖高档酒店、会所、码头、SOHO写字楼、商业街、商业地产、旅游区等众多内容，一般作为一个地区或一个城市的重点项目进行建设，担负着提升地区或城市形象，拉动地方经济发展的重任，与城市规划紧密融合，具有地区战略投资的特点，因此，政府在审批游艇俱乐部项目的时候往往比较谨慎，周期也相对较长。

3) 建设周期长

因为游艇俱乐部建设内容繁杂(表7-5)，要求高，资金很难一步到位，需要投资方和建设方进行多期、逐步投资建设，在资金充足和政策明朗的情况下，一般需要3～5年的建设时间，如遇到一些特殊情况，周期还要更长。

表7-5 典型游艇俱乐部建设内容一览表

游艇俱乐部	项目建设内容
苏州水星游艇俱乐部	其是一座具有国际水准的水上豪华游艇俱乐部。包括144个泊位的一流码头、中西餐厅、酒吧、25米室内室外的游泳池、桑拿、健身房、超市、游艺室、阅览室、游艇设备展示厅、草地排球场、停车场、驾驶培训中心等
深圳浪骑游艇俱乐部	占地、占海面积16万平方米，274个游艇泊位、400个干船舱和游艇维修车间级设施等。会所大楼建筑面积13 700平方米，内设海图室、购物商场、会议室、豪华海景客房、中西餐厅、酒吧、露天烧烤场、观海台和系统化海上模拟训练场等
青岛银海游艇俱乐部	陆域面积75 000平方米，水域87 000平方米，按照国际标准假设，设366个专业游艇泊位，全部采用西班牙Aister公司的国际第三代产品，拥有一流的充电、供水、加油、起吊、修船设施和干船坞；还包括帆船训练基地、帆船下水坡道、海上搜救直升机起降场等设施。陆域设有俱乐部会所、驾驶培训学校、健身会馆、不同风格的俱乐部、宾馆、歌厅、咖啡厅、酒吧、钓鱼场、美容中心、办公和运动员洋房等配套设施
厦门香山游艇俱乐部	总用海面积701 097.8平方米，其中填海就占了11万平方米，地上总建筑面积为18.9万平方米，包括高层星级俱乐部、高端写字楼、200幢会员别墅、450个专业游艇泊位、游艇销售训练中心、候船室等

资料来源：由四家游艇俱乐部官方网站资料整理所得

4)资金回收周期长

巨大的前期投资和高昂的管理费用使得游艇俱乐部的投资回收期普遍较长，短期盈利困难。特别是国内消费市场还未成型，产业以制造业为主，游艇经济始终未能形成完整的产业链，游艇服务业不发达，苛求立即见效益是不现实的，但谁能在这个阶段坚持住，谁就将获得占据未来市场的先机。

2. 多元化投资、盈利点丰富

现代意义上的游艇俱乐部主要为消费者提供集餐饮、娱乐、住宿、商务、船只停泊、维修保养、补给、驾驶训练等综合服务，除了必须投资建设的基础工程

（包括码头、会所、干仓、水工防波堤等设施）之外，其他的如地产、娱乐设施、酒店、旅游区等可根据投资方的资金状况、游艇俱乐部的定位，以及俱乐部所处的地理位置等要素进行综合判断和合理选择，虽然游艇俱乐部盈利点很多，但是对于投资方而言，无须一味追求俱乐部功能的“大而全”，做出自己的特色，突出 1～2 项特色的服务项目，打响服务品牌，将更有利于获得满意的投资回报。

3. 投资区域要求严格

游艇俱乐部的选址要求非常严格，见表 7-6，投资者必须在建设前做出详细的可行性分析方可进行选址。

表 7-6　游艇俱乐部选址及建设要求

区域选择要素	建设要求
区位要求	靠近主要的消费区、经济发达、交通便利、距离城市中心的车程最好在 1～2 小时，有适宜的水面，最好在旅游景区内，珠三角、长三角和环渤海经济区内的大城市是比较理想的建设区域
环境要求	要求周围环境十分优美，包括俱乐部内部优美的人工环境和俱乐部周围和谐的自然环境，如风景美丽的海域或山水如画的湖泊附近都是良好的建设区域
水体要求	要求水缓浪低，水质清澈，在风浪、海浪较大的地方要求筑有防波堤，防波堤内还要求港池平静和水域宽阔
码头要求	码头的选址应该根据码头停泊的船型、地形、地质、地震、水文、水域、陆域条件等综合情况进行全盘的考虑。码头适宜选择在地质条件好、岸坡稳定的河段、滨江或滨海地带；水域水流平顺、有足够水深；陆域有足够的岸线长度与纵深，留有足够空间以布置前方作业区域，包括干仓（游艇陆上停放仓库）道路、会所功能区、维修和保养场地等。码头一般不宜选在桥头或河岸嘴下游易发生淤积的区域，以免抬高项目投资费用，造成通航不便

4. 游艇码头：稀缺资源投资

游艇码头选址要求高，属于不可再生的稀缺资源，在游艇俱乐部各类投资项目中，游艇码头无疑是最具投资潜力的。以香港深湾游艇会为例，曾经 15 万港元的会籍价格现在增至 230 万港元[①]，而其游艇泊位更是身价百倍。如今香港的十多家游艇会停泊了数千条游艇和帆船，而游艇会的容量基本饱和，新来游艇已很难再找到可停靠的泊位。香港游艇码头的年均价值增长率高达 20%[②]，非常具有投资价值。

---

① 私家游艇码头下一个财富洼地．经济参考，http://jjckb.xinhuanet.com/invest/2010-10/13/content_263195.htm，2010-10-13.

② 柴永强．30 年，你的码头在哪里？中华网，http://news.china.com/zh_cn/news100/11038989/20101011/16181599.html，2010-10-11.

7.3.3 游艇俱乐部投资前景预测

1. 抑制过度投资：保证供给与需求的平衡发展

从目前的投资情况看，游艇俱乐部存在投资过热的现象。以青岛为例，青岛目前拥有青岛国际游艇俱乐部、青岛银海国际游艇俱乐部、青岛船长俱乐部、青岛君悦游艇俱乐部、青岛海鲨国际游艇俱乐部、青岛罗伊俱乐部、青岛森克游艇俱乐部、青岛鑫基国际游艇俱乐部、青岛友谊国际游艇俱乐部等十余家俱乐部，除此之外，青岛还计划建设华鲁国际游艇俱乐部、华爱游艇俱乐部、世界之星国际游艇俱乐部、石老人休闲区游艇俱乐部和唐岛湾国际游艇俱乐部等。其中一些较早成立的游艇俱乐部已经获得了一定的投资收益，如2003年成立的青岛银海国际游艇俱乐部目前已是第一个以游艇俱乐部为主体的国家AAAA级旅游景区，澳大利亚马士顿、美国水星、英国飞驰、荷兰巴富士、日本雅马哈、尼桑日产、德国圣汐等50多个世界知名游艇品牌都落户银海国际游艇俱乐部，2008年3月银海国际游艇俱乐部被国家发改委中国交通运输协会命名为中国唯一一个“中国游艇(帆船)产业发展基地”。但是光鲜的背后，我们也必须看到，不是每一家游艇俱乐部都能维持较好的收益，毕竟国内的游艇消费市场还很弱小，无法和国外游艇发达国家大众化的游艇消费相提并论，供给和需求的失衡必然会导致不少投资者投资收益率过低甚至亏损的现象。因此，对于一个城市而言，必须进行科学、合理的游艇产业规划，对于符合规划的项目要支持引导，对于与规划相悖的项目则要严格进行限制或禁止。对此，宁波大学商学院执行院长钟昌标教授认为，要想从根本上防止盲目投资和重复建设，必须做到以下三点。

首先，要加快完善社会主义市场经济体制，形成有序的竞争机制，加强大区域的总体规划并强化实施，增强对政府投资约束和市场对资源配置的基础性作用。

其次，政府应积极推进投资体制改革，规范政府投资，搞活企业投资。政府应不断完善投资项目决策机制，实行专家咨询、社会听证和公示制度，规范项目管理程序，建立和实施责任追究制度，加强社会公众对政府投资决策的监督，提高政府项目的决策科学化水平。

最后，政府还应积极提供公平的竞争环境，综合运用价格、资金、土地供应等调控手段，防止不合理的过度竞争。各地应改革不合理的政绩考核办法，取消容易造成低水平重复建设的考核指标，抑制地方政府因增税动机而引发的建设冲动。切实根据不同地区的特点和要求，实行分类指导，分级考核，加强政府对公共资源使用的有效管理。

2.“去贵族化”：投资的必由之路

如果对游艇俱乐部的投资仅停留在高层次上，必然会影响游艇运动的普及，游艇运动不能普及，游艇产业链将无法健全，而游艇产业链不健全，游艇经济也不可能真正繁荣，这是我国游艇产业发展的基本逻辑，因此游艇俱乐部的“去贵族化”将是未来投资的必由之路，将有限的资金投放在更能体现俱乐部个性和特点的功能上，以“精致服务”代替“全能服务”更符合未来消费者的消费习惯和需求。

3.“精益化服务”的盈利模式

以卖游艇、卖泊位、卖会籍、卖地产为主体的“四卖”是我国游艇俱乐部目前最主要的盈利模式，但这显然已经不符合社会发展的趋势和人们需求的变化，以服务为卖点，树立“服务代替销售”的理念是未来产业盈利的主导方向。丰富的服务产品、精益的服务质量将更能“拉拢”消费者，甚至有人认为服务竞争将是价格战后的唯一选择。

首先，顾客所购买的不是产品，而是期望，他们不是仅要获得冷冰冰的实体产品，更多的是要在获得实体产品的同时获得心理满足。特别是游艇这种特殊产品，它的身份代表性带给人们的心理满足感往往要超过实物本身。

其次，高质量、个性化的服务能带来重复消费，以帮助企业获得更高的利润。美国《哈佛商业杂志》早在 1991 年发表的一份研究报告中就显示，“再次光临的顾客可为公司带来 25%～85%的利润[①]，而吸引他们再次光临的因素首先就是服务质量的好坏，其次是产品本身，最后才是价格”。因此，精益化服务内容，个性化服务模式，以优质服务打动顾客，培养“永久顾客”，刺激重复消费，才是游艇俱乐部谋求长远利益的上策。

最后，节约成本。企业失去的客户有 68%是因为对服务质量的不满意，每 1 位投诉的用户背后都有 26 位同样不满但却保持沉默的用户，而他们会把自己的感受告诉 8～16 个人，所以走掉一位老顾客的损失是要争取十多位新客户才能弥补的，不满意的顾客会带来高成本。换句话说，良好的服务所节省的最大成本就是换回老顾客所要投入的成本[②]。

4.“三流一体”的综合投资模式

“三流一体”的综合投资模式，即人流、信息流、物流“三流一体”的综合投资模式。

1)人流的投资

“人流”的投资即“人脉”的投资，主要是强调游艇俱乐部的社交功能和商务功

---

① 冷秋．利率化市场的另一面．中国金融新闻网，http://www.financialnews.com.cn/dfjr/xw_115/201207/t20120731_13049.html，2012-07-11.

② 舒丹尼．营销的根本在于“服务”．人民网，http://www.people.com.cn/GB/paper66/12243/1101949.html，2004-06-16.

能，体现人际交往的价值。通过开展会员沙龙、展览会议、体育比赛、酒店宴请等活动，为顾客提供游艇买卖、游艇使用、游艇维护等项目的服务；为商务人士提供商务洽谈和社交场所，为家庭用户提供情感交流的平台，也可以为一些顾客提供结交社会上流人物的机会。总之，在游艇俱乐部投资中，要始终重视"人流"的投资，尽可能方便不同心态的消费者在俱乐部内找到"归属"。

2)信息流的投资

游艇的高端消费性要求游艇俱乐部必须拥有高效的信息化管理手段，以方便为客户提供更加便捷和人性化的服务。信息流的投资主要是信息管理技术和信息系统的引进，该系统重点解决传统管理模式的一些常见问题，如现场调度和作业信息反馈不及时、业绩流程不顺畅、手续繁琐等问题，全面提升俱乐部的形象及服务质量，降低运营成本。同时，采用 GPS、自动识别、智能卡、远程监控、无线通信等先进的信息技术，为不同特点及要求的游艇俱乐部提供优化定制，实现随需而变。

3)物流的投资

物流的投资，是游艇俱乐部最基础的投资项目，包括俱乐部外围环境的投资建设和内部综合功能的投资建设两部分。游艇俱乐部能否成功运营，外围设计是重要的前提，良好的外围设计能保证俱乐部形成一流的外部环境与氛围，主要包括区位选择、环境选择、水体选择、内部综合服务选择等。每一个游艇俱乐部因为定位和侧重点各不一样，其物流的投资也应区分侧重点，有针对性地进行投资，尽可能地提高投资的效率。

7.3.4 游艇俱乐部投资战略构想

1. 服务战略

从销售到服务的战略转变是游艇俱乐部获得持续发展的动力。会籍、泊位等实物产品属于一次投资一次回报，但是由此引申出来的会员服务，包括维修服务、托运服务、储存服务等却可以投资一次回报多次。这里的服务主要包括两个方面：一个服务产品，即能直接产生价值和收益的无形产品，如维修服务等；另一个则是服务文化，即表面上不能直接产生经济价值，但其能内化到每一个员工的心中，激励员工保持良好的工作心态，塑造团队良好的工作氛围，提升员工工作效率，并始终保持服务资源与变化的环境相匹配的一种能力。

2. 特色战略

目前的游艇俱乐部偏爱提供"大而全"的服务，这是一种特色，但不是唯一特色，可通过细化目标市场，针对不同的消费群体，提供个性化服务。这是因为不同客户的服务需求是有差异的，服务也是需要成本的，每个客户对俱乐部贡献的价值也是不一样的，因此必须对顾客进行分类，决不能无差异地开展服务活动。我们建议，基于服务的客户细分，一是按照客户需求的不同进行细分；二是按照客户的价值不同进行细分。把客户的服务需求差异找出来，然后再把此类客户的特征描述出来。只有这样，才能明白为什么样的客户提供什么样的服务，用多少成本能获得最大的服务收益。鉴于服务的特色化，游艇俱乐部在定位时就必须事先做好定位和规划，并根据特色吸引消费者，这样就可以尽量避开残酷的价格竞争而选用效果更好的特色竞争战略。

3. 文化战略

游艇俱乐部是游艇的家，是游艇人的家，也是游艇消费者的家。“家”不是一个简单的物质形态，更多的是一个情感和文化的载体，游艇、游艇人、游艇消费者都要能够从中找到一种“归属感”。这就需要利用游艇俱乐部这个良好的平台，培育游艇文化，让更多喜欢游艇及游艇运动的人能从中找到快乐和满足。需要强调的是，目前的游艇俱乐部可能还只是富豪的专属品，是“精英文化”的代名词。但是，从长远来看，绝大部分的俱乐部还是要回归到中产阶层消费的“账单”中，它更应该代表一种“大众文化”，也只有实现了这种战略转变，我国的游艇俱乐部才能真正壮大起来。

4. 人才战略

人才是游艇俱乐部战略规划体系中最为重要的组成部分，其需求类型和层次呈现出明显的多样化特征，既有要求较低的服务和技能型岗位，也有包括游艇设计、国际营销、高级管理在内的要求较高的岗位，见表 7-7。目前国内游艇俱乐部人才的专业化培养还相当缺乏，人员大部分是从相关专业或行业转型而来的。从企业长远发展的角度看，应着重加强专业人才的培养和储备，加大和相关高校、科研院所、国内外优秀游艇俱乐部的合作和交流，注重员工的在职进修和学习，提高专业人才待遇，为企业的长远发展夯实基础。

表 7-7　游艇俱乐部人才需求状况一览表

类别	主要职责	岗位要求
游艇销售	主要负责游艇及其配套产品和服务的咨询和销售工作	要求游艇销售人员具备良好的个人形象和素质，能熟练地使用 1～2 门外语
游艇设计	负责游艇的外形设计、室内装修设计等	要求根据游艇的用途、特点、使用人群等要求，设计游艇或其配套产品
高级管理	负责游艇企业的战略决策、投融资、人才管理等重大事件	熟悉企业运作和国际商务知识，具有战略眼光，能对企业发展提出建设性意见
一般管理	主要负责游艇俱乐部的正常运作管理	对游艇俱乐部服务过程中各种运作活动的计划、协调和控制，其核心在于对常规事务进行有效管理

续表

类别	主要职责	岗位要求
技工	木工、焊工、制图员、装饰工等，主要负责企业的一线技术工作	技术熟练，吃苦耐劳，经验丰富
培训	游艇驾照培训、业务培训等	熟悉游艇产业，具有丰富的经验
其他服务岗位	游艇驾驶、船舱清洁、餐饮服务等	为游艇产品的消费提供配套服务

5. 规范战略

全国游艇发展专家指导委员会编著的《2012—2013 中国游艇产业报告》总结的我国游艇俱乐部存在的 7 个问题中，有 4 个问题是和规范化相关的问题，包括：①游艇俱乐部设计、建设、验收缺乏技术规范；②游艇俱乐部监管不规范；③游艇俱乐部管理缺乏法律依据；④惩处力度小，违法成本低。因此，我国应借鉴国际规范标准，出台更加完善的游艇俱乐部管理的相关法规。首先，要量化标准，建立游艇俱乐部准入制度。政府管理部门可以参照目前对航运公司、船舶实施的相关规则，对游艇俱乐部实施准入制，只有达到标准的游艇俱乐部才允许进入市场，否则不予备案。其次，要对市场上已经存在的游艇俱乐部进行定期或不定期审核，对不符合要求的游艇俱乐部予以处理，维护游艇俱乐部在游艇管理和维护方面的权威性和可靠性。对环境造成重大污染或发生重大事故的俱乐部要加大处罚力度。

7.4 游艇租赁服务业投资

7.4.1 游艇租赁服务业投资现状

如果说游艇产业属于“朝阳产业”，那么游艇租赁服务业则是这个“朝阳产业”中最具有投资价值和最适合优先发展的产业。游艇租赁，对于消费者个人而言，无须办理保险、无须年检维修、船型可随意更换；对于单位而言，可以通过租艇代替买艇来控制企业成本，在外企中十分流行。

目前游艇租赁服务一般依托于游艇俱乐部，是游艇俱乐部的主要衍生产品。也有的租赁服务依托于第三方中介，由第三方中介负责收集各游艇俱乐部可供出租的游艇信息，并向消费者宣传，交易成功后从中收取佣金。随着电子商务的发展，现在绝大部分的第三方中介都以“电商”的形式出现，使得游艇租赁变得更加方便和快捷。

国内游艇租赁主要根据艇型、巡航速度和服务类型等指标收取服务费用，每小时的价格在 1 000～20 000 元不等，进口艇的价格要比国产艇贵。以三亚游艇租赁市场为例，其租赁价格见表 7-8。虽然游艇租赁价格相对于其他水上娱乐项目比较昂贵，但是其客户定位的高端性以及一艇可以载员十人以上，分担费用后，其价格也能够被大众接受。因此，旅游旺季，各度假胜地的游艇租赁市场非常火爆；而旅游淡季，游艇租赁市场则相对冷淡，这种明显的季节性市场变化往往会造成游艇资源的不合理利用，解决这个难题的最有效的方法就是开发游艇租赁产品之外的衍生产品，如个人写真、婚礼庆典、商务会议等。

表 7-8　三亚游艇租赁价格一览表(单位：元/小时)

艇型	规格	用途	价格
鱼翔 1、2 号游览艇（国产）	艇长 10.5 米，宽 2.4 米，可载员 10 人	专船潜水、海底摄影拍照、休闲海钓、休闲观光等	600
扬帆 7 号、8 号豪华游艇（国产）	长 18.8 米，宽 5 米，三层分别为观光台、驾驶室、卡拉 OK、麻将桌和蜜月大床	海上浪漫之旅、商务会议、生日派对、婚礼拍摄、家庭聚会等	3 200
钟情 1 号豪华大型游艇（国产）	长 27 米，宽 6 米，引擎 Caterpillar 70，吃水深度 1.5 米，最多可容纳 80 人，双体游艇	集体游览观光、商务会议、企业派对等	4 800
鸿洲 10 号豪华游艇（进口）	法国进口，长 11.97 米，宽 7.25 米，吃水深度 1.21 米	商务会议、休闲观光	10 000

资料来源：三亚游艇网，http://www.hnwlm.com/

除了单一的游艇租赁外，很多游艇俱乐部提供内容更加丰富、价格更加优惠的游艇租赁套餐，如游艇家庭海上度假套餐、豪华游艇浪漫蜜月套餐、海上观光垂钓套餐、游艇中秋海上赏月套餐、游艇夏令营等。这些套餐和一条一天左右的旅游线路十分相仿，有些游艇俱乐部甚至只提供必需的游艇和代驾船长，而将其他的娱乐产品转包给更有经验的旅行社操作。

1. 风险投资更加青睐租赁业

游艇租赁业属于服务行业，产生效益快、前景好，非常受到风险投资的青睐。如果一家游艇租赁公司被风投看中，可能很快就会成长为一家小有名气的企业。但是我们知道，风险投资并不直接参与企业的运营和管理，5～7 年，投资收益最大化之后，投资公司会选择撤出投资资金，企业这时必须依靠自身良好的产品和服务来维持生存，所以对于游艇租赁行业而言，优良的服务品质比充裕的资金更能保证企业长久发展。

2. 投资内容以信息投资为主

目前我国的游艇租赁投资主要以信息投资为主，以各种预订网站、呼叫中心和信息中心的形式出现，一般可以实现异地的查询和预订服务，快捷方便。但大部分的游艇俱乐部只负责本公司的游艇租赁，消费者很难在同一网站或呼叫中心预订到其他公司的游艇，因此，一个涵盖更多企业、更多艇种、更广地域范围的中心预订网络呼之欲出。2011 年中国(海口)旅游经济论坛期间，全国游艇发展专家指导委员会秘书长郑炜航透露，全国游艇发展专家指导委员会、中国交通运输协会邮轮游艇分会正着手组建全国的游艇租赁信息中心，该信息中心目前已确定了将海口、三亚、厦门、青岛和舟山 5 个城市的游艇俱乐部作为试点进行联网游艇租赁业务，可以预想，随着中心预订网络的不断扩大，更多地区的游艇租赁企业将加入其中，最终将形成一个真正意义上的全国甚至全世界范围内的预订网络，消费者在异地就可以预订到国内其他地区，甚至海外的各类游艇。

3. 注重和其他行业投资的结合

从游艇租赁的产品类型我们可以看出，现代意义上的游艇租赁不仅是一艘游艇使用权的临时转让，更多的是一套产品的销售，包括婚庆产品、商务产品、娱乐产品、旅游产品、运动产品等，这就注定了游艇租赁服务投资必须和以上的产业投资相结合，游艇俱乐部可以自己成立研发和投资部门，负责以上产品的设计和开发，也可以外包给相关的专业公司来实现。总之，投资者在关注游艇租赁市场的同时，也必须关注该地区其他相关投资市场的成熟度，以便日后方便进行产品和服务的扩展。

4. 衍生产品的设计和投资是游艇租赁服务业竞争的焦点

游艇租赁的衍生产品非常丰富，包括代驾、策划、摄影、影视等诸多内容，分为浪漫型产品、温馨型产品、冒险型产品、学习型产品、商务型产品、休闲型产品等诸多形式，有适合高档消费的奢华之旅，也有适合普通大众的平民之行。可以说，游艇租赁市场的未来竞争就是游艇租赁衍生产品的竞争，加大衍生产品的投资将有助于企业提前获得竞争优势。

7.4.2 游艇租赁服务业投资特点

1. 投资量小，前景普遍看好

对于自有游艇的游艇俱乐部而言，其租赁服务的前期投资几乎为零，主要就是宣传费用，中后期有一部分投资，主要用于出租游艇的维护保养以及代驾船长和其他服务人员的工资。对于自身没有游艇的中介公司而言，其前期投资主要用于销售平台的建设、销售渠道的拓展以及和供应商关系的维护等。而对于消费者而言，“以租代买”的好处是其选择游艇租赁的最主要原因，主要包括：①艇型可随时更新；②消除游艇维修、年度检验的烦恼；③可充分提高资金利用率；④可保证消费者良好的财务状况；⑤有利于提高成本观念，减少浪费；⑥万一发生海上事故，租赁公司能全力协助解决。这些租赁的好处也直接导致了投资者普遍看好游艇租赁市场的前景。

2. 投资门槛不高、竞争激烈

如前所述，因为资金压力小，企业甚至没有游艇也可以开展租赁业务，导致游艇租赁业的投资门槛不高，很多投资者鉴于游艇产业在我国的广阔前景，纷纷投资游艇租赁业，导致竞争加剧，最后惨烈的价格战又演化成最主要的竞争手段，不仅损害了投资者的利益，消费者也在“低价格、低服务”的恶性循环中受害。

3. 注重品牌投资

游艇租赁行业的品牌认知非常重要。前期激烈的价格竞争必然导致行业“洗牌”，最后能在租赁投资中获益的只可能是少数几家大型的、品牌知名度较高的企业，这个现象很像汽车租赁行业的演化过程。世界主要汽车租赁公司的运营车辆都保持在数十万辆左右，管理着多达数千个遍布全球的租赁站点，以美国通用汽车公司旗下的安飞士汽车租赁公司为例，全球范围内员工超过2万人，租赁站点2 000个，年车辆预订量超过3 000万次电话，平均每年完成2 000万次租车交易，每月10万辆，每年120万辆的租赁车辆接受维护保养，有15万个客户因为每年至少在安飞士租15次车成为可以享受优惠服务的特别会员，年营业额超过40亿欧元①。国内一嗨汽车租赁等优质品牌也在不断蚕食中小汽车租赁企业。同样的道理，游艇租赁企业也将面临这样的挑战，因此，提前做好品牌的塑造和维护就显得尤为重要，这比多出租几条游艇对于企业发展的意义更为重大。

4. 注重信用体系投资

游艇租赁业非常注重信用体系的投资。信用体系主要包括两个部分：第一个部分为企业对于消费者的信用，主要表现在企业预先收取的会费以及对于消费者的服务承诺。一些企业也采用信用融资的方式，具体为预先交纳一定数额的押金，一般为游艇总价的1.5～2倍，没有租金，设定一个较长的租期，到期后，游艇押金返还，退还租赁公司游艇。第二个部分为消费者对于企业的信用，主要表现为消费者在使用游艇以及遵守租赁合同等相关要求上的自觉性。信用体系对于游艇租赁企业非常重要，为了保证信用体系的良好运转，企业有时还会引入第三方的保险机构来监督双方信用执行的情况。

5. 淡旺季对租赁收益影响明显

游艇租赁业有着非常明显的淡旺季，一般淡季是每年的5～10月，其余月份则是旺季。这种现象往往会形成旺季游艇不够用，淡季游艇闲置无人用的局面。投资者在投资初期就应该充分考虑这个特点，通过合理调配、增加游艇数量、增加服务内容、转租、开发新项目等方式尽可能保证旺季收益最大化、淡季损失最小化。

7.4.3 游艇租赁服务业投资前景预测

1. 以租赁服务启动大众游艇消费

受到我国现有游艇泊位有限、相关政策不明朗、游艇购置和维护成本高昂以

① 中投顾问．中国汽车租赁业“十一五”回顾及“十二五”规划投资分析及预测报告．中国投资咨询网，2012-08.

及传统消费观念等诸多因素的影响，我国游艇消费还仅仅局限在少数精英阶层手中，他们中的很大一部分人也仅仅将游艇消费作为满足其寻求刺激、炫耀身份、商务会议等要求的偶然性和短期性行为，真正购买和高频率使用游艇的人很少。但是游艇租赁市场的发展却能在很大程度上改善这种现状，让更多的人真正享受游艇运动的快乐，其主要原因就在于费用的大大降低和手续的简化，虽然每小时1 000～20 000元不等的租赁费用也不算便宜，但是每艘游艇基本能搭载10人以上，租金被平均分摊后也不算十分高昂。而且除了租金之外，消费者几乎不需要担负其他额外的费用，从长远看，租赁费用还会越来越便宜，这些有利因素都会在一定程度上带动国内大众游艇消费市场的发展，为投资者带来丰厚利润。

2. 游艇租赁“大鳄”的出现

资本市场在游艇租赁行业里的“明争暗斗”，一方面增加了企业间竞争的激烈度；另一方面也加快了企业整合的步伐，一批实力较弱的租赁企业将很快被淘汰，取而代之的将会是少数几家实力雄厚的大企业。这些企业往往都具有风险投资的背景，甚至有些企业具有策划上市的可能，它们大部分会从游艇俱乐部中剥离出来，成为独立的提供专业租赁服务的大公司。这些大公司的出现，对于提升游艇租赁市场的整体水平有一定的促进作用。

3. 虚拟企业将成为游艇租赁企业的主流

虚拟企业是指当市场出现新机遇时，具有不同资源与优势的企业为了共同开拓市场，共同对付其他的竞争者而组织的、建立在信息网络基础上的共享技术与信息，分担费用，联合开发的、互利的企业联盟体。游艇租赁企业将会成为游艇产业中虚拟企业的主体力量，因为它们在发展的过程中需要和其他行业结合，利用其他行业的优势，开发丰富的衍生产品，而这些又主要依靠网络技术的信息共享功能来实现。通过企业的虚拟化，我们将看到一家总部设在上海的游艇租赁企业，其服务范围却覆盖全国五六十个城市，提供上百种不同类型的服务，满足几十万个消费者的需求。

4. 服务创新将是游艇租赁企业长期盈利的根本

服务创新为用户提供以前没能实现的新颖服务，这种服务在以前由于技术等限制因素不能实现，现在由于突破了限制而能被广泛提供。未来游艇服务将成为消费的主体，因此，不断创新的服务产品能最大限度地刺激游艇消费的能量。我们在提升游艇租赁产品服务创新的过程中，可以从以下四个维度进行切入。

(1)服务概念：即租赁企业以什么概念吸引新老客户。

(2)客户接口：即租赁企业与客户端交互的平台。

(3)服务传递：即租赁企业和客户间有效传递所共创或获取价值的途径。

(4)技术选择：即如何开发新技术并应用于服务系统中，推出新服务概念，设计更先进的客户接口，建立更有效的传递系统。

7.4.4 游艇租赁服务业投资战略构想

1. 产业扩张战略

为了在残酷的行业"洗牌"中不被淘汰，投资者在投资之初就要做好产业扩张的战略部署，这里的产业扩张主要包括两个层面。

第一个层面为产业链上的纵向扩张。其包括和游艇销售企业、游艇俱乐部、游艇制造企业、游艇维修企业建立紧密的利益链条，汽车租赁行业的经验值得借鉴。例如，美国主要汽车生产企业30%以上的订单来自汽车租赁公司，租赁公司和汽车生产厂家之间签订回购合同，租赁公司购买新车使用一段时间后再退给厂家，厂家把回购来的车拿到二手市场上销售。厂家通过与租赁公司联手来保持市场占有率，租赁公司也可以确保始终将新车租给顾客，由此形成良性循环。另外，由租赁行业衍生的其他盈利环节还包括新艇销售、游艇维护与保险、二手游艇销售、依托游艇租赁业的网络资源开展的增值服务等。

第二个层面为非产业链上的横向扩展。其包括和旅游产业、婚庆产业、娱乐产业、会展产业的结合，主要是要选好结合点，做出特色，无须一味地强调服务的"大而全"，差异化的特色发展是横向扩张的良策。

产业扩张的形式可以采用直营、授权经营、合作、入股、兼并等多种形式进行。

2. 服务管理战略

游艇租赁服务的多元化已经受到各企业的关注，不少企业也推出了丰富多彩的服务项目，如婚庆服务、商务服务、娱乐服务等，但这些服务普遍存在质量不过关、衔接不自然、品牌不响亮的毛病。究其原因，主要在于服务管理不科学，不成体系，各产业、各服务之间缺乏沟通和维护，临时拼凑，草草了事的现象比较明显。其实服务管理已经有一套科学的体系，包括服务产品管理、服务定价管理、服务渠道或网点管理、服务沟通或促销管理、服务人员与顾客管理、服务的有形展示管理和服务过程管理。游艇租赁企业只要严格按照这套管理体系设计服务要素就能使生产出来的服务更加科学。这其中，笔者特别要强调的是四项服务转移，其可作为服务管理战略的一个补充，包括：①从研究产品的效用向研究顾客关系总效用的转移；②从短期交易向长期伙伴关系的转移；③从产品质量或产出技术质量向顾客感知质量的转移；④从把产品技术、质量作为组织生产的关键向把全面效用和全面质量作为组织生产的关键的转移。

3. 内部管理信息化战略

通常谈到服务性行业的产业创新，多从体制创新和结构调整着手，技术创新部分难起到带动作用。在信息技术飞速发展的今天，游艇租赁行业如果能运用先进的技术手段改进传统的经营管理方法，势必为企业打造核心竞争力注入一剂强心针。

游艇租赁网点多，游艇由客户自己驾驶，难于控制，同时又要有效规避骗艇、欠费等经营风险，这就要求游艇租赁公司具备先进的技术管理手段，其中最关键的就是对客户、游艇及员工的管理。通过运用自动化设备，如计算机、网络通信设备、GPS、影像探头等，对船艇状态进行数据采集，随后在设备控制中心将采集到的数据进行集中管理，包括船艇预订中心(call center)、GPS 监控中心、停车场、业务门店的监控中心，或者将几个监控中心的功能合一。企业内部的管理应用系统包括针对客户服务的 CRM(customer relationship management，即客户关系管理)系统、财务系统、办公自动化系统等。面对客户的交互平台可采用网页、移动服务、船艇预订中心等技术。

内部管理信息化战略的好处主要有两方面：一方面，能为租赁企业大幅度降低管理成本；另一方面，更大的潜在效益是，通过对投入做出精准的预测，每一分成本投入都能确保高回报。将技术方面的创新作为基础，接下来就会引发产品与市场的同步创新。

4. 外部发展网络化战略

逐步完善游艇租赁连锁网络化发展模式，扩大企业服务对象的范围，建立与现代游艇租赁业相适应的专业化、网络化的游艇租赁特许经营服务体系，走出区域性限制，建立地区、甚至全国性的游艇租赁网络，共享客户数据资源，降低投资风险。

7.5 游艇管理服务业投资

7.5.1 游艇管理服务业投资现状

在整个游艇产业链中，服务产业占了大半，涉及的内容和范围非常广泛，见表 7-9。

表 7-9 游艇服务分类表

服务类别	服务内容	所属行业
游艇销售服务	游艇总代理、游艇各级分销商、游艇展商、游艇俱乐部销售部、游艇杂志、游艇网站、二手游艇经营	服务业
游艇消费服务	游艇俱乐部、游艇驾驶、游艇培训、游艇代管、游艇保养维修、游艇租赁、游艇器材等	服务业
游艇支持服务	游艇码头、仓储保管、游艇转运、安全服务、报关检验服务、资产评估、特种保险、金融服务、航道服务、信息服务、水域资源、文化传播等	服务业
游艇辅助服务	水上运动装备、体育用品器材、钓具钓饵供应等	服务业

就目前游艇服务业管理的现状看，主要分为两大类。

1. 各自分工管理

不同的服务交由不同的公司进行管理，如游艇俱乐部管理就由俱乐部自身对其进行管理，游艇保险就由保险公司负责管理，游艇仓储保管则由专业的仓储公司负责管理。这类管理服务的投资更多的是对其依托的实体管理公司的投资，将管理作为实体公司的一项职能对待。优点是管理分工细致、服务专业，缺点也显而易见，就是消费者为了享受不同的服务需要购买不同公司的产品，手续复杂、价格昂贵，各服务公司之间容易产生摩擦和扯皮的现象。

2. 集中管理

这类模式主要表现为成立一家专门的管理服务公司，该公司将游艇的各项管理工作作为其服务的主要内容，强调管理作为“产品”的属性，而不是作为实体公司的“职能”属性。优点是方便消费者，消费者只需要选定自己喜欢的管理公司，就可以享受到各类专业的游艇服务，如果购买服务套餐，还可以享受到一定的价格优惠。缺点则是对管理公司的要求比较高，加之游艇国际化的趋势非常明显，懂经济、营销、法务、信息、安全等综合知识的国际化人才缺乏是目前游艇管理公司管理水平普遍不高的主要原因。

海内外游艇服务业管理的具体操作方式也都是以上两种模式的具体应用，归纳起来可以分成以下四种操作模式，投资者可以根据各自的资金实力、预期的投资回报率和回报周期进行合理选择。

模式一：游艇销售公司代管。很多船东之所以选择这种方式是因为游艇销售公司具备专业的维护保养人员，这样游艇的维护和保养可以更为便捷，省心省力。这种管理方式投资小、投资收效快、管理方便，但专业性差，容易产生道德风险和逆向选择等问题。

模式二：游艇主自管。游艇主自己管理或者雇佣一个船长、若干水手进行管理。这种管理方式属于游艇主自己投资，自由灵活，但费时费力，也很难保证管理的专业性。

模式三：游艇俱乐部管理。在国外，大部分游艇都是交由游艇俱乐部管理，投资方针对不同游艇主的需求设置不同的服务模块，我国游艇管理也主要采取此种形式。但是从目前国内游艇俱乐部的现状看，管理并非它们的强项，它们更倾向于将精力放在泊位租赁、游艇租赁、发展会员和销售等服务上，甚至开发和游艇相关的房地产等综合业务。这种管理方式比前两种模式更加专业，但是由于游艇俱乐部的经营范围过于广泛，容易造成顾此失彼和经营定位不准的问题。

模式四：专业游艇管理公司管理。该类公司专业为客户提供运输、办证、清洁、维护、保养服务。该种模式最为专业，初期投资也不大，市场前景看好。

本节介绍的游艇管理服务业投资主要是针对第二种类型，第四种模式，即将管理作为“产品”进行的投资。其表现形式最常见的就是专业的游艇管理公司，类似于其他行业的管理公司，如酒店管理公司、投资管理公司等，主要通过接收委托者的意向和要求，运用专门的知识和经验，用脑力劳动为游艇产业链上各种类型的企业提供符合其要求的管理服务产品，包括战略管理咨询与设计、财务管理咨询与设计、市场营销管理咨询与设计、人力资源管理咨询与设计、组织结构管理咨询与设计、企业文化管理咨询与设计，以及企业信息化管理咨询与设计等。当一家游艇俱乐部，或一家游艇制造企业，或一家游艇销售公司在硬件上成立之后，就可以通过游艇管理公司输入专业的管理服务，这些服务表现出明显的专业化和国际化水平，能保证企业在不同的环境背景下获得最及时和专业的管理服务。

1)独立投资企业数量少、品牌影响力有限

游艇管理服务业作为专门的投资项目在国内起步较晚，到目前为止，企业数量也非常少，绝大部分都是国外的游艇管理服务公司在中国的分支机构，真正国内独立投资和具有一定知名度的管理品牌几乎没有。绝大部分的游艇企业都还停留在自己投资、自己管理的层面上，对于引入管理服务的意识还不够，这需要经过一段较长时间的培育，以及几个优秀的国内外游艇管理服务品牌的引入和运作，以使游艇企业主能逐步意识到专业的游艇管理服务对于企业成本、效益以及长远发展的重要性。

2)核心业务能力模糊

优秀的管理服务公司除了具备多元化的服务产品外，还应具备一个能被业界普遍认可的、在某一个特定管理领域的核心的业务能力或理论。例如，世界上最为著名的三大管理咨询服务公司——麦肯锡、波士顿(The Boston Consulting Group，BCG)和贝恩，都有区别于其他竞争对手的核心业务能力，见表 7-10。

表 7-10 世界三大著名管理咨询服务公司核心业务能力

公司名称	核心业务能力
麦肯锡	严谨而规范的咨询特色：麦肯锡的特色在于严格遵循清规戒律，有人甚至称麦肯锡人为虔诚的咨询教士。“做咨询时一定要保持独立性，一定不要过多干预客户的内部事务”，这是 20 世纪麦肯锡创始人之一马文·鲍尔为公司制定的一条戒律，这条戒律长期在咨询业占据主导地位并被许多咨询公司奉为金科玉律，也成了咨询业得以成长的第一个行业规范
	特色的咨询工具：著名的三层面理论和 7S 模型
波士顿	用知识占领市场的咨询特色：波士顿咨询公司成立之初就在总部建立起高度集中的智力资源中心，走出了一条“用知识管理占据市场”的经营之路
	特色的咨询工具：波士顿矩阵

续表

公司名称	核心业务能力
贝恩	实战型的咨询特色：为客户提供最佳成效，贝恩的顾问把提高客户全部经济价值作为自己的使命，他们认为向客户提供的应该是基于经验为客户击败竞争对手和争取更多的回报率服务。他们的业务并不局限于任何单一的传统产业，而是从众多工业和商业模式中透视出独到的观点，客户从他们那里得到的永远是最佳成效，而非一份报告而已
	特色的咨询工具：主营利润持续增长理论

资料来源：根据三大管理咨询服务公司官网整理所得

在特色服务项目上，国内的游艇管理服务公司还相当缺乏，暂时还没有专门针对于游艇产业而提出的有特色的分析理论或模型，在财务、战略、营销、组织结构、品牌等分项管理服务内容上也还没有形成各自的强有力的竞争优势，专业性不足。这就要求投资者在进行游艇管理服务业投资时，必须把核心竞争力的培育作为工作重点，尽早形成企业自己的服务特色，打造服务品牌，再通过品牌推广的方式将品牌商品化，最终在游艇管理服务业领域取得良好的收益。

3)价格竞争影响投资收益

因为游艇管理服务业刚刚起步，除了少数处于金字塔顶的国际管理服务公司外，其他大部分的管理服务公司都是成立年数在 3～5 年的小型公司，在服务产品质量、人才引进、管理技术和方式创新等方面都存在不足，因此，低层次的价格竞争就成了这些企业最常用的手段。业内专家估计，中国咨询企业只有 3%盈利，另有 7%属保本经营，剩下的 90%都挣扎在倒闭边缘①，这严重影响了投资者的投资信心。目前摆脱价格作为唯一竞争手段的方法最主要还是建立优势，做精、做强某项业务，打出自己的品牌，最后，再扩展到管理服务的其他领域。

4)投资主体不同形成的“三足鼎立”之势

从投资主体来看，国内游艇管理服务行业主要分成以下三种类型。

第一种类型：国际游艇管理服务公司或其分支机构，主要服务于豪华游艇及其相关产业的管理服务，相对而言，管理服务质量较好，经验比较丰富，重视国际化和标准化的管理服务，但也面临着中西方管理文化的差异性等问题。

第二种类型：国内独资游艇管理服务公司，主要服务于中小型游艇及其相关产业的管理服务，一般成立年限较短，核心竞争力偏弱，但服务产品价格相对便宜，重视能帮助企业立竿见影地获得效益的服务产品的研发，成长空间较大。

第三种类型：以高校或相关科研院所为主体的游艇管理服务产品输出部门，主要为政府和相关职能部门提供游艇产业发展的智力支持，也常常和游艇企业进

① 国内咨询公司：3%盈利 7%保本 90%挣扎．中国人力资源开发网，http://www.chinahrd.net/news/site-news/2005/0616/147629.html，2005-06-16.

行“产学研”的合作，帮助企业进行人才的培养和管理理念的更新。

以上三种因投资主体不同而形成的管理服务企业或部门如果能错位发展，都有一定的市场空间，主要需注意扬长避短，以及加强相互之间合作交流的机会，共同为我国游艇产业管理服务水平的提高做出贡献。

7.5.2 游艇管理服务业投资特点

1. 投资要求高、风险大、利润丰厚

游艇管理服务需要专业的管理知识，非常强调人才团队、专业知识、人脉关系、服务品牌等软件设施的建设，这类投资不仅需要投资者拥有足够的资金，更需要有睿智的投资眼光，将有限的资金用来组建一支专业知识丰富，持续战斗力强，具有跨专业、跨国际背景和经验的管理团队，这并不是件容易的事情，特别是在团队带头人的选择以及服务内容的选择上更能体现出投资者的战略眼光。

一般而言，各种类型的投资都存在着“高风险、高回报”的属性，游艇管理服务业的投资同样也存在这个特点。游艇产业链长、服务内容多、服务对象层次高和要求高，这都决定了其服务的难度很大，引入一家专业化的管理服务公司，为不同的企业度身定做不同的管理服务产品将变得很困难，一些小型的管理公司很难做到这一点，因此，组建国际化的团队或者直接引进国外已经成熟的管理模式是这个行业普遍的做法。但是，任何管理的输出都需要考虑企业自身的状况和这个企业所在国家的商业习惯，而且，管理效能转变成经济效能需要一定的时间，这个时间可能很短，但也有可能长到 3～5 年，甚至更长，这大大增加了投资的风险性。我们经常会看到，一家管理服务公司为企业做的方案并不能立刻给企业带来比较好的经济效益，甚至经济效益还不如以前，这会大大影响这家公司在业内的口碑，而在将“服务和客户”奉为圣典的服务行业内，这样的结果可能是毁灭性的。

2. 投资周期长

和很多一次投资多次回报的投资类型不同的是，游艇管理服务公司的投资属于多次投资、多次回报的长期性投资，投资者需要不断为公司补充知识资本，如员工培训、企业实践、交流学习，学习将成为企业终身的目标和基本要求。而学习费用的投资是长期的，但每次有效的投资所获得的利益相对于投资成本而言却是成倍增加的，不断成长的知识最终转化为丰厚的经济效益，投资者应该明白这条投资规律。

3. 投资形式多样化

按照国际惯例，传统的管理服务企业的投资可以采用表 7-11 所示的几种模式。

表 7-11　管理服务企业常用的投资模式及特点

投资模式	特点
全权委托管理公司管理经营	管理服务方不参与投资，但原则上拥有管理营运的主动决策
管理公司管理并参与项目投资	管理服务方不仅拥有管理营运的主动决策权，而且参与全部或部分投资
特许经营（franchising）	业主支付国际管理服务集团特许经营费以换取某管理品牌的使用权，业主享受该集团一系列的品牌推广服务，如市场推广、管理信息系统、会员系统、销售系统等
加盟经营（voluntary association）	管理服务集团将自己所拥有的商标、商号、产品、专利和专有技术、经营模式等以加盟连锁经营合同的形式授予加盟者使用，加盟者按合同规定，在管理服务集团要求的统一的业务模式下从事经营活动，并向总部支付相应的费用
策略联盟（strategic alliance/affiliation）	企业在面临国际竞争压力时，基于本身资源及能力的不足，期望通过合资、共同研发、交互授权、物流协议等方式，结合各自稀缺的有限资源，共同分担研发的成本及风险，掌握市场流通，制定产业标准，从而增强在市场中的竞争力或有效地降低成本

从表 7-11 列举的各类投资模式，我们可以明显看出，对于资金有限的投资者而言，他们不一定需要独立投资，可以通过特许经营、加盟经营、策略联盟等更加快捷的方式获得，而对于资金比较雄厚的投资者而言，其不仅可以全额投资并建立自己的管理品牌，而且还可以参与游艇产业链上实体经济的投资。

4. *人才投资是投资重点*

游艇管理服务行业的投资最根本的就是人才和知识的投资，企业以出售“智慧”“经验”“人才”为主要盈利模式，人才的层次和背景主要面向中高层次的管理者。如果服务于一家国际知名的游艇管理服务公司，必须至少具备以下八点要求：①游艇企业管理的基本知识体系和必要的经验；②国际化的视野；③良好的团队合作精神；④不断学习的能力和毅力；⑤在某一特定管理领域的深厚的专业知识储备；⑥服务于不同行业和不同部门的良好的适应能力；⑦良好的职业操守和勇于承担责任的勇气；⑧积极的心态、健康的身体和对于管理服务的兴趣。

7.5.3　游艇管理服务业投资前景预测

1. 寻求“代管”或“咨询”是未来游艇企业管理的趋势

包括游艇企业在内的很多国内企业和国外优秀企业的差距往往不在硬件条件上，我们的产业园、生产线、工人劳动生产率近些年都有很大程度的提高，真正的差距主要集中在软实力上，即管理能力的不足。而中国的“入世”，对大多数企业而言，其都面临着国外企业“高管理”的挑战。越来越细的分工和对专业化要求的提升都决定了一个企业很难在多个领域保持领先，这就需要它们将一些不擅长的领域抛弃或外包。对于游艇企业而言，其可以通过专业管理服务公司“代管”的方式进行运作，这样既保证了企业在其核心竞争力上的优势，又不至于因为管理的欠缺而影响其整体实力。同样的道理，专业的管理咨询也成为现今和未来企业最常用的提高管理能力和寻求管理帮助的主要方法。据调查，美国60%、日本50%的企业都使用过战略管理咨询公司的服务，而我国的这个数字还不到10%[①]。可见管理咨询尚未成为国内企业决策者提高管理能力的途径，他们还是习惯于凭借经验做出决策，这种未来的要求和现实的差距，决定了游艇管理服务业在我国拥有良好的投资前景。

2. 差异化是游艇管理服务业投资的核心

任何一家管理服务企业因为资金和人才的限制都不可能在管理服务的每一个领域都做到最好，但是在这些不是最好的服务中必须要能培养出1～2个最好的服务项目，这对于未来专业分工越来越细致、管理要求越来越高的企业来说至关重要。以上海瑞凌游艇管理有限公司(网址：www.raylink-yacht.com)为例，它是一家专业的游艇管理服务公司，除了在天津、大连、青岛、宁波、厦门、深圳、广州、香港等地设有办事处外，更有分支机构遍布意大利、法国、美国、英国、德国、澳大利亚等国家。其每年管理的游艇数量以40%的速度增长，在国内算是比较大型的游艇管理服务公司。其业务范围主要包括游艇运输管理、证照办理、维修保养、俱乐部管理、私人游艇管理、游艇码头设计与建造等，而其区别于其他企业的最大服务特色就在于游艇的运输管理，它是国内第一家专业做游艇运输管理的企业，为顾客提供门到门、水到水的便捷的游艇运输管理服务。从以上案例我们可以看出，投资者在投资游艇管理服务业时，必须首先明确投资企业所能提供的核心服务是什么，并要严格细致地对该核心服务进行评估和改善，以保证其真正具有长期的竞争力。

3. 学习能力是游艇管理服务业投资效益的动力

游艇管理服务行业的高知识性要求企业进行不断的学习和创新，必须确保投资有一部分是用于企业的学习，包括员工的培训、企业的内外交流、学习资料和设备的购置、学习的奖励金以及其他和学习相关的费用。知识的投资具有长期性，不像实物产品投资可以立竿见影，因此，在短期的知识投资未见明显效果时，投资者应该更具耐心，认真评估和判断该项投资的前景和价值，以防止因为短期效果不明显而舍弃具有战略价值的知识产品，以此给企业造成重大的损失。

---

① 贾长松．战略管理咨询业存在的问题及解决对策．清华大学领导力培训项目网，http://www.thldl.org.cn/news/1008/48002_2.html，2010-08-30.

同时，也要积极营造企业的学习氛围，让学习成为企业的一种自觉行为，只有这样，我国的游艇管理服务业才能取得实质性的发展，投资者也才能从中获得理想的投资收益。

7.5.4　游艇管理服务业投资战略构想

1. 专业化战略

专业化战略的第一层含义在于管理问题的研究和经验的推广。西方的管理服务公司十分重视管理研究，将管理理论、管理技术和管理实践有机地融合在一起。例如，兰德公司(Rand)有兰德研究学院，半个多世纪以来，共发表研究报告 18 000 篇，发表论文 3 100 篇，出版近 200 部专著；麦肯锡公司(Mckinsey & Company，Inc.)出版有《麦肯锡高层管理论丛》和一些管理咨询业务的小册子；波士顿公司出版有《管理新视野》；科尼尔公司(A. T. Kearney Ltd.)出版有《科尼尔管理论丛》①。这一方面提高了公司的知名度，另一方面又通过研究和学习提高了企业管理服务的水平，正是通过加强研究和专业能力提升，才使得西方这些著名的管理咨询服务公司经久不衰，保持旺盛的生命力。而我国的这类企业，却极少在管理研究上给予足够的重视，游艇管理服务业由于刚刚起步，这方面更是缺乏，但如果以战略投资的眼光来审视该产业的长远发展，就应该努力提升服务的专业性水平，切实地为所服务的游艇企业提供高效的管理服务，解决它们棘手的管理问题。

专业化战略的第二层含义在于专业核心业务的塑造。每一家游艇管理服务企业在成立之初，都要做好核心业务的分析、筛选和确定工作，这是企业在行业内确立地位和长期获益的保证。当管理服务公司的业务范围越来越多元化的时候，更需要在纷繁复杂的业务中选择和培养 1～2 个本公司最擅长的业务，并将其作为带动业务的引擎。上海瑞凌就是以它最擅长的游艇运输管理能力在业界树立了自己的地位，并利用这种地位和声望发展其他业务。

2. 行业数据库战略

一家管理服务公司在一个区域市场内的实力主要表现在数据积累、从业经验和管理技术三个方面。其中，数据积累是最基本的，而这里的数据积累主要就是指针对本行业的各类有效数据信息的收集与分析。但遗憾的是，游艇产业的数据信息相当缺乏，目前还没有建立起一套有效的行业数据库，这使得管理服务公司在为游艇企业做定量分析时缺乏必要的数据支撑，其结果必然使得服务产品的质量有所折扣。针对以上情况，具有战略眼光的投资者会首先动用一定数

① 我国管理咨询业的剖析及其发展定位．金融界，http://stock.jrj.com.cn/2006-11-16/000001784965.shtml，2006-11-26.

量的资金优先建立起一套针对游艇行业的专业数据库，并不断对该数据库进行维护和扩充，这些宝贵的数据资源将是游艇管理服务公司对其产品质量的保证。

3. 多元化的合作投资战略

由于管理服务行业投资要求高、品牌培育周期长、知识积累成本昂贵，大型公司的竞争优势非常明显，全球管理咨询服务业 50%的业务量都来自于世界前 30 位的大型公司①。因此，对于投资者而言，除了独资之外，还可以采取“连横合纵”的方式进行多元化的合作投资。表 7-11 显示了几种常用的合作投资模式，这些合作投资战略能弥补企业在资金、智力、时间、精力等多方面的缺陷，易于多学科、多部门、多企业的联合作业，从而集约智力，保证管理服务产品的质量。另外，股份制、集团化、国际化也都是多元化合作投资战略的普遍形式。

4. 职业经理人战略

高素质的管理人才是管理服务企业输出的重要产品之一，这里的高素质的管理人才我们也可以称之为职业经理人，他们专职负责企业的管理。可以说职业经理人就是企业的“保姆”，职业经理人要求拥有非常专业的企业管理知识、丰富的管理经验和对自己职业的忠诚，并承担对企业资本保值增值的责任。游艇行业极其缺乏这类高素质的职业经理人。因此，及早地建立起游艇产业的职业经理人制度，发挥职业经理人在游艇企业管理上的优势，将成为游艇管理服务业投资的重要战略。

本章小结

游艇产业投资涉及的内容广泛而复杂，本章选取了游艇产业链上最重要的五大分支产业，即游艇研发产业、游艇制造业、游艇俱乐部、游艇租赁服务业、游艇管理服务业，分别从产业投资特点、产业投资现状、产业投资前景预测以及产业投资战略构想四个层面进行细致而深入的分析，每一个分支产业都设置了一个具体案例，以供读者能理论结合实际地阅读。通读本章，读者基本能对游艇产业投资的大体方向、投资的侧重点以及投资的风险性等问题有一个初步的认识，但在实施游艇产业实际投资项目时，还必须结合项目的具体要求、项目所在地的市场竞争环境以及项目的战略定位等一系列具体问题，认真做好投资项目的可行性分析、风险评估等基础工作，只有这样，才能最终保证项目的投资获得满意的收益。

---

① 张文松，李曙光. 对我国管理咨询业的剖析及其发展定位. 科技导报，2002，2：47～50.

➤案例

珠海太阳鸟游艇制造有限公司复合材料游艇扩能建设项目可行性研究报告①(节选)

1. 项目缘起

太阳鸟公司目前是国内规模最大、设计和研发水平最高、产品结构最齐全、品牌知名度最高的复合材料船艇生产企业，是国内第五家船舶类上市企业(前 4 家为中国重工、中国船舶、广船国际和中船股份)，是亚洲第一家游艇整装上市企业，中国首个游艇类驰名商标。而珠海太阳鸟游艇制造有限公司是太阳鸟游艇的全资子公司，是国家相关部门指定的高性能船艇制造商和供应商。2010 年，珠海太阳鸟游艇制造有限公司承接了 34 艘中国海洋环境监视监测船队 19 米高速海岛保护艇建造任务，订单金额高达 2.7 亿元，也对公司生产扩能建设和技术改造活动提出了更加迫切的要求。

2. 项目建设目标

(1)项目实施后，新增年产各类复合材料游艇 40 艘的生产能力。

(2)项目新建游艇车间，引进主要及关键设备，使产品规模及质量满足市场要求。

(3)达产后新增年产品销售收入 19 750 万元，利润 3 117.15 万元。

3. 项目建设原则

本次投资项目遵循“专业化生产”及“做大、做强、做优、做精”的原则。投资的重点放在船体生产设备、工位器具、流水线生产、检测仪器及工艺调整上，确保复合材料船艇的生产、质量达到国内领先、国际先进的水平。

4. 项目建设内容

(1)生产车间建设。新建游艇 3＃车间，主要在新建厂房内进行船艇扩能生产。对游艇成型间设置空调，地面采用混凝土地面以增加耐压性和抗变形性，有利于长期维护使用。

(2)关键设备购买。关键设备向国际同行业先进水平看齐，投资引进当今最先进的聚氨酯发泡机、短切纤维喷射机、胶衣树脂喷涂机、树脂搅拌机、RTM (resin transfer molding，即树脂压铸成型)、游艇专用软件、豪华游艇模具、GPS 测速仪及各种检测设备约 166 台(套)，新增主要设备预算 2 750.7 万元。引进部分新产品模具，新增的游艇模具和特种艇模具全部按模块化组合模具设计制造，使一模多用。

(3)制造工艺及流程改善。投资研发和改善现有船艇制造工艺以及优化装配

---

① 益阳工程设计咨询中心．珠海太阳鸟游艇制造有限公司复合材料游艇扩能建设项目可行性研究报告，2011.

流程。包括手糊成型工艺、喷射成型工艺、热压罐成型工艺等20多项先进的制造工艺，以及总装装配流程、舾装装配流程、装饰结构装配流程、精饰装配流程等主要生产车间工艺流程。

(4)人员配备。配合新增产能，估算需新增工作人员165人，其中工人120人，技术、管理人员等45人。

5. 投资估算及资金筹措

1)投资估算

本投资估算内容包括建筑工程、设备购置、安装工程，以及按国家规定为进行基本建设所需的其他工程的费用。本扩建项目预计新增总投资10 299.40万元，其中建筑安装工程投入4 749.31万元，设备购置费2 750.70万元、工程建设费700.11万元，预备费656.01万元，增加项目铺底流动资金投入1 443.26万元，其资金来源为太阳鸟游艇股份有限公司增资投入。

2)成本费用

成本费用估算原则与依据：原辅材料、动力、燃料均以到厂价(含税)估算；职工人均工资及福利费以38 000元/年计；固定资产以分类折旧法计算折旧费，建筑物折旧年限为20年，残值率为5%，设备折旧年限为10年，残值率为5%。

项目总成本费用估算：年平均总成本费用为15 052.85万元/年，其中，经营成本为14 501.53万元/年。

3)财务评价参数

财务评价主要参数：项目产品规模40艘；销售税金及附加，按8%综合取定；所得税税率15%；盈余公积金提取比例10%；基准收益10%。

4)销售收入、销售税金及附加

年产品生产销售规划见表7-12；项目销售收入估算见表7-13；项目达产年平均销售收入为19 750万元/年。

表7-12 年产品生产销售规划表(单位：万元)

产品名称	单位	新增产量	单价	新增营业收入
一、复合材料艇	艘	16	—	12 540
128FT	艘	1	2 000	2 000
98FT	艘	2	1 500	3 000
88FT	艘	2	1 200	2 400
78 FT	艘	2	800	1 600
68 FT	艘	2	650	1 300
58 FT	艘	3	400	1 200
48 FT	艘	4	260	1 040

续表

产品名称	单位	新增产量	单价	新增营业收入
二、复合材料商务艇	艘	8	—	2 260
S3600	艘	2	650	1 300
S2160	艘	6	160	960
三、复合材料特种艇	艘	16	—	4 950
S2800	艘	4	240	960
S2000	艘	6	165	990
S1900	艘	6	500	3 000
合计	艘	40		19 750

表 7-13　销售收入表

序号	项目	第 3 年	第 4 年	第 5 年	第 6 年	第 7 年	第 8 年	第 9 年	第 10 年	第 11 年	第 12 年
1	生产负荷/%	50	100	100	100	100	100	100	100	100	100
2	销售收入/万元	9 875	19 750	19 750	19 750	19 750	19 750	19 750	19 750	19 750	19 750

5)销售税金及附加

项目达产年平均销售税金及附加为 1 580 万元/年。

6)利润及分配

经估算，项目达产年平均利润总额为 3 117.15 万元/年，所得税为 467.57 万元/年，税后利润为 2 649.58 万元/年。

7)主要财务评价指标(所得税后)

(1)财务内部收益率 24.98%；

(2)静态投资回收期 5.73 年(含建设期)；

(3)动态投资回收期 6.89 年(含建设期)；

(4)投资利润率为 30.27%；

(5)投资净利润率为 25.73%；

(6)销售利润率为 13.42%；

(7)净现值为 7 991.44 万元。

以上财务评价指标表明项目经济效益显著。

6. 不确定性分析

1)盈亏平衡分析

BEP(生产能力利润率)=50.68%。

计算结果表明，当达到总生产能力的 50.68%时，项目可保本，说明本项目的抗风险能力强。

2)敏感性分析

设计选取固定资产投资、产品价格、产品产量、经营成本四个因素进行敏感性分析，测算结果详见表 7-14。

表 7-14 敏感性分析结果汇总表(单位：万元)

项目	初始值	+10%	−10%	敏感度
固定资产投资	7 991.44	7 234.74	8 748.14	−0.946 89
销售收入	7 991.44	16 535.88	−553	10.691 99
经营成本	7 991.44	1 163.82	14 819.06	−8.543 67

从表 7-14 看，销售收入对项目经济效益的影响最大，其次为经营成本，固定资产投资的变化对项目经济效益的影响相对较小。销售收入和经营成本的变化对项目经济效益的影响较大，当销售收入和经营成本发生负变时，项目经济效益快速下滑，项目投产后，企业经营者宜组织稳定的原材料供应，加强生产的组织和管理，尽量提高原材料利用率，降低加工成本。同时，产品的营销工作也至关重要。

综上所述，项目工艺技术先进可靠，产品市场前景广阔，项目经济效益显著，项目可行。

7. 项目综合评述

(1)项目计划分析表明，珠海太阳鸟游艇制造有限公司形成了以个性化的高档豪华游艇和标准化、系列化的低档游艇/高速艇为核心的两大业务体系，这种清晰的主营业务模式是实现公司成为中国游艇业龙头和第一品牌的先决条件。

(2)珠海太阳鸟游艇制造有限公司利用现有技术和生产条件进行筹资扩建，自主开发玄武岩纤维增强材料高性能复合材料船艇的规模化生产，符合国家发展船艇产业政策，开展节能环保项目研制，对企业的生存和发展具有长远的战略意义。

(3)本项目在珠海市游艇经济开发区内实施，该区是经省人民政府批准并直接管理的工业开发区，交通便利，基础设施完善，为项目的扩建投产提供了良好的条件。

(4)本项目“三废”排放量极少，扩建投产后“三废”均能有效治理并达到排放标准。

(5)本项目在公司现有生产规模的基础上进行扩建，投资不多，能较好地达到资源共享的目的。投资回收期短，抗风险能力强，经济效益显著，并具有良好的社会效益。该项目扩建投产后，可新增年销售收入 1.975 亿元，新增年利润总额达 3 117.15 万元，项目经济效益良好。

(6)工艺成熟，技术可靠，国家法定检测机构的检测报告显示，项目已达到原设计标准，试生产的产品各项指标良好。产品进入市场后极受欢迎。从已销售产品的返修记录分析可以看出，维修率不到 0.1%，且大都为机器配套件上的原因，船体部分基本无需维修，新产品 36 米双体船、26 米海监指挥船已进入市场经营，客户反映良好，并追加订单，形成供不应求的形式。

(7)公司长期实施“产学研”开发计划，与中国人民解放军国防科技大学、华中科技大学舰船研究中心、武汉理工大学船舶材料系、中国船舶集团 708 研究所等科研院所合作，研发新型复合材料高性能船艇，一大批新型船艇、游艇填补了国内空白，有的成为国内乃至亚洲首创。

(8)太阳鸟复合材料游艇投资扩能项目可行性较强，除了在公司理念、资金、研发、工艺及流程等方面领先之外，还具有其他的一些竞争优势，如大部分股东参与公司经营，代理成本小；富有经验和国际管理观的团队；高度稳定的关键员工队伍；覆盖广泛的产品系列；国内外知名品牌优势；等等。

第 8 章

中国游艇业投资机遇及前景

本章主要对全书各章节的观点和内容进行了一个系统的梳理，让投资者更加清晰和系统地了解中国游艇产业投资的可行性、投资的前景、投资的重点、投资的顺序、投资的方向。并借鉴汽车产业投资的经验和教训，提出笔者的一些看法和建议，希望读者能通过阅读本章更加直观地对中国整个游艇产业及其投资状况有一个清晰的认识。

8.1 中国游艇业投资机遇与风险

8.1.1 中国游艇业投资机遇分析

1. 经济驱动力

(1)富裕阶层的崛起是中国游艇产业发展的第一波经济驱动力。根据《2010胡润财富报告》显示，截至 2010 年，中国内地的千万富豪人数已达 87.5 万人，同比增长 6.1%；亿万富豪达 5.5 万人，同比增长 7.8%。该报告还显示，内地亿万富豪的平均年龄为 43 岁，比国外年轻 15 岁，其中有一半的亿万富豪表示打算购买私人游艇。以此来推算，中国未来 5 年的私人游艇潜在需求量将为 2.5 万～3 万艘。按照私人游艇平均单价 500 万元来计算，未来 5 年中国私人游艇的潜在市场总量将达到 1 250 亿～1 500 亿元[①]。这波驱动力是靠占人口少数的富裕阶层发起的，是推动中国游艇产业和游艇产品消费市场进入起步阶段的动力，但这还不足以促成中国成为世界游艇制造和消费的强国。

(2)中产阶层的扩大是中国游艇产业发展的第二波经济驱动力。目前，世界

① 朱行远．“靠岸”的游艇和“上船”的中国富豪．中国经营报，2010-12-10.

平均每 171 人拥有一艘私人游艇，挪威、新西兰等国人均拥有游艇的比例高达 8∶1，美国为 14∶1，内陆国家瑞士人均拥有游艇也达到 69∶1，中国香港目前已有游艇 2 000～3 000 艘[①]，游艇发达国家和地区拥有如此之高的游艇拥有率，并不代表这些国家和地区拥有同等数量的富豪数，而是因为这些国家和地区的游艇消费观已深入人心，游艇消费已走出了“贵族化”的狭小范围，形成了丰富的产品系列，游艇价格从一二十万元到几亿元不等，既有贵族富豪专属的超级游艇，但更多的是白领阶层、中产阶层能承受的帆船、钓鱼艇、快艇、休闲艇等中小艇种。全球领先的市场信息公司欧睿信息咨询公司的调查显示，中国目前的中产阶层数量仅占总人口的 23%，而美国中产阶层数却占了总人口的 80%(30 000～200 000 美元/年)，远高于中国中产阶层的人口占比，连印度、巴西等发展中国家中产阶级的数量也分别占了总人口的 30%(4 280～21 400 美元/年)和 49.22%(7 032～30 360 美元/年)[②]。随着中国经济的快速发展，国内中产阶层的数量也在不断扩大，该机构预测到 2020 年，在经济增长的驱动下，中国中产阶层将达到 7 亿人(11 800～17 700 美元/年)。这些新崛起的中产阶层普遍受过良好的教育，在游艇消费意识上远胜于前辈，他们将构成中国游艇产业发展的第二波经济驱动力，也是最强劲的一波驱动力，能促成中国从游艇制造大国转向游艇制造强国和游艇消费大国。

(3)新能源驱动的个性化游艇消费将构成中国游艇产业发展的第三波经济驱动力。当人们普遍接受了游艇运动时，个性化的需求就会孕育而生，不同类别、不同风格、不同档次的游艇产品和游艇服务将层出不穷，极大地带动游艇制造业和游艇服务业最后一波的大发展。在这个阶段，新能源将成为人们关注的焦点，和自然亲密接触，真正享受游艇带给人们的速度、激情和浪漫。这波驱动力能保证我国游艇产业长期持续发展，直到被一种更先进、更符合人们消费需求的新产品取代为止。

以上三波经济驱动力将推动我国未来的游艇消费市场，为投资者创造一片广阔的投资空间。

2. 文化驱动力

1)传统文化差异驱动

中国属于典型的内陆国家，领土总面积为 1 430 多万平方千米：其中陆地面积 960 万平方千米，内海和边海的水域面积约 470 万平方千米[③]，只有陆地面积

① 宋雪莲．潍柴买艇出海，法拉帝 5 年内香港上市．中国经济周刊，2012-01-31.

② 欧睿信息咨询公司．2020 年中国中产阶层将达 7 亿．法制晚报，2010-07-11.

③ 钦州市委宣传部．第七届中国-东盟博览会“魅力之城”．新浪城市，http://city.sina.com.cn/focus/t/2010-10-14/21589009.html，2010-10-14.

的一半，包括台湾省在内的 34 个省(自治区、直辖市)中，20 个是内陆省(自治区、直辖市)，只有辽宁、河北、天津、山东、江苏、上海、浙江、福建、广东、广西、海南、台湾、香港、澳门 14 个临海省(自治区、直辖市)。这种自然地理状况孕育了中国发达的内陆农耕文化。而传统西方社会的文化发祥地古希腊、古罗马以及由此发展而来的意大利、法国、英国、荷兰等欧洲国家，包括海航大发现后形成的新兴国家，如美国、澳大利亚、巴西等无不以海洋文化和海洋文明而著称，而游艇属于典型的海洋文化的衍生品，不难想象为什么欧美国家具有发展游艇产业得天独厚的条件，而我国只能后来居上。但人类天生的好奇心总是驱动着人们不断去尝试新的事物，差异越大，好奇心越强，动力也越大，这种传统文化的差异是我国游艇消费市场的一个非常重要的驱动力。

2)消费心理文化差异驱动

西方人的消费观追求个性，强调自我感受，游艇的大小、豪华程度、设备的先进性完全根据游艇主的需求进行配置，反而一些装备和工艺简单的运动艇、休闲艇和帆船在西方国家大受欢迎。根据统计，欧美主要的游艇消费群体是城市工薪阶层，他们所拥有的游艇存量占游艇总数的 90%以上[①]。这些游艇大多在 10 米以下，在西方这一级别的游艇，特别是 7.5 米以下的小型游艇大都停放在各家各户的后院里，而且也被允许由游艇拖车载着合法地行走在陆地的大街小巷之中。由于西方国家游艇普及率高、艇体小、装备简单，所以售价普遍较低，游艇主个人几乎就可以囊括一艘小型艇的所有售后服务，导致在这些国家游艇产品及其增值服务的利润空间相对有限。

中国人的消费观追求“面子”，强调专属感，偏爱彰显个人财富和企业地位的大型游艇，对于游艇的尺寸大小、装修的豪华程度给予了极高的关注，相反对游艇的细节并不太在意。而大型豪华游艇的制造正是游艇产业链中利润最高的部分，豪华游艇的维修、清洁、养护、泊位等一系列增值服务的费用也都较其他艇种昂贵。这种东西方消费心理文化的差异(具体差异见表 8-1)为投资者提供了良好的契机，认真研究和满足现阶段中国游艇主的“面子需求”，将会给投资者带来丰厚的利润。

表 8-1 东西方游艇消费差异对照表

对照参数	西方游艇主	中国游艇主
游艇外形	优美的曲线、个性的艇体设计	宽大、舒适
游艇装备	电子和导航设备要求较高，能够满足独立航行的需求	装修精致豪华，能保证安全、平稳航行
游艇露台	巨大空旷的露台	较小的露台，一般设有遮阳棚

① 龙巍，肖艳霞，邓洪福，等．江门游艇“风生水起”．中国水运报，2011-11-14.

续表

对照参数	西方游艇主	中国游艇主
游艇厨房	简单，冷餐为主	复杂，热餐为主
游艇娱乐设施	别致的餐厅、客厅，舒适的卧舱，很少设置卡拉 OK、游戏厅和会议室	卡拉 OK、游戏室、会议室、巨大的客厅，强调综合娱乐功能
游艇用途	运动、休闲、身份象征	身份象征、企业象征、财富象征
心理需求	速度、探险、阳光、海上夜生活	平稳、舒适、宽敞、当日来回

3. 自然驱动力

1）地理条件驱动

我国大陆位于西北太平洋沿岸，大陆海岸线长达 18 000 多千米，加上岛屿岸线 14 000 千米，海岸线总长居世界第四，200 海里水域面积为 200 万～300 万平方千米，居世界第十，这些都是世界性的优势资源。我国沿海深水岸线 400 多千米，宜建中级以上泊位的港址 160 多处，其中深水港址 62 处，我国还拥有 6 500个大小岛屿，9 000 多个湖泊[①]。以上都是游艇产业和游艇运动发展的得天独厚的地理条件。

2）气候条件驱动

我国东部沿海地区以“秦岭—淮河”为界，南北分属于亚热带季风性气候和温带季风性气候，都是发展水上运动和水上休闲活动的良好的气候条件，特别是我国最南端的海南岛，属热带季风海洋性气候，四季不分明，夏无酷热，冬无严寒，气温年差较小，年平均气温 22.5～25.6℃，年日照时数 1 780～2 600 小时，年降水量 1 500～2 500 毫米(西部沿海约 1 000 毫米)[②]。光、热、水资源非常丰富，旅游基础设施齐备，是发展游艇产业和游艇运动极为优越的地区。同时，位于渤海湾地区的青岛、日照、威海等地，夏无酷暑，冬无严寒，海洋性气候特征明显，水质、水文、风力、湿度等条件都非常适合水上运动项目的开展。其中青岛市是著名的奥运会帆船比赛的举办地，水域开阔，水质良好，年均风速为 5.4 米/秒，8、9 月份的平均风力也在 5 米/秒左右。日照市是全国的水上运动之都，已先后成功举办了 2004 年全国帆船锦标赛、2005 年国际欧洲级帆船世界锦标赛、2006 年国际 470 级帆船世界锦标赛、2007 年首届中国水上运动会、2008 年奥运会帆船帆板热身赛和 2009 年中国第 11 届全运会部分水上比赛项目等一系列重大水上体育赛事。这些大自然所赋予的得天独厚的气候条件为我国游艇产业和游艇运动在这些地区的开展提供了保障。

① 何茂春．以海养海，实现我国的海上强国战略．珠江经济，2005，(4)：2～16.

② 中国天气网，http://hainan.weather.com.cn/.

4. 政策驱动力

1）开始关注

2009 年 12 月国务院下发的《关于加快发展旅游业的意见》的第 7、9、19 条涉及游艇行业，这也是国务院文件中第一次出现“游艇”二字，首次提出把旅游业培育成国民经济战略性支柱产业，并把邮轮、游艇等旅游装备制造业纳入国家鼓励类产业目录。2009 年 12 月 31 日，国务院发布了《关于推进海南国际旅游岛建设发展的若干意见》，明确提出发展邮轮、游艇旅游，而在第 8 条，也提出了关于“研究完善游艇管理办法，创造条件适当扩大开放水域，做好经批准的境外游艇停泊海南的服务工作”等一系列发展游艇产业的具体措施。这两项政策的颁布给处于起步阶段的中国游艇产业带来了极好的发展机遇，对促进我国游艇产业的新一轮发展具有标志性的意义。

2）持续出台

在国家鼓励游艇产业发展诸多利好政策的指导下，各地区也相继出台了一系列有利于游艇产业发展的政策，如 2008 年颁布的《游艇安全管理规定》，2010 年颁布的《珠海市加快发展游艇产业若干政策》《海南省游艇管理试行办法》，以及 2011 年颁布的《中华人民共和国海关对海南省进出境游艇及其所载物品监管暂行办法》《中华人民共和国车船税法实施条例》等。中国船舶工业行业协会船艇分会理事长杨新发曾说过：“十二五期间将是中国游艇产业发展的黄金期，由于政策松绑，中国游艇行业将保持甚至超过 30%以上的复合增长率。”[①]

3）密集跟进

在国家和地区产业政策的鼓舞下，各省市，特别是我国沿海省市，一股以游艇产业为核心的规划和开发热潮逐渐兴起，不少城市提出了具体的发展游艇产业的战略设想和规划。

浙江：“千帆劲扬千岛湖”，大力发展游艇及相关产业，拉长千岛湖和杭州游艇产业链，努力把杭州打造成长江三角洲乃至全国的游艇产业集聚基地和制造中心之一。

三亚：把三亚建成世界一流的“游艇基地”。

上海：上海奉贤游艇工业区重点发展游艇、水上运动器材、船舶制造及其配套产业。

天津：建设以“基辅号”航空母舰为中心的游艇世界。

三峡：筑坝形成了世界上最大的人工湖区，为此国家旅游局提出需要上千条高品位的各式游览观光和交通运输船艇，以开发湖区水上游览航线。

---

① 中研普华管理咨询公司 . 2011—2015 年中国游艇行业市场深度调研与趋势预测分析研究报告，2012.

珠海：已经逐步建立了一个颇具规模的游艇生产基地——平沙游艇工业园。目标是建造华南地区乃至全国最大的游艇制造和配套产品的生产基地。

5. 特殊事件驱动力

1)海南国际旅游岛

2009 年 12 月 31 日，国务院发布了《国务院关于推进海南国际旅游岛建设发展的若干意见》。作为国家一项重大的战略部署，我国将于 2020 年将海南省初步建成世界一流的海岛休闲度假旅游胜地，打造海南岛开放之岛、绿色之岛、文明之岛、和谐之岛的品牌形象。购物退免税、26 国免签入境、邮轮游艇旅游等各项优惠政策纷纷落地，首个国际游艇出入境专用码头在三亚市正式设立并通过口岸验收。海南省的游艇产业在这件重大的特殊性事件的推动下，必将和当地的旅游业、服务业等特色产业一起取得实质性的大发展，为投资者创造良好的投资环境。

2)青岛奥帆赛

2008 年第 29 届夏季奥运会在北京举行，而其中帆船比赛的主场地就选择在青岛，青岛通过承办奥运会帆船比赛，在现有的软、硬件基础上，进一步完善了水上运动设施，其中最著名的就是青岛奥帆中心，该中心占地面积约 45 公顷，场馆区 30 公顷，赛后开发区 15 公顷，共有 7 个建筑单体，分别为奥运分村、运动员中心、行政管理中心、场馆媒体中心、后勤供给与保障中心、接待中心和注册中心，赛后已成为我国重要的海上运动基地和海上休闲娱乐中心。通过奥运期间对帆船比赛的大力宣传，青岛的帆船运动已深入人心，大大推动了帆船运动在当地的普及与开展，并逐渐成为青岛市的品牌，和每年举办的青岛国际海洋节、青岛国际啤酒节等活动一起成为青岛市响亮的名片。

3)两岸四地大众旅游的普及

2003 年开通内地居民赴港澳自由行，2006 年大陆居民赴台湾旅游开通，2011 年大陆居民赴台自由行开通，这一系列促进两岸四地大众旅游发展的事件进一步促进了地区间的交流与合作。香港和澳门是世界上最主要的游艇消费区，而台湾是世界上最主要的游艇制造区，这些地区对于游艇产业和游艇运动的很多理解和经验都随着交流的加深而逐步传入并影响到中国内地，这对促进中国内地游艇产业的发展将起到非常积极的作用。

4)六大游艇展

大连国际游艇展、青岛国际游艇展、上海国际游艇展、厦门国际游艇展、深圳国际游艇展、三亚海天盛宴游艇展，是目前中国影响力最大的游艇展会(图 8-1)。其中，第 17 届上海国际游艇展现场实际成交额就达到了 10 亿元，展位面积达到 38 000 平方米，吸引了来自美国、意大利、日本、西班牙等国 450 家参展商，近500条实船集体亮相，观众数量达到31 835人[①]。这些展会吸引了海内外业者及爱好者共聚一堂，在提供游艇展示的同时，进一步探索和交流了在中国如何普及海洋游艇文化，如何促成中国游艇消费购买力在全亚洲的领先地位，并让更多的世界游艇制造企业认识到中国的广阔市场，也让我们看到了和世界游艇强国的差距，博采众长，在学习中发展是推动中国游艇产业走向辉煌的必由之路。

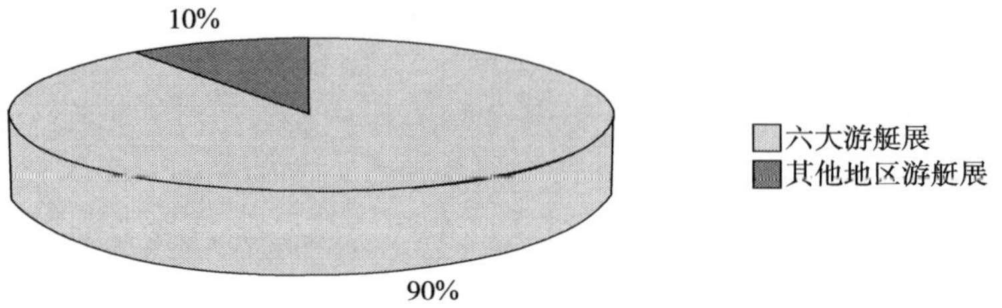

图 8-1　全国六大游艇展综合影响力比较图

资料来源：2012—2013中国游艇产业报告

6. 相关产业驱动力

游艇产业是综合型产业，产业链上的制造业、服务业等分支产业的发展会直接影响游艇产业链的发展。其中，最为重要、影响最大的为造船业和旅游业。造船业直接施益于游艇制造业，旅游业直接施益于游艇服务业，而游艇制造业和游艇服务业正是游艇产业链中最为关键的环节。

1）造船业

我国造船业发达，2003年以来，我国船舶工业进入了快速发展轨道，产业规模不断扩大，造船产量快速增长，造船完工量、新接订单量、手持订单量已连续多年居世界前列。综合实力稳步提升，已经具备散货船、油船、集装箱船自主开发能力，在高技术高附加值船舶、海洋工程装备领域也实现了突破，大型船舶企业造船周期和质量管理达到国际先进水平，我国已经成为世界造船大国。尤其是国际金融危机之后，我国的国际造船市场份额不降反增。2010年我国造船完工6 560万载重吨，新接订单7 523万载重吨，手持订单19 590万载重吨，分别占世界市场的43%、54%、41%，均居世界第一[②]。游艇制造业直接源于造船业，发达的造船业不仅降低了我国游艇制造业的投资成本，而且提高了成品艇的质量和附加值，有利于投资者短期内获得稳定的投资收益。

---

① 全国游艇展专家指导委员会，中国交通运输协会邮轮游艇分会．2012—2013中国游艇产业报告，2012.

② 包兴安．中国成第一造船大国“十二五”末建成世界造船强国．中国资本证券网，http://www.ccstock.cn/finance/hongguanjingji/2011-05-09/A450497.html，2011-05-09.

2）旅游业

未来我国游艇产业的发展主要依赖于国内市场，因此，游艇运动的普及程度直接影响到人们对游艇消费的兴趣。从发达国家游艇运动开展的经验来看，除了专业级的赛级游艇运动需要特殊的场地外，其他大部分的游艇运动都和旅游业直接或间接相关，属于旅游产品的一部分，特别是滨海或滨湖地区，常常将游艇运动、游艇休闲、游艇娱乐等作为吸引游客的一项重要的旅游产品。这些年我国旅游业取得了爆发式的发展。据预测，到 2015 年，全国旅游业增加值可达 2 万亿元，约占 GDP 的 4.8%，约占服务业增加值的 11%，旅游业对 GDP 增长的贡献率可达 1 百分点，对服务业增长的贡献率可达 2 百分点①。依托于旅游业的大发展和大众旅游意识的普及，游艇运动的消费市场必将逐渐完成从小众运动、精英运动到大众运动、普及运动的转变，这种转变的直接好处就是为游艇产业的投资者带来长期稳定的投资收益。

8.1.2　中国游艇业投资风险分析

1. 经济制动力

世界经济和中国经济的繁荣程度是影响我国游艇产业发展最为关键的因素之一，这不仅决定了我国游艇的进出口数量和金额，更会对我国未来游艇产业赖以生存的国内市场产生直接的影响。经济发展具有波动性和周期性，而目前世界经济和我国经济均处在经济周期中的下行阶段，这些都会对我国游艇产业的投资和发展带来一定的风险和负面影响。

1）世界经济低迷

就目前而言，我国游艇产品的主要消费市场还是海外市场。从出口情况看，游艇消费的动力直接受制于海外经济的繁荣程度。2010 年，我国出口前十名的国家和地区（美国、澳大利亚、德国、中国香港、荷兰、法国、英国、俄罗斯、加拿大、日本）的经济都不同程度地受到世界经济整体低迷的影响，其中最为严重的是我国最大的游艇出口国——美国和欧盟。2007 年美国的次贷危机以及从 2009 年开始席卷欧盟诸国的债务危机使得这两个地区的经济持续低迷，失业率居高不下，海外投资锐减。2010 年开始，美国主要企业甚至接连发布把海外工厂迁回美国的计划，美国各州政府也给予了大力支持，纷纷出台各项政策，吸引海外企业把制造业工厂迁回美国，以振兴美国"制造业"，从而带动美国经济的发展。以上这些事件都会对我国游艇产业的发展造成一定的负面影响，但我国人口超过 13 亿人，拥有庞大的国内市场，这才是未来我国游艇产业投资真正的主战场。

---

①　李忠将，周芙蓉．世界旅游组织：2015 年中国将成最大入境游接待国．中华人民共和国中央人民政府网，http://www.gov.cn/jrzg/2007-11/06/content_797737.htm，2007-11-06.

2）中国经济增速放缓，变数增多

第一，成本优势降低。游艇制造业的成本开支主要包括原材料成本和人力成本，而这两项成本这几年都呈现快速增加的趋势。

(1)原材料成本。以游艇制造最常用的钢材为例，由于受到汽油、焦炭、铁矿石等价格上涨因素的影响，钢材价格持续攀升，2008年最为显著，2008年前三个季度大中型钢铁企业具有代表性的炼钢生铁制造成本同比上升幅度达到11.33%。同时，企业管理费用上升30.93%，财务费用上升42.05%，销售费用上升33.37%[①]，钢铁企业面临着较大的成本上升压力。

(2)人力成本。波士顿咨询公司分析称，目前美国制造业工人的时薪为22美元。而中国工人的时薪为2美元[②]。单单从工资看，中国人力成本只有美国的9%，但到2015年两国的工资差距将逐步拉近。中国制造业工人工资每年增长17%，而美国工人工资仅增长3%，2010年中国上海的工资水平接近美国密西西比州的50%，到2015年将进一步接近至70%[②]。换言之，中国和美国的工资差距将缩小到30%左右。以制造业为例，在生产成本中工资所占比重最高达30%。也就是说，从工资水平看，中国产品的价格比美国产品只便宜10%左右。如果再考虑生产效率，在过去的20年里，中国工人的生产效率提高了10倍，但仍不到美国工人的三分之一。此外，受到人民币不断升值的影响，中国和美国人力成本的差距还将日益减小。以上因素必然会降低我国游艇产业，特别是游艇制造业的国际竞争力，而目前，我国游艇产业的发展还主要以价格为主要竞争手段，一旦丧失价格优势，将会对我国新兴的游艇产业产生较大的影响。

第二，通货膨胀、人民币升值。这几年，中国人感受最大的就是不断升高的CPI(consumer price index，即居民消费价格指数)和居高不下的通胀率。物价上涨、股市低迷、楼市紧缩等一系列负面影响使得国内大部分中产阶层资产缩水，为了寻找更好的投资机会，使财富保值增值，一些人甚至将大量资金投入民间资本借贷市场，从而引起经济的进一步震荡。这些经济发展过程中周期性出现的不良现象都有可能对我国经济，特别是国内的游艇经济产生一定的影响。另外，人民币的快速升值，也对我国游艇产品的贸易出口和外商在华投资产生不利影响，而这些正是我国游艇产业目前主要的生存之道。但如前所述，经济发展具有周期性，从长远看，中国经济是向好的，但经济发展不能仅仅依靠低廉的资源成本和人力成本，而更应该通过不断提高的劳动生产率、先进的生产技术以及健康的经

① 睿博产业研究中心．2008年钢材市场形势预测分析．商虎中国，http://cn.sonhoo.com/info/shownews.aspx?newsid=218266&page=2，2007-11-24.

② 刘钢．中国不是唯一的选择，制造业回归美国．慧聪网，http://info.cm.hc360.com/2011/06/020919322533.shtml，2011-06-02.

济环境等因素的协调作用，游艇产业的发展同样需要经过这个转变才能真正地繁荣起来。

第三，信贷紧缩、融资困难。面对全球通胀压力，中国政府的宏观经济政策不得不把控制通胀、收紧信贷、减少流动性压力作为调控目标。而游艇产业是典型的资金密集型产业，前期投资大，投资回收期长，加之中国中小型游艇企业多，资金成为制约中国游艇产业发展的主要因素之一，而且游艇不能像其他不动产那样可以进行质押贷款，尤其对那些希望通过游艇这个平台进行运作的地产企业和旅游企业，前期必须投入比较大的资金购买游艇，会对正常的经营带来较大的成本压力。因此，无论是游艇的制造企业，还是游艇的消费者，都对银行在游艇产业中的资金投放极为关注，迫切希望中国境内的银行能够像国外银行那样，对游艇产业进行真正意义上的融资。

其他的，诸如反倾销税限制、外资进入使游艇业风险提高、产业泡沫等经济因素都会对中国游艇产业的发展起到一定的制动作用，需要企业、研究人员、政策制定者等多方合作，共同出谋划策，降低这些负面因素的制动力。

2. 文化制动力

1)游艇文化与中国传统消费习惯之间的矛盾制动力

游艇自诞生之日起，就伴随着速度、冒险、刺激、享受等心理文化感受。如前所述，中国属于典型的农耕民族，安土重迁是中华民族的重要品质，这与游艇文化所表现出来的特征有着本质上的矛盾与冲突，虽然安土重迁的民族性格正随着改革开放和对外交流程度的加大而逐渐减弱，但是千百年来形成的文化积淀很难在短时期内消融。从中国目前游艇消费市场的调查发现，游艇仍然属于极少数精英阶层的享受型和身份地位象征型的消费品，和西方国家大众普及的游艇运动有着本质的不同。另据全球知名战略咨询机构贝恩资本发布的《2011 年中国奢侈品市场研究报告》显示，2011 年中国内地奢侈品市场的规模首度突破 1 000 亿元，但内地市场近五成的奢侈品用作送礼。可见，国人因为消费习惯的关系，大部分人购买奢侈品是为了人情社会中的关系梳理，形成了“买者不用，用者不买”的独特文化现象，这些都会对中国游艇产业的发展起到一定的制约作用。

但是，市场总是充满机会，一类新兴的消费群体正成为推动国内游艇消费的强劲动力，这就是我们俗称的“富二代”，他们大都出生于 20 世纪 80 年代，继承上亿家产，普遍具有国外求学经历，近两年开始陆续回流国内，他们在国外深受西方消费观念和生活习惯的影响，对名牌服饰、汽车、游艇等奢侈品有着浓厚的兴趣，世界顶级奢侈品展(Top Marques)策展人盛磊预计，在未来 5～10 年，“富二代”将是推动内地奢侈品消费的重要力量。

2)“进来易”与“出去难”之间的矛盾制动力

游艇产业的发展需要游艇文化的支持，这里的游艇文化一方面是指游艇的普及程度，另一方面也指一个国家游艇产业发展的独特性。游艇起源于西方，发展于西方，发达于西方，因此，世界各国的游艇或多或少地承载着西方的很多价值观和消费观：流畅的曲线、高性能的电子导航设备、物超所值的价格、宽大的露台等。中国游艇产业以出口为主，更要以西方的消费观为基础进行设计和制造，而国内销售的游艇也基本按照这种设计理念和制造模式进行生产。但要真正使中国成为世界游艇强国，就应该将游艇经济作为一种文化经济来发展，其开发和普及应始终保持着中国鲜明的文化特征。例如，意大利的游艇享誉世界，得益于其现代感的设计，这和该国文化艺术产业发达的传统一脉相承；美国的游艇运动感很强，小而精致，这和该国民族性格中沉淀的对于冒险精神的追求不谋而合，正是这些和本国、本地区文化相一致的游艇设计和制造理念才能促成这些国家的游艇产业走在世界的前列，而这正是中国游艇产业比较缺乏的。

其实，中国拥有远早于西方的航海经验和航海文化，早在明代初期就有郑和七次下西洋的航海活动，时间之长、规模之大、范围之广都是空前的，它不仅在航海活动上达到了当时世界航海事业的顶峰，而且对发展中国与亚洲各国在政治、经济和文化上的友好关系做出了巨大的贡献。这给中国游艇产业的发展提供了一条线索，游艇产业是一国独特文化的承载物，应该将更多富有中国特色的设计和制造元素融入游艇产业，制造富有传统文化特色的“中国式”游艇，这样才能尽早树立中国游艇产业的品牌形象，并最终在国际游艇竞争市场上拥有一席之地。

3. 自然制动力

1）适宜的码头资源稀缺

中国游艇的尺寸一般较大，储存和运输的难度也相对较大，游艇主一般委托游艇俱乐部或相关服务公司代为管理，其中绝大部分的游艇停放在指定的游艇码头。虽然中国拥有长达 1.8 万千米的海岸线，但其中适合建设游艇码头的并不多，有人估计国内只有 1%的海岸线可以建设游艇码头[①]。2009 年，中国新增的进口游艇数就达 120 余艘[①]，这个数字每年都还在倍速增加，而游艇码头的建设，特别是游艇公共码头的建设速度远远跟不上游艇的增加速度，现有的可售私家码头总量在未来一段时间将逐年递减。私人码头尚且如此短缺，公共码头更是短缺，目前国内还没有一个已建成的游艇公共码头。由于码头岸线、滨水陆域资源的不可复制性，其建设要求和选址苛刻，如不提前预留，公共游艇将面临无处停泊和下水的尴尬，成为游艇产业发展的瓶颈。但以上问题也给投资者提供了良好的投资机会。以香港为例，香港游艇码头的年均价值增长率高达 20%[①]。在内

① 私家游艇码头，下一个财富洼地．中华网，http://news.china.com/zh_cn/news100/11038989/20100930/16172238.html，2010-09-30.

地，今天的游艇行业犹如 20 年前的香港，而据福布斯调查显示，珠三角拥有比香港更为庞大的财富圈，今日香港游艇码头的“千金难求”，亦将成为明日珠三角的巨大商机。

建设游艇码头除了需要充足的资金和优良的自然地理条件之外，其他条件也相对苛刻：要地处多维度财富中心、被海陆空立体交通所覆盖，更要位属国家级度假区，享有全年舒适的气温、高含盐度的清澈水质，背靠沿岸，周边还有可供漫步的沙滩以及众多海屿等，这些都从一定程度上制约了游艇码头的选址和建设，并间接影响到游艇运动的普及和发展。

2）航行要求严格

汽车基本在任何自然条件下均可行驶，而游艇却有着严格的自然条件限制。首先它只能在河流、湖泊、水库或是近海等水域使用，还要考虑到海浪、海风、海雾、海冰、旋流、暗礁、潮汐等诸多自然因素的综合影响。水上行驶又不同于陆地的道路驾驶，陆地道路情况比较明朗，有明确的指示，而水路航行要复杂得多。有时航道虽宽，但水下的河床、海床会有礁石、浅滩等，凭肉眼很难发现；水上交通没有路牌、没有标线，更看不到深浅、没有红绿灯，船艇驾驶者一般不依靠人眼来判断前路，而是借助罗盘、探深仪、卫星定位系统、雷达以及自动驾驶系统等方式导航，往往一个疏忽，或是一个低级的错误就可能导致严重的海难事故。加之国内大部分人对游艇运动尚不熟悉，驾驶知识、救护知识、安全知识、养护知识等知识的缺乏都会从一定程度上制约游艇运动和游艇产业的发展。

4. 配套产业制动力

游艇产业拥有一条多元化的产业链，但是目前投资者关心更多的是游艇制造业、游艇俱乐部和游艇销售等传统行业，而其他一些和游艇产业发展关系密切的环节常常被忽略，其中最突出的就是游艇培训业和游艇金融服务业。

1）游艇培训业的制约

如前所述，游艇运动需要严格的自然条件，因此对驾驶者要求很高。驾驶游艇的技能不仅单纯指船只驾驶技术，还包括要通晓水上情况，具备海图读解、船舶稳定、船舶工艺和船舶机械等基本知识，还要有天文、地理、海洋等方面的基础理论。一个合格的游艇船长，他的船艇驾驶技术只占驾驶能力的 10％，其余 90％的能力是驾驶技术以外的航海综合知识与经验[①]。虽然中国海事局于 2011 年 5 月颁布了《中华人民共和国游艇操作人员培训、考试和发证办法》，规定游艇驾驶证考试分为理论部分和实际操作部分，私人参加海事部门的考试前，必须接受专门的培训，培训的时间至少要半个月。但是，拥有游艇驾照和真正能够独立

① 珠海游艇协会．游艇驾驶的操作技术．http://www.zhyacht.com/baikeshow.asp? id＝829，2011-10-17.

出海航行还是有很大的差别。同时，各地游艇培训的费用也相对较高，如海南省的收费标准为 1.3 万元。除了专业的游艇驾驶人员和服务人员缺乏外，更为缺乏的是游艇高级管理人才，包括具有跨国销售经验的专业游艇销售人才、游艇产业投融资人才、能准确把握游艇产业发展方向的高级管理人才等，这个培训市场在国内几乎为零。

2）游艇金融服务业的制约

游艇，特别是豪华游艇，因为设计高超，所需的材料、设备、配件选用考究，制作装修精细等原因，价格很高。调查显示，一艘普通品牌 60 尺左右的游艇就需要上千万元。例如，圣汐客曼哈顿 65 报价 1 021 万元，希仕德徕 63 报价 1 000 万元，杰腾的阿波罗 63 报价达到 1 700 万元。而知名品牌的游艇更贵，法拉帝 66 尺的游艇报价达到了 2 900 万元。除了购艇的费用，每年还要花费几十万元对游艇进行维修保养。游艇不同于房产和古董，能够保值增值，随着时间的推移，游艇会逐渐磨损而产生折旧，这对于耗费巨资购买游艇的业主来说也是一个不小的心理打击。最后是国内奢侈品的税费较高，目前一艘外国进口的游艇需要缴纳的税费高达游艇价格的 43%①。

不仅是游艇主购买游艇需要高昂的费用，游艇制造企业和游艇服务企业更是需要大量的资金才能维持，如游艇俱乐部、游艇制造厂的投资建设都表现出资金投入量大、投资回报期长的特点。以青岛银海游艇俱乐部为例，该俱乐部投资 3 亿元组建了中国第一家按照国际规范运作的国际游艇俱乐部，但是到目前为止，银海游艇俱乐部的泊位销售远远没有达到预想中的效果，资金回笼比较困难。游艇代理销售商也面临着资金短缺的问题。游艇代理商向国外游艇销售商下订单的时候，需要先付全款 30%的订金，游艇装发动机后再付 30%，游艇出岸运输后再付剩下的 40%。订单数量较多时，游艇代理销售商经常会遇到资金周转的难题。但由于国内游艇归属奢侈品范畴，银行无法像对土地一样进行评估、抵押而提供融资，再加上这几年银行普遍紧缩银根，更造成了中小游艇企业和游艇买家资金上的压力。

5. *游艇产业自身制动力*

1）投资过热，竞争激烈

随着经济的快速发展，特别是区域性海洋规划和相关游艇政策的陆续公布实施，全国各地打造游艇经济的热情高涨，游艇企业也迅速增加。以山东省为例，山东省目前比较知名的游艇企业有青岛立行、烟台莱佛士、威海中复西港和潍柴控股，为了能在“蓝色舞台”上一展身手，各企业竞相投资，一批游艇项目陆续上

① 游艇价格为什么这么昂贵？中国游艇网，http://www.cnboat.com/news/201301/15/13783.html，2013-01-05.

马运营，以争抢为数不多的资源，除了这四家大型的游艇企业外，山东中小型的游艇企业为数更多。山东省经济和信息化委员会(简称经信委)的数据显示，截至2008 年年底，山东省共有游艇制造及配套企业 100 余家，具备年产游艇 2 600 艘的能力①。而中投顾问 2010 年数据显示，仅青岛就有游艇企业 50 多家，这在一定程度上反映出游艇投资的高热度。

从全国范围看，游艇投资热更为明显，天津滨海新区未来 3 年将建设 8 000 个游艇泊位，打造集游艇制造、维修、展示、交易、休闲旅游于一体的游艇产业链，建成我国北方最大的游艇产业基地。目前，于家堡、星耀五洲、团泊湖、天津湾、东丽湖都在规划建设游艇俱乐部及水上娱乐设施。而浙江海洋经济发展示范区列入国家战略后，一批游艇项目也陆续上马运营：总投资达 2 亿元的宁海湾游艇俱乐部项目正在动工建设；上海莱悦游艇俱乐部有限公司在宁波老外滩投资建设的莱悦游艇俱乐部项目也开始建设；而由香港三生集团总投资 5 亿元的三生东钱湖游艇俱乐部也正在建造过程中。此外，奉化莼湖、象山、松兰山、舟山等地区也有不少大型的游艇项目正在深入洽谈。这些游艇项目的陆续建设和运营对带动我国游艇经济和地方经济的繁荣有着积极的意义，但是发展过快，重量不重质，不根据市场需求和产业规划进行合理布局，必将造成游艇产业的低端价格竞争，最后损害的还是投资者的利益。

不仅国内游艇企业之间竞争激烈，它们还面临着国外游艇企业更加“危险”的竞争。中国广阔的市场对全球游艇企业吸引力巨大，它们纷纷将战略重心转向中国。据不完全统计，自 2008 年以来，英国的圣斯克、公主，澳大利亚的瑞维拉，法国的博纳多，意大利的法拉帝、阿兹姆，德国的巴伐利亚等全球游艇顶级品牌均在国内设立了办事处，世界游艇巨头正在合围中国市场。

2）游艇产业管理缺陷

中国的船舶法没有将商务船只和私人游艇区分开来，私人游艇的管理几乎是空白。购买游艇所需的手续要比其他国家更为复杂，一般来说，一条游艇的制造时间在半年到一年左右，而检验、运送、上牌等一系列手续很可能将这个时间段拉长至 2～3 年，这些管理上的欠缺可能对未来中国游艇产业的发展造成障碍。

私人游艇驾照管理也是困扰游艇买主的一大难题。目前，无论是珠三角地区，还是长三角地区，拥有游艇驾照的多数为船舶公司和游艇俱乐部的工作人员，在市民中拥有私人游艇驾照的人很少，相关产业部门也很少针对私人游艇驾照的问题进行调研和颁布有效的法律法规。另外，各地区对游艇航海区域实行分割管制，缺乏统一管理，致使国内不同地区的游艇不能跨区航行，这种政治地理

① 吕福明，袁军宝．山东加快培育游艇制造产业集群．新华网，http://www.sd.xinhuanet.com/news/2010-03/27/content_19360954.htm，2010-03-27.

人为地将各地区的自然地理、产业发展和游艇运动相分割，一定程度上影响了消费者购买游艇的积极性。

8.2 中国游艇产业投资前景

8.2.1 中国游艇投资前景概况

游艇制造业和相关配套产业在我国已经起步，投资主要面向出口。受国际经济环境影响较大，呈现出一定的周期性和波动性。但豪华游艇的出口量和出口额近几年一直稳中有升，是游艇产品系列中投资收益率较高的艇种。除了传统的欧美市场外，新兴的海外市场将是未来我国游艇出口的重要组成部分。目前，我国游艇进出口企业有 488 家①，“中国制造”的游艇已出口到世界 70 多个国家和地区。但我国游艇制造企业的 90%以上为中小型企业，未实现规模化经营，竞争激烈，产品附加值低。我国生产制造的游艇以中小型游艇为主，价格比欧美国家便宜 20%～30%，在国际市场上很有竞争力。这几年国内一些大型的游艇制造企业已开始将游艇制造转向利润更高的大型豪华游艇和特种工作艇上，并取得了不错的成绩。据《2012—2013 中国游艇产业报告》显示，浙江、广东、上海是目前我国游艇整体制造方面最具竞争优势的三个省份，是现阶段游艇制造业投资的主要地区。

海湾海域及区位条件优越的南方沿海发达城市，已经成为我国游艇消费市场的前沿阵地。这些地区游艇消费的基础设施投资已经开始，游艇俱乐部和游艇码头建设为投资重点。目前全国已有 17 个省市地方政府正在规划和布局景观水系开发和游艇俱乐部建设②。已建成、正在建设和规划建设游艇俱乐部 99 家②，主要分布在珠三角、长三角和环渤海经济区。

相对于游艇制造业，国内游艇实际消费量还比较有限，2012 年游艇数量(长度超过 8 米)约为 3 000 艘，平均每 43 万人拥有一艘游艇，中国交通运输协会邮轮游艇分会预测，未来我国游艇市场规模将有十几倍的增长，2015、2020、2025 水平年内我国社会各界购买 8 米以上游艇总数有望达到 17 350 艘、38 100 艘、163 510 艘②。至 2020 年，我国各类游艇消费总量应该在 10 万艘左右②，按照均价每艘 50 万元计算，总市场价值约为 500 亿元。我国游艇经济走过了最初的起步阶段，将进入快速发展的全新阶段。

---

① 郑炜航．我国游艇产业迎来发展春天．中国海事，2011，5：6～7.

② 王晖余．游艇离大众有多远？中国游艇亟待“去贵族化”．新华网，http://news.xinhuanet.com/travel/2011-12/04/c_122373209.htm，2011-12-04.

相对于即将开启的国内游艇消费市场，相配套的游艇服务市场还远未开启，游艇租赁、游艇转运、水上运动培训、游艇保险、游艇检验、游艇金融等服务都是未来游艇产业投资的新增长点。

游艇设计和游艇销售领域的投资对于我国未来游艇产业的发展意义重大，但因其资金投入量大、风险性高，目前只有少数大型游艇企业涉足，采用灵活多样的企业经营模式和销售渠道拓展将有利于国内的游艇企业在短时间内获得游艇设计和销售上的突破。

1. 产业链长、带动性强的特点促使游艇产业投资普遍受到政府支持

游艇除了是一项健康的、有品位的休闲旅游方式和运动方式外，更重要的是依托游艇形成了一条完整的产业链。游艇产业核心是设计、制造和消费，涵盖新型材料、涂料、电子仪器、动力等几十个配套产业，游艇消费还将带动游艇码头、游艇研发、游艇教育培训、游艇运输、水上娱乐、餐饮服务和旅游地产等一大批相关产业的发展。国外有研究显示，在游艇上每投资1美元，就可以带来6.5～10美元的经济效应①，正因为游艇产业具有显著的综合经济效应，其被人们称为“漂浮在黄金水道上的商机”。

由于欧美发达国家劳动力成本高，像游艇这种十分强调手工制作、讲究内部装修和设备组装的产品在欧美发达国家的建造成本也相对较高。目前，一些游艇工业发达的国家或地区主要建造大尺寸的豪华游艇，长度低于100英尺、装修水平适中的游艇主要集中在亚洲的中国、韩国和新马泰地区建造，而对中国而言，承接该类游艇的制造将有利于吸引资金，推动地方经济发展。另外，游艇产业发展对于增加就业效果显著，据估计，制造一艘40英尺左右的游艇可以提供10人一年的工作量，售出一艘价值20万美元的游艇平均可以解决5个人的长期就业①。基于以上原因，游艇产业投资普遍受到地方政府的支持，而地方政府的支持能为游艇产业在该地区的发展提供良好的政治、经济环境，最终形成双赢。

2. 多元化的游艇消费结构为国内游艇产业投资奠定了广阔的基础

据中国交通运输协会邮轮游艇分会调查，从全球范围看，游艇消费市场是多元化的，不仅有贵族富豪专属的超级游艇，更多的则是白领阶层、中产阶层买得起的帆船、钓鱼艇、快艇、休闲艇。例如，北美市场大多数游艇销售单价在1.5万～5万美元，豪华游艇只占2.5%，美国共有1 700万个游艇用户，其中70%是帆船，80%是5万美元以下的中小游艇②。从游艇发达国家的消费结构看，一方面，游艇消费不断向较高层次推进；另一方面，游艇消费的绝对量仍然是中低

---

① 韦夏怡．游艇产业迎来新一轮投资热潮，有望成消费新热点．新浪财经，http://finance.sina.com.cn/roll/20101018/02148792934.shtml，2010-10-18.

② 郑炜航．我国游艇产业迎来发展春天．中国海事，2011，5：6～7.

档次的游艇。法国巴黎百富勤公司测算，中国中等收入家庭 6 年后将达到 1 亿个，户均拥有资产 62 万元，并将以每年 1%的速度增长，随着中等收入阶层的崛起，中国消费率(消费占 GDP 的比率)将不断上升，从 2002 年的 58%上升到 2010 年的 65%，并于 2020 年达到 71%，接近发达国家水平[①]。这 1 亿中产阶级家庭意味着潜力巨大的游艇消费，可以预测，在今后的 5～10 年内，游艇休闲、游艇娱乐、游艇运动将逐渐成为人们娱乐生活的重要选择，游艇文化也会随着游艇运动的普及深入人心，游艇消费不再是少数人的专属消费，而是大多数人的一种多元化、多层次的个性消费，这种消费结构的变化和升级将为中国游艇产业的投资提供广阔的前景和多元化的投资方向。

3. 减少盲目价格竞争和恢复出口是未来的首要任务

中国游艇产业的价格竞争由来已久，对主要技术参数基本相同的艇型进行比较，20 世纪 90 年代价格差距在 100∶60～50，进入 21 世纪，价格差距拉大到 100∶50～30。金融危机之后，一些欧美游艇企业迫于生存压力，也加入到低价竞争的行列，长期维持在低价竞争中的中国游艇产业必将受到重创。针对这种情况，一方面可通过行政干预、规范管理、提高准入门槛的方式加以改变；另一方面，可通过品牌树立、渠道拓展、新兴市场开发、业务协作等方式进行改变，只有保证产业竞争方式的多元化才能最终有利于产业的长期发展。

近几年我国游艇出口额大幅降低的现象，是全球金融危机影响的直接结果，是不以我们的意识为转移的，但经济的周期性决定了全球经济一定有走出困境的一天，中国的游艇产业必须为这一天做好充足的准备，对于现在以出口为主要获利方式的国内游艇企业而言，可主动采取一些应对措施，包括：①及早转向国内市场；②压缩部分产能、处理现货；③加大游艇产业链上游游艇产品的研发力度；④积极拓展游艇销售渠道。为下一轮世界经济的复苏提前做好准备。

4. 游艇服务业投资前景在未来更为广阔

如果说游艇制造业投资是游艇产业投资的“起点”，那么游艇服务业投资将是游艇产业投资的“高潮”。游艇服务业涉及范围广、层次多、产品丰富，适合具有不同资金实力的投资者投资。其投资收益具有重复性，可通过多次服务、升级服务等多种方式不断获取投资收益。更为重要的是，游艇服务业是伴随着国内游艇消费市场的成长而逐步发展起来的，而国内游艇消费市场是整个游艇产业未来最大的利润增长点，由此推论，游艇服务业投资前景较游艇制造业更为广阔。

---

① 百富勤公司：中国中等收入家庭户均财产 31 万元．新浪财经，http://finance.sina. com.cn/roll/20040219/0752638173.shtml，2004-02-19.

8.2.2 中国游艇产业投资的顺序与方向

改革开放尚未开始时的20世纪70年代，中国玻璃钢游艇的制造就已经开始。中国最早的游艇厂家为常州玻璃钢造船厂①，其于1970年由国家投资兴建，现隶属于中国航空工业集团公司常州兰翔机械总厂。由于当时的消费水平较低，而且私人游艇这个概念根本不可能在当时的中国内地存在，所以主要发展公用型游艇，如供公园、人工湖及海边用的划桨艇、机动小艇和游览艇等。改革开放后的80年代，美、日、中国香港、中国台湾等游艇厂商开始与中国内地的玻璃钢船厂合作生产游艇，通过来料加工、引进专家和先进技术、与外商合资、独资等手段促进了中国内地游艇制造业的发展。到90年代，国内厂商又逐渐发展到主动寻求与国外游艇生产企业合作，甚至开始尝试自行设计和建造大型游艇乃至超级豪华游艇。到了21世纪，中国已经形成了一批较有实力的游艇制造企业，如红双喜、太阳鸟、佳豪等。目前中国内地生产游艇的企业已经达到了300多家，年销售收入超过10亿元。经过40年的发展，中国游艇制造业已经取得了相当的成就，2009年中国豪华游艇出口量已经排名世界第九位，整体的游艇制造能力已经跻身世界前十②，这些成绩的获得得益于国家和各级地方政府大力的政策支持和充裕的资金保障，构成了我国游艇产业投资的第一股热潮。

在游艇产业投资热潮涌现的时候，投资者必须时刻保持清晰的头脑和卓越的市场分析能力，特别是在产业投资的方向和顺序上要有所重点和区分，不能朝着一个方向和一个领域投资，也不能无目的、无逻辑地随意投资，结合中国游艇产业和游艇消费市场的特点，确定投资的方向和顺序就显得尤为重要了。笔者经过认真的分析和调研认为，中国游艇产业的投资应该沿着产业链逐一推进，从传统强项游艇制造业开始逐步过渡到游艇服务业，最终通过游艇基础设施、游艇消费环境、游艇服务业的投资带动国内游艇消费一级市场，使中国成为世界游艇消费大国；通过游艇制造业、游艇设计业和游艇销售业的投资带动国际游艇二级消费市场，使中国成为世界游艇制造强国，其具体的格局见图8-2。

1. 第一波主力投资方向：游艇制造业投资

1）从游艇制造业的产业链分

（1）游艇原材料工业。游艇原材料工业一直以来是中国的传统优势行业，门类齐全，企业众多，竞争激烈，新进资本很难在短期内获得较为理想的收益。

(2)游艇艇体制造工业。游艇艇体制造工业包括艇体模具、玻璃纤维、树脂

① 中投顾问．游艇系列之一——我国游艇产业迎来快速发展期．中国中投咨询网，http://www.ocn.com.cn/ebook/201012/youtingxileizhiyi101335.shtml，2010-11-03.

② 2009—2010年中国水上休闲产业趋势研究与前景预测分析报告．中商情报网，2009-01-09.

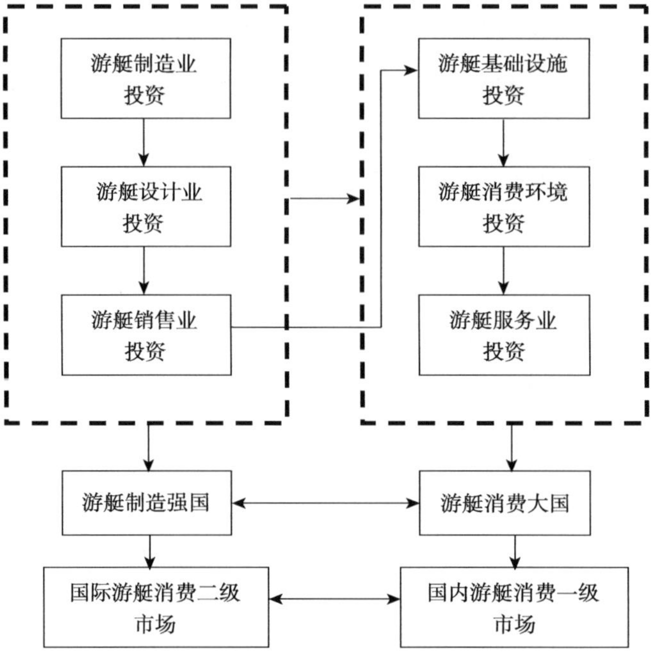

图 8-2　我国游艇产业投资格局分布图

胶、涂料等的制造，其中艇体模具质量的好坏直接影响到游艇的质量，所以，艇体模具制造被视为游艇产品工艺的第一环。而游艇模具的设计和制造的要求相对较高，很多世界顶级游艇品牌都拥有自己模具的知识产权，并形成独一无二的竞争优势。反观国内游艇模具的设计，能力明显不足，很多企业，特别是生产豪华游艇的企业常常需要从游艇发达国家购买游艇模具，这种“模具进口”的方式虽然能在短时期内使中国生产的游艇拥有世界一流的设计工艺，但是无法形成自己独有的品牌和竞争优势。因此，对于致力于中国游艇产业长远发展的投资者而言，可着重加大游艇模具设计的投资力度，以形成一批拥有完全知识产权的优秀的游艇模具生产企业，只有在游艇产业链的上游拥有竞争优势，才能保证整条产业链的健康发展。

(3)游艇装配工业。游艇装配工业包括游艇零部件制造业和游艇内饰业。常用的游艇配件主要包括专用发动机、发电机、专业的仪器仪表、导航设备和螺旋桨等，这部分配件很大程度上决定了游艇的使用性能和寿命。由于这部分产业技术密集，利润空间高，国际市场上竞争非常激烈。目前利润率最高的豪华游艇的零部件市场还主要集中在欧、美、日等的跨国公司手中，如著名的游艇发动机生产商美国的康明斯和水星、日本的雅马哈等。国内投资者想涉足该领域还存在一定的困难，但像游艇雷达、电话通信设备、冷气设备、船用空调、各种信号灯等船用电气设备，它们的利润空间相对较小，却正是国内游艇装配制造企业主要投资的方向和参与竞争的领域。而在游艇内饰业上，国内企业具有一定的优势，但需要根据游艇主的个人要求进行定制化生产，投资者可适当关注该领域。

2）从游艇艇种分

(1)帆船、钓鱼艇、特种艇——国内市场投资的切入点。中国游艇经济处于起步阶段，从长远看，启动和发展国内游艇市场不能依靠大型的豪华游艇，因为该类艇型在品牌、渠道、知识产权、核心技术等领域要求很高，而这些都是目前中国游艇制造业普遍缺乏的。笔者认为，可考虑以“帆船、钓鱼艇、特种艇”三种艇型为打开国内市场的切入点。

首先，帆船和钓鱼艇分别代表游艇的运动特性和休闲特性，是游艇大家族中比较普及的实用型产品，低廉的价格对起步阶段的国内游艇消费市场具有很强的吸引力。其中，帆船是节能、环保、物美价廉的水上运动器材，符合游艇未来的能源要求和人类休闲娱乐的总体需求，与各类体育赛事和旅游景区的娱乐项目相结合，吸引广大青少年参与者，对普及游艇运动、培养游艇文化具有积极的意义。而钓鱼艇，普遍价格在 30 万～50 万元，可作为海上运动、游乐、商务活动和社交的工具。该艇种体积较小，维修保养方便，中高收入阶层及一般机构基本都能够承担得起它的价格，而这类消费群正是今后相当长一段时间内国内游艇消费的主力军。

其次是特种艇，它属于工作艇种，一般由政府、企事业单位购买，包括公安艇、巡逻艇、水文艇、交通艇、港督艇、防汛艇、水利艇、渔政艇、消防艇等。伴随着国家海洋战略的提升，海洋、海事、渔政等部门的水上执法装备需求快速增长，对工作艇的需求也随之快速增加。这类艇基本属于政府采购，市场需求稳定，产品附加值高，能帮助游艇企业实现较高的利润。

上述三类艇种分别涉及运动、休闲、工作三种最常见的游艇用途，性价比高，技术和品牌要求相对较低，对于启动中国游艇内需市场具有积极的意义。

(2) 豪华游艇——国际市场投资的切入点。中国游艇制造呈现出“两头大”的特点，即尺寸在 36 英尺以下的，以充气艇、娱乐艇、帆艇为代表的小型游艇和尺寸大于 60 英尺的豪华游艇是目前中国游艇制造业投资的重点艇种。其中，小型游艇以低价格参与国际市场竞争，主要“以量取胜”；而豪华游艇则以高性价比赢得国际市场，属于“以质取胜”。但是由于中国劳动力价格和原材料价格持续走高，一直以价格为主要竞争手段的小型艇并不能长期保持国际竞争优势，加之其技术和设计要求相对较低，竞争壁垒不高，很容易被其他新兴的制造企业侵蚀和取代。而大型豪华游艇虽然也同样面临着价格优势的缺失，但是相比于游艇发达国家更高的人力资本，中国仍然具备相对的比较优势，这使得国内制造的豪华游艇在国际市场上仍具有相对较高的性价比。一般而言，60 英尺以上的大型豪华游艇的市场毛利率可达到 50％～80％[①]。而且豪华游艇的附加产值高，普遍被用于商务会议、公司聚会、小型 Party，消费群体主要为富豪和精英阶层，衍生产品丰富，具有较高的投资回报率，但对于游艇本身的技术、设计、服务要求相对较高，适合具备一定实力的企业投资。

2. 第二波主力投资方向：游艇设计投资与游艇销售渠道投资

当对游艇制造业的投资达成共识后，竞争也变得愈加激烈，投资的回报周期也越来越长，回报率也越来越低，这预示着其他一些新兴的投资市场即将形成，主要包括游艇产业链的上游和下游产业，这些产业关注度低，进入者少，虽然相对风险较大，但是具有更大的投资潜力，建议一些资金雄厚的企业和投资者及早关注这些行业，以备在最佳的时机进入，从而获得较高的利润回报。

在这些即将形成新一轮投资热点的产业中，有两个被认为是目前国内游艇产业最大短板的行业，则最有可能成为新一轮投资热点中的佼佼者，它们是被称为“两头在外”的游艇设计行业和游艇销售行业。这里的“两头在外”意指国内的游艇设计和游艇销售行业发展迟缓，主要依赖海外游艇设计公司和海外销售渠道，造成整条游艇产业链的不平衡发展，以至影响到投资者的投资收益，因此，解决“两头在外”的问题将成为下一轮游艇产业投资的主要方向和任务。

1）游艇设计投资

游艇设计环节是整个游艇产业链的上游环节，对整条产业链的发展都起着非常重要的作用。游艇发达国家在游艇设计环节上往往投入大量资金，保证其设计的游艇在外观和使用性能上的独特性和先进性，并努力将这种设计转化为具有一定知识产权的无形资产和品牌价值，然后再进行输出，从而获得丰厚的投资收益。目前我国游艇制造业总体上还处在初级阶段，但部分骨干企业已经具备了建造 80 英尺以上大型乃至超级豪华游艇的能力，并在游艇设计、工艺等方面积累了一定的经验，但这类游艇企业数量非常有限。

为了提高我国游艇企业的设计能力，应着重从游艇教育入手。游艇设计投资关键在于游艇教育的投资，我国大专院校几乎没有专门的游艇专业，专业的游艇设计公司和设计院也比较少。游艇专业涉及船舶设计、室内设计、环境艺术和工业设计等领域的人才，其主要来源于船舶与海洋工程、化工和复合材料、建筑和室内设计等专业的毕业生，一些高校已经开始注意到游艇产业的广阔前景，开设了一些具有针对性的课程和专业，其中河海大学是国内第一所开设游艇产业投资与管理专业的 211 高校。复旦大学环境艺术系在 2010 年开设了游艇专业设计课程。国内一些游艇设计公司，如上海兰波湾游艇设计有限公司、上海佳豪游艇设

---

① 王华．太阳鸟：特种艇增长超预期，超级游艇正在进行时．新浪财经，http://vip.stock.finance.sina.com.cn/q/go.php/vReport_Show/kind/search/rptid/1049943/index.phtml，2011-08-24.

计公司，它们也在积极尝试游艇设计人才的培训，但与蓬勃发展的游艇产业相比，游艇教育的投资显然还远远不够。

2）游艇销售渠道投资

从我国游艇制造业的发展历程看，虽然起步较欧美游艇发达国家晚，但依托于我国较为发达的造船业，目前也已形成了一定的规模，但无论是国内市场还是国际市场，游艇销售的渠道还十分单一，主要是通过游艇展会和代理销售公司的方式进行销售，这使得外国客商和国内消费者很难快速而全面地了解国内游艇的相关信息，这是制约我国游艇走向国际市场和扩大国内市场的一个瓶颈。欧美游艇发达国家普遍的经验是加大游艇展会的办展和参展力度，在全国各地甚至海外直设分销机构，寻找优质的代理商负责渠道拓展，充分利用游艇会和游艇俱乐部的功能，在海滨旅游区和高档社区进行宣传，加大游艇销售人才的培训和管理等。除了上述的常用营销方法外，一些汽车销售的方法也非常值得借鉴，如品牌专营、特许经营、“4S”店、游艇交易城、游艇超市、网络营销等。

我国游艇销售网络初期投资主要是建立完善的营销渠道，对于出口的游艇产品而言，借助国外已经建设好的成熟的营销渠道是一种行之有效的方法，但从长远看，国内游艇企业必须加大投资力度，建立自己的营销渠道，否则，在游艇产品价值转移的过程中，会损失一大部分的利润，这不利于我国游艇制造企业的长期发展。游艇营销网络的中后期投资，主要是针对前期已经建设好的销售渠道的维护，这一环节至关重要，畅达而高效的销售网络能保证我国游艇产品在最短的时间内被国内外的消费者所了解，对于树立品牌、增加销售量、保持关注度都有着重要意义，投资者可加大这方面的投资，以保证尽快地构成制造、销售、服务相连贯的游艇产业链。

3. 第三波主力投资方向：游艇基础设施投资

从第三波主力投资方向开始，游艇投资开始进入国内消费市场的准备和营运阶段，这部分的投资将决定着我国游艇产业是否能真正成熟。而国内游艇消费市场培育的第一步就应该是游艇基础设施的投资，下面着重从游艇码头、游艇俱乐部和水上运动中心这三个方面进行分析。

1）以公共游艇码头为主体的游艇码头投资

游艇码头是游艇产业发展的基础设施之一，按照游艇码头的服务对象，可分为公共码头和私人码头。公共码头主要服务于中低端游艇，私人码头主要由游艇俱乐部或游艇会所拥有，并为私人游艇主提供高端服务，但无论是公共码头还是私人码头均属于稀缺资源，具有较高的投资价值，特别是公共码头的投资和建设对于我国游艇产业的发展至关重要。根据发达国家游艇产业发展的经验，规划和建设大量游艇公共码头，满足公众对 40 英尺以下中低档游艇消费的需求，对于推广游艇水上运动、大规模发展游艇经济十分关键。例如，美国拥有 1.2 万个水上运动中心，全部对普通民众开放，收费低廉，其他游艇发达国家也普遍建有大量的公共游艇码头。这些码头一般由当地政府在进行城市规划时就提前加以考虑，与整个城市建设融为一体。

目前，我国游艇产业处于发展初期，游艇运动尚未普及，因此，公共游艇码头的建设一直没有引起政府和投资者的关注，甚至到目前为止我国还没有一个已建成的游艇公共码头。全国游艇发展专家指导委员会秘书长郑炜航曾指出，由于码头岸线、滨水陆域等资源是不可复制的，如果政府对此不重视，现在不预留用于游艇公共码头建设的岸线、陆域等，将来一些城市将面临游艇无处停泊和下水的尴尬。实际上，从游艇公共码头的建设要求看，所需投资并不大，其内部结构也不复杂，具备游艇的停泊、维修、养护、加油、加水等基本功能就足够了。所以，为了我国游艇产业未来长远和持续地发展，政府和企业都应在游艇公共码头的投资和建设上给予充分的重视、进行科学合理的规划和优先的投资。

2）适当降低游艇俱乐部的投资热情，转而加大特色游艇产品的开发

现代意义上的游艇俱乐部是集餐饮、娱乐、住宿、商务、船只停泊、维修保养、补给、驾驶训练等多功能于一体的休闲场所。典型的游艇俱乐部，主要包括游艇、码头、会所、导航、基础设施以及活动项目设施等。从游艇俱乐部的功能和设施组成可以很明显地看出，游艇俱乐部的衍生产品多，附加产值高，一直以来都受到投资者的青睐。但是目前游艇俱乐部的投资和发展问题也比较突出，主要表现在：投资过热、投资成本难以回收、贵族化消费趋势明显、游艇产品单一。鉴于以上游艇俱乐部发展的现状，建议投资者适当降低游艇俱乐部的投资热情，把资金主要用于游艇产品的开发，以丰富游艇俱乐部的盈利模式，增加其消费的“亲民性”，保证让更多的消费者使用和消费游艇产品。

3）水上运动中心

普通大众接触游艇最常见的方式有两种：一种为游艇休闲，主要以家庭、朋友、商业伙伴、同事等群体为单位，艇种要求相对较高，要求保证基本的餐饮、住宿、娱乐、会议等需求，消费频率相对较低，消费金额相对较高；另一种为游艇运动，主要是个人参与，以娱乐、运动、健身为主要目的，具有很好的参与性，适合大部分的消费者，因此消费频率较高，衍生产品丰富，是游艇消费中非常重要的组成部分。以深圳大梅沙国际水上运动中心为例，该水上运动中心提供各种类型的水上运动设备和器材，包括小型帆船、冲浪板、独木舟、帆板、滑水和滑浪风帆、水上摩托等，同时安排和提供不同的培训课程和资深私教服务，并帮助会员组织或参与各项航海活动与赛事。专业的游艇和帆船驾驶学校、航海用品及配件专卖店，为帆艇船主和爱好者提供服务平台。运动中心还邀请世界级航海专家为会员提供项目培训，并将定期举办国际航海赛事，组织航海活动，航海爱好者更可以在水上运动中心购买各类专业水上运动器材设备。另外，高等级的

水上运动中心还可以通过租赁的方式进行运营，将船艇租给专业运动员进行训练和比赛。等级较低的水上运动中心能为更多的普通大众提供参与游艇运动、培养游艇兴趣的机会，这些都是国内游艇消费市场兴起的先决条件。

4. 第四波主力投资方向：游艇消费环境(文化环境)投资

我国游艇工业虽然起步较晚，但依托于我国发达的造船工业和成本优势，后来居上，特别是在小型艇和大型豪华艇的制造上都取得了不错的成绩。一批先富起来的国人开始将目光投向游艇消费；国内也存在类似三亚、海口、厦门、青岛等一批非常适合游艇消费的地区；各地政府也纷纷出台了许多优惠政策鼓励游艇产业的发展，可以说我国游艇产业发展不缺钱、不缺政策，而是缺乏一种文化和意识，目前绝大部分的游艇投资还停留在物质层面上，真正考虑进行游艇文化内涵投资的投资者并不多。在世界上很多游艇产业发达的国家和地区，游艇文化已和该国或地区的文化传统融为一体，如摩纳哥，从男士的领带、手表，到女士的丝巾，虽然价格并不昂贵，但是其设计与颜色搭配都恰如其分地表达出该国发达的游艇文化。这些文化符号不是随意就能设计和生产出来的，而是蕴涵着摩纳哥百余年的游艇文化传统。游艇产业只有注入了文化灵魂，才能真正繁荣。

现阶段我国游艇产业除了继续加大在游艇制造业、基础设施、游艇服务等物质层面上的投资外，更要加大游艇文化的投资力度，将游艇产业的发展与本地区的传统文化相结合。一方面，体现一种追求高品质生活的态度，一种在现实生活中把握方向、顽强搏击的精神，逐渐培育具有东方特色的游艇文化。另一方面，也更为重要的是，游艇应该是面向大众的，是公众认知海洋的工具，是人们与海洋交流的桥梁。游艇文化归根结底就是一种海洋文化，21 世纪被普遍认为是“海洋世纪”，其显著特点是崇尚自由进取，强调竞争和开创精神。那种“长风破浪会有时，直挂云帆济沧海”“海纳百川，有容乃大”的海洋精神一直以来都是中华文化的渊源和重要组成部分。海洋文化所催生出的海岛文化、航海文化、海洋文学、海洋旅游、海洋经济、海洋环保、海洋科普等都具有深厚的文化价值和经济价值，而游艇作为海洋文化的重要载体，应积极尝试和上述各类文化的结合，努力使游艇成为海洋文化和教育的载体，特别是对于青少年尤为重要。在摩纳哥，各类游艇会每年都会举办面向少年儿童的游艇、帆船竞技比赛，得到了社会各界的广泛关注与支持。我国游艇产业也需要从孩童抓起，宣传海洋文化，唤起全社会对海洋环保、海洋运动的关注。

5. 第五波主力投资方向：游艇服务业投资

游艇服务业投资是游艇产业投资的终端，也是最重要的投资环节，游艇服务业发展的好坏将决定着一个国家或地区游艇产业发展的整体水平，游艇产业的长期利润也一定来自发达的游艇服务业。善于挖掘服务业中不同的盈利点，不断进行服务创新，不断提高服务质量，将是游艇服务业投资的关键所在。从目前看，游艇租赁服务、二手游艇买卖服务、游艇“6S”服务是三项最具潜力的服务投资项目，下面将逐一进行阐释。

1）游艇租赁服务投资

据游艇资深经营者分析，买一艘游艇的费用应该不高于购买者本身资产的10%[①]，所以说如果要购买一艘50万元的游艇，买主的资产应该至少要有500万元，加之目前购买游艇的金融贷款渠道和手续还非常复杂，这样就不能让一部分消费者以买车、买房的热情去购买游艇，但游艇租赁服务却可以为这部分喜爱游艇但目前又没有能力购买的消费者提供一种有效的解决途径，甚至有专家提出中国游艇普及化的路程应从游艇租赁开始。

通过租赁让更多人了解、接受游艇，培养更多的目标人群。澳大利亚游艇码头协会主席安德鲁·查普曼在分享澳大利亚游艇产业发展经验时就曾说过，“澳大利亚游艇租赁非常盛行，通过租赁，游艇业吸引了大量的各地客人，为旅游业带来了丰富的收入。许多人在接触游艇后，成为游艇的拥有者”。由此可见，游艇租赁服务投资前景广阔，投资者可做适当关注。

目前国内游艇租赁业还没有一部完善的管理法规，游艇租赁市场相对混乱，不利于该业务的长期稳定发展，希望各级政府能尽快出台游艇租赁的相关法律法规，使游艇租赁业和游艇旅游业正规化、合法化，从而推动游艇产业更快地发展。

除此之外，还应充分结合游艇租赁服务的特点，提供诸如水上旅游、水上婚礼、水上会展等一系列的衍生服务产品，以增加游艇租赁产品的盈利点。同时，可以积极尝试多样化的游艇租赁方式。例如，有些游艇公司开展了“游艇团体购买”的模式，即一艘游艇可由几个客户集体购买。哈特雷斯游艇公司（Hatteras Yachts）“Yacht Scape”计划为客户提供74～112英尺的各类游艇，可以由三位客户共同购买，每个客户可以使用90天。

在“Yacht Scape”计划中，由船厂为船主配备船员并负责游艇维护，每个船主只需每年交纳一定数额的费用。三年后，船主可以将他们的股份以特定的价格再卖给船厂，一些私人游艇主也可以暂时将闲置不用的游艇租借给一些大型的游艇租赁服务公司，以弥补游艇停泊和养护所产生的费用。

2）二手游艇买卖服务投资

在欧美国家，游艇运动很时髦也很普及，加拿大拥有550万艘游艇，平均不到6个人就拥有一艘，挪威、瑞典、新西兰等国家，人均拥有的游艇也高达8∶1，每周末一家人乘游艇出海游玩是十分常见的场景，游艇的存在让人们与水

---

① 名车志．游艇置办攻略．新浪尚品，http://style.sina.com.cn/lei/yachting/2011-03-18/071875370.shtml，2011-03-18.

亲密接触，体验到另一种独特的生活方式[①]。以上是欧美发达国家游艇消费的主要方式，在这些国家游艇消费量大，更新速度快，常常因为新的技术、新的样式而导致消费者重新购买游艇，由此带热了二手游艇经营市场。而国内游艇运动还停留在起步阶段，人们向往游艇生活，但因为高昂的价格望而却步，作为投资者，可以尝试国际二手游艇市场的投资，但这块市场在很大程度上要依赖于国家之间的海关政策。同时，进口二手游艇的售后、维修、保养等都是需要着重解决的问题，相信随着我国二手游艇市场的不断成熟，二手游艇的经营将会走出一番新天地。

3）游艇"6S"服务项目投资

游艇消费，特别是购买游艇需要大笔资金。在香港，大多数人都选择银行按揭的方式购买，就算一些财力雄厚的大公司，也宁愿将一笔钱用于其他方面，也不会一次性付清。熟悉银行相关的按揭业务、流程、手续、费用等问题是一件非常费时、费力的事情。即使已经购买了游艇，游艇在使用过程中发生的保养、维护、信息、安全、保险等一系列问题也都会让消费者感到头疼。为了消除消费者购买游艇以及购买游艇之后的后顾之忧，投资者可以考虑借鉴汽车销售的"4S"服务模式，包括整车/整艇的销售（sale）、零配件（sparepart）、售后服务（service）和信息反馈（survey）。该服务拥有统一的外观形象、统一的标识、统一的管理标准，只经营单一的品牌，具有渠道一致性和统一的文化理念。"4S"服务在游艇产品信誉度、专业性、售后保障、人性化等诸多方面都有一定优势，其核心理念是为消费者提供"游艇终身服务解决方案"。

游艇消费和汽车消费虽然在很多方面存在相似性，但游艇价格更高、个性化要求更强，特别是私人游艇，很难做到像汽车工业那样的标准化生产，因此，传统的游艇销售一般采取预约方式生产，消费者在专业的游艇销售商的指导下，选择适合自己的游艇配置和装修风格，再交由生产企业生产。由于游艇价格较高，购买者较为小众化，为了增加游艇销量，扩大市场需求，游艇销售也可引入集体竞价的模式，消费者集体购买，销量越大，价格越低。对于用户，价格上可以享受不少优惠；对于经销商和生产企业，可以减少库存，减少资金积压，增加企业利润，因此，在传统"4S"服务模式的基础上，根据游艇消费的自身特点，又增加了个性化售艇（selfhood）和集拍（sale by amount）两种服务项目，见表8-2。

---

① 刘雨．世界八大游艇品牌令世界着迷的海上霸主．奢侈品中国，http://www.chinese-luxury.com/yachts/20110518/3831.html，2011-05-18.

表 8-2 游艇“6S”服务项目及其服务内容

“6S”服务模式	服务内容
整艇的销售(sale)	代理银行按揭、销售、咨询、保险等
零配件(sparepart)	零配件销售、维修、代购等
售后服务(service)	停泊、改装、维修、保养、运输、试驾、代驾、培训等
信息反馈(survey)	游艇会、游艇俱乐部、信息交流等
个性化售艇(selfhood)	游艇预约、定制化生产等
集拍(sale by amount)	游艇竞价、折扣销售等

4）其他游艇衍生服务的投资

除了游艇租赁和二手游艇之外，游艇的衍生服务还有很多。例如，游艇的转运服务、游艇的报关检验服务、游艇的资产评估服务、游艇的保险服务、游艇的航道服务、游艇的文化传播服务(赛事、会展、论坛等)等。这些服务都伴随着游艇消费服务的发展而发展，只要国内游艇消费市场不断发展，消费群稳定增加，这些衍生服务都有较高的投资价值。需要注意的是，这些服务一般由专业的游艇代理机构或游艇俱乐部负责。因此，投资者在投资该类游艇衍生服务产品时，需要结合其所属的机构或行业特性，以保证服务的适应性。

8.3 中国游艇产业投资建议

8.3.1 分区特色发展

1. 分区一：珠三角游艇产业区

1)中国游艇产业窗口

第一，建设“国际游艇门户”和“世界游艇产业基地”。珠三角游艇产业起步最早、发展最为成熟，其独特的地理和人文环境使得该地区是中国对外交流最活跃的地区，伴随着两岸四地(内地、香港、澳门、台湾)经济一体化、中国-东盟自由贸易区的推进和建立，以及该地区和世界其他经济体的加速融合，珠三角地区正成长为国内最具国际视野和国际竞争力的区域。该地区游艇产业的投资也应顺应这个潮流，积极打造“一头面向欧美、港澳、东盟，一头辐射大珠、泛珠、全国”，成为联系内外的“国际游艇门户”和“世界游艇产业基地”。

坚持走高端发展的战略路线，投资建设几个规模和水平居世界前列的游艇制造业基地，培育一批具有国际竞争力的世界级游艇企业和品牌。发展与香港国际金融中心相配套的现代游艇服务业体系，逐步加强游艇产品和服务创新，使珠三角的游艇产业成长为中国乃至亚洲地区面向世界的游艇制造和服务业的基地和窗口，实现从参与国际低端竞争向参与国际高端竞争的转变。

第二，打造"世界最活跃的游艇文化盛宴区"。珠三角地区不仅要成为世界上最活跃的游艇经济区，更要成为世界上最活跃的游艇文化区。游艇产业的发展和壮大根本上还要依靠深入人心的游艇文化和海洋文化的建设和普及，这是大众游艇消费的基石。而珠三角地区发达的海洋文明和水域经济特色，以及多种文化繁衍共生的独特性，使得该地区最有可能成为中国"游艇文化盛宴"最先繁荣的地区，而且该地区的游艇文化更多展现的是世界性的交流和多元文化的融合，充分满足来自内陆、其他沿海地区以及海外游艇爱好者的需求，其具体可通过广泛举办国际性的游艇展会、多层次的国际游艇教育合作、大众游艇文化普及等多种方式进行。

第三，培育"世界第四大游艇消费中心区"。珠三角开放的经济、文化和政治战略，以及优越的自然条件使得该地区极有可能成长为继欧洲"地中海"、美洲"加勒比海"和澳洲"黄金海岸"之后的世界第四大游艇消费中心区，该地区可重点投资和营销游艇商务产品和游艇休闲运动产品。最终形成以"广佛""港深""澳珠"三大都市区为核心的游艇商务产品消费中心区，和以"三亚、海口"为核心的游艇休闲产品消费中心区。

2)地区游艇产业引擎

珠三角游艇产业的发展目前还主要集中在"小珠三角"地区，包括广州、深圳、佛山、珠海等十几个中小城市，该地区不到广东省国土面积的14%，人口却占广东省人口的61%。2008年"小珠三角"GDP总值达29 745.58亿元，占全国的10%[①]。国务院发布的《珠江三角洲地区改革发展规划纲要(2008—2020年)》提出，到2012年，由广州、深圳、佛山、珠海、东莞、中山、惠州、江门、肇庆9个城市组成的珠江三角洲地区将率先建成全面小康社会，人均地区生产总值达到80 000元；到2020年，率先基本实现现代化，人均地区生产总值达到135 000元。无论从游艇产品制造还是从游艇产品消费的能力看，"小珠三角"地区都位居全国前列，但从游艇投资的长期效果看，仅限于"小珠三角"地区的区域性生产和消费无法促成该地区成为世界级的游艇产业区，必须充分利用该地区强大的经济和文化引擎作用，实现"圈层辐射"的多层次"产业圈战略"，从"小珠三角"辐射"大珠三角"[②]直至"泛珠三角"[③]，为珠三角地区游艇产业的未来发展拓展新的市场空间。

---

① 三皮．珠三角长三角概况．21c新闻网，http://www.21cn.com/weekly/zhusanjiao/2009/04/18/6154996.shtml，2009-04-18.

② "大珠三角"一般是指广东、香港、澳门三地构成的区域。

③ "泛珠三角"包括珠江流域地域相邻、经贸关系密切的福建、江西、广西、海南、湖南、四川、云南、贵州和广东9省区，以及香港、澳门2个特别行政区，简称"9+2"。

3)全国游艇“试验区”和“先行区”

《珠江三角洲地区改革发展规划纲要(2008—2020年)》中关于该地区战略定位的前两条就明确指出，通过努力使该地区成为：①探索科学发展模式的试验区；②深化改革的先行区。30年前，中央给予广东“特殊政策，灵活措施”，就是基于当时的八个字，广东闯出了一条新路，成就了珠三角的奇迹崛起。30年后，《珠江三角洲地区改革发展规划纲要(2008—2020年)》赋予珠三角发展更大的自主权，支持率先探索经济发展方式转变，“科学发展，先行先试”八个字使珠三角再次肩负起全国改革“试验田”的历史使命。对于刚刚兴起的游艇产业，在国家“科学发展，先行先试”总方针的指导下，珠三角地区应积极、大胆地尝试各种类型的游艇产业投资和发展模式，率先进行游艇产业的合理布局和升级，在和游艇产业相关的经济体制、政治体制、文化体制、社会体制改革的关键环节上率先取得突破，为其他地区游艇产业的发展提供宝贵经验，逐步走出一条适合我国国情的游艇产业发展之路。

2. 分区二：长三角游艇产业区

1)全国游艇消费客源中心区

以上海这个“世界城市”为龙头的江苏、浙江经济带，是中国经济发展速度最快、经济总量规模最大、最具发展潜力的经济板块，该板块所属的长江三角洲经济圈是全国最大的经济圈，其经济总量相当于全国GDP的20%，“超级巨人”上海，2010年GDP已超过1.6万亿元，位列全国第一；“重量级巨人”苏州、杭州、无锡、宁波、南京，GDP在4 000亿～9 000亿元；一批“小巨人”城市GDP也都快速增长，经济总量基本都超过千亿元[①]。据统计，2010年全国百强市中江苏有11市，浙江有8市，加上上海共20个市，占比20%，而全国10强县中，长三角地区占了8个，占比高达80%[①]。目前，世界500强企业已有400多家在这一地区落户，其中，在上海设立地区总部和中国总部的就有200多家，仅在苏州投资的就有81家[①]。快速的城市化、发达的县域经济和外资经济使得长三角地区游艇消费需求增长空间可观，不仅有望成为全国游艇消费最大的客源输出中心，而且也极有可能成为国际游艇消费市场中重要的客源输出地。

2)全国最大的游艇服务中心区

利用长三角地区独有的经济、文化和社会优势，以上海为龙头，打造全国最大的现代游艇服务中心区，大力提升服务水平，提高游艇服务产业创新能力，加快发展游艇金融、游艇物流、游艇研发、游艇信息、游艇商贸等面向生产的服务业，努力形成该区域以游艇服务业为主体的产业结构，投资建设一批主体功能突出、辐射带动能力强的现代游艇服务聚集区。提高该地区游艇服务的对外开放水

① 百度百科，http：//baike. baidu. com/view/181899. htm.

平，在与全球游艇合作与交流的过程中发挥主体作用。《长三角地区区域经济发展规划(2009—2020)》中也明确指出了到 2015 年，服务业比重将达到 48%(核心区 50%)，研发经费支出占地区生产总值比重达到 2.5%(核心区 3%)，这也从侧面验证了把长三角地区打造成为我国最大的游艇服务中心区的可行性。

3)“一体两翼”错位发展

长三角是个庞大的都市经济圈，产业发展在各区域、各城市之间具有相似性，为了避免产业重复投资和过度投资，必须首先做好游艇产业在该区域内的规划布局工作，主要形成以上海为核心的“游艇服务中心区”和以江苏、浙江为两翼的“先进游艇制造业中心”，逐步使上海的游艇产业定位于游艇设计研发、游艇服务和游艇高新技术，而江苏和浙江主要定位于劳动密集型的游艇制造产业，在两省重点建设若干具有较强国际竞争力的世界级游艇制造业聚集区，进一步提升南京、苏州、无锡、杭州、宁波五座区域性中心城市的游艇产业综合承载力和服务功能，错位发展，扩大辐射半径，最终带动区域游艇经济的整体繁荣。

4)“一核五带”整合前行

长三角不同于珠三角，珠三角主要范围为广东省，资源调配相对较易，游艇产业容易围绕产业链形成优势互补的产业集群，而长三角涉及江苏、浙江、上海，包含两省、一个直辖市，甚至“泛长三角经济区”还涉及安徽、江西、福建等邻近省份，资源整合相对较难，游艇产业投资和发展容易产生雷同和重复问题，因此，必须及早形成产业分工明确、发展特色鲜明的游艇产业格局，笔者将其概括为“一核五带”。

(1)一核：上海市。将上海作为长三角地区游艇产业发展的核心。优化提升上海核心城市的功能，充分发挥上海在国际经济、金融、贸易、物流等领域的中心作用，大力投资和发展现代游艇服务业，进一步增强服务创新能力，促进区域整体优势的发挥和国际竞争力的提升。

(2)沿江发展带。沿江发展带包括长江沿岸市县。充分发挥长江黄金水道的优势，利用该地区民营经济活跃、沿江交通畅达等优势，引导游艇装备制造、物流、零部件生产以及其他相关配套产业的适度集聚，逐步建成特色鲜明、布局合理、生态良好的游艇产业发展带，成为长三角游艇产业发展的核心组成部分，同时辐射皖江城市带，并向长江中上游延伸。

(3)沿湾发展带。沿湾发展带包括环杭州湾的市县。依托现有产业基础和港口条件，积极发展高技术、高附加值的游艇先进制造业，投资和建设若干现代化的游艇产业园，充分发挥杭州和宁波两个中心城市的带动作用和湖州、嘉兴两个近沪经济走廊的吸纳作用，加大与上海接轨的力度，成为上海游艇产业转移和辐射的吸纳基地、产业协作的配套基地、科技成果转化基地和跨国公司的出口加工基地，继而带动长三角南部地区游艇产业的全面发展。

(4)沿海发展带。沿海发展带包括沿海市县。依托临海港口，培育和发展临港产业，包括游艇物流、游艇贸易、游艇能源等，合理开发和保护与游艇相关的海洋资源，形成与生态保护相协调的新兴临港游艇产业带，辐射带动苏北、浙西南地区游艇经济的发展。

(5)沿湖发展带。沿湖发展带包括环太湖地区。坚持生态优先原则，以保护太湖及其沿岸生态环境为前提，主要发展游艇休闲业和游艇服务业，包括游艇观光、休闲度假、会展、游艇研发、游艇俱乐部、游艇培训等产业，使之成为长三角地区，乃至全国重要的游艇旅游休闲带、区域游艇会展中心和研发基地。

(6)沿运河发展带。沿运河发展带包括运河沿岸市县。依托人文底蕴深厚、生态环境良好的优势，大力发展游艇旅游、游艇文化创意产业，以及与之配套的其他生态产业，最终形成独具特色的游艇生态产业走廊。

3. 分区三：环渤海游艇产业区

1)全国游艇技术及新能源研发中心区

仅北京重点高校就占全国的1/4，而天津也拥有30多所高等院校和国家级研究中心，全区拥有高等院校376所，占全国的27%，高等院校教师占全国的1/3，高校学生数占全国的1/4以上[①]。1990～2006年，该地区普通高校数和在校生规模所体现出的整体培养能力一直很强，五省市(河北省、山东省、辽宁省、北京市、天津市)在我国的比例稳定在22%～24%，超过“珠三角”“长三角”两经济圈的总和[①]。该区域内的保定市欲打造“中国电谷”，是科学技术部命名的全国唯一的国家火炬计划“新能源与能源设备产业基地”，是全国唯一的“太阳能综合应用示范城市”，是“中国低碳城市发展项目”首批2个试点城市之一，这些优势产业和科研力量可为该地区游艇技术及新能源研发提供充分的保证。特别依托于该地区造船业和重工业的优良基础，可在大型游艇、邮轮及特种工作艇研发和制造领域取得全国领先的优势。

2)以青岛为中心的全国帆船运动产业基地

2008年北京奥运会帆船比赛在青岛举办，更增加了青岛以及周边地区居民对于帆船运动的熟悉和热爱，为迎接北京奥运会帆船比赛而兴建的青岛国际帆船中心以及相关配套设施为该项运动的开展和普及提供了条件。通过承办世界上最著名的克利伯环球帆船赛、连续三年打造的“市长杯”青岛国际帆船拉力赛、每年都举办的青少年帆船赛以及众多的民间比赛，青岛已成为亚洲地区引入国际帆船赛事最多的城市，这些都为青岛市着力打造的“帆船之都”的城市品牌提供了有力的保障。随着帆船运动和城市品牌的渐入人心，帆船运动的产业内涵也逐步提升，一方面培育以“蓝色旅游”为代表的运动休闲产业，将帆船和游艇开发成为城

① 百度百科，http://baike.baidu.com/view/199566.htm.

市高端旅游的先行者，全力拉动地区旅游产业的发展。除了开发“蓝色旅游”外，还可充分利用国际赛事的机会发展会展经济，带动购物、娱乐、餐饮、住宿等相关产业的联动发展。同时，与驰名中外的青岛啤酒节联合，也能起到很好的互补作用。另外，发展以游艇运动产品为主的体育用品制造业，包括帆船制造、水上运动装备、体育用品器材、钓鱼钓具等，以充分发挥游艇产业带动性强、覆盖面广的产业特性，逐步将青岛打造成全国的帆船运动休闲产业基地，并辐射整个环渤海地区，形成区别于长三角游艇服务业、珠三角游艇制造业的独特的产业类型。

3)资源依托型的游艇原材料工业基地

环渤海经济区资源优势非常明显，区域内煤、石油、铁矿、海盐资源丰富，且分布相对集中，易于开发利用。其中，能源储量居全国首位，原油产量约占全国总产量的 43%，煤炭探明储量占全国煤炭总储量的 60%以上，已探明对国民经济有重要价值的矿产资源达 100 多种①。其中，山西是全国最大的煤炭基地，有大同、平朔、阳泉、太原等大型煤田，其他的还有河北的开滦，山东的兖州，辽宁的阜新和抚顺，内蒙古的霍林河、准格尔、元宝山、东胜等著名煤田。胜利、华北、辽河、中原等油田是全国主要的石油基地。辽宁鞍山、河北迁安是重要的铁矿基地。天津的长芦盐区是中国最大的海盐生产基地。渤海还蕴藏着丰富的石油、天然气资源。这些都是游艇原材料工业所需要的资源类型。同时，环渤海地区新兴的电子信息、新材料、新能源等高新技术产业也发展迅猛，这些都为该地区未来发展成为资源依托型的游艇原材料工业基地做了物质准备。

4)“青岛—大连—天津”、东北亚及“两湾”游艇贸易产业区

第一，“青岛—大连—天津”游艇贸易区。环渤海工业带地处我国东北、华北、西北、华东四大经济区的交汇处，是内陆连接欧亚的要塞，是中国经济由东向西扩展、由南向北推移的重要纽带，是日益活跃的东北亚经济区的中心部分，因而由此形成的由东到西、由南到北的游艇贸易产业也异常活跃，其中尤以青岛、大连、天津为核心的三角形游艇贸易区最为活跃，加大产业引导，该地区可成长为国内游艇贸易最为发达的地区。

第二，东北亚游艇贸易窗口。环渤海经济区地缘上紧邻日本和韩国，随着经济全球化的深入，该地区在吸纳日本、韩国经济结构调整、产业转移中有更多的机会和优势。其中日本在游艇零部件技术，特别是游艇发动机、游艇电子信息技术上世界领先，而韩国的游艇制造业和电子工业也相当发达。环渤海经济区临近两国，游艇产业辐射和转移的可能性最大，一方面可进行游艇产品零配件和成品的贸易往来；另一方面可引入国外先进的游艇制造技术和游艇工业，并结合该地

---

① 百度百科，http://baike.baidu.com/view/98662.htm.

区全国游艇技术及新能源研发中心区的优势，逐步形成中国自己的游艇研发高地。

第三，“两湾”游艇贸易成长区。“两湾”是指中国环渤海湾地区和阿拉伯海湾地区。“两湾”优势互补，具有广阔的贸易和产业合作前景。环渤海地区在资源、交通、传统产业和教育方面具有较强的优势，同时优质的教育、科技资源带动了地区高新科技产业的发展，新兴的电子信息、生物制药、新材料等高新技术产业已成为这一地区的主导产业，天津滨海新区正在建设世界最大的金融区，天津经济技术开发区荣获“中国最具投资潜力经济园区”称号。反观海湾地区，石油为其带来了巨额的财富资本。这些财富中的85％都投资在海外，随着经济全球化程度的不断提高和中国经济的高速平稳发展以及欧美经济的动荡起伏，海湾国家开始提出了“向东方看齐，向东方发展”的战略思路，把投资的目光转向了中国。两个地区的双边贸易额从1991年的15亿美元增加到2011年的169亿美元，扩大了10倍，尤其是近5年，双边贸易额年均增幅高达38％[①]。迪拜世界金融中心主席欧麦尔·本·苏莱伊曼博士在迪拜举行的中国中东投资论坛开幕式上说，未来5年海湾国家对亚洲的投资预计将达到2 500亿美元，而中国就占到了70％。作为新兴的游艇产业，“两湾”地区的合作也极具前景。阿拉伯海湾地区可作为中国游艇产品重要的输出国以及国内游艇旅游的主要海外客源地；而环渤海湾地区则可作为海湾地区海外游艇产业投资的理想目的地。“两湾”地区的游艇贸易必将随着地区间合作的加强呈现出更加广阔的发展空间。

8.3.2 分层逐次发展

1. 游艇产业链的阶梯式投资策略

由于受我国经济发展特点及传统文化的影响，短时期内普及游艇运动的可能性较小，游艇产业的投资不能一窝蜂，必须按照产业发展的特点进行，如图8-3所示的“阶梯式”分段发展路线。

第一步，游艇制造业投资。我国游艇产业起步于游艇制造业，以出口为主要特征，在未来很长一段时间内还将继续维持以制造业为重点的产业结构，这是带动我国游艇产业链整体发展的根本路径。虽然这几年我国游艇制造业取得了一些成绩，但是也面临着诸如创新能力差、投资结构不合理的问题，产业升级和品牌打造的任务刻不容缓，信息战略、核心制造战略、国际制造战略、制造服务战略、绿色制造战略等新型制造战略的实施将有助于我国游艇制造业尽快改善现有的不合理状态，逐步从游艇“制造大国”向游艇“制造强国”转变。

第二步，游艇销售业投资。在我国现阶段强调以游艇出口为主的产业战略的

---

① 百度百科，http://baike.baidu.com/view/4913515.htm.

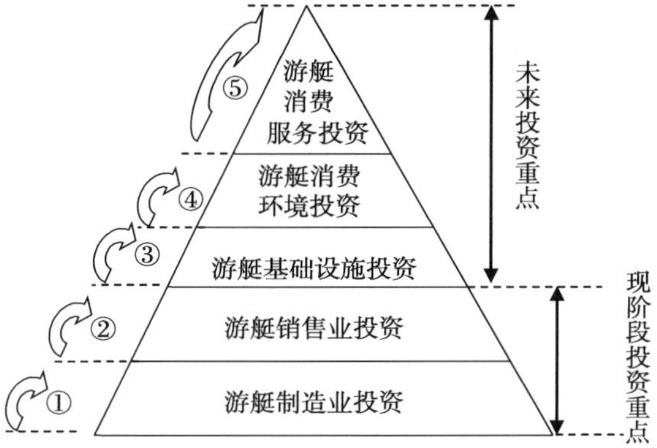

图 8-3　游艇产业链阶梯发展路线图

指导下，在确保游艇产品质量的同时，最为关键的就是打通游艇的国际、国内销售渠道，不断加强游艇营销的力度，摆脱在国际市场上主要依赖国外销售公司，国内市场上缺乏成熟的营销渠道的尴尬局面，以保证我国生产的游艇以更高的效率进入各级、各地的销售系统，从而使产品在价格上更具竞争优势。

第三步，游艇基础设施投资。从游艇基础设施的投资开始，国内游艇产业投资开始进入扩大内需市场的阶段。为了使游艇及游艇运动更为普及，首先要做的就是游艇基础设施的投资和建设，包括游艇码头、游艇俱乐部、游艇水域资源、游艇仓储、游艇转运等基础设施。只有确保拥有了完善的游艇运动的基础和环境，才能根本刺激游艇消费的需求，继而促成游艇产业的健康持续发展。

第四步，游艇消费环境投资。如果说游艇基础设施的建设是“硬环境”的投资，那么游艇消费环境的建设就是“软环境”的投资，其主要包括游艇金融环境、游艇文化环境、游艇税收环境等，只有在一个充满游艇运动氛围、游艇金融发达、游艇税收合理的环境中，消费者才更愿意进行游艇消费。

第五步，游艇消费服务投资。游艇消费服务投资是整条产业链项目投资中的最后一环，也是最为核心的一环，其囊括的内容非常丰富，包括游艇租赁服务、游艇保养服务、游艇驾驶服务、游艇培训服务、游艇器材销售服务、游艇信息服务、游艇金融服务等诸多内容，是游艇产业价值最集中的体现，而且这种无形的服务产品比有形的实物产品的价值更具有延续性和增值性，能为投资者带来长期的投资回报。

总的来说，我国游艇产业分成对外和对内两个层面。对外，主要面向游艇产品层面，以游艇制造业和游艇销售业为主，是现阶段的游艇产业投资的重点，目的是制造优质产品和畅通销售渠道；对内，则主要面向国内游艇消费市场，以游艇消费服务投资为核心，以游艇基础设施投资、游艇消费环境投资为保障，是将来游艇产业投资的重点。它们相互协调，逐层递进，以确保我国游艇消费能逐步从游艇出口市场转向游艇内需市场。

2. 游艇艇型的分段式投资策略①

表 8-3 是太阳鸟公司 2009～2012 年在私人游艇、商务艇、特种艇、冲锋艇及其他艇种的增长率和毛利率两个参数上的对比关系表。

表 8-3 太阳鸟公司 2009～2012 年分项业务预测数据表

项目		2009	2010	2011	2012
私人游艇	收入/百万元	18.05	21.97	38.90	11.24
	增长率/%	102.80	21.78	77.02	−71.10
	毛利率/%	19.76	31.05	34.56	22.27
商务艇	收入/百万元	83.53	165.71	191.25	230.99
	增长率/%	40.50	98.39	15.41	20.78
	毛利率/%	37.78	43.21	33.81	28.32
特种艇	收入/百万元	78.58	53.29	156.70	326.19
	增长率/%	30.80	−32.48	224.76	108.17
	毛利率/%	39.10	29.23	24.73	27.84
冲锋艇及其他	收入/百万元	1.53	0.00	4.99	3.46
	增长率/%	−88.50	−100	−1.11	−30.59
	毛利率/%	11.53	0.00	15.55	31.73
合计	营业收入/百万元	181.69	240.99	391.84	571.88
	增长率/%	28.20	33.50	62.61	45.95
	综合毛利率/%	36.34	39.01	30.02	27.95

注：太阳鸟 2010 年年度报告中，按产品类别分类的公司主营业务中，没有"冲锋艇及其他"一项，故表格中近似为 0

资料来源：太阳鸟 2009～2012 年年度报告(股票简称：太阳鸟；股票代码：300123)

从表 8-3 的数据可以得出如下结论。

第一，各艇产值对比分析。从图 8-4 可以看出，特种艇和商务艇的产值最大，是目前国内生产的主要艇型，2009～2011 年，商务艇产值一直居于首位，但从 2011 年起，特种艇开始快速增长。到 2012 年年底，特种艇的收入已经一跃超过商务艇，位居第一，特种艇的高需求主要受益于国家海洋巡防力量的加强。太阳鸟公司 2011 年上半年特种艇收入 4 184 万元，同比增长 63.54%，超出预期，未来三年复合材料特种艇市场需求增速为 20%，每年 50 亿元。商务艇是我国游艇消费的另一主力艇型，主要由机构购买，这类游艇一般尺寸较大，内饰装修豪华，也可以说是豪华游艇，多用于商务会议、公司聚会、Party 等，这类游艇具有较稳定的消费群，衍生产品丰富。

① 数据来源于太阳鸟 2009～2012 年年度报告。

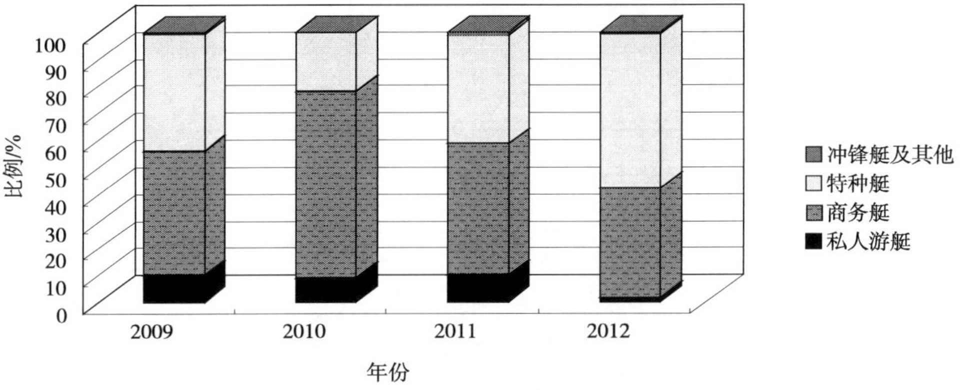

图 8-4　2009～2012 年各艇型营业收入占比

资料来源：太阳鸟 2009～2012 年年度报告(股票简称：太阳鸟；股票代码：300123)

第二，各艇增长率分析。从图 8-5 可以看出，特种艇产值在 2011 年和 2012 年均出现较高增长，而 2010 年则是负增长。究其原因，是由于该艇种的需求受国家政策影响较大，不具有延续性和稳定性。对于投资者而言，准确预测和把握国家政策是关键，以“短平快”的方式进行投资，以获得短期的较高收益。相反，商务艇和私人游艇的增长相对平稳，只要政治经济环境相对稳定，这两类艇种都具有长期投资的价值。

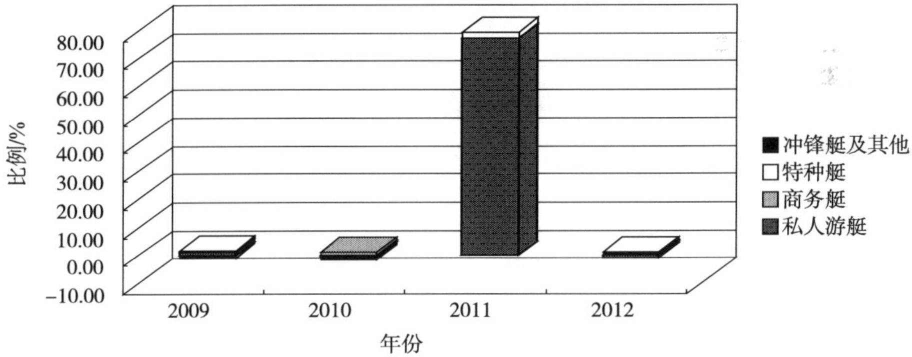

图 8-5　2009～2012 年各艇型年度增长率占比

资料来源：太阳鸟 2009～2012 年年度报告(股票简称：太阳鸟；股票代码：300123)

第三，各艇毛利率分析。从图 8-6 可以看出，特种艇、商务艇、私人游艇三类艇的毛利率相差不多，均值保持在 30%～40%，说明这三类艇都具有较高的投资回报率。从现实看，特种艇和商务艇是目前投资的重点艇型，但私人游艇具有很强的后发潜力，该类艇大都为个人或家庭购买，一般以 30～45 英尺的艇型为主，以娱乐、观光和休闲为主要目的，未来将可能取代特种艇，成为和商务艇并驾齐驱的主力艇型。冲锋艇及其他艇型市场份额较小，增长空间和毛利率空间也相对有限，投资潜力不大，但特殊事件或者特别需求也可能导致该类艇种在短期内出现爆发式的增长，投资者也可适当关注。

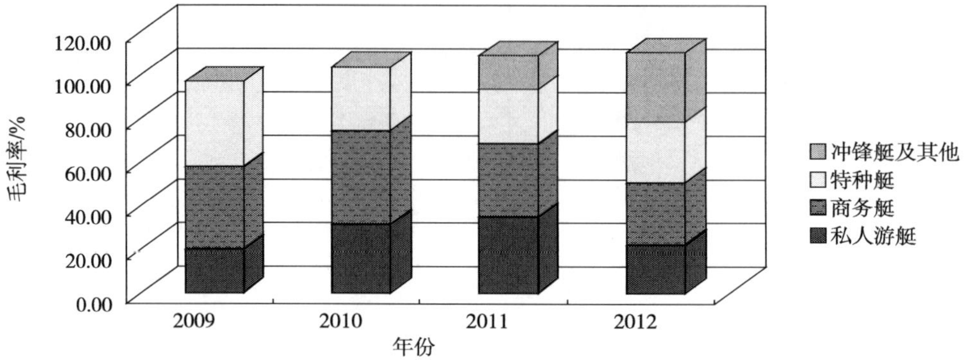

图 8-6　2009～2012 年各艇型年度毛利率占比

资料来源：太阳鸟 2009～2012 年年度报告(股票简称：太阳鸟；股票代码：300123)

第四，钓鱼艇和帆艇分析。虽然在太阳鸟公司 2010～2012 年分项业务预测数据中并未提及钓鱼艇和帆艇，但是这两类艇型在未来游艇需求市场上却有着很好的发展潜力。在欧美游艇市场，钓鱼艇和帆艇占据 70％的市场份额，其中，钓鱼艇占 45％～50％；帆艇占 20％～25％①，二者已经深入欧美等水上休闲运动发达国家人民的日常生活中。钓鱼艇的平均价格在 4 万～5 万美元，该艇型无论是从功能、维修保养成本还是体验感等多方面都具有一定的优势，是未来中产阶层消费群体的首选。而价格相对较低的帆艇，其平均价格在 1 万美元左右，和一辆家用车的价格相当，且储运非常方便，维修保养的成本也较其他艇种便宜，而且帆船运动刺激、时尚，是一项性价比高、可以进行大众普及推广的水上运动项目。同时，国际国内不少的专业级帆船比赛也催生了利润更高的比赛级帆艇的生产和销售，这些都是投资者需要着重关注的。

有人也将这两类艇型催生的经济叫做“两杆经济”，即钓鱼艇以“钓竿”为标志，帆艇以“桅杆”为标志，大力发展“两杆经济”对于培育我国游艇消费市场、推动广大城市白领水上休闲生活将起着不可估量的基础性作用。

综合以上四点，按照近期和远期投资的主力艇型进行阶梯式布局，并结合各种艇型的长期和短期投资价值进行分类，可以制定出如表 8-4 所示的游艇艇型的分段式投资策略表。

---

① 全国游艇展专家指导委员会，中国交通运输协会邮轮游艇分会．2012—2013 中国游艇产业报告，2012.

表 8-4　游艇艇型的分段式投资策略表

投资价值＼主力艇型	近期投资的主力艇型	远期投资的主力艇型	辅助艇型
长期投资价值	商务艇/钓鱼艇	私人艇/帆艇	冲锋艇及其他
短期投资价值	特种艇	—	

(1)商务艇和钓鱼艇因为利润较高，国际、国内市场需求较大，是现阶段投资的主力艇型，而且这两类艇的需求会随着全球商务活动的日益频繁表现出更大的后发潜力，因此具有长期的投资价值，投资者可以一直关注。

(2)私人游艇和帆艇利润也相对较高，但是其需求更依赖于国内成熟的消费市场、良好的水上运动环境，以及技术的创新和品牌的价值，这些都需要一个长期的过程，因此，可将上述两个艇种作为远期投资的主力艇型，一旦国内消费市场壮大起来，这两类艇的长期投资价值将逐渐显现。

(3)对于特种艇，因为其波动性比较大，利润也较高，可作为短期投资的产品，适时地把握住投资机遇可为投资者带来理想的投资回报。

(4)冲锋艇和其他娱乐型艇种市场竞争激烈，利润空间有限，可将其转移至成本更加低廉的地区进行生产，所以只能作为辅助艇型投资。

本章小结

本章是对全书的概括和总结，主要是从游艇产业发展的全局分析了目前我国游艇产业投资的机遇和风险，抓住已有的机遇，积极创造有利的投资环境和培养国内游艇大众消费市场是关键之所在。而对于风险，有的风险是短暂的，应坚定信念，积极避免；有的风险是长期的，应积极寻求合作和支持，将风险降到最低。总的来说，中国游艇产业的投资前景是向好的，但要遵循一定的投资顺序，找准投资的方向方可进行投资。其投资的基本原则是按照游艇产业在中国发展的基本路径逐层展开，从游艇制造，到游艇设计，到游艇销售，到游艇基础设施建设，到游艇消费环境营造，最后到游艇服务，将投资引向以游艇服务为主导的方向，最终形成以服务带动整条产业链发展的格局。在游艇投资逐层深入的过程中，笔者也结合了中国游艇产业发展的特点和趋势，谈了几点具体的建议，以供相关的研究者和业内人士参考。

案例

汽车产业投资与游艇产业投资的对比及其启示

游艇产业和汽车产业有很多相似之处，一些人甚至认为游艇产业或将成为下一个“汽车产业”。因此，研究汽车产业的发展历程和投资经验有利于为我国游艇产业的发展和投资提供借鉴。根据2004年5月21日国家发改委颁布的《汽车产业调整和振兴规划》相关内容，笔者提出了扩大游艇产业发展和提高游艇产业投资效率的八条基本路径。

1. 路径一：内需路径

内需路径的本质含义就是扩大游艇产品和服务的国内消费市场。我国游艇产业基本按照“先出后进”“先外后内”的模式发展，即按照先出口再进口和内销，先海外市场再国内市场的模式发展。这种模式在我国游艇内需市场尚未形成之初确实发挥了很大的作用，不仅增加了外汇收入，而且提高了我国游艇制造的国际影响力。但这些年，国际市场动荡不定，使得海外游艇需求减少，加之韩国、中国台湾、东南亚地区游艇制造业的激烈竞争，使得中国大陆地区的游艇，特别是中小型游艇的利润锐减，为了保证中国大陆地区游艇产业的持续发展，扩大内需势在必行。内需市场的扩大，需要各级政府的引导和政策扶持，正如“汽车产业调整和振兴规划”中所指出的，主要从以下两个方面着手改革。

(1)积极的财税政策。目前我国游艇消费还属于奢侈品消费，税负较重，使得游艇在我国仍然只是极少数人才能消费得起的奢侈品。纵观世界游艇发达国家，游艇已经不再是奢侈品，而是一项大众普及的水上运动和休闲方式，人们购买游艇就像购买汽车一样，不再需要缴纳高昂的奢侈品税。当游艇意识和游艇运动真正深入人心并普及大众时，我国才能最终走上“游艇强国”之路。

(2)良好的消费环境。如果想买汽车，可以很容易地找到销售商，但是如果想买一艘游艇，可能根本不知道如何购买。目前国内游艇的消费市场还在培育阶段，还有很长的路要走，各级地方政府和企业要积极配合，定期开展游艇展销会、游艇发布会、和游艇相关的体育赛事、游艇驾照培训、游艇知识普及、海洋文化宣讲等活动，让游艇真正进入大众生活，努力创造良好的消费环境。

2. 路径二：国际路径

全球游艇产业销售总额达650亿美元①，这是一个极其广阔的市场。虽然中国游艇品牌的成长空间未来还在国内，但视野却应该面向国际，特别是现阶段，国内游艇消费市场的培育还尚待时日，国际游艇消费市场却已经成熟，对于投资者而言，应把握这个时机。从我国这些年游艇的出口情况看，中小型游艇出口一直占主导地位，出口数量大，但附加值低，品牌影响力有限，如果出现资源和人力成本更具优势的竞争对手，这类艇的国际竞争力将受到较大影响。其实，我国的游艇企业和投资者已经意识到国内游艇不能只走“中低端路线”，开始逐步涉足高端的豪华游艇和超级游艇的制造，并取得了不错的经济效益，海星、阿兹慕等

① 于鸣非．中国游艇市场的品牌应对现状．游艇制造，http://www.yacht.coi.com.cn/news/d138017.html，2011-03-21.

品牌已在国内具有相当的知名度，属于国内的顶级品牌，但远非国际性品牌。目前世界游艇的顶级品牌依然被意大利、法国、美国等传统游艇大国垄断，因此，要真正使中国的游艇品牌走出国门、走向世界，必须集中一切力量，打造 1～2 个中国自己的世界顶级游艇品牌，只有这样，中国游艇产业的未来才更具竞争力。

3. 路径三：文化路径

文化路径的本质含义就是打造具有中国特色的“游艇范式”和树立享誉世界的民族游艇品牌。一个真正意义上的游艇品牌都是以一个国家或地区深远的历史文化为着眼点，越是民族的，越是世界的。但在现实的“品牌金字塔”中，中国大部分的游艇品牌还属于金字塔底层的“基层品牌”和少部分处于中游位置的“中间品牌”，金字塔顶层的品牌几乎全部被国外品牌所垄断，中国游艇品牌迫切需要通过不断地“升位”来提升自己。

4. 路径四：服务路径

由于目前游艇价格昂贵，游艇买卖具有典型的“一次性”特点，消费者很少有多次购买的行为，这种现象导致游艇实物产品的价值转移仅为一次，但是游艇服务却不同于游艇实物产品，它不仅可以实现反复多次的价值转移，而且会随着消费者需求的变化呈现出多样性的特点，这为游艇卖出后保值、增值提供了可能，也是投资者投资游艇实物产品之外继续获利的有效方法。在一些游艇发达国家，游艇服务产生的价值甚至远高于买卖游艇本身的利润，一直以来都是投资者青睐的投资项目。中国游艇制造工业发展迅猛、游艇消费市场蓄势待发，但相关的游艇服务市场几乎空白。所以注重游艇产业升级，强调制造业发展与服务增值相结合的投资理念将主导中国未来游艇产业的主体方向。

5. 路径五：大众路径

游艇消费发展的趋势一定是多元化的，既有贵族富豪专属的超级游艇，也有中产阶层买得起的帆船、钓鱼艇、快艇、休闲艇等。在国际上，游艇作为休闲、运动产品，早已是平民消费产品。例如，北美占世界游艇市场份额的 55.9%，但大多数游艇销售单价在 1.5 万～5 万美元，豪华游艇的销量只占 2.5%；占世界游艇市场份额 38.4%的欧洲市场，出售的游艇较为大型和豪华，但平均单价也只合 80 万元人民币左右①。面向大众、面向数量快速增加的中产阶层，打造国人消费得起的游艇品牌，是中国游艇产业未来的一项长期任务。

6. 路径六：营销路径

好的营销能促成品牌的成功。目前国内游艇企业在营销渠道、方式和团队建

---

① 黄鹤．游艇能否成为新消费热点．人民网，http://finance.people.com.cn/GB/15169774.html，2011-07-16.

设等方面的投资力度仍然不够。无论国内消费者还是国外消费者很难全面了解中国的游艇产品，输入输出渠道单一。要实现营销路径的升级，投资者可考虑以下四个方向上的转变：①从客户关系主导的业务方式向品牌价值主导的业务方式转变；②从单纯提供产品向提供综合的整体解决方案转变；③从传统销售模式逐步向创新营销模式转变；④从单纯强调产品和市场逐步向既强调产品和市场，又强调人才的方向转变。

7. 路径七：技术路径

国内大多数游艇制造企业是从小型玻璃钢厂转型而来的，产业集中度低、核心技术缺乏，但依托于中国较为成熟的造船技术和游艇工业二十多年的产业积累，也诞生了一批比较优秀的民族企业和品牌，如圣汐、法拉帝、阿兹慕、海星等，它们的游艇制造技术与产品品质已经或初步达到了国际水平，所滞后的是设计技术、核心零部件技术以及品牌的打造。这些游艇制造商长期以来以海外市场为重点，很少关注国内市场，在规模以上企业中，外销、代工的企业超过50%。由于受国际金融危机的影响，国外游艇需求大幅下滑，迫使这些企业回过头来试水国内市场，但是因为缺乏针对国内市场有效的基础调查、营销策略、适合的技术与船型等，要形成一定的销售规模，尚有一段路要走。

8. 路径八：资本路径

中国内地市场巨大，特别是新兴产业，容易集中政策和资本优势，而且在国际经济不景气的大环境下，越来越多的赋闲资本正在努力寻找投资渠道。而游艇产业是一个资金密集、技术密集、劳动力密集的朝阳行业，投资潜力很大，投资者可利用国内外资本的优势，做大做强本土品牌，完善产业链，培育潜在消费群，为中国游艇市场的爆发做好准备。

9. 具体解决方案

综合以上八条基本路径，笔者提出了以下11条具体的解决方案。

(1)保障游艇产销稳定增长。继续稳定出口，积极扩大内需。

(2)改善游艇消费环境。建立完整的游艇消费政策法规框架体系、科学合理的游艇税费制度、现代化的游艇服务管理体系和游艇进出港智能管理系统等。

(3)优化市场需求结构。大力发展以运动艇、休闲艇、钓鱼艇、帆艇、充气艇、娱乐艇为主的中小型艇种，继续稳定和提高具有高科技含量和自主知识产权的豪华艇和特种工作艇的出口，以外需带动内需，坚定内需市场是我国未来游艇主要消费市场的战略方向。

(4)兼并重组。选择游艇产业集中的珠三角、长三角和环渤海地区分别组建2～3家大规模的游艇企业，积极筹划上市。

(5)扩大自主品牌的游艇投资比例。为满足未来庞大的内需市场，中国游艇产业必须走自主品牌的道路，这种市场投资战略不仅可以有效地降低游艇价格，而且能提供更加丰富的游艇产品增值服务。

(6)加大新能源游艇的投资。新能源主要是指绿色能源，如以电能、风能、太阳能等为动力的新能源游艇。国家在新能源的发展上也给予了很大的政策扶持，使用新能源的车船可以免征或者减半征收车船税。

(7)大幅提高整艇研发投资力度。自主研发整艇产品，尤其是中小游艇的节能、环保和安全指标，力争达到国际先进水平。豪华游艇产品满足发达国家法规要求，安全性和舒适性接近国际水平，新能源游艇整体技术达到国际先进水平。

(8)关键零部件技术实现自主化。发动机、转向系统、传动系统、导航系统、专业仪器仪表等关键零部件实现自主化，新能源游艇专用零部件技术达到国际先进水平。加快国家游艇及零部件出口基地的投资和建设。建设游艇出口信息、产品认证、共性技术研发、试验检测、培训等公共服务平台。

(9)落实和完善国家和地区“游艇产业发展规划”。对于游艇而言，目前从设计、制造到航行、消费，从停泊基础设施到系统发展政策，还处于零散状态，甚至有一些空白区域，完整的产业规划可以加快游艇产业调整和振兴。

(10)规范和便利游艇产业投融资和消费信贷。国家和各级地方政府应适当给予游艇产业在投融资方面的便利和优惠。修改和完善游艇消费信贷制度，抓紧制定游艇消费信贷管理条例，使资信调查、信贷办理、游艇抵押、贷款担保、违约处置等游艇消费信贷全过程实现规范化、法制化。支持符合条件的国内骨干游艇生产企业建立游艇金融公司。促进游艇消费信贷模式的多元化，推动信贷资产证券化规范发展，支持游艇金融公司发行金融债券等。

(11)加大二手艇市场的投资。建立二手艇鉴定评估国家标准和临时产权登记制度，调整二手艇交易的增值税征收方式。大力发展专业的二手艇经销企业，倡导游艇品牌经销商开展以旧换新、以旧换旧等游艇置换业务。取消二手艇交易市场的不合理收费，降低交易成本。

附　　录

附录1：游艇产业政策和法规

表1　游艇业国家相关法律、法规

序号	文件名称	发布单位、时间
1	港口法	2003年6月28日中华人民共和国主席令第5号公布
2	海上交通安全法	1983年9月2日中华人民共和国主席令第7号公布
3	水污染防治法	1984年5月11日中华人民共和国主席令第12号公布；1996年5月15日中华人民共和国主席令第66号修正；2008年2月28日中华人民共和国主席令第87号修订
4	海洋环境保护法	1999年12月25日中华人民共和国主席令第26号公布
5	海关法	1987年1月22日中华人民共和国主席令第51号公布；2000年7月8日中华人民共和国主席令第35号修正
6	国境卫生检疫法	1986年12月2日中华人民共和国主席令第46号公布；2007年12月29日中华人民共和国主席令第83号修正
7	进出口商品检验法	1989年2月21日中华人民共和国主席令第14号公布；2002年4月28日中华人民共和国主席令第67号修正
8	公民出境入境管理法	1985年11月22日中华人民共和国主席令第32号公布
9	外国人入境出境管理法	1985年11月22日中华人民共和国主席令第31号公布
10	防治海岸工程建设项目污染损害海洋环境管理条例	1990年6月25日国务院令第62号公布；2007年9月25日国务院令第507号修正
11	防治船舶污染海洋环境管理条例	2009年9月9日国务院令第561号公布
12	海洋倾废管理条例	1985年3月6日国务院国发〔1985〕34号文公布
13	水污染防治法实施细则	2000年3月20日国务院令第284号公布
14	内河交通安全管理条例	1986年12月16日国务院国发〔1986〕109号文公布；2002年6月28日国务院令第355号修订
15	船舶和海上设施检验条例	1993年2月14日国务院令第109号公布
16	船舶登记条例	1994年6月2日国务院令第155号公布
17	船员条例	2007年4月14日国务院令第494号公布
18	水路运输管理条例	1987年5月12日国务院令第46号公布；1997年12月3日国务院令第237号第一次修正；2008年12月27日国务院令第544号第二次修正

续表

序号	文件名称	发布单位、时间
19	国际海运条例	2001年12月11日国务院令第335号公布
20	国际航行船舶进出中华人民共和国口岸检查办法	1995年3月21日国务院令第175号公布
21	中华人民共和国对外国籍船舶管理规则	1979年8月25日国务院批准，1979年9月18日交通部公布
22	外国籍船舶航行长江水域管理规定	1983年4月9日国务院批准，1983年4月20日交通部公布；1986年2月6日国务院批准修订，1986年3月1日交通部公布；1992年6月6日国务院批准第二次修订，1992年7月25日交通部公布；1997年5月26日国务院批准第三次修订，1997年8月1日交通部令第7号公布
23	国境卫生检疫法实施细则	1989年2月10日国务院批准，1989年3月6日卫生部令第2号公布；2010年4月24日国务院令第574号修正
24	出境入境边防检查条例	1995年7月20日国务院令第182号公布
25	公民出境入境管理法实施细则	1986年12月3日国务院批准，1986年12月26日公安部、外交部、交通部公布；1994年7月13日国务院批准修订，1994年7月15日公安部、外交部、交通部公布
26	外国人入境出境管理法实施细则	1986年12月3日国务院批准，1986年12月27日公安部、外交部公布；1994年7月13日国务院批准修订，1994年7月15日公安部、外交部公布；2010年4月24日国务院令第575号修订
27	关于口岸开放的若干规定	1985年9月18日国务院国发〔1985〕113号文印发
28	关于推进海南国际旅游岛建设发展的若干意见	2009年12月31日国务院国发〔2009〕44号文印发

表2　游艇码头规划建设、经营管理政策文件

序号	文件名称	发布单位、时间
1	港口规划管理规定	2007年12月17日交通部令第11号公布
2	港口建设管理规定	2007年4月24日交通部令第5号公布
3	关于发布港口深水岸线标准的公告	2004年3月10日交通部公告第5号公布
4	关于加强水运工程初步设计审查管理的通知	2006年7月4日交通部交水发〔2006〕330号文印发
5	关于印发水运工程设计委托审查咨询工作座谈会会议纪要的通知	2008年4月17日交通部水运司水运基建函〔2008〕187号文印发

续表

序号	文件名称	发布单位、时间
6	水运工程质量监督规定	2000年6月7日交通部令第3号公布
7	海洋倾废管理条例实施办法	1990年9月25日国家海洋局令第2号公布
8	港口工程竣工验收办法	2005年3月21日交通部令第2号公布
9	关于实施《港口工程竣工验收办法》有关事项的通知	2005年10月14日交通部交水发〔2005〕470号文印发
10	港口经营管理规定	2004年4月15日交通部令第4号公布；2009年10月29日交通部令第13号修订
11	关于做好《港口经营管理规定》实施工作的通知	2010年1月18日交通部交水发〔2010〕46号文印发
12	港口危险货物管理规定	2003年8月29日交通部令第9号公布
13	关于贯彻实施《港口危险货物管理规定》有关事项的通知	2003年12月5日交通部交水发〔2003〕541号文印发

表3　游艇安全管理政策文件

序号	文件名称	发布单位、时间
1	游艇安全管理规定	2008年7月8日交通部令第7号公布
2	关于公布实施《游艇法定检验暂行规定》的通知	2008年9月19日中华人民共和国海事局海法规〔2008〕423号文印发
3	关于印发游艇安全管理工作实施意见的通知	2010年8月18日中华人民共和国海事局海事〔2010〕352号文印发
4	关于颁布《中华人民共和国游艇操作人员培训、考试和发证办法》的通知	2011年5月18日中华人民共和国海事局海船员〔2011〕247号文印发
5	海上航行警告和航行通告管理规定	1992年12月22日国务院批准，1993年1月11日交通部令第44号公布
6	关于颁布《中华人民共和国高速船船员特殊培训、考试和发证办法》的通知	1997年5月21日中华人民共和国港务监督局港监字〔1997〕147号文印发
7	防止船舶垃圾和沿岸固体废物污染长江水域管理规定	1997年12月24日交通部、建设部、国家环境保护局令第17号公布
8	关于发布《中华人民共和国船舶安全营运和防止污染管理规则(试行)》的通知	2001年7月12日交通部交海发〔2001〕383号文印发
9	关于重新发布《航运公司安全管理体系审核发证规则》和《程序》的通知	2001年10月8日中华人民共和国海事局海安全〔2001〕588号文印发
10	内河避碰规则	1979年2月1日交通部公布；1991年4月28日交通部令第30号修订；2003年9月2日交通部交海发〔2003〕357号文修正

续表

序号	文件名称	发布单位、时间
11	关于发布《船舶港内安全作业监督管理办法》通知	2004年7月20日中华人民共和国海事局海船舶〔2004〕362号文印发
12	关于发布《〈中华人民共和国船舶登记条例〉实施若干问题说明》的通知	2004年10月28日中华人民共和国海事局海船舶〔2004〕522号文印发
13	防治船舶污染内河水域环境管理规定	2005年8月20日交通部令第11号公布
14	海事行政许可条件规定	2006年1月9日交通部令第1号公布
15	高速客船安全管理规则	1996年12月24日交通部令第13号公布；2006年2月24日交通部令第4号修订
16	国际船舶保安规则	2007年3月26日交通部令第2号公布
17	关于印发《沿海海域船舶排污设备铅封管理规定》的通知	2007年4月10日交通部交海发〔2007〕165号文印发
18	航运公司安全与防污染管理规定	2007年5月9日交通部令第6号公布
19	关于印发《海(水)上搜救奖励专项资金管理暂行办法》的通知	2007年9月29日财政部、交通部财建〔2007〕465号文印发
20	关于发布《中华人民共和国国内船舶保安规则(试行)》的通知	2008年8月14日交通部交海发〔2008〕249号文印发
21	船舶识别号管理规定	2010年9月1日交通部令第4号公布
22	船舶及其有关作业活动污染海洋环境防治管理规定	2010年11月16日交通部令第7号公布
23	关于印发《船舶名称管理办法》的通知	2000年8月1日中华人民共和国海事局海船舶字〔2000〕425号文印发；2004年10月28日中华人民共和国海事局海船舶〔2004〕520号文第一次修订；2010年12月10日中华人民共和国海事局海船舶〔2010〕619号文第二次修订
24	船舶污染海洋环境应急防备和应急处置管理规定	2011年1月27日交通部令第4号公布
25	水上水下活动通航安全管理规定	2011年1月27日交通部令第5号公布
26	关于印发《中华人民共和国海事局水上水下活动通航安全影响论证与评估管理办法》等文件的通知	2011年5月23日中华人民共和国海事局海通航〔2011〕262号文印发
27	船舶升挂国旗管理办法	1991年10月10日交通部令第32号公布

表 4　游艇经营管理政策文件

序号	文件名称	发布单位、时间
1	水路运输管理条例实施细则	1987 年 9 月 22 日交通部(87)交河字 680 号文公布；1998 年 3 月 6 日交通部交水发〔1998〕107 号文第一次修正；2009 年 6 月 4 日交通部令第 6 号第二次修正
2	国内水路运输经营资质管理规定	2008 年 5 月 5 日交通部令第 2 号公布
3	关于贯彻实施《国内水路运输经营资质管理规定》有关工作的通知	2008 年 6 月 23 日交通部交水发〔2008〕141 号文印发
4	国内船舶管理业规定	2001 年 7 月 4 日交通部令第 3 号公布；2009 年 1 月 5 日交通部令第 1 号修订
5	关于贯彻实施经修正的《国内船舶管理业规定》的通知	2009 年 3 月 12 日交通部交水发〔2009〕102 号文印发
6	水路运输服务业管理规定	1996 年 6 月 18 日交通部令第 3 号公布；1998 年 7 月 30 日交通部令第 6 号第一次修正；2009 年 4 月 20 日交通部令第 5 号第二次修正
7	关于实施《中华人民共和国水路运输服务业管理规定》有关问题的通知	1996 年 9 月 3 日交通部交水发〔1996〕763 号文印发
8	国际海运条例实施细则	2003 年 1 月 20 日交通部令第 1 号公布
9	船舶交易管理规定	2010 年 3 月 5 日交通部交水发〔2010〕120 号文印发
10	关于加强进口游艇管理的公告	2011 年 9 月 15 日交通部公告第 55 号公布

表 5　游艇进出境管理政策文件

序号	文件名称	发布单位、时间
1	船舶引航管理规定	2001 年 11 月 30 日交通部令第 10 号公布
2	海关暂时进出境货物管理办法	2007 年 3 月 1 日海关总署令第 157 号公布
3	国际航行船舶出入境检验检疫管理办法	2002 年 12 月 31 日国家质量监督检验检疫总局令第 38 号公布
4	出入境特殊物品卫生检疫管理规定	2005 年 10 月 17 日国家质量监督检验检疫总局令第 83 号公布
5	关于对《出入境特殊物品卫生检疫管理规定》(83 号令)的补充通知	2006 年 4 月 5 日国家质量监督检验检疫总局国质检卫函〔2006〕187 号文印发
6	沿海船舶边防治安管理规定	2000 年 2 月 15 日公安部令第 47 号公布

附录 2 《游艇安全管理规定》

游艇安全管理规定

第一章　总　则

第一条　为了规范游艇安全管理，保障水上人命和财产安全，防治游艇污染水域环境，促进游艇业的健康发展，根据水上交通安全管理和防治船舶污染水域环境的法律、行政法规，制定本规定。

第二条　在中华人民共和国管辖水域内游艇航行、停泊等活动的安全和防治污染管理适用本规定。

本规定所称游艇，是指仅限于游艇所有人自身用于游览观光、休闲娱乐等活动的具备机械推进动力装置的船舶。

本规定所称游艇俱乐部，是指为加入游艇俱乐部的会员提供游艇保管及使用服务的依法成立的组织。

第三条　中华人民共和国海事局统一实施全国游艇水上交通安全和防治污染水域环境的监督管理。

各级海事管理机构依照职责，具体负责辖区内游艇水上交通安全和防治污染水域环境的监督管理。

第二章　检验、登记

第四条　游艇应当经船舶检验机构按照交通运输部批准或者认可的游艇检验规定和规范进行检验，并取得相应的船舶检验证书后方可使用。

第五条　游艇有下列情形之一的，应当向船舶检验机构申请附加检验：

(一)发生事故，影响游艇适航性能的；

(二)改变游艇检验证书所限定类别的；

(三)船舶检验机构签发的证书失效的；

(四)游艇所有人变更、船名变更或者船籍港变更的；

(五)游艇结构或者重要的安全、防污染设施、设备发生改变的。

第六条　在中华人民共和国管辖水域航行、停泊的游艇，应当取得船舶国籍证书。未持有船舶国籍证书的游艇，不得在中华人民共和国管辖水域航行、停泊。

申请办理船舶国籍登记，游艇所有人应当持有船舶检验证书和所有权证书，由海事管理机构审核后颁发《中华人民共和国船舶国籍证书》。

长度小于 5 米的游艇的国籍登记，参照前款的规定办理。

第三章　游艇操作人员培训、考试和发证

第七条　游艇操作人员应当经过专门的培训、考试，具备与驾驶的游艇、航行的水域相适应的专业知识和技能，掌握水上消防、救生和应急反应的基本要求，取得海事管理机构颁发的游艇操作人员适任证书。

未取得游艇操作人员适任证书的人员不得驾驶游艇。

第八条　申请游艇操作人员适任证书，应当符合下列条件：

(一)年满18周岁未满60周岁；

(二)视力、色觉、听力、口头表达、肢体健康等符合航行安全的要求；

(三)通过规定的游艇操作人员培训，并经考试合格。

第九条　申请游艇操作人员适任证书的，应当通过中华人民共和国海事局授权的海事管理机构组织的考试。

申请游艇操作人员适任证书的，应到培训或者考试所在地的海事管理机构办理，并提交申请书以及证明其符合发证条件的有关材料。

经过海事管理机构审核符合发证条件的，发给有效期为5年的相应类别的游艇操作人员适任证书。

第十条　游艇操作人员适任证书的类别分为海上游艇操作人员适任证书和内河游艇操作人员适任证书。

第十一条　持有海船、内河船舶的船长、驾驶员适任证书或者引航员适任证书的人员，按照游艇操作人员考试大纲的规定，通过相应的实际操作培训，可以分别取得海上游艇操作人员适任证书和内河游艇操作人员适任证书。

第十二条　游艇操作人员适任证书的有效期不足6个月时，持证人应当向原发证海事管理机构申请办理换证手续。符合换证条件中有关要求的，海事管理机构应当给予换发同类别的游艇操作人员适任证书。

游艇操作人员适任证书丢失或者损坏的，可以按照规定程序向海事管理机构申请补发。

第十三条　依法设立的从事游艇操作人员培训的机构，应当具备相应的条件，并按照国家有关船员培训管理规定的要求，经过中华人民共和国海事局批准。

第四章　航行、停泊

第十四条　游艇在开航之前，游艇操作人员应当做好安全检查，确保游艇适航。

第十五条　游艇应当随船携带有关船舶证书、文书及必备的航行资料，并做好航行等相关记录。

游艇应当随船携带可与当地海事管理机构、游艇俱乐部进行通信的无线电通

信工具，并确保与岸基有效沟通。

游艇操作人员驾驶游艇时应当携带游艇操作人员适任证书。

第十六条　游艇应当按照《船舶签证管理规则》的规定，办理为期 12 个月的定期签证。

第十七条　游艇应当在其检验证书所确定的适航范围内航行。

游艇所有人或者游艇俱乐部在第一次出航前，应当将游艇的航行水域向当地海事管理机构备案。游艇每一次航行时，如果航行水域超出备案范围，游艇所有人或者游艇俱乐部应当在游艇出航前向海事管理机构报告船名、航行计划、游艇操作人员或者乘员的名单、应急联系方式。

第十八条　游艇航行时，除应当遵守避碰规则和当地海事管理机构发布的特别航行规定外，还应当遵守下列规定：

(一)游艇应当避免在恶劣天气以及其他危及航行安全的情况下航行；

(二)游艇应当避免在船舶定线制水域、主航道、锚地、养殖区、渡口附近水域以及交通密集区及其他交通管制水域航行，确需进入上述水域航行的，应当听从海事管理机构的指挥，并遵守限速规定；游艇不得在禁航区、安全作业区航行；

(三)不具备号灯及其他夜航条件的游艇不得夜航；

(四)游艇不得超过核定乘员航行。

第十九条　游艇操作人员不得酒后驾驶、疲劳驾驶。

第二十条　游艇应当在海事管理机构公布的专用停泊水域或者停泊点停泊。

游艇的专用停泊水域或者停泊点，应当符合游艇安全靠泊、避风以及便利人员安全登离的要求。

游艇停泊的专用水域属于港口水域的，应当符合有关港口规划。

第二十一条　游艇在航行中的临时性停泊，应当选择不妨碍其他船舶航行、停泊、作业的水域。不得在主航道、锚地、禁航区、安全作业区、渡口附近以及海事管理机构公布的禁止停泊的水域内停泊。

第二十二条　在港口水域内建设游艇停泊码头、防波堤、系泊设施的，应当按照《港口法》的规定申请办理相应许可手续。

第二十三条　航行国际航线的游艇进出中华人民共和国口岸，应当按照国家有关船舶进出口岸的规定办理进出口岸手续。

第二十四条　游艇不得违反有关防治船舶污染的法律、法规和规章的规定向水域排放油类物质、生活污水、垃圾和其他有毒有害物质。

游艇应当配备必要的污油水回收装置、垃圾储集容器，并正确使用。

游艇产生的废弃蓄电池等废弃物、油类物质、生活垃圾应当送交岸上接收处理，并做好记录。

第五章　安全保障

第二十五条　游艇的安全和防污染由游艇所有人负责。游艇所有人应当负责游艇的日常安全管理和维护保养，确保游艇处于良好的安全、技术状态，保证游艇航行、停泊以及游艇上人员的安全。

委托游艇俱乐部保管的游艇，游艇所有人应当与游艇俱乐部签订协议，明确双方在游艇航行、停泊安全以及游艇的日常维护、保养及安全与防污染管理方面的责任。

游艇俱乐部应当按照海事管理机构的规定及其与游艇所有人的约定，承担游艇的安全和防污染责任。

第二十六条　游艇俱乐部应当具备法人资格，并具备下列安全和防污染能力：

(一)建立游艇安全和防污染管理制度，配备相应的专职管理人员；

(二)具有相应的游艇安全停泊水域，配备保障游艇安全和防治污染的设施，配备水上安全通信设施、设备；

(三)具有为游艇进行日常检修、维护、保养的设施和能力；

(四)具有回收游艇废弃物、残油和垃圾的能力；

(五)具有安全和防污染的措施和应急预案，并具备相应的应急救助能力。

第二十七条　游艇俱乐部依法注册后，应当报所在地直属海事局或者省级地方海事局备案。

交通运输部直属海事局或者省级地方海事局对备案的游艇俱乐部的安全和防污染能力应当进行核查。具备第二十六条规定能力的，予以备案公布。

第二十八条　游艇俱乐部应当对其会员和管理的游艇承担下列安全义务：

(一)对游艇操作人员和乘员开展游艇安全、防治污染环境知识和应急反应的宣传、培训和教育；

(二)督促游艇操作人员和乘员遵守水上交通安全和防治污染管理规定，落实相应的措施；

(三)保障停泊水域或者停泊点的游艇的安全；

(四)核查游艇、游艇操作人员的持证情况，保证出航游艇、游艇操作人员持有相应有效证书；

(五)向游艇提供航行所需的气象、水文情况和海事管理机构发布的航行通(警)告等信息服务；遇有恶劣气候条件等不适合出航的情况或者海事管理机构禁止出航的警示时，应当制止游艇出航并通知已经出航的游艇返航；

(六)掌握游艇的每次出航、返航以及乘员情况，并做好记录备查；

(七)保持与游艇、海事管理机构之间的通信畅通；

(八)按照向海事管理机构备案的应急预案，定期组织内部管理的应急演练和游艇成员参加的应急演习。

第二十九条　游艇必须在明显位置标明水上搜救专用电话号码、当地海事管理机构公布的水上安全频道和使用须知等内容。

第三十条　游艇遇险或者发生水上交通事故、污染事故，游艇操作人员及其他乘员、游艇俱乐部以及发现险情或者事故的船舶、人员应当立即向海事管理机构报告。游艇俱乐部应当立即启动应急预案。在救援到达之前，游艇上的人员应当尽力自救。

游艇操作人员及其他乘员对在航行、停泊时发现的水上交通事故、污染事故、求救信息或者违法行为应当及时向海事管理机构报告。需要施救的，在不严重危及游艇自身安全的情况下，游艇应当尽力救助水上遇险的人员。

第六章　监督检查

第三十一条　海事管理机构应当依法对游艇、游艇俱乐部和游艇操作人员培训机构实施监督检查。游艇俱乐部和游艇所有人应当配合，对发现的安全缺陷和隐患，应当及时进行整改、消除。

第三十二条　海事管理机构发现游艇违反水上交通安全管理和防治船舶污染环境管理秩序的行为，应当责令游艇立即纠正；未按照要求纠正或者情节严重的，海事管理机构可以责令游艇临时停航、改航、驶向指定地点、强制拖离、禁止进出港。

第三十三条　海事管理机构发现游艇俱乐部不再具备安全和防治污染能力的，应当责令其限期整改；对未按照要求整改或者情节严重的，可以将其从备案公布的游艇俱乐部名录中删除。

第三十四条　海事管理机构的工作人员依法实施监督检查，应当出示执法证件，表明身份。

第七章　法律责任

第三十五条　违反本规定，未取得游艇操作人员培训许可擅自从事游艇操作人员培训的，由海事管理机构责令改正，处 5 万元以上 25 万元以下罚款；有违法所得的，还应当没收违法所得。

第三十六条　游艇操作人员培训机构有下列行为之一的，由海事管理机构责令改正，可以处 2 万元以上 10 万元以下罚款；情节严重的，给予暂扣培训许可证 6 个月以上 2 年以下直至吊销的处罚：

(一)不按照本规定要求和游艇操作人员培训纲要进行培训，或者擅自降低培训标准；

(二)培训质量低下，达不到规定要求。

第三十七条　违反本规定，在海上航行的游艇未持有合格的检验证书、登记证书和必备的航行资料的，海事管理机构责令改正，并可处以 1 000 元以下罚款，情节严重的，海事管理机构有权责令其停止航行；对游艇操作人员，可以处以 1 000 元以下罚款，并扣留游艇操作人员适任证书 3 至 12 个月。

违反本规定，在内河航行的游艇未持有合格的检验证书、登记证书的，由海事管理机构责令其停止航行，拒不停止的，暂扣游艇；情节严重的，予以没收。

第三十八条　违反本规定，游艇操作人员操作游艇时未携带合格的适任证书的，由海事管理机构责令改正，并可处以 2 000 元以下罚款。

第三十九条　游艇操作人员持有的适任证书是以欺骗、贿赂等不正当手段取得的，海事管理机构应当吊销该适任证书，并处 2 000 元以上 2 万元以下的罚款。

第四十条　违反本规定，游艇有下列行为之一的，由海事管理机构责令改正，并可处以 1 000 元以下罚款：

（一）未在海事管理机构公布的专用停泊水域或者停泊点停泊，或者临时停泊的水域不符合本规定的要求；

（二）游艇的航行水域超出备案范围，而游艇所有人或者游艇俱乐部未在游艇出航前将船名、航行计划、游艇操作人员或者乘员的名单、应急联系方式等向海事管理机构备案。

第四十一条　其他违反本规定的行为，按照有关法律、行政法规、规章进行处罚。

第四十二条　海事管理机构工作人员玩忽职守、徇私舞弊、滥用职权的，应当依法给予行政处分。

第八章　附　则

第四十三条　游艇从事营业性运输，应当按照国家有关营运船舶的管理规定，办理船舶检验、登记和船舶营运许可等手续。

第四十四条　游艇应当按照国家的规定，交纳相应的船舶税费和规费。

第四十五条　乘员定额 12 人以上的游艇，按照客船进行安全监督管理。

第四十六条　本规定自 2009 年 1 月 1 日起施行。

附录 3 《游艇安全管理工作实施意见》

游艇安全管理工作实施意见

《游艇安全管理规定》(交通运输部令 2008 年第 7 号，自 2009 年 1 月 1 日起实施)将游艇安全管理纳入水上交通安全管理的范畴。同时，我局配套颁布了技术规范《游艇法定检验暂行规定》。游艇法规、规范的颁布实施，使游艇安全管理步入了规范化轨道。为进一步提高游艇法规、规范实施的适用性，促进游艇业以及水上旅游经济的健康发展，经研究，现就游艇的安全管理工作提出以下实施意见：

一、关于进口游艇的检验

作为临时性措施，我局认可 CE 和 ABYC 认证证书和标志为《游艇法定检验暂行规定》1.1.2.4 条和 1.2.5.1 条中所述“本局接受的其他公认标准”和“本局承认的相关有效文件、证书”。

(一)对持有上述认证证书和标志的进口游艇，检验时可不要求其提供图纸资料，但应核对其认证证书或检验证书与实船的符合性。

(二)对不持有上述认证证书和标志的进口游艇，检验时应要求其提供或补绘船舶图纸和稳性计算资料，经审查合格后，可进行符合性检验；对于在本措施印发之日前已办理完毕进口手续的，可免除对船体结构与强度计算和基本结构图的要求，但应对游艇可见构件和强度进行外观检查与评估。

二、关于游艇上安装的机电设备的认可

对未持有船用产品证书但适于在游艇上安装使用的机电等设备，可选择如下方式认可：

(一)在游艇制造和俱乐部相对集中的地区，由游艇行业协会对游艇制造及配套产品供应提出相应要求，并出具可装船的船用产品清单，经船检机构同意可装船使用。

(二)支持有条件的地方建立“游艇产品质量检测中心”，由检测中心出具相应的报告，列出可装船的机电设备清单，经船检机构同意可装船使用。

三、关于游艇的登记

(一)按照《游艇安全管理规定》对于“游艇”的定义，游艇不属于营业性运输船舶，不适用于《船舶登记条例》关于中方出资比例限制的规定。

(二)为支持海南国际旅游岛建设，并考虑到厦门、深圳、珠海毗邻台湾、香港、澳门的特殊地理位置，中华人民共和国海事局授权海南海事局及其所属船舶登记机关、深圳海事局、厦门海事局、珠海海事局可办理非本地住所的个人所拥有游艇的船舶登记手续。

四、关于游艇驾驶员证书认可

持有境外海事主管当局或其授权机构颁发的游艇操作人员适任证书的境外居民，可允许我管辖水域短期内(7 日)驾驶游艇，无需换证。

对于拟长期在我管辖水域驾驶游艇的上述境外居民，如我与该境外海事主管当局签有证书互认协议，可直接向直属或地方海事局申请换发游艇操作人员适任证书；如我与该境外海事主管当局未签有证书互认协议，则需由直属或地方海事局进行补充培训后换发游艇操作人员适任证书。

五、关于外籍游艇的航行及监督管理

(一)外籍游艇进入、离开某一直属海事局管辖水域，可仅要求其办理进、出口岸各一次手续，期间在该直属海事局辖区水域进出港航行均可免于办理进出口岸手续，但其进出港计划须向当地海事机构事先报备。

(二)在保证安全的前提下，对外籍游艇可不实行强制引航。

(三)各有关海事管理机构应当针对当地游艇业发展的实际情况制定相关管理办法，将游艇俱乐部或游艇协会作为基本组织形式要求实施集中管理，落实业主管理责任，规范游艇的监督管理工作。

六、关于境内制造游艇的出口查验

对于境内制造以自航形式出口境外的游艇，各海事管理机构在查验其持有证书情况时，除接受我国相关机构签发的临时国籍证书和检验证书以及境外政府机构或其授权的机构签发的登记和检验证书外，还可接受境外政府机构或其授权的机构认可的产品认证证明。

附录4 《中华人民共和国游艇操作人员培训、考试和发证办法》

第一条 为规范游艇操作人员的管理，提高游艇操作人员的技术水平，保障水上人命和财产安全，根据《游艇安全管理规定》和《中华人民共和国船员培训管理规则》等有关规定，制定本办法。

第二条 本办法适用于游艇操作人员的培训、考试和发证。

第三条 中华人民共和国海事局是实施本办法的主管机关(以下简称“主管机关”)。

经主管机关授权的各级海事管理机构具体实施游艇操作人员培训、考试和发证的管理工作。

第四条 游艇操作人员在中华人民共和国管辖水域内驾驶游艇，应持有海事管理机构签发的《中华人民共和国游艇操作人员适任证书》(以下简称《游艇驾驶证》)；游艇操作人员应在《游艇驾驶证》签注的适用范围内操作游艇。

第五条 游艇操作人员的类别、等级和所操作游艇的推进装置类型

游艇操作人员的类别分为海上游艇操作人员和内河游艇操作人员。

海上游艇操作人员按照游艇的长度分为两个等级，其中一等游艇操作人员可以驾驶所有长度的海上游艇；二等游艇操作人员仅限于驾驶20米及以下长度的海上游艇。

内河游艇操作人员按照是否封闭水域分为两个等级，其中一等游艇操作人员可以驾驶内河任何适航水域游艇；二等游艇操作人员仅限于驾驶内河封闭水域的游艇。

游艇的推进动力装置类型分为机械推进动力装置、机械和风帆推进混合动力装置。

第六条 《游艇驾驶证》包括以下基本内容：

(一)持证人信息：姓名、性别、出生日期、国籍、证书编号、照片。

(二)发证机关签注内容：签发日期、截止日期、适用范围、签发机关及其印章。

《游艇驾驶证》证书编号规则见附件1。

《游艇驾驶证》有效期最长不超过5年。

第七条 申请《游艇驾驶证》应满足以下条件：

(一)身体条件。

1. 两眼矫正视力达到对数视力表4.9以上；

2. 无色盲、色弱；
3. 两耳分别距音叉 50 厘米能辨别声源方向；
4. 口头表达无障碍；
5. 四肢无运动功能性障碍。
(二)年龄。
持证人年龄不小于 18 周岁。65 周岁以上持证人，其《游艇驾驶证》截止日期不超过 70 周岁生日。持证人超过 70 周岁，如仍需操作游艇，应在《游艇驾驶证》截止日期前 1 个月内，向原发证机构提交合格的《身体条件证明》，换发有效期为 1 年的《游艇驾驶证》。
(三)完成规定的培训并通过海事管理机构举行的考试。
第八条　游艇操作人员的培训
从事海上游艇操作人员培训的机构应按照《中华人民共和国船员培训管理规则》规定，取得相应的《中华人民共和国船员培训许可证》。
游艇操作人员的培训应按《游艇操作人员理论培训与考试大纲》和《游艇操作人员实际操作培训与评估大纲》的要求进行。
第九条　游艇操作人员的考试
游艇操作人员的考试分理论考试和实际操作评估两部分，理论考试总分为 100 分，60 分及以上为合格，实际操作评估分合格和不合格。
理论考试和实际操作评估均合格后视为考试合格。理论考试和(或)实际操作评估不合格者，海事管理机构允许其在 3 个月内补考一次，仍然不合格者，必须重新参加培训和考试。考试成绩有效期为 3 年。
理论考试和实际操作评估应按照《游艇操作人员理论培训与考试大纲》和《游艇操作人员实际操作培训与评估大纲》的要求进行。
第十条　申请《游艇驾驶证》者应提交以下材料：
(一)《游艇驾驶证申请表》；
(二)身份证明；
(三)身体条件证明；
(四)两张近期 5 厘米白底彩色光面证件照片或电子照片；
(五)培训证明；
(六)有效的海船或内河船舶船长、操作人员或引航员适任证书(如适用)；
(七)境外海事主管当局颁发的有效《游艇驾驶证》(如适用)。
第十一条　对符合条件者，海事管理机关签发相应的《游艇驾驶证》。
第十二条　《游艇驾驶证》适用范围的变更
申请变更《游艇驾驶证》适用范围，应完成《游艇操作人员理论培训与考试大纲》和《游艇操作人员实际操作培训与评估大纲》对应的补差培训并通过相应的考试与评估。

第十三条 持有其他船员适任证书人员申请《游艇驾驶证》

持有有效海船或内河船舶船长、驾驶员或引航员适任证书的人员，通过《游艇操作人员实际操作培训与评估大纲》规定的实际操作培训和评估后，可申请相应适用范围的《游艇驾驶证》。

持有境外海事主管当局或其授权机构颁发的《游艇驾驶证》的人员，申请换发《游艇驾驶证》，除须提交第十条(一)至(四)项规定的材料及境外海事主管当局或其授权机构颁发的《游艇驾驶证》外，还应通过《游艇操作人员实际操作培训与评估大纲》规定的与申请适用范围相应的实际操作培训和评估后，方可向直属或省级地方海事局申请换发与原适用范围相应的《游艇驾驶证》。

第十四条 《游艇驾驶证》的到期换证

《游艇驾驶证》有效期届满之日前 6 个月内，持证人可向其《游艇驾驶证》档案所在地的海事管理机构申请办理《游艇驾驶证》的到期换证，并提交第十条(一)至(四)项规定的材料。

《游艇驾驶证》失效，需通过《游艇操作人员实际操作培训与评估大纲》规定的实际操作评估，方可申请《游艇驾驶证》再有效。

第十五条 《游艇驾驶证》的污损或遗失补办

《游艇驾驶证》如有污损或遗失的，持证人可向其适任证书档案所在地的海事管理机构递交《游艇驾驶证申请表》和身份证明，申请污损或遗失补办。

第十六条 《游艇驾驶证》的初次申领、到期换证、再有效、变更适用范围、污损和遗失补办及境外《游艇驾驶证》换发等，由本人申请办理。

第十七条 游艇俱乐部依法注册后，应当报所在地直属海事局或者省级地方海事局备案。

海事管理机构应当按照《船员培训管理规则》的规定，对游艇操作人员培训机构实施监督检查。

第十八条 游艇操作人员操作游艇，应携带有效的《游艇驾驶证》，并接受海事管理机构的监督检查。

第十九条 除海事管理机构依法实施外，任何单位和个人不得以任何理由扣留或吊销《游艇驾驶证》。

游艇操作人员培训机构、游艇操作人员、游艇俱乐部有违反本办法规定行为的，按照相关法律、法规、规章进行处罚。

第二十条 相关定义

本办法所指的封闭水域是指封闭的与外界无通航联系的湖泊、水库等。

本办法所指身份证明包括：有效的居民身份证、暂住证明、居留证明、护照、台湾同胞往来大陆通行证等。

第二十一条　《游艇驾驶证》由主管机关统一印制。

第二十二条　本办法由中华人民共和国海事局负责解释。

第二十三条　本办法自印发之日起实施。

附件 1　《游艇驾驶证》证书编号规则

1. 证书编号的组成为：发证机关编码(两位)＋证书适用范围编码(三位)＋发证年份(四位)＋序号(四位)，共 13 位。

2. 证书适用范围编码共三位依次是：游艇类别、游艇等级、游艇推进动力装置类型。其中：

(1)《游艇驾驶证》适用的类别分为：海上《游艇驾驶证》和内河《游艇驾驶证》。分别用 a 和 b 表示。

(2)《游艇驾驶证》适用的游艇等级分为：

一等《游艇驾驶证》：海上任何长度游艇或内河任何适航水域游艇。

二等《游艇驾驶证》：20 米及以下海上游艇或内河封闭水域游艇。

分别用 1 和 2 表示。

(3)《游艇驾驶证》适用的推进动力装置类型分为：机械推进动力装置、机械和风帆推进混合动力装置。

分别用 e 和 f 表示。

附录 5 《关于加强进口游艇管理的公告》

关于加强进口游艇管理的公告

交通运输部公告 2011 年第 55 号

为促进游艇产业健康发展，提高我国游艇整体技术水平，保护水域环境，保障人民生命财产安全，现就加强进口游艇管理的有关事项公告如下：

一、自本公告发布之日起，禁止从境外进口船龄在一年以上的游艇，本公告发布之日前已取得商务部门签发的机电产品进口许可证的除外。

二、自本公告发布之日起，申请从境外进口游艇的，应当到我部办理备案手续，并提交下列材料：

（一）申请人的相关身份证明材料；

（二）拟进口游艇的相关材料，包括建造地点、建造日期、船舶主要参数、船舶检验报告等。

三、各级海事管理机构和船舶检验部门要严格执行本公告的规定，对不符合本公告要求的进口游艇不予办理进口船舶登记和检验手续。

交通运输部（章）

2011 年 9 月

附录 6 《厦门游艇行业协会章程》

厦门游艇行业协会章程

第一章 总 则

第一条 本协会名称：厦门游艇行业协会(以下简称协会)是本协会名称的正式名称，英文：Xiamen Yachting Industry Association 英文缩写：XMYA。

第二条 本协会性质：由厦门地区从事游艇制造、买卖、租赁、维修、游艇俱乐部等经营的及其从事游艇业配套业务的企事业科研单位、院校、媒体和个人，按平等自愿的原则组成的具有法人资格的、地方性、行业性、非盈利性的社会组织。

第三条 本协会的宗旨是遵守国家宪法、法律、法规和政策，发挥群体优势，加强技术开发和行业自律，为政府服务，为企业服务，在政府与企业之间发挥桥梁、纽带的联系作用，维护全体会员的合法权益，做好行业协调工作，引进国际游艇品牌，推动“海西”游艇行业的发展，力争把厦门打造成中国知名的制造基地、进出口基地、展售中心、活动中心，做大做强厦门游艇经济。

第四条 本协会接受业务主管单位厦门市贸易发展局、登记管理机关厦门市民政局的业务指导和监督管理。

第五条 本协会办公地点设在厦门市五缘湾帆船港 C 区 5 号楼。

第二章 业务范围

第六条 业务范围：

(一)贯彻执行国家和政府有关行业发展的方针、政策、法律和规定，向政府及有关部门反映会员的意见和建议，表达会员的意愿，维护会员合法权益。接受政府部门的委托，组织和参与制定行业政策、行业规划、行业标准等活动，并推进政策、规范的贯彻落实。协助政府和行业管理部门搞好行业管理工作。

(二)开展行业企事业单位基础资料的调查、收集和整理工作，进行统计分析，制定行业发展报告，并与本行业的有关部门保持联系、交流，为政府和会员提供业务和技术信息。

(三)组织会员间的活动、联系、协商和交流，并在此基础上制定有关自律方面的行规行约，避免同行间的无序竞争，以促进行业的健康持续发展。

(四)开展经济、技术和法律等项咨询服务，组织技术开发、技术协作、业务培训活动。接受行业企事业单位的委托，组织协助其技术改造、技术改进和重大建设项目等方面的咨询服务工作，联系海事部门组织并开展游艇操作适任证书培训。

(五)组织国内外同行业间的管理、工艺技术和理论的学术研究、交流和协作，提供国内外船艇行业技术、经济情报和市场经营信息，接受行业有关课题的研究。

(六)汇编和印发行业性资料，编发会刊信息。

(七)承办游艇展览，组织会员参展、考察；搭建交流平台。

(八)发挥“海西”龙头优势，积极拓展与台湾游艇业的交流与合作。

(九)其他与游艇行业相关的服务与业务

第三章　会员

第七条　本协会的会员由单位会员和个人会员组成。

单位会员包括：

(一)厦门地区从事游艇等各类船艇的制造企业及配套企业；

(二)厦门地区从事游艇等各类船艇的经销商及贸易企业；

(三)厦门地区从事游艇码头管理、游艇服务、维修的企业；

(四)游艇行业领域相关的协会、俱乐部、会所、培训机构；

(五)对游艇行业领域有一定研究和影响的科研所、设计院所、大专院校等科研机构；

(六)与游艇行业相关的媒体、杂志、网站等；

(七)其他与游艇行业领域相关的单位。

个人会员包括：

(一)对游艇行业发展有一定影响的企事业单位领导；

(二)对游艇行业发展有一定研究的科研单位学科带头人；

(三)相关的协会、俱乐部、会所、培训机构、游艇运动爱好者；

(四)关注游艇行业发展的媒体人士；

(五)其他热心游艇行业发展的业内人士。

第八条　申请加入本协会的会员，必须具备下列条件：

(一)拥护本协会的章程；

(二)有加入本协会的意愿；

(三)在游艇业领域内具有一定影响；

(四)热爱并关注游艇行业。

第九条　会员入会的程序是：

(一)提交入会申请登记表；

(二)经理事会讨论通过；

(三)由协会秘书处发给单位会员牌匾、个人会员牌匾。

第十条　会员享有下列权利：

(一)参加本协会组织的有关活动，有选举权、被选举权和表决权；

(二)享受本协会提供的服务；

(三)对协会有批评建议和监督权；

(四)有要求协会对其生产、技术协作和帮助解决有关问题的权利；

(五)入会自愿、退会自由。

第十一条　会员履行下列义务：

(一)遵守本协会章程，执行协会决议；

(二)积极参加协会组织的活动，完成协会委托的工作，维护协会的合法权益、声誉和形象；

(三)按协会要求提供有关基础统计资料和信息；

(四)向本协会反映有关情况，提出有关建议；

(五)完成本协会交办的工作；

(六)按规定交纳会费。

第十二条　会员退会必须提出书面申请，经协会理事会或由其授权秘书处同意办理有关手续后，即可退会，退会应交回会员牌匾。会员一年内不履行会员义务者视作自动退会，应交回会员牌匾。

第十三条　会员严重违反本协会章程或严重损害协会声誉和利益，批评教育无效者，经理事会表决通过，予以除名并收回牌匾。

第四章　组织机构和负责人产生、罢免

第十四条　协会的最高权力机构是会员大会。会员大会的职权：

(一)制定和修改章程；

(二)选举和罢免理事；

(三)审议理事会的工作报告和监事会的财务审计报告；

(四)决定本届大会期间的工作方针和任务；

(五)决定本协会的终止事宜和其他重大事项。

第十五条　会员大会由会员组成，由理事会召集，会员大会必须有三分之二以上会员出席方能召开，其决议须经到会会员代表二分之一以上通过方能生效。

第十六条　会员大会每届三年。因特殊情况需提前或延期换届的，须由理事会表决通过，报业务主管单位审查并经社团登记管理机关批准同意，但延期换届最长不超过一年。

第十七条　理事会是会员大会的最高执行机构。在会员大会闭会期间领导协会开展日常工作，向会员大会负责。

第十八条　理事会的职权是：

(一)执行会员大会的决议；

(二)选举或罢免会长、常务副会长、监事长、副会长和秘书长；

（三）筹备并主持召开会员大会；

（四）向大会报告工作和财务情况；

（五）决定新会员的接纳和会员的退会及除名；

（六）决定提交会员大会审议的议案；

（七）决定设立和撤销办事机构、分支机构、代表机构和实体机构；

（八）决定副秘书长、各机构主要负责人的聘任；

（九）决定聘任顾问、高级顾问、名誉会长人选；

（十）领导本协会各机构开展工作；

（十一）制定内部管理制度及决定会员届会费的减免；

（十二）决定其他重大事项。

第十九条　理事会须有三分之二以上理事出席方能召开，其决议须经到会理事三分之二以上表决通过方能生效。

第二十条　理事会每年至少召开一次会议；情况特殊的，也可采用通讯形式召开。

第二十一条　本协会设立常务理事会，常务理事会由秘书长以上人员组成，包括会长、常务副会长、监事长、副会长、秘书长。常务理事会在理事会闭会期间行使第十八条（一）、（五）、（七）、（八）、（九）、（十）、（十一）的职权，并通报理事。

第二十二条　常务理事会须有三分之二常务理事出席方能召开，其决议须经到会常务理事三分之二以上表决通过方能生效。

第二十三条　常务理事会至少半年召开一次会议；情况特殊的也可采用通讯形式召开。

第二十四条　本协会设立监事会，由一名监事长和两名监事组成。监事长由常务副会长担任，监事由一名副会长和一名理事担任。监事会执行对协会财务工作的监督和审计，每半年进行一次会审，并向常务理事会或理事会报告审计情况。

第二十五条　本协会的会长、常务副会长、监事长、副会长、秘书长必须具备下列条件：（一）坚持党的路线、方针、政策，有良好的政治素质；（二）在本行业业务领域内有较大影响；（三）会长、常务副会长、监事长、副会长、秘书长为专职或兼职，年龄不超过 70 周岁；（四）身体健康，能正常开展工作；（五）未受过剥夺政治权利的刑事处罚的；（六）具有完全民事行为能力。

第二十六条　本协会会长、常务副会长、监事长、副会长、秘书长如超过最高任职年龄的，须经理事会表决通过，报业务主管单位审查并报社团登记管理机关批准同意后，方可任职。

第二十七条　本协会会长、常务副会长、监事长、副会长、秘书长的任期为一届3年，连任最长不超过两届。因特殊情况需延长任期的，须经会员大会三分之二以上会员表决通过，报业务主管单位审查并经社团登记管理机关批准同意后方可任职。

第二十八条　本协会会长为本协会法定代表人；如因特殊情况需由副会长或秘书长担任法定代表人，应报业务主管单位审查并经社团登记管理机关批准同意后，方可担任。本协会法定代表人不得再兼任其他社会团体的法定代表人。

第二十九条　本协会会长行使下列职权：(一)召集和主持理事会；(二)检查会员大会、理事会决定贯彻落实情况；(三)代表本协会签署有关重要文件。

第三十条　本协会秘书长行使下列职权：(一)主持协会秘书处日常工作，组织实施年度工作计划；(二)协调各分支机构、代表机构、实体机构开展工作；(三)提名副秘书长以及各办事机构、分支机构、代表机构和实体机构主要负责人，交理事会或常务理事会决定；(四)决定办事机构、代表机构、实体机构专职工作人员的聘用；(五)处理其他日常事务。

第五章　资产管理、使用原则

第三十一条　本协会的经费来源：(一)单位会员和个人会员交纳的会费；(二)政府和行政管理部门的资助；(三)在核准的业务范围内的开展活动或服务的收入；(四)单位、团体、个人资助的捐赠；(五)利息；(六)其他合法收入。

第三十二条　本协会按照国家有关规定以及经会员大会确定的数额收取单位会员和个人会员的届会费。

第三十三条　本协会经费必须用于本章程规定的业务范围和事业的发展，不得在会员中分配。

第三十四条　本协会建立严格的财务管理制度，保证会计资料合法、真实、准确、完整。

第三十五条　本协会配备具有专业资格的会计人员。会计不得兼任出纳。会计人员必须进行会计核算，实行会计监督。会计人员调动工作或离职时，必须与接管人员办清交接手续。

第三十六条　本协会的资产管理必须执行国家规定的财务管理制度，接受会员大会、监事会以及财政部门的监督。资产来源属于国家拨款或者社会捐赠、资助的，必须接受审计机关的监督，并将有关情况以适当方式向社会公布。

第三十七条　本协会换届或更换法定代表人之前必须接受社团登记管理机关和业务主管单位组织的财务审计。

第三十八条　本协会的资产，任何单位、个人不得侵占、私分和挪用。

第三十九条　本协会专、兼职工作人员的工资和保险、福利待遇，参照国家对事业单位的有关规定执行。

第六章　章程的修改程序

第四十条　对本协会章程的修改，须经理事会表决通过后提交会员大会审议。

第四十一条　本协会修改的章程须在会员大会通过的 15 日内，经业务主管单位审查同意后，报社团管理登记机关核准后生效。

第七章　终止程序及终止后的财产处理

第四十二条　本协会完成宗旨或自行解散或由于分立、合并等原因需要注销的，由理事会提出终止动议。

第四十三条　本协会终止动议须经会员大会表决通过，并报业务主管单位审查同意。

第四十四条　本协会经社团登记管理机关办理注销登记手续后即为终止。

第四十五条　本协会终止后的剩余财产，在业务主管单位和社团登记管理机关监督下，按照国家有关规定，用于发展与本协会宗旨相关的事业。

第八章　附　则

第四十六条　本章程经 2010 年 8 月 7 日第二届一次会员大会表决通过。

第四十七条　本章程的解释权属本协会理事会。

第四十八条　本章程自厦门市民政局社团登记管理部门核准之日起生效。

后　　记

产业转型升级是中国下一轮经济发展的主题。作为高端旅游业中的朝阳产业——游艇业，其发展面临着巨大的市场需求和广阔的投资空间。无论是对于行业研究者、战略投资者，还是公司管理层，准确把握游艇产业的发展趋势和投资方向，无疑是重中之重。基于这种认识，本书首次从“产业”和“投资”的视角，系统展现了中国乃至世界游艇业的发展图景、投资现状、投资特点以及趋势，将产业经济学、投资学等相关学科的理论精华应用于游艇业发展的实践，为读者提供了解国内外游艇业发展、探索游艇业投资的良好途径。

黄德春教授作为全书的负责人，带领河海大学产业经济研究所的若干研究人员、博士生和硕士生，长期致力于游艇产业规划、游艇投资价值评估、游艇产业竞争力评价等领域的研究，在系列相关研究的基础上，共同完成了该项目的研究任务。黄德春教授负责设计、策划全书的基本定位、研究框架和主体内容，从总体上把握世界游艇业发展及投资的趋势和动态。徐敏老师负责具体实施，做了大量深入细致的研究工作。华坚副教授、博士生曾超、硕士生赵澄滢和李蒙主要参与了书稿的写作。为了激发读者的兴趣，书中穿插了大量鲜活的案例，张长征博士、博士生王波、硕士生龚萍和赵晓晓等，从搜集资料到理论分析，亦参与了很多基础性工作。产业经济研究所的所有成员参与了书稿的讨论。

本书在写作过程中，得到了河海大学原校长王乘、商学院张阳教授、周海炜教授、钱旭潮教授、何有山教授、汪群教授、唐震教授等的大力支持。中国第一届“游艇产业发展与游艇管理”圆桌研讨会参与嘉宾，全国游艇发展专家指导委员会秘书长郑炜航、澳大利亚昆士兰州政府首席代表张子坚、深圳市邮轮游艇专业委员会执行会长文焕、河海大学深圳校友会会长吕珍、中交上海港湾工程设计研究院有限公司董事长助理俞立新、深圳湾游艇会有限公司董事长刘德辉、河海大学曹家和教授、江苏省海事局、《游艇业》杂志社、中水珠江规划勘测设计有限公司、珠江先歌游艇制造有限公司、南京银河游艇俱乐部等与会专家的观点对本书的研究也很有价值，在此一并致谢！

本书参阅了大量国内外相关领域的研究文献，参考了各类游艇研究机构和行业协会提供的基础资料和原始数据，在此不作一一列举，笔者一并表示衷心感谢！

本书为中国游艇产业的发展路径和投资方向提供了一个基础性依据，也为政府明确制定产业发展和投资政策提供了理论参考。

黄德春
2014 年 2 月 1 日